浙江省哲学社会科学重点研究基地

浙江省信息化与经济社会发展研究中心
The Research center of information technology & economic and social development

浙江省自然科学基金项目（LY12G01002）

知识管理与组织学习
——提升企业合作创新能力的内蕴性支撑

申恩平　著

ZHEJIANG UNIVERSITY PRESS
浙江大学出版社

图书在版编目（CIP）数据

知识管理与组织学习：提升企业合作创新能力的
内蕴性支撑 / 申恩平著. —杭州：浙江大学出版社，
2017.7
ISBN 978-7-308-15578-6

Ⅰ . ①知… Ⅱ . ①申… Ⅲ . ①企业管理－经济合作－
知识管理－研究 Ⅵ.①F273.7

中国版本图书馆 CIP 数据核字（2016）第 022011 号

知识管理与组织学习
——提升企业合作创新能力的内蕴性支撑

申恩平　著

责任编辑	杜希武	
责任校对	杨利军　张振华	
封面设计	刘依群	
出版发行	浙江大学出版社	
	（杭州市天目山路 148 号　邮政编码 310007）	
	（网址：http://www.zjupress.com）	
排　　版	杭州好友排版工作室	
印　　刷	杭州日报报业集团盛元印务有限公司	
开　　本	710mm×1000mm　1/16	
印　　张	20	
字　　数	403 千	
版 印 次	2017 年 7 月第 1 版　2017 年 7 月第 1 次印刷	
书　　号	ISBN 978-7-308-15578-6	
定　　价	69.00 元	

摘　　要

　　知识资产在企业的资产中日趋重要,面对动态不确定环境时,知识资产所蕴藏与发展的能量不亚于知识创造。关于如何积聚企业的知识能量从而帮助企业获得和保持竞争优势,本书归纳了一些学者的观点。技术知识特性的内涵,以技术变动、复杂性、外显程度和路径相依度,以及技术知识的标准化接口程度等方面作为衡量变量。对于知识整合运作的内涵,强调知识整合是系统化、社会化和合作能力程度的提高;对知识整合运作特性而言,则强调知识整合的效率、范围和弹性等三个层面。由于探讨高科技产业,而此产业可以说是智慧资本的具体结晶,本书将组织学习的类型划分成适应型与创新型学习;对于核心竞争力类型的选择,以门槛能力、重要性能力以及未来性能力作为衡量核心竞争力的变量,正好符合此产业的特性。

　　就技术知识的特性而言,生物科技业的模块化程度和路径相依度比其他产业低;集成电路业的复杂化程度比生物科技、软件光电、电子信息业低。就组织学习方面而言,生物科技业和集成电路业比电子信息业在适应型和创新型学习方面呈现更显著差异。

　　企业在与伙伴合作的过程中,因为吸收对方的知识,或是因为彼此不协调、观点相异,从知识分享角度,研究在产品、技术或管理制度上更好的做法。从知识基础理论的观点来看,企业间合作创新乃是伙伴间知识整合的结果,另从组织学习理论的观点来看,这种创新则是企业学习到伙伴的知识后,加以应用的结果。研究结果显示:

　　员工所需知识类型的不同,其所偏重采用的分享媒介的性质也有所不同;知识分享媒介的性质不同,所能增进的工作效果亦有所不同;若同时考虑组织变项的影响,则知识分享媒介所能增进的工作效果的推论,将更为精确。

　　本书内容系统性强,研究角度新颖,不仅可供高等院校和科研院所中从事区域经济、企业管理等学科方面的教学和研究人员参考借鉴,而且对企业界从事知识管理工作的管理人员也有很大的指导意义。

前 言

PREFACE

对于一个企业来讲,要想发挥企业的创造能力,关键并不在于是否聘用某个人,而在于能否设计一套机制、一个系统,营造一个有利于创新的环境,通过这样系统的作用来激发员工的创造力。大多数企业都具有一定的创造性潜力。企业的智力资源、人力资源共同构成了潜在的创造力。因此,企业的环境和机制是激发企业员工创造力的重要因素。到目前为止,企业普遍实施科技方面与流程方面的知识管理,经营者对知识能量的相关管理与衡量仍然相当缺乏,企业盲目地评估知识能量,极易造成员工掌握的知识与能够胜任指派的任务的关联性不强,结果是未能有效地收集、利用与管理企业的知识,故造成企业资源的浪费。

企业知识相较于个人知识而言更难储存,因为通过项目团队方式来执行或规划的团队任务,会牵涉到许多人际沟通、领导、协调、团队默契及协同合作等内隐的知识。即使被记录在文件纸张上的知识,企业若缺乏有效的知识储存管理,很容易因为员工的离职、死亡、提早退休或是遗忘而消失殆尽,使得重要知识没有留存。项目团队在任务完成后解散,或企业流程再造等组织改组因素也会让原本储存不够健全的知识更加容易流失。

知识资产其实是一种能量的概念,为了有效率地管理组织知识能量,若只是将现存的知识资产清楚归类是不够的,因为知识资产是动态的,知识的创造可经由现存的知识能量,由个人层次,逐渐扩散至团队层次,最后是组织,甚至组织之外的知识,不断经历整合的活动,而创造出新的组织知识能量,所以,组织必须详细规划知识能量的积聚,并了解个人、团队及组织等各层次知识能量的形成过程。

本书研究目的在于针对企业知识管理与组织学习的互动关系,利用管理研究方法进行实证研究,其研究方法主要包括:案例分析、逻辑推理、典型相关分析、反向传播神经网络模型等。针对知识能量提升企业核心竞争力的途径,从企业间合

1

作创新、知识整合与知识分享媒介等方面,进行专题研究。本书的研究内容主要包括:知识能量概念与理论发展,理论综述与假设提出,知识管理与组织学习的互动关系,企业知识创新模式及其应用,企业间合作创新,企业员工知识分享机制,企业知识整合的实现机制等。

本书在撰写过程中参考了大量的国内外文献资料,引用了很多管理理论、研究论文的思想和观点。在总结以往同类研究成果的基础上,我们在研究企业知识管理与组织学习的互动关系方面进行了有益的、深入的探讨和研究。现将近一时期的研究成果著成此书,抛砖引玉,与大家共同探讨,希望能对我国的知识管理理论、方法和实践有所贡献。

本书的主要内容源于浙江省自然科学基金项目(项目编号 LY12G01002:技术知识特性、整合、知识能量与组织学习对企业间合作创新能力关联性研究),以及浙江省高校人文社科重点研究基地"决策科学与创新管理"项目(开发区企业集群知识流动的微观机制研究)的研究成果,同时杭州电子科技大学沈运红副教授、李道国教授、蔡丹红教授、范作冰教授、王晓耘教授、张宁教授、刘广副教授,浙江财经大学董进才教授,上海财经大学王炳雪副教授参与该成果的课题研究并撰写部分书稿,对研究思路、框架和研究方法以及数据的处理提供了许多帮助,另外,杭州电子科技大学研究生廖檠同学撰写了 4.3 节书稿,本书的出版得到了浙江大学出版社的鼎力相助,在此一并表示衷心的感谢。书中肯定有不足之处,还望专家和同行们斧正。

著　者

2016 年 10 月

目 录

CONTENTS

第1章 知识能量概念与理论发展

本章概要：主要探讨知识能量所涵盖的内容。分个人、团队和组织三个层次揭示企业知识能量的形成过程。关于如何积聚企业的知识能量从而帮助企业获得和保持竞争优势，归纳了一些学者的观点。针对企业知识管理研究现状，从知识的定义、分类，知识的特点，以及企业知识管理的程序等诸多方面进行了文献综述。

1.1 什么是知识能量
——关于知识能量概念的理解[1]

"知识能量包括储存在员工脑里的有用知识，组织知识库中的内隐及外显知识，以及企业员工在生产和工作中所形成及遵守的文化、流程、文件等。这些知识让员工碰到问题时，可以撷取来支持决策，故知识能量会依附在不同的主体，以不同形态表现"。[2]

到目前为止，企业普遍实施科技方面与流程方面的知识管理，经营者对知识能量的相关管理与衡量仍然相当缺乏，盲目地评估知识能量，极易造成员工掌握的知识与能够胜任指派任务的关联性不强，结果是未能有效地收集、利用与管理企业知识，造成企业资源的浪费。

"企业知识相较于个人知识而言更难储存，因为通过项目团队方式来执行或规划的团队任务，会牵涉到许多人际沟通、领导、协调、团队默契及协同合作等内隐的知识。即使被记录在文件纸张上的知识，企业若缺乏有效的知识储存管理，很容易因为员工的离职、死亡、提早退休或是遗忘而消失殆尽，使得重要知识没有留存。项目团队在任务完成后解散，或企业流程再造等组织改组因素也会让原本储存不够健全的知识更加容易流失"。[3]

Kuo Ren-Zoug(2011)主张："企业知识分散于个人、各地、各部门及各事业单位等的特定组织，知识管理即发掘人们为何这样想，如何处理和做决策等相关流程的信息，并将信息转为知识的一个过程。"此论述说明知识存在于个人的智能，也存在于系统、软件与实务工作等组织流程，所以企业知识能量的形成源自于个人的知识，核心工作的团队知识以及企业总体的组织知识。

1

1. 知识创造

"知识创造,是指除了由外部获取所需的知识外,组织内部的个人、团队及整体,通过各种不同的方法,包括创意、实验、教育训练、讨论、互动等来增进、强化原有的知识,或创新开发原来不存在而对组织有价值的新知识。"(林东青,2007)

林东青(2007)认为知识创造是个人通过互动讨论而分享新知识,再运用头脑风暴或师徒传承等方法筛选成团队知识,企业针对个人的建议或团队的提案会形成新的流程或制度,进而要求团队或个人去学习与执行新知识,如此不断地循环将造成组织知识的持续进步。

Shieh Chich-Jen(2011)曾建议组织应先了解知识需求与机会,再开始进行知识的建立步骤,其创造知识的基本架构说明如下:

(1)知识的建立。通过创新学习、人员培训、工作流程培训等渠道建立知识后,开始将知识存在人的大脑、文件、组织结构、技术与任何知识系统中。

(2)知识的应用。应用范围包括日常工作、解决问题及决策等。

(3)知识的开拓。开拓包含创新产品、专利、软件与技术,并适时转移技术等知识。

(4)知识的分析。因为知识的使用与需求增大而必须进行任务环境分析、知识使用与需求分析、知识获得可能性分析等。

另外,Nonaka(2000)认为整个知识创造过程,必须先由组织订立希望组织知识将来发展状况为何的知识愿景,再依此愿景发展新的知识资产或是针对现存的知识资产重新调整,也就是制定知识策略。如此,组织内部的知识才能经由知识平台、知识转移过程与知识资产的投入与产出等的互动而创造出新的知识。

2. 企业知识能量的形成

知识资产其实是一种能量的概念,为了有效管理组织知识能量,若只是将现存的知识资产清楚归类是不够的,因为知识资产是动态的,知识的创造可经由现存的知识能量,由个人层次,逐渐扩散至团队层次,最后是组织,甚至组织之外的知识,不断经历整合的活动,而创造出新的组织知识能量,所以,"组织必须详细规划知识能量的积聚,并了解个人、团队及组织等各层次知识能量形成过程"。[2]

个人层次的知识能量。谢洪明(2007)认为:"企业的个人或团队成员的知识经验越丰富、知识类别越多,其认知越具多样性,相对能解释的信息也就越多,也越能解决较困难的问题"。Jayanthi Ranjan(2011)认为个人知识的背景来自于前期经验的积累,来自于逻辑或数学推论学习或从他人处听来的社会知识。换句话说,个人知识是心智模式内的组成分子,即一些事实、信念、认知、观念、判断、期望值、方法论与实用知识等。

个人不论是学习、工作还是娱乐,当接收外在事物,可能是经验、数据、知识、信息、价值观或专业洞察力等,会扫描脑海中的知识记忆库加以识别,若事物原来就存在,则不改变个人原本知识的结构,选择同化以增加个人的知识深度。若对应于记忆库,没有相关的知识背景存在,个人知识就会重组,并进一步调节原有的知识广度,以容纳新的事物。最后,不论是同化还是调节均可能产生新观点。Chen Weifeng(2011)也印证此论点,主张吸收与既有知识截然不同的新知识,能够重组概念与技术结构而创新产品或技术。学习、筛选、吸收及推理知识,并储存在我们大脑中加以传达、掌握及转化成自己所拥有的知识或是创造新观点。

　　组织层次的知识能量。Li Yuan(2010)研究发现:"西方国家把个人知识当成对象来搜集、储存、分享、扩散及管理,而日本公司在创新上是非常成功的,其知识创造方法是通过日本特有的团队合作文化,让成员心智模式内所储存的内隐知识、主观知识与洞察力,通过个人(individual)→团队(group)→组织(organization)IGO 三个阶段,不断往上、往下循环成长,互相转换以形成新的知识,形成整个企业创新的潜力与能力。此研究印证组织知识就是来自员工的学习与工作经验,唯有通过个人学习,团队才能够学习,再扩大至组织学习。"

　　Jasimuddin(2012)进一步提出:"知识的螺旋结构,说明知识的创造是由个人层次开始,逐渐上升并扩大为个人与个人、个人与团体、团体与团体及团体与个人四个互动的转换过程。""其特性包括无法用言语来表达主观且实质的隐性知识,也包括通过以文字、信息和数字等来表达客观且有形的显性知识"(王连娟,2006)。

　　个人的知识管理是以员工个人心智模式内的知识或工作需要为出发点,自外部环境,包括组织环境、产业环境及企业总体环境,依其主观的认定,获取对其有意义的知识,并对所获取的知识加以分类。而且为防止知识流失,个人会将所获取与分类后的知识储存在自己的脑海、档案文件或是信息系统,避免再使用时取用困难。通过问题的解决,个人才能有效地复习和应用过去所学习到的经验和知识,并进一步激发新的创造力。(周晓,2007)

　　换句话说,个人面对多变的环境,只有根据自己的目标,有目的地通过各种渠道或与专业人士进行交换、分析以探索和学习自己工作上所需要的新知,发掘并积聚自己的知识资产,甚至改造自己的知识结构,才能系统地了解自己应拥有哪些专业技术与智慧资产。将个人知识综合成团队知识,企业才能实现公司目标,保持竞争优势。汇总个人、团队及组织的主要知识储存方式,如表 1.1 所示。

表 1.1　个人、团队、企业的知识能量的层次及传递形式[5]

企业知识能量的层次	知识能量形成的过程	知识储存的方式
个人知识	知识分类、获取、更新扩散、创造、储存	师徒制、核心员工、专家和管理者的经验
团队知识	具体描述并概念化、分享内隐知识、扩大个人知识	团队知识记录、项目研究报告、会议纪要
企业知识	信息科技、企业文化、策略与领导、研究报告和文件	文件管理系统、知识库等

3. 关于知识能量概念的理解

Yildiz(2010)认为,"知识能量是指知识的获取过程,而此过程是有关知识的创造、获得与转移的程序"。知识能量的程序观见表1.2。

表 1.2 知识能量的程序观[5]

	定义	主要程序	目的
Ⅰ. 知识获取	指企业获得知识的过程	通过学习、模仿、技术再生、搜寻等途径获得知识	通过内外环境的侦查和知识的扩散,以强化核心竞争力
Ⅱ. 知识扩散	指通过不同媒介和工具,将知识传输至内部或其他各单位人员的过程	通过工具、程序或平台,或者师徒授受以传递知识	通过软硬件媒介物的使用,可将有用知识传输至相关人员
Ⅲ. 知识解读	指赋予知识意义的过程	解读意义的成分受到认知或经验、媒介使用程度、信息负荷程度等因素的影响,具有不同程度的内涵	知识学习的积聚前提要视知识解读的程度而定
Ⅳ. 组织记忆	指公司以各种形式储存得到的技术知识、专利技术、知识产权,以供员工使用	可通过开发计算机系统应用软件、平台,以储存或存取信息	建立知识储存系统以积聚知识的学习

综上所述,许多专家学者对于知识能量的内涵从不同的研究角度进行定义,尽管有相似之处,但是,主要程序和目的还是有区别的,充分利用企业的知识能量提升核心竞争力,就要孕育和发展知识,所以本章将知识能量定义为企业为提升核心竞争力,在技术知识取得与扩散、解读与储存环节形成的知识资产。

王志伟(2007)认为,"技术知识必须通过知识能量的蕴藏与扩散过程才能凝聚核心竞争力"。

Carmen Camelo-Ordaz(2011)也强调,"企业核心竞争力来源于企业有效地对于内部知识的取得、扩散与积聚,然而知识的流通与积聚的前提条件与目标是必须先解决内部的问题,以强化企业的核心竞争力"。

4. 与知识能量相似概念词的界定与比较

书中涉及的相似概念词有:知识、技术知识、知识能量。见表1.3所示。

表 1.3　知识能量相似概念词的定义、比较及使用举例

相似概念词	定义	比较说明	举例
知识	①知识是人们在社会实践中积累起来的经验 ②哲学家培根认为知识是人们认识经验的结果,知识就是力量 ③知识是一种储存于人头脑中,用来解释信息、转换信息的能力等	头脑里的知识是诸如科学知识等理论和知识点;而技术知识由地区性经济、文化、政策与商业习惯相关的信息与技能构成,必须经由过去在当地营运所积累的经验来获得	知识就是力量
技术知识	技术知识指某些技能与资产,只能在特定生产过程中使用,或仅能服务特定顾客		知识是技术的无形本体,而技术是知识众多不同形式的包装、组织与整合
知识能量	知识能量包括储存在员工脑里的有用知识,组织知识库中的内隐及外显知识,以及企业员工在生产和工作中所形成及遵守的文化、流程、文件等	知识是人们在社会实践中积累起来的经验。能量是物质做功能力	积聚企业的知识能量从而帮助企业获得和保持竞争优势

　　(1)知识。从词典知,知识是人们在社会实践中积累起来的经验。知识到底是什么,我国目前仍然有争议。

　　知识概念有着丰富的内涵和广泛的外延,不同的学科领域对知识的定义也各有不同,哲学家培根认为知识是人们认识经验的结果,知识就是力量。Sobrero 和 Roberts(2010)认为,"知识是通过实践、研究、联系、调查获得的对事实或状态的认识,是对科学、艺术或技术的理解,包括人类获得的关于真理和原理的认识总和"。还有一些具有代表性的观点认为知识是具有价值和使用价值的人类劳动产品。Alavi 和 Leidner(2006)认为,"知识是一种储存于人头脑中,用来解释信息、转换信息的能力等"。Harry S L(1999)对知识的定义则更为广泛一些,他认为知识包括了所有可能影响人的思想和行为的因素,以及那些可以解释、预测和控制物理现象的信息(例如:技能、组织文化、成型的理论等)。Mccall Holli(2008)在研究中发现,"不同员工对知识内涵的认知大不相同,有人认为知识是员工经验下的产物,而成功的知识管理就是有效地捕捉这些经验,并且加以重组和利用以使工作更有效率。而有人认为知识是一种组织内、外部的信息分享与联结,借助内部员工间的互动与交流与外部知识的取得,就能为组织创造知识优势"。对于知识的界定尚无统一的标准,但对于知识内涵理解的重要性却是毋庸置疑的。对知识内涵的了解能帮助企业辨识当前所处知识环境的优劣势,发现机会,规避威胁,能更好地对知识

加以运用和管理。本文将主要从经济学和管理学的角度来探讨知识的内涵。

"知识不同于数据和信息,是通过对信息的获取和整合而升级成的理性的信息和经验,它具有创造新知识的特点,是能力的体现并且影响主体未来发展的潜力。经济全球化的今天,企业持续竞争力的源泉正日益集中于企业内部特异的、难以模仿的知识能量。因此知识管理作为一门新兴的学科,自20世纪末诞生起便引起了广泛关注并得到迅猛发展。"笔者对历年来比较有代表性的学者对知识的定义进行了大致的梳理,如表1.4所示。

表1.4 对知识的定义

作者及研究年份	对知识的定义
Nonaka(1994)	知识是 种被确认的信念,通过知识持有者和接受者的信念模式和约束来创造、组织和传递,在传递知识的同时也传递着一整套文化和相关的背景系统
Davenport 和 Prusak (1998)	知识常被视为结构化的经验、价值、情境信息和专家认识的混合,它提供评估、整合新经验和信息的框架。知识不仅存在于文件与存储系统中,也蕴含在日常例行工作、过程、执行与规范中
Harverston 和 Triandis (2002)	知识是从不相关或相关的信息中变化、创造而得的,比数据或信息更广、更深、更丰富
Housel 和 Bell(2002)	知识是一种借助人的心智活动,直接或间接产生的观念构思
Narasimha, Mohamed, Turban(2002)	知识是组织起来的以解决问题和进行决策的信息
Silva 和 Jaisy (2012)	知识是经过理性选择的信息,用于指导任务的执行、问题的解决和决策的制定,以便于执行、学习和教育
Carlo,Jesscia,Kalle, Gregory(2012)	知识来自资讯,资讯转变为知识过程中的所有环节都需要人们亲自参与,因此可以将知识看作一种过程

一些学者认为,从另一个角度来看,"技术就是用以经营或改进现有产品和服务的生产所必须具备的知识或方法,是将知识系统化地加以组织。技术与知识通常有部分的范围是相互涵盖的,知识是技术的无形本体,而技术是知识众多不同形式的包装、组织与整合。而在探讨高科技产业的知识管理活动时,技术是高科技产业相当重要的一环。因此,较宽松的解释下,技术知识与知识可以大致通用",本文接下来的讨论也将采用这种宽松的解释方法。

对于知识的分类,Polanyi最早提出默会知识的概念,从而出现默会知识和明晰知识的分类,Lubit R(2001)结合了知识存在的层次以及Polanyi的观点,将知识分为以下四种,如表1.5所示:

表 1.5　知识的不同分类

	明晰的	默会的
个体的	头脑里的知识	具体化知识
集体的	编码知识	嵌入性知识

"头脑里的知识(个体—明晰知识)是诸如科学知识等理论和知识点,拥有者清楚地了解这些知识,并可以将其运用于不同情境,可以通过正式的培训和教育进行转移;具体化的知识(个体—默会知识)是建立在行动之上的,如个体在操作中积累的经验,可以通过师傅带徒弟的方式言传身教;编码知识(集体—明晰知识)是一种集体知识,通过编码化的知识可以脱离主体被轻易地理解和使用,编码知识多有简单、片段化的特点;嵌入性知识(集体—默会知识)是存在于组织的惯例、规范中的分散的、与情境相关的知识,常以产品、服务等其他载体呈现出来。"

Harry S L(1999)将知识分为"增加性知识(additive knowledge)、替代性知识(substitutive knowledge)和互补性知识(complementary knowledge)。这些知识都将对企业原有的知识体系产生增加、替代与互补的影响,使得原有知识的价值产生变化"。正因为知识的种类与特性会影响知识的传播、学习的效率、知识应用的难易程度以及知识创新(Holsapple 和 Joshi,2001),因此如何在知识管理过程中考虑知识所具有的特性是企业取得成功的关键。

(2)技术知识。"根据知识的编码程度,可以将技术知识划分为隐性和显性两种形式",英国学者 Polanyi 最早提出隐性知识的概念,他提出,"在一个人所知道的、所意识到的东西与他所表达的东西之间存在着隐含未编码的知识。而这种隐性知识限定于特殊情境之中,根植于人们的行动和相互联系,很难与另一个情境的人进行交流"。Nonaka(1994)进一步研究提出"隐性知识由难以表达的信仰、隐喻、直觉、思维模式和诀窍组成,难以表达和衡量价值"。Edvinsson 和 Sullivan (1996)认为:"通常隐性知识是个人、团体、部门或组织长期积累的,无法显性化的技巧(know-how);因此隐性知识不容易被编码,如果没有懂得该技巧的人在场,隐性知识将很难被使用或沟通。需通过面对面、同步沟通的模式进行知识的扩散。而显性知识可以借由具体的文件数据、公式和标准化程序等形式进行表达、沟通和分享,可以不依赖于个体实现空间和时间的转移,易于沟通和传播。一般而言,组织的显性知识表现为文件、图纸、规程和标准等组织技艺,而组织的隐性知识则存在于个人技艺、组织文化和个体之间的默契关系之中,比如个人的经验、主观看法、情感、组织文化等。虽然隐性知识难以通过正式的信息渠道进行内部扩散和分享,但它相对于显性知识而言具有更高的价值,对企业技术创新起着关键作用。"

谢洪明等(2007)认为:"技术知识具有四大特性:内隐性、专属性、复杂性和经验性。①内隐性:由亲身学习所得来的隐含的、未整理编撰的技能累积。②专属性:某些技能与资产只能在特定生产过程中使用,或仅能服务特定顾客。比如某些知识由与地区性经济、文化、政策与商业习惯相关的信息与技能构成,这类知识通常根植于地域性的无形资产中,必须凭借过去在当地营运所积累的经验来获得,因此造成了知识本身的专用性,不容易被复制到其他企业或地域去。因此知识专属性也成为影响知识转移效果的一个重要因素。③复杂性:特殊知识需要独立的技术、规则、资源和专家的整合,而与知识产生相关的人员或技术系统越复杂,知识本身的复杂程度就越高。④经验性:组织的吸收能力是其过去经验的函数,对相关知识领域拥有越多的经验,转移绩效越明显。"在 Teece(1997)的分类中还提到了知识的路径依赖性,"他们认为新创造出的知识是依照先前的相关累积知识而来的,一般而言,知识的路径依赖程度越高,知识流通的效果越佳"(谢洪明,2007)。

另外,知识具有[3]:"①使用的非排他性,又叫共享性。知识产品具有公共产品特征,不具有独占性和排他性,当个人将知识传递给别人时他仍然拥有这种知识,不会像土地、资本等资产要素因占有使用而减少,知识可以被人或组织同时享有。甚至通过知识的传播和扩散过程,个体所拥有的知识不但不会减少,反而会增加。②知识具有边际报酬递增的性质,即在提高知识应用效率方面投资越多,获得的边际收益将越多"。谢洪明(2007)认为知识的特性还包括无形性、依附性、时效性、无限增值性等方面。

Grant(1996)认为,"技术知识包括可转移性(transferability)、可累加性(capacity for aggregation)、可专用性(appropriability)三种特性"。

林东青(1997)根据技术知识的模块程度对组织间知识交流的影响,将技术知识分为两个构面:①技术知识的可分割性;②技术知识的标准化程度,即零件的相容性与模块化、标准化。

从以上文献研究我们也可以看出,大部分学者对于知识特性与技术知识特性这两个概念并没有加以严格区分,两者在某种程度上都可以适用。而技术知识特性一般包括了知识的内隐性与外显性、复杂性、不确定性、专用性、模块化程度以及路径依赖性等。这些也是被学者们探讨、研究得最多的技术知识特性的几个方面。

1.2 企业要不要积聚知识能量
——几种理论观点的回顾

柯翔(2004)提出:"根据以资源为基础的企业观,资源是企业获得竞争优势的来源。那么在知识经济条件下,知识已取代资本、劳动和土地这些传统资源成为企业的关键资源。知识,无疑能够为企业提供可持续的竞争优势。"关于如何积聚企业的知识能量从而帮助企业获得和保持竞争优势,许多学者都做了有价值的探讨和论述。其中有代表性的观点为：

Bonjour(2009)和 Nonka I(1998)等人提出，"企业可以通过编码化和人物化这两种知识管理方式来获得企业核心竞争力"。Cao 和 Dupuis(2009)认为，"企业可以根据自己的变化环境，采取相应的知识管理策略，从而支持企业的竞争优势"。Sternitzket(2010)认为，"在企业的知识中，由于隐性知识其固有的属性，形成了企业的核心竞争力，成为企业竞争优势的来源"。但是，关于企业如何根据自身的情况来判断哪些知识构筑了企业的竞争优势，并将其进行相应的管理，这方面的研究还不多见。

1.3　企业为什么要积聚知识能量
——企业积聚知识能量的动因分析

"知识就是力量，早在 1965 年管理大师彼得·杜拉克就已提出知识将取代土地、劳动、资本机器设备等成为最重要的生产因素。然而，一直到 90 年代才开始引起众多学者对于知识管理的重视。知识管理与一般管理活动不同，它将重点集中于知识的观点上，最终目的是有系统、有组织地应用知识，进而创造知识。"(O'Gorman,2010)。

郑荣杰(2005)认为："创造与分派知识宝库中的知识的过程称为知识精炼(knowledge refinery)，而这个过程包含五个阶段：

知识的取得(aquisition)。一个组织不是自己创造信息与知识，就是从各种内部与外部的来源去获得所需的信息与知识。

知识的精炼(refinement)。在将这些已获取的知识放到知识宝库之前，组织必须增加这些知识的附加价值，这个过程包含筛选(cleaning)、标签(labeling)、编码(indexing)、分类(sorting)、摘要(abstracting)、标准化(standardizing)、整合(integrating)、再分类(recategorizing)。

知识的储存与补充(storage and retrieval)。这个阶段衔接了上游的宝库，创造与下游的知识分享。

知识的传递(distribution)。这个阶段包含组织如何建立起机制(mechanism)，让组织的员工能够很容易地取得知识宝库中的知识。

知识的呈现(presentation)。组织用来使用知识的脉络(context)会密切地影响到知识的价值。组织必须培养一种能力(capability)，通过此能力组织可以有弹性地分配(arranging)、选择(selecting)与整合(integrating)知识的内容。"

1.4 企业如何积聚知识能量
——影响企业积聚知识能量的因素分析[8]

对于知识创造过程的研究,应首推日本知识管理专家 Nonaka 与 Noboru,他们共同提出了著名的知识创造过程模型(the SECI model)。

企业的知识创造是一个隐性知识和显性知识互相渗透、转化的过程,知识的创造是在隐性知识和显性知识互动的前提下产生的。Nonaka 等人(2002)将组织中知识创造的过程划分为四个阶段:①社会化(socialization):从隐性知识到隐性知识。②外在化(externalization):从隐性知识到显性知识。③组合化(combination):从显性知识到显性知识。④内在化(internalization):从显性知识到隐性知识。此即 SECI 模型。

(1)社会化(socialization)。社会化是指隐性知识在不同主体之间的一种互动,经验分享是这个过程的关键。对组织内部或外部情况进行的巡视也可以成为获取经验性知识的有效途径,如从公司与供应商及顾客直接交往和互动、从公司内部获得隐性知识等。在特定的意义上,隐性知识只有在自我成为更大的自我的组成部分时,才能够被分享。在这个阶段,个体成员之间经验的共享是获得隐性知识的关键。通过对广东省部分中小企业的调研,曹建新等(2004)发现,"大多数企业通过传帮带、观摩等形式来实现企业知识的创造和传递"。

(2)外在化(externalization)。外在化是指将隐性知识明晰化并转化为显性知识的过程。在实践中,"它主要是通过比喻、类比、图表或原型等方式来实现的。在这一阶段,被个体成员分享的隐性知识,通过相互交流,或者是文字、图形等形式而得以表达和传播,隐性知识由现象阶段走向了概念表述"(曹建新等,2004)。经验体会及总结等是企业常用的外在化的表达方式。

(3)组合化(combination)。组合化是将显性知识转换成更复杂或系统化的知识体系的过程。组合化过程将分布于不同主体和层面的知识通过企业的知识网络发生交换和整合,从而转化为组织知识。调查发现,会议或交流是企业知识结合的惯用方式,电视、电话会议、e-mall 等是组合的有效工具。数据采集和分析是这一过程的典型实例。

(4)内在化(internalization)。内在化指新的显性知识转化为个人隐性知识的过程。"干中学"是这一过程的真实体现。在企业,在岗培训、模拟或实验等方法被用于实现新知识的内在化。

个人的隐性知识经社会化、外在化、组合化和内在化四个阶段,实现了个人之间、个人和组织之间知识的传递,并最终产生了新的隐性知识。当企业中个人的隐性知识需要与组织中其他成员分享时,即社会化时,又开始了新一轮的知识创造过程。"在这个过程中,知识不断实现自我的突破和超越,彰显出螺旋式的动态的递进过程。当个人的知识完成一次螺旋运动,转化为新的隐性知识后,新的知识螺旋运动又开始了。"

1. 通过"观摩学习"来积聚知识能量[9]

曹建新(2004)将"知识分成两种不同类型:隐性知识和显性知识。隐性知识是高度个性化的知识,有其自身的特殊含义,因此,很难规范化,也不容易传递给其他人,也就是'只可意会不可言传'的知识"。隐性知识是一种主观性很强、基于长期经验积累的知识,不能够用几个词、几句话、几组数据、几个公式,甚至是不能用语言、图像来表达,它的内容结合特定的场景有十分特殊的含义。隐性知识通常包括信仰、隐喻、直觉、思维模式和所谓的"诀窍"(例如手工艺师所掌握的特殊技艺)。显性知识就是规范化、系统化、理论性强、能够使用语言文字来表达的知识。

隐性知识中有一部分是技术技巧——它是非正式的、难以用语言描述出来的技巧,即通常所说的技术诀窍。一个熟练的手工艺师在经过多年的实践后,其手指具有非常丰富的技能。但是,他通常不能说出他所掌握的技能背后的科学或者技术原理或原则。同时,隐性知识具有重要的认识维度,它是由我们认为理所当然的一些根深蒂固的心智模式、信念和观察事物的视角所组成,从而无法实现用语言比较容易地将它们表达出来。

获取隐性知识的关键就是"亲身经历",特别是那些"共享经历"。例如,学徒向师傅学艺就是典型的获取隐性知识的例子,学徒和师傅在一起工作,一般作为师傅的助手,在工作过程中观察、模仿师傅的工作技巧,通过实践来体会师傅所擅长的技巧。在现代商务环境中,所谓的"在职培训"也是运用了"师傅带徒弟"的获取隐性知识的原理。

为了获取隐性知识,我们必须在企业内部和外部进行"观摩学习"或者"走动学习",对外界事务进行广泛的观察和接触。"因为知识是有生命力的,有其自身特有的含义,通过在企业外部'观摩学习'或者是'走动学习',就能够使我们接触到企业外部人员所掌握的隐性知识。在外部'走动学习'的过程中,我们必须充分利用自己的五官感觉,身临其境地获取外部知识,例如与顾客进行直接谈活和交流等活动。"

2. 通过企业并购来积聚知识能量[10]

在讨论知识产生的过程中,一般认为,"企业所运用的知识既可以从一个企业或组织的内部开发产生,也可以从企业或组织的外部产生。企业所获取的知识不一定是新创造出来的,只要是该企业所缺乏的知识就可以了"。(谢洪明,2006)

"当然,并不是所有的公司并购行为的目的都是为了获取知识,一家企业收购其他企业全部或部分的原因是各种各样的:获得新的增长点、实现战略规模经济效益、进入新的市场、获得高层管理层的经营技巧、获得市场竞争所需的专利和技术诀窍(最后两个原因,是购买知识的一个方面)。有时候,知识会成为其他导致企业并购活动的副产品。但是,在经济全球化、基于时代竞争的压力下,越来越多的企业,出于快速获得其他企业拥有的市场竞争所需知识能量的要求,而开展企业并购活动,他们经常给出远远高于市场价格的收购价格来收购一家企业,因为,被兼并的企业能够给本企业提供急需的知识能量。"以下是几个为了购买相关知识能量而进行企业并购业务的实例,反映了为了获得知识而进行购买知识能量的不确定性。

1995 年,IBM 公司支付了 35 亿美元来收购 Lotus 公司,是 Lotus 公司账面价值 2.5 亿美元的 14 倍。当时,IBM 刚刚从经营困境中走了出来,却面对 Intel、Microsoft、HP、Compaq、Dell 等众多的竞争对手的威胁。Lotus 公司虽然是领先的企业通信与协作软件的供应商,由于 Microsoft 强大的竞争压力而开始陷入经营困境中。很显然,IBM 公司所支付的投资并不是为了 Lotus 公司的 Notes 软件或者是其他 Lotus 软件产品,也不是为了 Lotus 公司的生产和销售能力。IBM 所支付的额外的 32.5 亿美元,显示了 IBM 公司对 Lotus 公司在 Notes 软件以及其他协作软件应用等所拥有的知识能量的价值认可,他们发现了 Lotus 公司 Notes 软件以及其他协作软件的头脑比软件本身更有价值,他们能够预见并开发下一代通信和信息共享软件,他们拥有 IBM 公司所需的技巧、经验和创造力,以便将该公司现有的知识应用到新的协作软件世界中。IBM 相信,Lotus 公司所拥有的这一能力——他的知识财富——带来的价值是任何金融意义上的估算都无法预计到的。截止到 2002 年,IBM 公司声称 Notes 用户从 500 万上升到 2000 多万,向 IBM 主机系统引入 Lotus 的 Notes 软件以及其他协作软件,从而有力地推动 IBM 从封闭的系统结构转向了开放的系统结构,由此给 IBM 所带来的投资效益远远超过所支付的 35 亿美元。

AT&T 公司对 NCR 公司的收购是另一个广为人知的知识购买的实例。AT&T 为了进入计算机领域而收购 NCR,但是 NCR 的多用途计算机业务尚未形成良好的运行机制,而且,NCR 也不是领先的多用途电脑供应商。造成这次企业并购失败的原因非常复杂,有些分析过于肤浅,有些分析过于深奥,我们就不一一列举说明。但是,这一次收购行动在几年时间内趋向于失败已经充分说明了购买知识能量可能会带来的各种各样的问题,特别是在实现一类知识与另一类知识相结合的时候。在本次企业并购活动中,AT&T 公司的通信专业知识与 NCR 的计算机知识相结合时,由于两家企业拥有完全不同的文化背景,一家是追求高可靠性、高稳定性的文化氛围的通信行业,一家是追求创新、高性能的文化氛围的计算机行业,而一家企业只能在特定的文化氛围下创造和获取知识,因此,知识的转移也就比企业的其他资源更具有不可预见性、不可移植性。

一家企业为了获得另一家企业所拥有的知识能量而并购该企业时,将可能获得被并购企业的以下资源:人力资源(也就是说知识存在人的头脑中或者具有一定知识的人的群体中),以文件形式存放的或者存放在电脑软硬件中的已经编码好的知识,包含了被并购企业的业务流程规范、生产工艺、专利技术和商业秘密。由于目前可靠地评估知识价值的工具还正在探索和开发过程中,对知识价值的判断通常都带有非常强的主观推测性,对知识转移和流失的机制也没有理解清楚,故此,绝大部分的预防措施以及调查重点都放在如何确保掌握了关键的知识的核心人物,依据雇佣合同或者支付协议在几年内被"锁定"在企业之中。

目前在为指导购买知识而尝试设计的正规化的标准体系还很不完善,同时,缺乏有效工具和方法来开展这方面的工作,因而,在这里只能指出一些可能需要进一步深入研究的问题。例如,管理者在评估雇员的受教育水平时,通常是没有办法在一般能力与对企业有重要价值的知识之间进行区分。管理者在评估专业技能时,不能很好地评估没有证书证明的、潜在的专业知识和技能,管理者在评估雇员的经验时,通常会忽略掉通过失败总结出来的教训的潜在价值。知识和天赋通常并不是高等教育文凭的同义语,现在没有人对这一点能够提出疑问:最大的软件公司Microsoft公司的创始人盖茨没有获得大学文凭,最大的个人电脑生产商 Dell 公司的 CEO 戴尔也没有读完大学。为评估知识价值所做的这些努力充分反映了将知识作为一种财富的认识,但是同时也充分显示了知识价值难以加以评估的特性。

一个拥有丰富知识的机构,即使体制健全,在它的知识受到外界知识的冲击时也会表现得非常脆弱。知识同某些特定的人以及某一特定环境的有机联系,意味着购买者可能最后只能获得所购买知识在购买之前就具有的那一小部分价值。企业并购时的不稳定性以及内部工作程序和网络的瘫痪经常会使一些有才干的人寻找新的选择,他们很可能会选择离开公司,同时,也带走了他们的知识。

工作环境的变化所带来的知识损失虽然更为微妙但是也是客观存在的事实。机构规模、管理中心、信任以及工作氛围等无形环境的变化可能会破坏整个知识管理的文化。知识只能在其发展的环境中继续趋向成熟,这是知识的一大优势。这种"执着"是竞争者无法轻易地享用需要大量时间、人力和经费才能开发出来的知识。愿意为了某一公司的知识能量而购买整个公司(并且付出了额外的代价),主要是因为认识到仅仅雇佣该企业的一些雇员或者借助一些方法是不可能获得该公司的知识的。然而,即便是购买了整个企业,如果在购买过程中破坏了创造知识的生态环境,也无法获得该公司的知识。

最后一个面对的问题是,收购企业不能有效地吸收、接纳新的知识。虽然,用收购企业的方式来拥有必需的知识是企业提高知识储备的一种捷径,但是,要完全接受和吸收新的知识仍然会遇到原有企业的政治与文化方面的障碍。收购企业的保守势力会抵制新的雇员所传授的新的业务流程、工艺流程技术,即便是已经验证了新的业务流程、工艺流程等更为先进和可靠,而且这种抵触情绪还会因为一种认为本公司被征服了的普遍存在的倾向而变得更为强烈。这种态度是大多数以购买知识财富为目的的企业并购趋于失败的重要原因之一。[10]

3. 通过租用来积聚知识能量[8]

曹建新(2004)主张,"通过企业并购来积聚知识能量以外,还可以通过租用来积聚知识能量"。例如,小约瑟夫·巴德拉克说,截止到 1987 年,美国有将近 200个企业和大学协作社团在依照 1984 年颁布的美国研究协作法案运作。实际上,这些公司的大部分研究开发都是在企业外部进行的。曹建新(2004)认为,"他们放弃了一定的控制权以减轻经济和机构的负担。例如,美国霍舍施特邀请五家公司向美国马萨诸塞的分子生物研究所附属医院的研究项目提供支持,并希望通过这些支持能够帮助研究新的有商业应用价值的药品"。澳大利亚联邦科学与工业研究组织(CSIRO)在研究机构和工业之间建立起类似的合作关系,美国微软公司与中国自然科学基金会建立了合作关系,希望能够帮助开发有长远前景的软件技术,并获得相应的商业使用权。研究开发通常只是一种尝试,很难预见这些研究是否能够得到创造商业价值的知识,然而,计算一定时间内从受资助机构所获得知识的价值是可能的和可行的。一般而言,做出资助某一个研究机构或者部门的初步决定所依据的有用的但不完善的标准,实际上与收购一个知识丰富的企业所依据的标准是一样的:机构以及机构人员的声誉、过去的业绩以及专家对未来可能的研究所持的观点。

雇佣外部咨询顾问也是一种租用知识的来源之一。例如,为了某一特定的目的,如课题、项目、技术开发等,聘请一个外部的咨询顾问人员。一般而言,声誉是价值的关键衡量标准。一家企业为了分享该咨询顾问的知识或者将其知识应用到某一课题中而向该顾问支付费用。与设备或设施的出租完全不同,知识出租还涉及范围广泛的知识转移,否则,合作双方都不会满意。虽然知识来源是短暂的,但还是有许多知识很可能被转移到企业内部中。通常情况下,与管理咨询公司合作的经验丰富的企业,通常在咨询合同中特别注明,咨询顾问的知识应该以结构化、条理化的形式提供给客户。同时,咨询顾问也开始以向客户转移知识为基础推销自己的业务。例如,在 ERP 软件咨询市场上,软件公司、咨询公司一般将管理咨询与相应的管理培训、实施培训和操作培训的服务捆绑在一起提供。

当然,如果专家的知识有一定的深度,那么在短时间的咨询业务中,甚至是结构化的知识层面上,能够转移的也只是这些知识的一小部分,而且是比较浅显的那一部分。聘请专家的企业可能还有别的目的,例如,一家公司为了解决某一个特定的问题聘用专家,他们很可能只是未来获得该咨询顾问的有关建议,而不是对他们所掌握的知识更感兴趣。

知识的创造与获取需要如此多的投入,因而知识创造与获取的目的是最重要的:企业必须首先知道它需要什么知识,才能知道如何获取这些知识,最后才能够最大可能地获取他所需要的知识。许多高级咨询顾问有时会为客户向他们要求的知识转移量过小而感到惊讶,在我们所经历过的为国内企业提供咨询服务的项目中,只有极少数企业要求向企业转移知识。这些专家通常设想,花费了一定代价雇佣他们一天或者一个月的企业会向他们榨取尽可能多的知识。但是这些企业经常无法向专家提出一些有助于吸收专业知识的问题。

广东省中小企业在发展到一定的程度后,往往会大量租用外部专家来获取知识。例如,广东中山格兰特镀膜玻璃有限公司,年销售额为 7000 万,曾长年聘请华南理工大学工商管理学院的老师作为他们的顾问,应企业要求,专家向企业转移生产管理、人员绩效考核、财务管理以及营销策划等方面知识,华南理工大学的专家通过各种培训向企业转移了有关知识,提高了该企业的生产管理、财务管理及市场营销的水平。

4. 通过融合来积聚知识能量[8]

曹建新(2004)认为,"在研究开发过程中一般应该尽量减少可能会抑制产品研究的各种压力和分散注意力的因素,但是,通过融合产生知识的做法却是有意识地引入复杂性甚至冲突,其目的就是产生新的协同作用,激发新的知识的产生"。融合的过程将不同领域的人们集合在一起研究某一特定的问题或项目,促使他们得出问题的一个集成性的答案。

在《创造知识的公司》一书中,野中郁次郎和竹内广隆认为将具有不同制式和经验的人集合在企业是知识创造的必要条件之一,并且说,在任何组织中都必然会发生因为意义理解不同而带来混沌局面,而这种混沌局面是创造新知识的丰富来源之一。他们借用了控制论术语"必要的差异"来描述创造性混沌的建设性冲突,体现了将更大范围、更复杂的思想相互融合所具有的价值。个人之间的差异使小组无法获得解决问题的常规方法。由于小组无法达成共同的为大家所熟悉的解决方法,因此,个人必须一起开发新的思路或者是为他们的旧想法寻求新的结合途径。一种赞成劳动力多样化的观点认为,将不同的才能和背景的人员结合在一起就能够增加成功的几率。解决某一问题所投入的人员构成的复杂性和多样性应该与问题的复杂性和多样性相匹配(至少成比例),知识的首要价值在于能够有效地处理复杂问题而不仅仅只是简化了问题。

然而,完全的混乱并非具有创造性。伦纳德·巴顿认为革新发生在"不同精神世界之间的交界地带",但是,精神世界必须相互关联才会存在交界地带。创造性冲突或者融合的产生需要一定共同的土壤。所有群体的成员必须发展相互之间能够理解的共同语言,同时还必须拥有一定的共享的知识。

融合能够带来其他方式无法实现的大量成果,也是日本企业实现持续创新的根本原因之一,但是,它并非是知识创造与产生的捷径。为了使成员具备相互合作所需的知识和语言,企业需要投入大量的时间和努力。谨慎的管理是必需的,需要确保不同风格和思想的协作是积极的和建设性的,而非单纯的冲突。

5. 通过适应来积聚知识能量[8]

竞争者的新产品和新技术以及社会和经济的变化都会驱动知识的产生。因为如果企业不对变化的条件作出反应就会遭受失败。事实上,有关组织和复杂大系统的文献以及相关的组织效率和战略的模型已经有许多了,而且在这方面的研究仍然在快速地增加。

外部环境变化对企业生存与发展的正反两方面影响的例子有很多,"在中国20多年改革开放的历程中,中国的四通公司、巨人公司,美国的 DEC 和王安公司,都是因为无法适应变化而由盛至衰的典型例子。成功经常是创新的敌人,也曾被称为胜利者的咒语。要改变运行过的或者仍在运行的东西非常困难。为过去的成功所蒙骗,一些公司有时无法看到变化正在发生并承认自己将受到严重影响。低成本、高质量的日本汽车在美国市场的出现改变了汽车行业,但是,几十年来的主导地位使美国汽车制造商忽略了这一重大威胁"。[8]类似地,日本企业忽视了中国电子电器产品制造业的兴起所带来的改变,直到日本大多数电子电器产品生产商陷入经营困境,才迫使日本企业面对现实。

由于 20 世纪 70 年代和 80 年代中最为成功的一些企业相继在 20 世纪 90 年代遭遇了危机,20 世纪 90 年代最为成功的一些企业在 21 世纪也遭遇了经济危机,企业界和学术界都意识到了成功所带来的危害,因为过去的成功使他们不愿意进行调整,并且使他们无视挑战或者创造新知识来迎接挑战。麦道公司(已经被波音公司所收购)的约翰·E.迈克唐纳注意到:"要求一个困境中的企业进行改变是非常困难的,但是更难的是要求一个所有外部迹象都表明其已经取得成功的企业进行改变。如果没有经受危机或者一段时间内巨大压力的冲击,大部分组织——像大多数人一样——都无力改变其一贯的习惯和态度。"

企业在适应环境变化时困难重重的原因都可以归结为历史的作用。一家企业处理各种事物的能力——甚至他看到和理解事物的能力——都是在一定时间内发展起来的。企业的知识在某种意义上就是一种社会结构,是由劳动力的合成经验、企业所奖励的才能以及企业共有的胜利和失败的经历所构成的。当前对于评估企业如何在复杂多变的竞争环境中保持领先的地位不应该掩盖以下的事实:即任何企业的灵活性都不可能是无限的,只能是有限。任何企业和企业员工都不是变色龙,不可能适应所有的变化,他们只能依靠有限的内部能力进行改变。一家企业可以进行巨大的变化,但是,它无法使自身彻底地改变所属的类型。

近年来,企业管理人员将注意力投向对企业核心能力进行分类这一领域,这充分反映了企业在努力尝试他们所能够进行的和不能进行的改变。核心能力实际上应该分解成具体的知识块,分别说明如何处理特定的事物。例如,沃尔玛中被广为讨论的交叉货物转运(Cross-Docking)的能力,就可以分为如何在发货中心协调好繁杂的人员、货运卡车和装卸叉车的知识以及如何建立各种设施和信息系统基础结构,以确保此种活动的日常运用的知识。这些知识已经构成沃尔玛的核心能力,也是企业价值的真正所在。当外部环境变化使得原有方法失去竞争能力后,就必须寻求途径将他们运用到新产品核心业务中去,但是,路径依赖现象使得将他们彻底地抛弃并另起炉灶成为几乎不可能的事情,就如一个人不可能完全彻底地重塑他的性格、一个国家无法重建他的文化一样。企业能够学会并掌握处理新事物的新方法,但是,那些技巧与他们处理过去处理事物的技巧应该有相似之处。

一家企业的适应能力一般基于两个基本因素:首先,拥有已有的并可用新方式加以应用的内在资源和能力,其次,对改变抱开放态度或者具有高度的吸收能力。这两个因素都包含了特殊的有关知识管理的内容,最重要的适应变化的资源就是那些能够很容易地接受新知识和技能的员工,最能够反映一个人心智灵敏度的就是他接受并完成新任务的过程。企业应该发现那些作好准备接受新任务、掌握新技能的员工,员工应该在加入企业工作后受到鼓励并经常性地调换工作,建立并管理其自身的技术业务,另有脱产学习期以掌握与新工作相关的原则和知识。

应该优先雇佣那些善于适应变化的员工。这种特点还可以得到进一步加强,通过使工人和管理人员接触大量的知识,尤其是在变化对企业经营管理而言看来是至关重要的时候。当然,在商业危机发生前吸收、消化和创造新知识是十分重要的,等到危机来临时再做出反应已经是太迟了。

1.5　企业知识管理研究现状

1. 知识的内涵[12-13]

(1)知识的定义。提到知识,很多人都会联想到信息与资料,这三者之间的关系常混淆不清。

①知识有别于资料(Data)及信息(Information),它呈现的是个人化的信息(Personalized Information);②知识是一种心理状态(State of Mind);③知识是一个对象(Object),在信息科技的领域中认为知识可以被编码以及储存;④知识为信息取得(Access to Information)后的内容,强调有系统地组织信息,以方便内容的取得与检索;⑤知识是一种影响行为的能力(Capability),知识管理的核心能力、技术技巧和人力资本均由此应运而生;⑥知识是一种过程(Process)的处理,着重在知识的创造、分享与散布。

Kamara 等人(2002)描述知识是学习过程的产物,为个人化的个体,知识已被定义为企业未来获取利润的无形经济资源。Linderman(2010)说明知识是新事实(new facts)的产生,甚至是新知识的产生,它是一个不断反复(reflexive)、递回

(recursive)的过程。Bhagwatwar(2010)认为知识是通过个人、工作团体、项目团队、非正式的活动圈子、临时会议、e-mail社团与顾客接触的前线人员等知识平台所创造出来的。虽然知识极为广泛、复杂、抽象甚至模糊,但它可以提升人类的工作、决策、问题及解决学习的绩效(Nicolas,2004),企业组织内部若能善用知识管理方法(Basaglia,2010),则可对企业组织提供一个参考框架来评估与整合新刺激所产生的信息与经验,形成新的学习,并可指导管理者作为决策与行为的工具。

如同Enberg(2010)所述,资料赋予相关性与目的性,即信息。Tiwana(2001)指出,在不同情况下,主观的判断可将资料转换为有用的信息,也就是说,资料若赋予以下"5C"——Condensed(浓缩),Contextualized(脉络),Calculated(计算),Categorized(分类)和Corrected(修正)——即可转换为信息。资料可从基本的资料,扩散到整个部门、整个公司,甚至整个关系体系,随着扩散的范围增大,资料的用途也随之增大。同时,这些分享后的资料,具有附加价值,这是资料转换成信息必经的步骤。

(2)知识的分类。一般来说,最常见的知识分类法,就是将知识分为隐性知识(tacit knowledge)与显性知识(explicit knowledge)两大类(Christopher,2010):

扩充的内隐知识与外显知识的概念,应从人员(people-embodied)及资本(capital-embodied)的角度来划分知识,其中人员的知识包含智能、经验、价值观、公式、程序等内隐知识与外显知识,而资本的知识则涵盖了管理制度、组织结构与流程、知识库、市场及顾客信息、竞争对手等内部及外部知识的范围。

还可以更进一步将知识分为三大类,这些知识可以化为显性知识:

叙述性知识(declarative knowledge)是关于描述某事件的知识;

程序性知识(procedural knowledge)是关于某事件如何发生,或如何完成某事件的知识。

因果关系知识(causal knowledge)则是关于某事件为何会发生的知识。

Liu Yuwen(2011)认为有三种具竞争力的知识可提升企业价值:

核心知识(core knowledge),是组织中最重要的基本知识,也是组织价值创造的基础。

进阶知识(advanced knowledge),是属于核心知识与创新知识间的过渡,是促使组织更有竞争力的知识。

创新知识(innovative knowledge):是关于创造全新竞争模式的知识,能为企业带来新的竞争优势。

而Holsapple与Joshi(2001)则提出组织知识可分为知识轮廓(schema)与知识内容(content)两类,其中知识轮廓包含目的、策略、文化与基础建设,而知识内容则包含员工知识(participants' knowledge)与加工产生的知识(artifacts)。企业应事先对这些知识的来源与分类加以了解,以辨认目前企业所处的知识环境。周竺与孙爱英(2005)将内隐知识与外显知识依存放置的不同划分成六个层面,如图 1.1 所示。虽然周竺与孙爱英将内隐知识与外显知识划分开来,但一般说来,任何的知识同时具有内隐知识与外显知识两种特性。同时,Harry S L (1999)将知识区分为增加性的知识(additive knowledge)、替代性的知识(substitutive knowledge)与互补性的知识(complementary knowledge)三类,其中增加性的知识为企业对原有知识的投资与学习所引发的知识成长,替代性的知识是因新知识的创新而产生对原有知识的取代与贬值效果,而互补性的知识则是因不同知识的融合与应用,而出现整体价值扩充与成长的效果,这些知识将对企业原有的知识体系产生增加、替代与互补的影响,使得原有知识的价值产生变动。

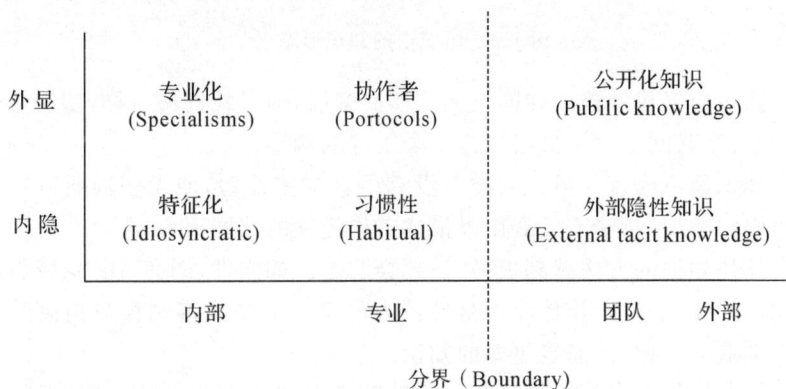

外显	专业化 (Specialisms)	协作者 (Portocols)	公开化知识 (Pubilic knowledge)
内隐	特征化 (Idiosyncratic)	习惯性 (Habitual)	外部隐性知识 (External tacit knowledge)
	内部	专业	团队　外部

分界(Boundary)

图 1.1　知识六大层面[12]

Ahn 与 Chang (2004)认为知识不能只分为隐性知识与显性知识两个层面,尚应加入知识领域(产品相关领域或流程相关领域),因此,将知识分为四个部分,如图 1.2 所示。隐性产品知识为一种特定产品的技巧(know-how),它主要储存在人的大脑中,不容易表达,另一方面,隐性流程知识则是一种人的能力,它主要储存在人的大脑与组织文化中,它促使整个附加价值的流程更有效用。而外显产品知识是专注在特定的产品上,它主要储存在知识储存库中,外显流程知识则蕴含在以信息科技为基础的流程系统上。

(3)知识的特性。由于知识是一个非常广泛、复杂、抽象,甚至是模糊的概念,不同的人可以用不同的角度来定义知识。Al-laham(2011)指出,知识具有下列十二项特性:

——知识是散乱的。在自然的情况下,知识的来源通常是散乱的,而且任何事物有其关联的知识。在知识的世界里,我们无法完整地隔离任何事物的知识观,而仅注意其中的一个因素。

——知识是自生的。在组织认同,或其所要的事物上,自然会形成知识。

	隐性	显性
产品相关	Know-how (人脑)	Knowledgebase (知识储存库)
流程相关	Human capability (人脑与文化)	Workflow (工作流程)

图 1.2 组织中的知识形态[13]

——知识会寻找社群。如同人无法离群索居,会寻找社群一样,知识也会寻找社群。例如:互联网上讨论群组便是一个很好的例子。

——知识经由语言传播。人类若没有语言描述经验,便无法沟通所知。要扩张企业组织的知识,意味需发展用以描述工作经验的共同语言。

——拴住知识的方法越刻板,知识越会溜走。如文件、图案、图书、资料库等被系统化编码的知识一样,拴住知识是件诱人的事。但是太多刻板与拘束的处理会导致知识创造力钝化,而溜走更多的知识。

——松散知识也许会比较长命。能够随环境变化而调适的系统,看起来虽然松散,但却可存活很久。不同系统各有不同的存活率。此意味着当紧紧地控制知识时,会浪费资源与能源。

——知识管理没有唯一解。知识一直在变,当下管理它的方法只有一个,那就是保持事情向前行,同时维持开放选择。

——知识不会永远成长。最后某些知识会遗失或死亡,就像自然界事物一样。即使淘汰整段知识也不要觉得可惜。把心力贡献在有活力、有发展性的知识上,才有实质的意义。

——无人能为知识的形成负责。知识是一种社会过程,这意味无人能为搜集来的知识负责。

——知识的形成无法添加规则与系统化。如果知识真是自生的,那么提升它最重要的方法,便是移除妨害它自组织的障碍。

——提升知识没有快捷方式。提升知识没有单一平衡点或最佳实践方法,必须多方法、多层次。

——知识如何定义决定了他的管理方式。知识问题会以许多形式浮现。因此,知识如何定义,会决定知识的管理方式。

另外,根据林东青(2007)的整理,知识的主要特色包括:

——知识是隐性的(tacit)：知识储存在个人心智模式内，大多是隐性的，很难定义，也难以模仿。

——知识是行动导向的(action-oriented)：知识能直接指导人类的行动，有行动的知识才有价值。

——知识是动态的(dynamic)：知识随着人类心智模式不断地学习并随时修正。

——知识是主观独特的(subjective and unique)：同样的现象，每个人的诠释及了解不会完全相同。

——知识可以复制再利用(replicable and reusable)：通过适当的程序，好的知识可以经由复制转移到其他的场所再利用。

——知识不会磨损(irreducible)：知识运用及分享的人再多，其价值也不会因此而减损。

——知识就是力量(power)：有知识与能力，就具有主导资源、影响他人的力量。

——知识是不完全竞争(imperfect competition)：由于知识的品质具差异性，所以不是无差异性的完全竞争市场。

——知识有无限延展性(extension)：知识经过不断地学习、交流及综合绩效的产生，可无限地延展，潜力无穷。

2. 企业知识管理的程序[4][14]

由前面知识的内涵与知识特性的探讨，衍生而来的问题便是企业知识应该如何管理？管理的程序为何？对于企业知识管理程序的探讨，国内外学者相关研究中出现分歧的现象。知识管理系统是从事下列项目：

知识确认与评估(identity,evaluate)。

知识的使用(access)、获取(capture)、收集(collect)、获得(acquire)、吸收(assimilation)。

知识的分享(share)、转移(transfer)、散播(dissemination)。

知识的创新(create)、革新(innovation)。

知识的应用(apply)。

知识的整合(integrate,organize)。

知识的再使用与操弄(reuse,leverage)。

Leonard-Barton(1992)提出一个以企业核心能力为基础的知识创造架构，如图1.3所示。

组织学习、核心能力与永续竞争力的关系参见图1.4。

3. 知识分享

主管愿不愿意与部属分享知识，主要考虑的因素是知识分享后是否会对主管

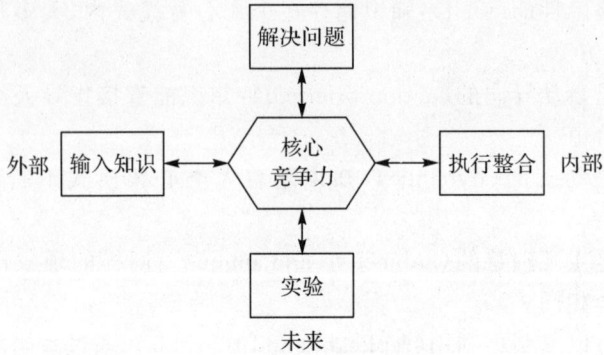

图 1.3　知识创造与扩散过程

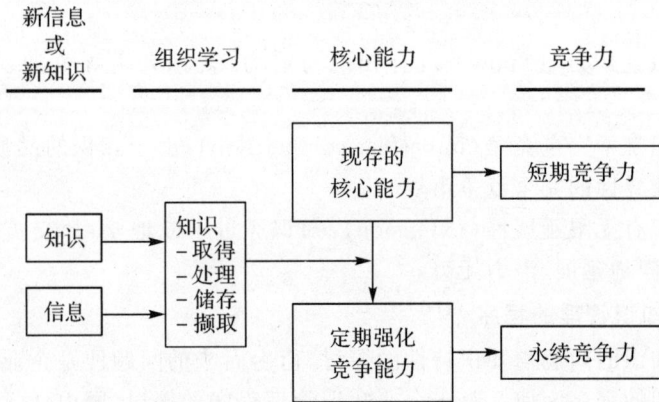

图 1.4　组织学习、核心能力与永续竞争力

在组织中的地位造成影响,包括能使主管被部属认同的程度、使高层主管对部门主管重视的程度或主管被部属取代的可能性以及是否容易找寻其他替代的部属。主管最重视的是预期知识分享后,部属处理事务态度越积极者,则可加速问题的解决,进而越能提升部门绩效,越会受到高层人士的重视,越能提升主管在单位的地位,即升迁机会增加,则主管越愿意分享知识予该部属。

4. 知识运用

知识运用是知识管理效果的综合体现,直接影响企业经营业绩。例如专利、专有技术以及知识产权的管理,产品和制程等知识成果增加值与再利用、公司内部对于这类资产的奖励制度等。

第 2 章　理论综述与假设提出

本章概要：关于技术知识特性的内涵，以技术变动、复杂性、外显程度和路径相依程度，以及技术知识的标准化接口程度（又称为模块化程度）等方面作为衡量变量。对知识整合运作的内涵，采取 Volberda(1996)的观点，强调知识整合是系统化、社会化和合作能力程度的提高。对知识整合运作特性而言，则强调知识整合的效率、范围和弹性等三个层面。由于探讨高科技产业，而此产业可以说是智慧资本的具体结晶，将组织学习的类型划分成适应型与创新型学习，对于核心竞争力类型的选择，本文采取林文宝(2002)的观点，以门槛能力、重要性能力以及未来能力作为衡量核心竞争力的变量，正好符合此产业的特性。针对知识管理与组织学习的互动关系，在理论综述的基础上，提出相应的假设。

2.1 技术知识特性与知识整合、知识能量以及组织学习型态的关系[1][15]

2.1.1 技术知识的特性与知识整合的关系

知识不论是外显或内隐的形式，都必须靠知识整合的力量。技术知识的外显、路径相依程度越高，知识整合的合作程度越高。知识整合力量的发挥必须视组织内部运作的效率、制度上的控制机制而定[16-17]。所以，基于上述讨论，本研究做如下假设：

假设 1：技术知识的特性对知识整合有显著的正向影响。

假设 1a：技术知识的模块化程度对知识整合的系统化程度有显著的正向影响。

假设 1b：技术知识的外显程度对知识整合的合作程度有显著的正向影响。

假设 1c：技术知识的路径相依程度对知识整合的合作程度有显著的正向影响。

假设 1d：技术知识的复杂程度对知识整合的社会化程度有显著的正向影响。

2.1.2 技术知识的特性与知识能量的关系

梁战平(2007)认为技术知识的特性与组织内知识能量的孕育程序有密切的相关性。由于知识解读、获取和流通需要不同的机制界面才能运行,当技术知识越明晰与凝聚化时,表示路径相依程度越高,越有利于知识的流通。可以做如下的假设[1]:

假设2:技术知识的特性对于知识能量有显著的正向影响。

假设2a:技术知识的模块化程度对于知识解读有显著的正向影响。

假设2b:技术知识的复杂程度对于知识获取有显著的负向影响。

假设2c:技术知识的外显程度对于知识蓄积有显著的正向影响。

假设2d:技术知识的路径相依程度对于知识流通有显著的正向影响。

2.1.3 技术知识的特性与组织学习型态的关系

技术知识的特性与组织学习型态的关系。林文宝(2002)认为技术知识的特性与组织学习型态的配合会影响组织进行知识能量的活动。另外,王知津(2008)、谢洪明(2007)也认为当技术知识的标准化、外显和路径相依程度越高时,会倾向实行适应型的组织学习型态。当技术知识的复杂化程度越高时,出于组织运作效率和弹性的考虑,会倾向实行创新型的组织学习型态。

林文宝(2002)提出,就组织学习的观点而言,技术知识的外显与明确界面(路径)程度越高时,越有利于实行适应型的组织学习型态,因为此种学习型态适合在稳定与变化程度较低的情况中适用。反之,技术知识的复杂化程度越高,则较有利于实行重视弹性处理的创新型组织学习型态。Clark和Wheelwright(1992)在针对汽车产业专业发展的研究中,发现不同的公司在开发新产品活动的过程中和在不同的组织学习型态上所强调知识资本所衍生出来的开发成本、产品质量会有所差异,而且,对于问题的解决、知识的获取与流通却都保持高度的重视。唯有整合与配置组织内外资源的管理能力的组织,才能在全球竞争的环境下获得成功。他们所提出的动态能量观点,强调环境的变化特性,使得企业必须通过组织结构的调整来适应、整合与配置组织内外的资源与能量,以利于创新思维的开启。而且,有许多学者强调学习型态与组织结构的配合,会影响知识的吸收、转化和学习的效果。另外,Liu Yuwen等(2011)也认为技术知识的特性与组织学习型态的配合会影响组织进行知识能量的活动,比如:当技术知识的模块化和路径相依程度较高时,越适于使用适应型的组织学习型态,而当技术知识的特性为复杂程度较高时,出于组织运作效率和弹性的考虑,较适合于使用创新型的组织学习型态。基于上述讨论,可做如下的假设:

假设3:技术知识的特性与组织学习型态有显著的正向相关性。

假设 3a：当技术知识的模块化、外显和路径相依程度越高时，组织型态会倾向实行适应型的组织学习型态。

假设 3b：当技术知识的复杂化程度越高时，组织型态会倾向实行创新型的组织学习型态。

2.2　组织学习型态与知识整合运作特性、知识能量的关系

2.2.1　组织学习型态与知识整合运作特性的关系[1]

组织学习型态可依学习、组织层级、沟通结构和管理者行为的特性加以区分并且设计问卷，可分成适应型与创新型组织学习型态两个部分，而组织学习型态因素的划分，则依据组织学习结构和管理者行为等特性。适应型的组织学习型态在知识整合运作的效率、弹性和范围较低。

"组织学习是为了提高企业的创新能力和竞争优势，此目的实现的关键在于学习中对知识进行有效的整合。创新型的组织学习型态，在知识解读、知识获取和知识流通上有较佳的表现。适应型的组织学习型态，在知识能量上有较差的显著表现。"[21]

林文宝（2002）主张"就组织学习的观点而论，当组织学习型态为适应型学习型态时，由于拘泥于正式组织结构特性：正式化、复杂化和集权化，会有碍于知识或资源运作能力的开展，亦即在知识整合运作特性的表现程度上较低。反之，当组织学习型态为创新型学习时，由于在界定与解决问题时能够持续地有学习能力，尤其以策略考虑强调积极开发与整合组织的资源和能力时，此种学习型态的实行更是重要"，另外，以管理者的角度而言，开放的胸襟，以及鼓舞创造性的思考空间，对于知识整合的效率、范围和弹性有正面的影响。经由上述的讨论，可建立下列的假设：

假设 4：组织学习型态在知识整合运作特性上有显著的差异性。

假设 4a：适应型的组织学习型态对知识整合运作的效率、弹性和范围有显著的负向影响。

假设 4b：创新型的组织学习型态对知识整合运作的效率、弹性和范围有较显著的正向影响。

2.2.2　组织学习型态与知识能量的关系

创新型的组织学习型态，在知识解读、知识获取和知识流通上有较佳的表现。适应型的组织学习型态，在知识能量上有较差的显著表现（林文宝，2002）。据此可建立下列的假设：

假设 5：不同的组织学习型态在知识能量上有显著的差异性。

假设 5a：创新型的组织学习型态，在知识能量上有较佳的显著表现。

假设 5b：适应型的组织学习型态，在知识能量上有较差的显著表现。

2.3 知识整合及运作特性与核心竞争力的关系[1]

学者大都同意知识整合的系统化程度越高，而且整合运作的效率越高，则对于核心竞争力的门槛能力有正向且显著的影响。知识整合的合作程度越高，而且整合运作的范围和弹性越大，则对于核心竞争力的重要能力有正向且显著的影响，知识整合的社会化程度越高，而且整合运作的效率越高，则对于核心竞争力的未来性能力有正向且显著的影响（林文宝，2002）。

陈力（2006）强调知识整合的开发对于核心竞争力的培养有重要的影响。另外，谢洪明（2007）强调知识整合运作的程序与特性会影响核心竞争力的培养，认为知识整合运作的效率，范围和弹性的大小对于企业建立持续竞争力有相当重要的影响程度。基于上述文献的讨论，可做如下的假设：

假设 6：知识整合程度与运作特性的交互作用对于核心竞争力有显著的正向影响作用。

假设 6a：知识整合的系统化程度越高，而且整合运作的效率越高，则对于核心竞争力的门槛能力有显著的正向影响作用。

假设 6b：知识整合的合作程度越高，而且整合运作的范围和弹性越大，则对于核心竞争力的重要能力有显著的正向影响作用。

假设 6c：知识整合的社会化程度越高，而且整合运作的效率越高，则对于核心竞争力的未来能力有显著的正向影响作用。

2.4 知识能量与核心竞争力的关系

Grant（2004）曾经指出，企业能力的发展须经过知识的获取和内部知识的整合，而且企业核心竞争力的发展必须通过实时性的知识获取、知识筛选与应用、知识再生、将知识运用于工作与能力的表现。可以做如下的假设[15][22]：

假设 7：知识能量对于核心竞争力有显著的影响作用。

假设 7a：当知识能量的知识解读和知识获取程度越高时，对于核心竞争力的门槛能力有显著的正向影响作用，但对于重要性能力和未来能力无显著的影响作用。

假设 7b:当知识能量的知识蓄积程度越高时,对于核心竞争力的重要性能力有显著的正向影响作用,但对于门槛能力无显著的影响作用。

假设 7c:当知识能量的知识流通程度越高时,对于核心竞争力的重要性和未来能力有显著的正向影响作用,但对于门槛能力无显著的影响作用。

第3章 知识管理与组织学习的互动关系

本章概要：实证分析发现：就技术知识的特性而言，生物科技业的模块化程度和路径相依程度比其他产业低，集成电路业的复杂化程度比生物科技、软件光电、电子信息业低。就组织学习方面而言，生物科技业和集成电路业比电子信息业在适应型和创新型两方面呈现显著差异。另外，就知识整合运作特性而言，光电业和生物科技业比其他产业在运作的效率、范围、弹性上都有显著的差异，就知识能量而言，软件业、集成电路业和生物科技业比光电和电子信息业在知识获取和知识流通两方面有显著差异。对于高科技产业而言，技术知识也往往通过系统资源设备的运用，各单位间的合作以及企业文化、策略、才能将蓄积的知识发挥其功效，展现其能量。适应型与创新型的组织学习型态在知识整合运作特性的表现上有显著的差异。创新型的组织学习型态比适应型的组织学习型态在知识整合运作特性上的效率、范围、弹性的表现程度上要高，尤其对于高科技厂商更是如此。

3.1 引 论

"近年来由于国际分工与企业国际化的盛行，中国传统产业正面临前所未有的挑战，欲提升产业核心竞争力，一方面应从传统产业提升附加价值着手，另一方面则要提升高科技产业的运作实力。然而此两方面产业能力提升的根基，在于知识的开发与整合，从知识创造、凝聚到内化形成产业的核心竞争力。"（林文宝，2002）

因此，选择高科技产业来探讨其技术知识整合、组织学习与知识能量对其核心竞争力的影响，是一项相当重要的议题。本章的研究目的在于：

（1）探讨技术知识的特性对知识整合、知识能量的影响，探讨组织学习型态对技术知识特性、知识整合运作特性、知识能量的影响。

（2）探讨知识整合及其运作特性与核心竞争力的关系，探讨知识能量与核心竞争力关系。

（3）进行不同产业（生物科技业、半导体及集成电路业等）在各层面的比较分析，作为制定提升企业核心竞争力的依据。

3.2 研究设计

1. 研究框架

依据资源基础和组织学习的观点,针对知识整合、核心竞争力、知识能量等主题,本文归纳出六组变量,分别为:技术知识特性变量、组织学习型态变量、知识整合变量、知识整合运作特性变量、知识能量变量、核心竞争力变量,变量之间的影响关系如图 3.1 所示,每组变量包括的测量维度如表 3.1 所示。

表 3.1 变量的测量维度及其内涵[1]

变量	测量维度	内 涵
技术知识特性	模块化程度	指使组件可以分别生产并替代使用。公司内的模块化,其组件只能在个别公司内替代使用,而产业的模块化,则可使组件在不同公司间替代使用。而这些零件通常有标准接口可以加以连接,包括生产的模块化、设计的模块化、使用的模块化
	复杂程度	指在一个技术运作的周期中所运用到的技术观念数目、新奇程度和牵涉到与其他工作单位错综复杂的程度。技术发展通常具有某种特定的路径相依程度,且会受到特定技术典范的影响,亦即在某些特定的问题上,基于现有的科学原理及材料选择所推导出的一组特定解决方式,而技术轨迹则是指基于这些技术典范所形成的日常解决问题的形式
	外显程度	指可以被编码化、制度化,容易通过语言传递的知识,即技术知识可以通过各种有形媒介工具和书面化的程度
	路径相依程度	指对产品或制程的开发依循过去发展轨迹的程度
知识能量	知识解读	指赋予知识意义的过程。解读意义的成分受到认知或经验、媒介使用程度、信息负荷程度等因素影响,具有不同程度的内涵
	知识获取	指企业获得有形或无形知识的过程
	知识蓄积	知识蓄积指技术知识通过各种储存媒介而能留存记忆与保存的程度,知识流通指技术知识能有效率地传播至各单位或部门的途径与程度(周晓,2007)
	知识流通	

续表

变量	测量维度	内　　涵
组织学习型态	适应型	指低复杂性、低正规化和分权化的。是一种松散的、灵活的具有高度适应性的形式。它因为不具有标准化的工作和规则条例,所以是一种松散型结构,能根据需要迅速地做出调整(隋鑫,2007)
	创新型	指组织的创新能力和创新意识较强,能够源源不断地进行技术创新、组织创新、管理创新等一系列创新活动。创新是组织的一项基本职能,是一种团队运动、是组织的核心竞争力,创新已经成为企业文化的核心特征
知识整合	系统化程度	指生产作业符合标准化的程度,以及工作程序和作业规则使用信息设备的操作能力(周晓,2007)
	社会化程度	指企业文化、价值和信念的推动能力
	合作程度	指组织内成员与外部单位或团体通过互动、沟通了解、彼此支持的意愿与能力
知识整合运作特性	效率	指技术知识通过信息硬件运作或各部门与单位人员学习、整合活动而能达成目标的程度
	范围	指技术知识通过信息硬件运作或各部门与单位人员学习、整合活动而能有效运作的层次
	弹性	指技术知识通过信息硬件运作或各部门与单位人员学习、整合活动而为了时效性能互相替代或支持的程度
核心竞争力	门槛能力	指公司面临竞争压力时所需具备的支持性能力和基本技术的能力,例如执行业务活动所需的一般性技能和系统。例如:电脑系统、机器设备等硬件的工具(杜郁文,2008)
	重要性能力	指对于公司的竞争能力影响重大的技术或系统,比如技术制程控制、新技术的引进、管理和有效运用的能力(林文宝,2002)
	未来能力	指公司为了维持未来创新优势所必须发展的能力,比如:技术改良、生产流程自动化,自主创新与合作创新能力

2. 研究方法的选择

经验研究。以杭州高新区、杭州经济技术开发区企业为样本研究对象,根据它们的实际发展情况对其技术知识特性变量、组织学习型态变量、知识整合变量、知识整合运作特性变量、知识能量变量、核心竞争力变量,开发一套调查问卷,研究过

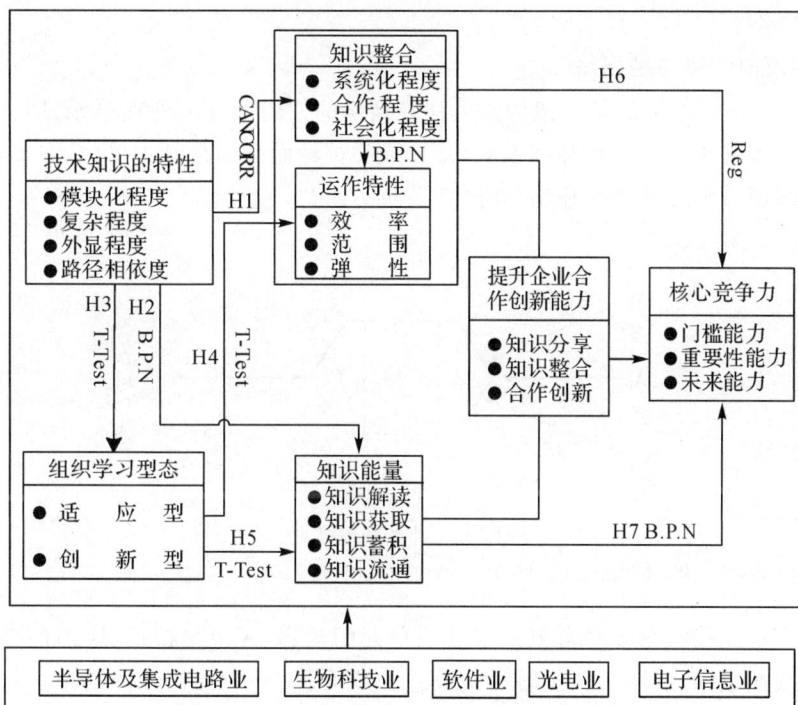

图 3.1　知识管理与组织学习互动关系的研究框架[1]

注：B. P. N＝Backpropagation Network(反向传播神经网络)。

CANCORR＝Canonical Correlation(典型规则相关分析)。

Reg＝Hierarchical Regression Analysis(层级回归分析)。

程中使用的统计分析技术主要包括因子分析、回归分析、典型相关分析、t-test,以及反向传播神经网络模型。

典型相关分析。典型相关分析主要目的在于了解多个自变量与多个因变量之间的关系,换言之,在找出这 m 个自变量的加权值与 n 个因变量的加权值,这使 m 个自变量的线性组合分数与 n 个因变量的线性组合分数间的简单相关达到最大值。①典型变式,"设有两组观测变量,通过权数与观测变量对应相乘、然后将各项累加,分别对每一组先建立一个线性组合,称典型变式或典型变量。典型相关分析建立第一对典型变量的原则,是尽量使所建的两个典型变量之间的相关系数最大化,两组观测变量之间的关系可以由若干对典型变量来代表,各对典型变量之间的典型相关程度依序逐步下降"(吴台授,2009)。②典型相关系数,就是两组中对应的两个典型变量之间的简单相关系数,它不是对两组观测变量之间的相关程度的测量,两者有很大差别,并且典型相关有多个维度。③典型相关系数的平方,它的实际意义是一对典型变量之间的共享方差在两个典型变量各自方差中的比例(林文宝,2002)。

3. 反向传播神经网络[1]

(1)类神经网络的基本架构。类神经网络的架构可分为处理单元、层、网络等三大类。处理单元类似于神经细胞,是构成类神经网络的最基本单位,主要功能是接受输入值后汇总并将其输出,如图 3.2 所示。

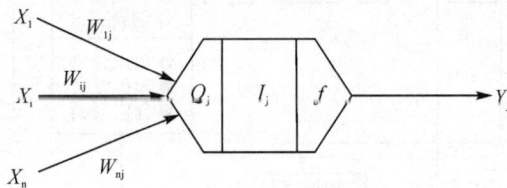

图 3.2　神经细胞模型

注释:$W_1 \sim W_n$:输入层. Q_j:门槛值. I_j:处理单元. f:转换函数。

处理单元接收诸多来自上一层处理单元的输出(X_{ij})与权重(W_{ij})的乘积后,经由集成函数加总,而后传至转换函数。一般而言,一个类神经网络中,不论在同一层或不同层,不同的处理单元可以有不同的转换函数,然而大部分的类神经网络在同一层中会使用相同的转换函数。比如:双弯曲函数(sigmoid function)以及双曲正切函数(hyperbolic tangent function),而其选择的标准在于能否以最短的学习时间提供好的表现。[1]由诸多的处理单元所组成,称为层,"一般分为输入层、隐藏层和输出层。输入层处理网络的输入变量,不做任何运算便输出到下一层,隐藏层表现输入数据间的交互作用,节点(node)的多寡会影响网络的执行效果,由若干个层集合可以构成网络架构,处理单元间有连接键联结,类神经网络的记忆即被放在连接键中,以权重值表示"。

类神经网络的学习策略可分为四类[1],最常应用者有两类,第一类为监督式学习(supervised learning):在学习的过程中,当网络读入一笔资料后会以网络目前的权重计算出相对应的推论值,以及推论值和目标输出值的误差,此误差会回馈到网络中以调整网络的权重,经由不断的读入训练样本以及重复的学习之后,网络会修正内部的权重而使得推论值渐渐地接近目标输出值。当目标输出值和推论值接近到某一范围时,则停止学习不再改变权重,网络已从训练样本中学习到样本数据之间的规则,例如分类应用与预测应用即属于此种方式。第二类为非监督式学习(unsupervised learning):未使用成对的输入值和目标输出值,它仅使用输入值来训练网络,而从中学习集群规则,其目的在于发现数据的类型,自组织映像图网络

(self-organization map)和自适应共推理论网络(adaptiveresponance theory)即属于此。

本研究由于以大规模问卷所得数据去探究变量间的关系,且无法事先得知输入和目标输出值的关系,所以以使用监督式学习较恰当,并且以搜集问卷数据中的各变量的平均值为输入值,以得出的权重值表示变数间的互动关系。

(2)网络架构的设定。标准反向传递网络架构以了解各变量的互动性,通过研究架构图与要验证的变量关系,可以绘出网络架构图。采用此方法的原因为一方面传统统计方法有诸多限制,比如:必须符合各种假设与分配,然而反向传递网络的方法,不仅限制较少,而且有下列优点:能够充分的逼近任意非线性函数,所有定量或定性的信息都均匀分布储存于网络内的神经元,故有很强的容错能力与强韧性,可学习和适应未知的或严重不确定的系统。就单元数的选取而言,对于隐藏层处理单元数目的选取原则为:隐藏层单元数目=(输入层单元数+输出层单元数)/2。

(3)使用的函数与操作步骤。反向传递网络最常用的非线性转换函数又称为双弯曲函数,这种函数当自变量 X 趋近于正负无限大时,函数值趋于常数,其函数值在[0~1]。本研究的操作步骤,首先使用随机数表(0~1)来决定各神经元之间的权重,以所有样本在各个变量的平均值为输入值,然后将输入值与其所对应的权重相乘并加总,而后经过一转换函数,使其能映像在一定的值域,让它有收敛效果。然后由输出层输出得到输出值再与内在设定目标值来比较而得到误差值,再利用误差值来修正输入层与隐藏层、隐藏层与输出层之间的权重,此步骤即称为学习。最后将所给的样本,经过足够的学习循环后,则会得出一组输出层与隐藏层、隐藏层与输入层的权重值,再经过矩阵运算可得出各个相关变项的权重值,即输出层与输入层间每个神经元的关系,而此权重值即为输入与输出变量间的关系。

(4)选取网络学习模式。为了改善反向传递网络学习时间过长或不容易收敛的缺失,采用下列两种方法:第一种方法是在学习公式上加上一个惯性项(momentumterm),即加上某比例的上次加权值改变量,以改善收敛过程中振荡的现象及加速收敛。该比例常数又称为惯性因子 α,为了使收敛效果较佳在本研究中选取 $\alpha = 0.1 \sim 0.4$ 的值。第二种方法则学习模式采用范例模式(pattern mode)。换言之,即在学习过程中以一次一个训练范例的方式进行,每加载一个范例及计算其误差并更新加权值一次,而在类神经网络输入与输出部分,先把数据做正规化(normalization)处理,使其值介于 0.1 到 0.9 之间的样本,然后使用样本来训练反向传递类神经网路,根据实验结果,一般在 5000~7000 个学习循环(learning cycle)后,可以得到满意的错误率与良好的收敛性。最后在训练完反向传递类神经网络后,比较每个输入与输出的加权值大小,即可得到输入变量对输出变量的影响性大小。

(5)运用反向传递类神经网络的原因、优点与限制。本研究先采取线性的因素分析,再应用非线性的反向传递类神经网络模式。其主要目的在于先减少变量,以方便类神经网络初始值的输入,而且运用非线性的方法,可以更精确地了解变量间的互动关系,而 White(1989)也强调类神经网络有辨认数据类型和关系的能力,可以应用在多变量统计分析的范畴上。其次,本研究运用反向传递类神经网络模式,主要原因是此模式用途最广,也是发展最完全的一种,不但适用于预测与分类的工作,而且也适用于不确定的行为系统,此方法具有下列优点[1]:

①能够充分逼近任意非线性函数(本研究抽样的样本即代表为一种高度非线性函数)。

②所有定量或定性的信息都均匀分布贮存于网络内的神经元,故有很强的容错能力与强韧性。

③采用并行分布处理的方法,使得快速进行大量运算成为可能,适合应用在企管中较复杂行为科学的非线性系统。

④所需前置作业少,只需要输入层与输出层的数据,输入系统,即可得出变量间的关系。

⑤可以通过学习的循环次数和应用在不须事先了解变量间的关系,以及抽样方法的实证例子上,应用的范围比传统统计方法更广。

⑥以处理统计方法中的回归问题而言,类神经网络的应用范围上更广,它不直接用输入变量组成输出变量函数,而是先将输入变量组成中间变量函数,再由中间变量组成输出变量函数。而且每个函数均为非线性函数,因此是一个非线性模式,即输入变量与输出变量间的关系可以是非线性,且输入变量间的交互作用可表达出来,可以建立复杂的函数关系,解决线性回归分析的缺点。

⑦类神经网络构建模式的方式,是将输入与输出的关系分布于相连各个神经元的权重中,借由样本的训练而将误差值收敛至合理的范围内,同时也借由误差值来修正各个权重值的大小,最后便可得出这些连接各神经元的权重值。而系统的模式便由这些权重值来构建,因此像社会科学行为模式等这些高度非线性模式更适合由类神经网络来构建模式。不过,相关文献也认为类神经网络的限制在于具有大量的可调参数,容易发生过度学习(over learning)的现象,亦即训练范例的数目少时(指样本数太少),会产生较大的误差值,而模式的可靠取决于视测试范例的误差。所以,样本数大于 40 以上为样本数最低的下限,而且训练范例较少、噪声会比较多,则必须使用数目多的隐藏层(五层以上),如此一来,对于系统内的收敛效果与学习速度会有不利的影响。

3.3　问卷调查——验证知识管理与组织学习的互动关系[1]

调查对象和变量的选择以及衡量变量的指标选择是知识管理与组织学习的互动关系研究的主要难点。个案访谈主要目的在于修正研究变量的选取以及进一步确立研究框架,即先由理论观点出发,以文献推导初步的理论框架,再由实务观点确立研究变量与框架的可行性,奠定实证研究的基础。

3.3.1　问卷设计

首先说明问卷设计过程,其次说明如何对变量进行测量,最后阐述数据获取过程、样本分布情况和问卷的信度和效度分析。

1. 问卷总体结构

问卷分六部分,每个部分有若干测量维度,每个维度又包括若干问题。整个问卷共有 101 个问题[1]。

第一部分用于测量技术知识的特性,包括 4 个维度,分别是模块化程度、复杂程度、外显程度和路径相依程度,涉及 21 个问题。

第二部分用于测量知识整合,包括 3 个维度,分别是系统化程度、社会化程度、合作程度,涉及 17 个问题。

第三部分用于测量知识整合运作特性,包括 3 个维度,分别是效率、范围和弹性,涉及 15 个问题。

第四部分用于测量组织学习倾向,包括 2 个维度,分别是适应型组织和创新型组织,涉及 15 个问题。

第五部分用于测量知识能量,包括 4 个维度,分别是"知识解读、知识获取、知识蓄积和知识流通"(谢洪明,2006),涉及 17 个问题。

第六部分用于测量企业核心竞争力,包括 3 个维度,分别是门槛能力、重要性能力和未来能力,涉及 16 个问题。

2. 变量测量与问题的设计

针对知识管理与组织学习的互动关系,我们归纳出六组变量,依次为:技术知识特性变量、组织学习型态变量、知识整合变量、知识整合运作特性变量、知识能量变量、核心竞争力变量。本部分设计了 101 个问题,对每个问题的打分规则采用李克特(Likert)五级量表的设计,分数从低到高,对指标中出现的反问题(即逆序问题)则先进行逆向处理。以下说明测量变量和问题的设计思想。

由于知识管理与组织学习这一课题研究文献较多,有些测量变量的内容在知识管理研究领域已经达成共识,其问题的设计引用了相关的参考文献,因此,对这类问题的设计本文不做详细的解释,只对几项或许有争议,笔者研究发现的问题进行详细说明。

(1)技术知识特性[20]

①测量维度的设计。本研究所称技术知识,主要强调可以直接增进或改变技术能力的相关知识。技术知识是知识的一部分,也是广义资源的一部分。本研究由于以高科技产业为探讨对象,所以,强调技术知识的外显和明确化,可依循程度的特性为主。

学者间对于技术知识特性的看法,并不完全相同,不过大都以技术知识本身的特性、市场环境和制造过程与使用上标准化程度等三大界面为主。虽然部分学者在说明时特别强调专属性、不可模仿与价值性,也就是须具备模仿障碍的功能。不过,就实务上本研究经访谈国内高科技半导体厂商结果发现,以现阶段技术知识的来源而言,大多引用先进国家已发展成熟的技术,以引用的技术层级而言,也都是发展较成熟的技术阶段。所以,以现阶段国内厂商所运用的技术知识而言,要具备不可模仿、具有专属性的特质并不容易做到。然而,本研究并不是否认知识内隐化的重要性,比如本研究框架的知识整合层面中的合作与社会化过程,已符合Nonaka(1995)在其知识螺旋论中所提知识内隐化的过程。而且本研究是通过技术知识外显、路径相依程度的选择,经由知识整合内隐化的程序,依循知识外显进而内隐的程序以开发知识的力量。

综合上述,本研究认为以往学者对于技术知识特性所切入的观点,选取模块化程度、路径相依程度、外显程度和复杂化程度作为变量,其原因一方面是技术资源的发展有一定的轨迹和历程;二方面是厂商在运用技术知识时,希望能通过规则、工作书面予以具体化的说明;三方面是技术资源本身具有一定制造工艺的复杂化程度,才可以建立竞争优势。

因此,根据 Utterback (1994)的观点加以设计问卷,经由因素分析设计了模块化程度、复杂化程度、外显程度,以及路径相依程度等四个维度来反映企业技术知识特性,见表 3.2。

②问题设计思路。技术知识的模块化程度,意指使组件可以分别生产并替代使用,而不会降低其系统的完整性。公司内的模块化,其组件只能在个别公司内替代使用,而产业的模块化,则可使组件在不同公司间替代使用。模块化设计的方法可以将复杂系统分离成可以单独运作的零件,而这些零件通常有标准接口可以加以连接,例如一个模块化的电话插座可以直接连接电话系统,而内部的设计也符合电子与信息的接口,可以传送或接收讯号。

表 3.2　反映企业技术知识特性的测量维度及其问题设计[1]

变　量	测量维度	问　　题
技术知识特性	模块化程度	1.1 公司产品是由少数机构组合而成*** 1.2 公司零件有标准接口可以连接 1.3 公司零件标准化程度很高*** 1.4 设计时考虑将产品可以分解并在不同的独立单位进行生产 1.5 公司产品设计可以让产品或组件可以混合及配套来满足一个完整的系统 1.6 消费者可以自由组合不同的配件
	复杂化程度	1.7 公司的技术已达成熟阶段*** 1.8 公司的产品需要广泛的专属技术 1.9 公司所需技术知识复杂程度较高 1.10 公司所需技术知识的变化速度很快 1.11 公司产品由相当多的零件数目组成 1.12 公司零件与各组件间的联结关系很密切
	外显程度	1.13 公司产品的知识比较容易通过具体文件传达 1.14 公司产品符合标准化要求*** 1.15 公司产品的知识已通过专利法著作权法等相关法律保障 1.16 公司产品知识的传承是通过师徒制或规定的作业程序来进行
	路径相依程度	1.17 公司在发展新的产品或程序时,会依循过去的特定技术的发展轨迹 1.18 公司的制程常常有重大突破 1.19 公司产品或制程的未来发展是奠基于目前的发展现况 1.20 公司产品或制程的创新程度高 1.21 知识的发展程度与竞争力的提升高度相关

注:带 * * *符号的项目为笔者增加。

　　设计的模块化,使企业可以重组现有或新的模块化零件,创造出多样化产品来响应市场及技术的变化,而零件的标准化接口也使散布在不同地区的零件开发者可以松散配套的组织结构来协调。技术知识的可模块化程度会影响组织间知识交流形式,主要表现在技术知识的可分割性、技术知识的标准化程度。本文从零件的组合数目、是否有标准接口、标准化程度、产品可否分解生产、能否配套成一个完整的系统以及消费者是否可以组装合成等方面设计问题 1.1—1.6。

　　有的学者用系统中不可分解的单元来衡量复杂性,有的学者则用一个新技术中的特征及观念数目、新奇程度、错综复杂程度来衡量复杂度。还有的学者认为系统复杂度可以通过零件数目与零件之间的联结关系来衡量。Utter Back(1994)依照产品组成的零件数及制程特性分析系统的复杂度,他认为组装品与非组装品的区别,可以由零组件数目多寡加以判定,例如喷射机与计算机为典型的组装品,化学品及玻璃则为非组装品。本文从技术的成熟度、需要专属技术的多寡、技术知识复杂程度的高低、技术的变化速度、零件数目,以及零件与各组件间的联结关系等方面设计问题 1.7—1.12。

外显知识,通常是可以写下来、转移及分享,可以成文件化表现在各种媒介,如书面、计算机屏幕等,也可以通过相关法律有效保护,且容易传递。一般认为内隐知识是个人的,与特定时空情境有关,且比较难以外显化及沟通;反之,外显知识则是指可以被编码化、制度化,容易通过语言传递的知识。内隐的技术知识是个人、团队、部门或组织长期积累的无法外显化的窍门,例如,发现与解决问题的方法、制造工艺连续改善的技巧、某种特殊的技巧手艺或专门技术等。

在比较美国与日本大公司的创新后发现:美国的创新多属突破型创新,日本则多属渐进式创新。主要原因在于日本公司吸收的知识多半是成文化的外显知识,通常是专利买卖后,再依据内隐的知识转换过程成为公司的知识,输出的知识也多半属于外显知识,如海外直接投资或直接外销,而美国公司主要输入较复杂且成套的内隐及外显知识,并通过外显的机制转移知识。外显知识通常是可以写下来,转移及分享,也可以通过相关法律如商标法、专利法、著作权法、集成电路保护法加以保障,如果缺乏上述法律的保护,外显知识将很容易被模仿。反之,内隐知识很难被具体描述如果要有效转移,通常必须通过在职训练或师徒制的方式。本文从文件传达、标准化程序、专利法著作权法、师徒制或规定的作业程序等方面设计问题 1.13—1.16。

技术发展通常具有某种特定的路径相依程度,且会受到特定技术典范的影响,亦即在某些特定的问题上,基于现有的科学原理及材料选择所推导出的一组特定解决方式,而技术轨迹则是指基于这些技术典范所形成的日常解决问题的形式。这也使组织在发展新的产品或程序时,通常会依循过去在特定技术轨迹所积累的成功经验,技术进展通常是一个持续演化的过程,不过有时中途会被一些不连续的技术改变所中断,而重新进行另一个新技术的演化。本文从新产品或程序依循过去的技术发展轨迹的程度、公司的制造工艺过程突破型创新、公司产品或制造工艺过程的未来发展与现状的依赖性,以及公司产品或制程的创新程度等方面设计问题 1.17—1.21。

(2)知识整合

①测量维度设计。根据 Volberda 等人(1996)的观点加以设计问卷,经由因素分析设计了系统化、社会化和合作能力程度等三个维度来反映企业知识整合程度。

②问题设计思路。社会化是指隐性知识在不同主体之间的一种互动,经验分享是这个过程的关键。在这个过程中,个体成员可以通过非正规化的方式,如观察、模仿和亲身实践等形式直接从其他主体那里获取隐性知识。师傅带徒弟就是个人之间共享知识的典型形式。在这个阶段,个体成员之间经验的共享是获得隐性知识的关键。据此,本文从制度的来源、是否鼓励学习或在职训练、允许失败、制度理念的分享等方面设计问题 2.1—2.6。

系统化程度是企业整合型知识管理的核心内容，是企业实施知识管理的执行系统，是企业的知识创造系统。企业的知识管理是一个包含多种知识活动，经由该过程，知识不断被获取、应用、固化、分享和保护，实现知识的创新和知识资本的积累，提升企业核心竞争力，进而达到企业价值增值的目的。企业知识活动过程的系统化程度越高，知识资本的积累就越快。故而，从工作内容与程序的标准化程度、数据库传递或转移知识的程度等方面设计问题 2.7—2.11。

合作程度：公司合作是两个或两个以上的员工或部门之间的一种策略模式，这些部门在产品的部分或全部生产过程（包括研发、制造、组装、营销、配送等）中相互合作，合作协议可以是短期的或是长期的。员工参与合作的主要目的在于获取合作伙伴的知识或技术能力。企业的技术与知识一般都相当复杂而内隐，通过合作互动是获取或利用这些知识的比较好的方式。企业在提供产品或服务的加值过程中，牵涉许多有形及无形资源的投入，例如原物料、技术、渠道、品牌等，这些资源往往无法全部都在单个部门或企业内自行发展，通过长期并且紧密的合作，可以有资源共享与风险分担的好处，并让企业能专心致力于核心能力的发展。核心能力的不断成长，是企业能够持续创新的泉源，用来面对外在环境永无止境变化的重要法宝。因此，从人与人之间的工作联系、部门间的协调、换岗调适时间、员工与他人合作的意愿等诸多方面设计问题 2.12—2.17，如表 3.3 所示。

表 3.3　反映知识整合程度的测量维度及其问题设计[1]

变　量	测量维度	问　　题
知识整合	社会化程度	2.1 制度是由全体员工共同讨论出来的结果 2.2 公司对在职训练与学习有高度评价 2.3 公司允许尝试失败*** 2.4 尝试产生一套共同分享的制度与理念，使员工获得认同 2.5 员工乐于接受公司既定制度与文化的约定 2.6 公司对知识分享的利益考虑超越成本考虑
	系统化程度	2.7 员工工作内容与程序具有容易标准化的特征 2.8 行政效率会因为作业规定标准化太高而降低 2.9 专业知识的传递主要是依赖数据库来传递或转移知识 2.10 核心知识大部分存在于数据库中 2.11 强调以书面规则和程序来整合知识
	合作程度	2.12 产品的完成必须通过各相关人员的通力合作 2.13 部门间的协调程度高 2.14 员工轮调至新部门所需调适时间较短 2.15 员工普遍认为个人目标的达成远高于团队目标的达成 2.16 员工与他人合作的意愿会随着训练、工作转换而增加 2.17 员工工作的完成往往通过许多不同单位或人员的支持

注：带＊＊＊符号的项目为笔者增加。

（3）知识整合运作特性

①测量维度设计。从知识整合方向和机制的观点而言，整合效果的优劣，常常视其整合的范围、弹性和效率而定。企业竞争优势主要来自于知识整合的方向以及整合不同类型的专业知识，虽然专业知识本身无法提供更多的附加价值，但是能找出提升竞争优势的知识整合的特征。主要包含整合的效率：指技术知识通过各部门或单位人员整合活动而能达成目标的程度；整合的范围：指技术知识通过各部门或单位人员整合活动而能有效运作的层次；整合的弹性：指技术知识通过各部门或单位人员整合活动为了时效性能互相替代或支持的程度。

表 3.4　反映知识整合运作特性的测量维度及其问题设计[1]

变　量	测量维度	问　　题
知识整合运作特性	效率	3.1 公司信息软硬件运作上的效率程度 3.2 通过内部企业文化、价值和信念的推动会使得知识整合工作的效率程度 3.3 通过各部门或单位的合作能力会使得知识整合的效率程度 3.4 通过开放、有系统的学习会使得知识整合的效率程度 3.5 通过既定的组织学习程序，会使得知识整合的效率程度
	范围	3.6 公司各部门信息软硬件运作上因各单位的要求与步骤并不一致，所以运作范围的程度 3.7 通过内部企业文化、价值和信念的推动会使得知识整合工作的范围程度 3.8 通过各部门或单位的合作能力会使得知识整合的范围程度 3.9 通过开放、有系统的学习会使得知识整合的范围程度 3.10 通过既定的组织学习程序，会使得知识整合的范围程度
	弹性	3.11 公司信息软硬体操作上须遵循一定作业程序，所以运作弹性的程度 3.12 通过内部企业文化、价值和信念的推动会使得知识整合工作的弹性程度 3.13 通过各部门或单位的合作能力会使得知识整合的弹性程度 3.14 通过开放、有系统的学习会使得知识整合的弹性程度 3.15 通过既定的组织学习程序，会使得知识整合的弹性程度

由相关文献可知，整合运作特性在于整合的优势，而最大关键则在于整合的范围、弹性和效率。所以，本研究在探讨整合运作特性的内涵时，也集中在三个层面，尤其对产业实务界重视效果而言，更突显其重要性，如表 3.4 所示。

②问题设计思路。效率是指通过知识整合活动能达成目标的程度；范围是指通过知识整合活动能有效运作的组织层次；弹性是指人员或活动能互相替代或支持的程度。据此，设计问题 3.1—3.15。

（4）知识能量

①测量维度设计。知识能量包括储存在员工脑里的有用知识,组织知识库中的内隐及外显知识,以及企业员工在生产和工作中所形成及遵守的文化、流程、文件等。本文综合林文宝(2002)、Huber (1991)的观点加以设计问卷,经由因素分析可萃取出四个因素,分别为:知识解读、知识获取、知识蓄积和知识流通,如表 3.5 所示。

表 3.5　反映知识能量的测量维度及其问题设计[1]

变　量	测量维度	问　　题
知识能量	知识解读	4.1 所搜集的数据,经常可以直接采用,而无需经过讨论*** 4.2 对于所搜集的资料,均有一定的处理方式或规则 4.3 对于数据的处理时效,有一定的规定与作业程序 4.4 对于数据的解释,常有特定的个人或部门来负责
	知识蓄积	4.5 常重视各种知识或信息的来源,包括顾客以及其他因素 4.6 所需知识或信息,大多由组织内部的成员研究开发而得 4.7 常向合作部门、顾问公司购得所需的知识或信息 4.8 常为了某种策略目的,与其他组织达成技术合作
	知识蓄积	4.9 知识为特定人员所了解,当该人员离职时,将影响本公司获取知识 4.10 知识为项目团队成员所共有,少数人的离开不会造成知识大量流失 4.11 对于主要工作内容,均已建立明确的规则、手册,教导成员如何运用 4.12 对于专业知识以及过去的经验,多以书面的文件保留***
	知识流通	4.13 对于专业知识/业务技能的学习,偏好以正式的教育训练来传递经验 4.14 对于专业知识/业务技能的学习,偏好以师徒相传训练方式教授成员 4.15 对于专业知识/业务技能的学习,偏好以团队合作的方式传授给其他成员 4.16 对于作业项目,制定了标准化的作业程序,使成员了解相关的规定 4.17 已建立计算机化或一般的数据库,使成员可以利用数据查询获得知识经验

注:带＊＊＊符号的项目为笔者增加。

②问题设计思路。

知识解读指技术知识上解读的方式与处理时效的规定程度。知识学习的获取前提要视知识解读的程度而定,解读意义的成分受到认知或经验、媒介使用程度、信息负荷程度等因素的影响,具有不同程度的内涵。

知识解读强调知识能量的产生必须先通过内部各种问题的解决与数据解读方式,凝聚共识才能有效形成。据此,设计问题 4.1—4.4。

知识获取指技术知识通过各种媒介和其他组织或部门沟通机制获取的程度。企业通过内外环境的侦查和知识的扩散,以强化核心竞争力。一般通过经验学习、模仿学习、技术再生、搜寻等途径获得知识。据此,设计问题 4.5—4.8。

知识蓄积指技术知识通过各种储存媒介而能留存记忆与保存的程度。企业建立有系统的知识储存系统以获取知识的学习。可通过计算机系统的应用以储存或存取信息。据此,设计问题 4.9—4.12。

知识流通指通过不同媒介和工具,将知识传输至内部或其他各单位人员的过程。通过软硬件媒介物的使用,可将有用知识传输至相关人员,通过工具、程序或平台,或者师徒授受以传递知识。据此,设计问题 4.13—4.17。

(5)组织学习

①测量维度设计。组织学习是组织不断成长、创新并维持竞争力的重要方法,组织学习便是发生在组织成员互动中的集体学习过程,或是将个人学习经由共享、评估与整合其他人的学习过程。

适应型学习是指组织成员除维持现有所需的技能外,还要增强其解决问题的能力,它是为维持组织现存制度或既有生活方式而设计的学习型态,而创新型学习则是为了培养组织成员重新分析问题的能力,使成员获得新价值、新知识以及新行为,其中包含了适应未来环境变迁的能力,所以创新型学习又可称为前瞻性学习。创新型学习,"重点在于对问题的定义及活动与答案的构建,属创新期的学习类型"(赵林捷,2007)。适应型学习,重点在于建立各种程序、角色、法则,以塑造组织运作系统,属成长期的学习类型,如表 3.6 所示。

表 3.6　适应型学习与创新型学习的比较[1]

特征	特征测量维度	适应型学习	创新型学习
策略特征	竞争核心 力量来源 输出 组织观点 动态发展	强调相同性 稳定 共享市场 部门化 变革	强调多元性 变迁 创造市场 系统化 转化
结构特征	结构 控制系统 权力基础 整合机制 网络 沟通管道	科层组织 正式规划 科层职位 层级节制 缺乏系统模式 层级式	网络组织 价值与自我控制 专业知识 团队学习 结合系统模式 水平式

续表

特征	特征测量维度	适应型学习	创新型学习
人力资源 策略特征	绩效体系 奖酬原则 奖酬重点 地位象征 动员模式	稳定 有助于短期性发展 组织中某些部分 层级与职称 依据部门或功能类别	弹性 有助于长期性资源利用 组织整体 建立功能性的区别 超越部门或功能的限制 绩效评估过程中不可缺 少派系
管理者的行 为特征	管理的观点 问题解决 响应模式 人员控制	控制式 有限狭隘 适应性模式 责备与承诺	开放式 系统思考 创造性模式 同情心

表 3.7　反映组织学习类型的测量维度及其问题设计[1]

变　量	测量维度	问　　题
组织学习	适应型组织	5.1 公司的工作规范、政策及表格的设计有助于员工的学习 5.2 公司的组织设计有益于员工的共同学习 5.3 公司积极倡导双向沟通*** 5.4 公司依据环境的变化制定最适宜的愿景 5.5 公司会检讨当前的思考方式是否适当 5.6 公司会依据环境变化的情形改变行事原则 5.7 公司成立各种学习团体,提供学习的机会 5.8 公司常利用各种方式收集资料信息来改善工作 5.9 员工对自己所负责处理的业务具有应变能力
	创新型组织	5.10 公司的组织设计有益于创新 5.11 为了追求卓越,公司的员工可以向传统挑战 5.12 公司经常更换不合时宜的措施*** 5.13 公司重视长期的效果甚于短期的问题解决 5.14 不论位阶高低,公司的员工可毫无顾忌地回馈与表态 5.15 公司里,尊重差异性是共同学习的一环

注:带＊＊＊符号的项目为笔者增加。

　　本文依据林文宝(2002)的观点加以设计问卷,经由因素分析可萃取出两个因素,分别为:适应型组织和创新型组织,如表 3.7 所示。

②问题设计思路。综合表 3.7 的观点,设计问题 5.1—5.15。

(6)企业核心竞争力

①测量维度设计。本文采纳林文宝(2002)的观点,将核心竞争力区分为三种能力,第一种为门槛能力,指支持产业竞争所需具备的人力资源等支持性能力和执行业务所需的基本能力,例如:维持基本营运的机器设备与技术水平;第二种为重要性能力,指对公司及顾客竞争优势影响重大的技能及系统,例如:技术制程控制、新技术引进、管理和有效运用的能力;第三种为未来能力,指企业为维持未来竞争优势,所必须发展的能力,例如:技术改良、生产流程自动化以及侦测回馈的能力。因此,经由因素分析设计了门槛能力、重要性能力和未来能力等三个维度来反映企业核心竞争力的高低,如表 3.8 所示。

表 3.8　反映企业核心竞争力的测量维度及其问题设计[1]

变　　量	测量维度	问　　　题
企业核心竞争力	门槛能力	6.1 维持基本营运的机器设备与技术水平 6.2 公司支持技术与业务上所需的设备或系统 6.3 公司与供应商具有稳定的合作关系 6.4 公司支持产品研发所需技术系统的完备能力 6.5 现阶段技术系统能有效支持与接近市场的能力
	重要性能力	6.6 有技术专利开发的能力 6.7 引进其他生产技术到产品的能力 6.8 技术制程控制的能力 6.9 新技术引进的能力*** 6.10 新技术的管理和有效运用的能力
	未来能力	6.11 公司具有竞争者难以效仿的能力 6.12 制程技术创新能力 6.13 生产流程自动化能力*** 6.14 技术改良的能力 6.15 掌握关键技术与专利的能力 6.16 对于未来产品或营销趋势预测的能力

注:带＊＊＊符号的项目为笔者增加。

②问题设计思路。

门槛能力,系指基础技术的软硬件能力,从基本运营的机器设备和技术水平、支持性技术、一般技术、研发技术,以及目前技术系统与外部环境的匹配程度等方面,设计问题 6.1—6.5。

重要性能力是指对公司及顾客竞争优势影响重大的技能及系统,包括技术制程控制、新技术引进、管理和有效运用的能力等,因此,设计问题 6.6—6.10。

未来能力是指企业为维持未来竞争优势,所必须发展的能力,包括技术改良、生产流程自动化、制造工艺创新、研发潜能、关键技术等方面，设计问题 6.11 — 6.16。

3. 调查对象、样本结构及问卷回收

本研究以跨地区、跨行业、跨企业性质的随机抽样方法为获取样本的原则，主要针对宁波经济技术开发区，以及杭州市下沙、滨江地区的企业部门经理或非常熟悉企业状况的业务主管等相关人员，发放了问卷。涉及生物科技、集成电路、光电、软件和电子信息等多个行业的生产类和经贸类企业，企业规模覆盖中型、小型和较小型，其中大部分为中型规模。问卷共发放 550 份，回收 361 份，回收率为 65%，有 13 份无效问卷（其他产业），有效问卷为 348 份，问卷来源的具体情况详见表 3.9(a)(b)。

表 3.9(a)　有效样本产业分布

产　业	样本数	百分比
生物科技	12	3.4%
集成电路	42	12.1%
软件	112	32.2%
光电	104	30%
电子信息	74	21.2%
其他(技术服务)	4	1.1%
总计	348	100%

表 3.9(b)　有效样本企业规模

销售额(万元)	样本数	百分比
≤100	20	5.7%
100～1000	220	63.2%
≥1000	108	31.1%
总计	348	100%

4. 问卷的信度和效度分析

第一，技术知识特性的因素分析和内部一致性分析结果。经因素分析后，可得四个因素，如表 3.10 所示。对企业技术知识特性的因素分析结果显示，从 21 个问题中，可以抽取出 4 个因素，它们能够解释总变异量的 51%，4 个因素分别解释了 16%、12%、12% 和 10.4% 的变异量。这表明 4 个因素在对总变异的解释量上比较均衡，并且共解释的总变异量在 50% 以上。每个因素的内部一致性系数分别为 0.86、0.89、0.84 和 0.78，都远大于可接受值 0.70。可见，企业技术知识特性问卷有较高信度和效度，不需要删除任何项目。各因素的内容参阅表 3.2。

表 3.10　技术知识特性的共同度和内部一致性系数

技术知识特性	因素 1	因素 2	因素 3	因素 4	共同度	系数
1.1 零件组合程度	0.74	−0.09	0.12	0.23	0.88	
1.2 零件标准接口程度	0.79	−0.28	0.09	0.21	0.84	
1.3 零件标准化程度	0.63	0.26	0.24	0.14	0.78	0.86
1.4 可分解生产程度	0.59	0.26	0.19	0.02	0.75	
1.5 产品或组件可以配套	0.55	0.23	0.18	0.00	0.74	
1.6 自由组合配件程度	0.66	0.09	0.11	0.06	0.82	
1.7 技术层次的成熟阶段	0.24	0.78	0.28	0.06	0.85	
1.8 需要广泛的专属技术	0.02	0.85	0.24	0.19	0.81	
1.9 技术知识的复杂程度	0.06	0.89	0.28	0.10	0.82	0.89
1.10 技术知识的变化程度	0.21	0.62	0.07	0.15	0.84	
1.11 产品由相当多的零件组成	0.15	0.91	0.15	0.26	0.84	
1.12 零件与组件间的联结关系	0.22	0.73	0.17	0.17	0.81	
1.13 知识易通过具体文件传达	0.00	0.08	0.89	0.14	0.88	
1.14 产品通过标准化程序	0.22	0.16	0.80	0.06	0.78	
1.15 已通过专利法律保障	0.28	0.37	0.87	0.12	0.57	0.84
1.16 产品知识的传承是通过师徒制或作业程序来进行	0.17	0.24	0.77	0.34	0.62	
1.17 新产品依过去的技术发展	0.11	0.08	0.03	0.74	0.60	
1.18 制程的重大突破	0.12	0.01	0.19	0.65	0.54	
1.19 产品或制程的未来发展依赖目前的情况	0.23	0.27	0.18	0.58	0.57	0.78
1.20 产品或制程的创新程度	0.25	0.22	0.26	0.56	0.61	
1.21 产品知识的发展程度与竞争力的提升之间的相关性	0.14	0.22	0.16	0.51	0.60	

第一个因素是模块化程度,共有六个问题,其内容包含零件组合、零件标准接口、零件标准化,可分解生产、产品或组件可以配套和自由组合配件;第二个因素是复杂化程度,共有六个问题,其内容包含技术层次的成熟阶段、产品需要广泛的专属技术、技术知识的复杂程度、变化程度、产品由相当多的零件组成,以及零件与组件间的联结关系;第三个因素是外显程度,共有四个问题,内容包含产品知识容易通过具体文件传达、产品通过标准化程序、已通过专利法律保障、产品知识的传承是通过师徒制或作业程序来进行;第四个因素是路径相依程度,共有五个问题,内容包含新产品依循过去的技术发展轨迹、制程的重大突破、产品或制程的未来发展奠基目前的情况、产品或制程的创新程度和产品知识的发展程度与竞争力的提升之间的相关性,如表 3.10 所示。

第二,知识整合的因素分析和内部一致性分析结果。经因素分析后,可得三个因素,如表 3.11 所示。

表 3.11　知识整合的共同度和内部一致性系数[15]

知识整合	因素 1	因素 2	因素 3	共同度	系数
2.1 制度需共同讨论	0.71	0.00	0.00	0.49	
2.2 在职培训效果	0.82	−0.14	0.14	0.74	
2.3 尝试失败	0.74	0.21	0.21	0.59	0.81
2.4 尝试理念	0.86	0.18	0.18	0.82	
2.5 接受制度与文化	0.77	0.13	−0.13	0.61	
2.6 知识分享利益的考虑	0.74	0.18	0.18	0.60	
2.7 工作程序易标准化	0.05	0.79	0.23	0.68	
2.8 行政效率降低	0.04	0.59	0.28	0.49	
2.9 专业知识的传递依赖数据库	0.01	0.66	0.11	0.78	0.77
2.10 核心知识存于数据库	0.15	0.78	0.08	0.85	
2.11 强调以书面规则和程序来整合知识	0.22	0.82	−0.19	0.85	
2.12 产品的完成与人员合作	0.19	0.01	0.56	0.67	
2.13 部门间的协调程度	0.14	0.12	0.69	0.79	
2.14 轮调所需调适时间	0.19	0.23	0.68	0.81	0.74
2.15 个人目标与团队目标的达成	0.21	0.28	0.87	0.58	
2.16 员工合作的意愿	0.19	−0.10	0.57	0.79	
2.17 工作完成与不同单位支持的相关性	0.38	−0.23	0.86	0.81	

　　对知识整合的因素分析结果显示,从 17 个问题中,可以抽取出 3 个因素,它们能够解释总变异量的 56.20%,3 个因素分别解释了 17.78%、17.88% 和 17.45% 的变异量。可见,知识整合量表有较高信度和效度,不需要删除任何项目。第一个因素为社会化程度,共有六个问题,内容主要包含制度需共同讨论、在职培训效果、尝试失败、尝试理念、接受制度与文化和知识分享利益的考虑。第二个因素为系统化程度,共有五个问题,包括工作程序易标准化、行政效率降低、专业知识的传递依赖数据库、核心知识存于数据库和强调以书面规则和程序来整合知识。第三个因素为合作程度,包含六个问题,内容主要包含公司内部单位间员工互动、沟通协调以及相互支持的程度,如产品的完成必须通过人员合作、部门间的协调程度、轮调所需调适时间、个人目标与团队目标的达成、员工合作的意愿和工作完成与不同单位支持的相关性。

　　第三,知识整合运作特性的因素分析和内部一致性分析结果。对知识整合运作特性的探索性因素分析结果显示,从 15 个项目中可以抽取出 3 个因素,它们能够解释总变异量的 53.70%,分别解释总变异量的 17.88%、17.94% 和 17.88%,三个因素在对总变异的解释量上比较均衡,如表 3.12 所示。

表 3.12　知识整合运作特性的共同度和内部一致性系数

知识整合	因素 1	因素 2	因素 3	共同度	系数
3.1 信息软硬件运作对知识整合的效率	0.00	0.70	−0.01	0.69	
3.2 内部企业价值对知识整合的效率	0.14	0.85	0.15	0.74	
3.3 各部门或单位的合作能力	0.21	0.74	0.22	0.79	0.85
3.4 系统学习对知识整合的效率	0.18	0.88	0.17	0.81	
3.5 组织学习程序对知识整合的效率	0.13	0.77	0.15	0.61	
3.6 内部企业文化对整合的范围程度	0.78	0.16	0.24	0.61	
3.7 各部门或单位的合作能力	0.80	−0.19	0.35	0.68	
3.8 系统的学习对整合的范围程度	0.78	0.24	0.18	0.87	0.86
3.9 组织学习程序对整合的范围程度	0.76	0.32	−0.15	0.68	
3.10 信息软硬件运作对整合的范围程度	0.87	−0.08	0.12	0.78	
3.11 信息软硬体操作的运作弹性	0.17	0.27	0.76	0.79	
3.12 内部企业价值对知识整合的弹性	−0.28	0.09	0.69	0.70	
3.13 各部门或单位的合作能力	0.23	−0.12	0.77	0.71	0.88
3.14 系统的学习对知识整合的弹性	0.26	0.01	0.59	0.18	
3.15 组织学习程序对知识整合的弹性	0.22	0.13	0.57	0.17	
特征值	2.82	2.64	2.68		
解释变异量	17.88%	17.94%	17.88%		
累积解释变异量	17.88%	35.82%	53.70%		

可见,因素结构合理。每个因素项目的 α 系数都较高,分别为 0.85、0.86 和 0.88,都远大于可接受值 0.70。可见,问卷具有较高效度,由于问题 3.14 和 3.15 的因素负荷很小,共同度不高,因此删除了这两个问题。总之,知识整合运作特性问卷删除了这两个问题以后,具有较高的信度和效度。

各因素的内容参阅表 3.4,第一个因素为效率。共有五个问题,内容主要包含信息软硬件运作、内部企业价值、各部门或单位的合作能力、系统学习和组织学习程序等对知识整合的效率程度。第二个因素为范围。共有五个问题,内容主要包含内部企业文化、价值、各部门或单位的合作能力、系统的学习、组织学习程序会使得知识整合的范围程度。第三个因素为弹性。共有五个问题,内容主要包含信息软硬体操作的运作弹性、内部企业价值对知识整合的弹性、各部门或单位的合作能力、系统的学习和组织学习程序对知识整合的弹性。

第四,知识能量的因素分析和内部一致性分析结果。表 3.13 的因素分析显示,17 个问题中,有 2 个问题的负荷和共同度较低,删除这 2 个问题以后,可以提取四个因素,其特征值分别为 2.85、2.66、2.71 和 3.01,累积解释总变异量的 66.12%。表明知识能量问卷具有较高的结构效度。共同度的分析结果表明,15 个问题的共同度都较大,介于 0.74~0.85,该因素项目的 α 系数均大于可接受值 0.70,表示问卷具有较高信度。

表 3.13　知识能量的共同度和内部一致性系数

知识能量	因素 1	因素 2	因素 3	因素 4	共同度	系数
4.1 搜集的数据可以直接用	0.75	−0.09	0.12	0.23	0.87	
4.2 搜集的资料有处理规则	0.65	−0.28	0.09	0.21	0.83	0.85
4.3 数据处理时效有规定	0.82	0.26	0.24	0.14	0.88	
4.4 数据解释有部门来负责	0.71	0.26	−0.19	−0.02	0.79	
4.5 重视知识的来源	0.25	0.83	−0.18	0.00	0.74	
4.6 所需知识由组织内部研发	0.18	0.89	0.11	−0.06	0.86	0.70
4.7 常向合作部门购得知识	0.23	0.78	0.28	−0.06	0.15	
4.8 为某种策略与其他组织合作	−0.03	0.85	−0.24	0.19	0.84	
4.9 人员离职影响获取知识	0.05	−0.32	0.78	0.20	0.82	
4.10 知识为团队成员所共有	0.24	−0.02	0.87	0.15	0.35	0.78
4.11 教导成员如何运用	0.14	−0.21	0.75	−0.06	0.84	
4.12 多以书面的文件保留	−0.21	0.13	0.77	0.17	0.84	
4.13 以正式训练传递经验	0.00	0.08	0.19	0.84	0.85	
4.14 以师徒制教授成员	0.23	0.16	0.20	0.76	0.78	
4.15 以团队合作传授	0.13	−0.14	0.14	0.75	0.75	0.77
4.16 制定标准化的作业程序	0.15	0.27	0.21	0.77	0.84	
4.17 建立数据库查询知识	0.08	0.24	0.07	0.79	0.82	
特征值	2.85	2.66	2.71	3.01		
解释变异量	16.74%	15.72%	16.21%	17.45%		
累计解释变异量	16.74%	32.46%	48.67%	66.12%		

第五,组织学习的因素分析和内部一致性分析结果。对组织学习的 15 个问题一同进行因素分析,结果发现有些问题的负荷和共同度不满足要求,因此,本研究对适应型组织和创新型组织分别做因素分析。①适应型组织共有 9 个问题,删除 3 个不符合条件的问题以后,余下的 6 个问题,可以提取一个因素,其特征值为 3.25,这个因素能够解释总变异量的 29.35%。表明适应型组织问卷具有较高的结构效度。共同度的分析结果表明,6 个问题的共同度都较大,介于 0.68~0.81, α 系数为 0.86,表示问卷具有较高信度;②创新型组织共有 6 个问题,删除 2 个不符合条件的问题以后,余下的 4 个问题,可以提取一个因素,其特征值为 3.47,这个因素能够解释总变异量的 27.17%。表明创新型组织问卷具有较高的结构效度。共同度的分析结果表明,4 个问题的共同度介于 0.69~0.81,α 系数为 0.82,表示问卷具有较好信度,如表 3.14 所示。

表 3.14　组织学习的共同度和内部一致性系数

组织学习	因素 1	因素 2	共同度	系数
5.1 工作规范有助于员工的学习	0.00	0.70	0.69	
5.2 组织设计有益于员工的共同学习	0.14	0.85	0.74	
5.3 公司积极倡导双向沟通	0.22	0.43	0.29	
5.4 依据环境的变化制定最适宜的愿景	0.18	0.88	0.81	
5.5 检讨当前的思考方式是否适当	0.13	0.58	0.21	0.86
5.6 依据环境变化的情形改变行事原则	0.16	0.66	0.31	
5.7 成立各种学习团体,提供学习的机会	0.10	0.79	0.68	
5.8 利用各种方式收集资料信息改善工作	0.25	0.87	0.78	
5.9 员工具有应变能力	0.21	0.88	0.76	
5.10 公司的组织设计有益于创新	0.89	0.12	0.69	
5.11 公司的员工可以向传统挑战	0.27	0.17	0.14	
5.12 公司经常更换不合时宜的措施	0.68	0.11	0.79	
5.13 重视长期的效果	0.19	0.24	0.31	0.82
5.14 员工可毫无顾忌地回馈与表态	0.89	0.20	0.81	
5.15 尊重差异性是共同学习的一环	0.78	0.12	0.81	
特征值	3.25	3.47		
解释变异量	29.35%	27.17%		
累积解释变异量	29.35%	56.52%		

　　第六,核心竞争力的因素分析和内部一致性分析结果。核心竞争力量表经由因素分析后,可得三个因素,如表 3.15 所示。各因素的特征值分别为 3.42、3.48、3.85.累积解释变异量为 68.19%。各因素的内容,第一个因素是门槛能力,共有 5个问题,其内容在于公司所需具备的基本技术、设备与系统,支持产品开发所需技术系统的完备能力;第二个因素是重要性能力,共有 5 个问题,其内容在于公司竞争力有重大影响的技术或系统,比如:专利开发的能力;第三个因素是未来能力,共有 6 个问题,其内容在于公司为了维持未来竞争优势所必须发展的能力,比如:生产流程自动化能力、技术改良的能力以及对于未来产品与营销趋势预测的能力。

表 3.15　企业核心竞争力的共同度和内部一致性系数

企业核心竞争力	因素 1	因素 2	因素 3	共同度	系数
6.1 维持基本的设备与技术水平	0.00	0.70	0.00	0.69	
6.2 支持技术上所需的设备或系统	0.11	0.86	0.154	0.74	
6.3 与供应商具有稳定的合作关系	0.21	0.74	0.22	0.69	0.83
6.4 支持产品研发所需技术的完备能力	0.17	0.88	0.14	0.81	
6.5 技术系统能有效支持市场的能力	0.13	0.77	0.15	0.64	

企业核心竞争力	因素 1	因素 2	因素 3	共同度	系数
6.6 有技术专利开发的能力	0.78	0.06	0.17	0.73	
6.7 引进其他技术到产品的能力	0.80	−0.29	0.10	0.78	
6.8 技术制程控制的能力	0.82	0.00	0.21	0.82	0.81
6.9 新技术引进的能力	0.74	0.13	0.21	0.87	
6.10 新技术的有效运用能力	0.71	0.22	0.23	0.75	
6.11 具有竞争者难以效仿的能力	0.18	0.18	0.74	0.68	
6.12 制造工艺创新能力	0.14	0.17	0.86	0.70	
6.13 生产流程自动化能力	0.18	0.18	0.92	0.74	0.78
6.14 技术改良的能力	0.10	0.15	0.68	0.78	
6.15 掌握关键技术与专利的能力	0.25	0.25	0.75	0.84	
6.16 未来产品或营销发展预测能力	0.24	0.23	0.79	0.80	
特征值	3.42	3.48	3.85		
解释变异量	22.36%	21.17%	24.66%		
累积解释变异量	22.36%	43.53%	68.19%		

5. 叙述性统计分析

表 3.16 列示各研究变量的平均数与标准差。由表中可以发现,技术知识特性的复杂化程度平均值(4.33)最高,标准差为 1.24,可见高科技产业面对的产业环境的不稳定程度较高。另外,知识整合的系统化程度平均值(4.15)也很高,标准差为 1.45,显示出高科技产业的信息运用的程度较高;组织学习型态的适应型组织平均值(4.10)和创新型组织平均值(3.82)显示高科技产业仍然倾向于较开放、自主式的学习空间;知识能量的表现上在知识获取和知识流通的表现程度较高,平均值分别为 3.91 和 3.87;核心竞争力的表现上,重要性能力的平均值(4.34)最高,显示通过知识整合与知识能量的运作有利于凝聚企业竞争力的重要能力。

3.3.2　样本企业差异性分析

主要分析不同产业、不同销售额企业的技术知识特性、组织学习型态、知识整合、知识整合运作特性、知识能量以及企业核心竞争力等方面是否存在差异。采用方差分析(ANOVA)和 Duncan 多重检验法来检验两两间的差异。以下各表的变量/测量维度数值为算术平均值,现将结果整理如下:

不同产业差异性分析见表 3.17。本研究的样本分为生物科技 12 家、集成电路 25 家、软件 45 家、光电 35 家与电子信息 35 家等产业类别。就技术知识的特性而言,生物科技业的模块化程度($F=4.63, p<0.05$)和路径相依程度($F=3.98, p<0.01$)比其他产业为低,可能原因为该产业在国内发展程度仍未趋成熟,不像其他高科技产业有既定的技术模式与发展轨迹可寻;集成电路产业的复杂化程度比

表 3.16 各变量的基本统计值及其相关系数

变量	平均数	标准差	1	2	3	4	5	6	7	8	9	10	11	12	13	14	15	16	17	18	19
1. 模块化程度	4.14	1.02	1.00																		
2. 复杂化程度	4.33	1.24	0.07	1.00																	
3. 外显化程度	4.02	1.30	0.25	0.21	1.00																
4. 路径相依程度	4.24	1.04	0.37	0.01	0.00	1.00															
5. 适应型组织	4.10	1.18	0.34	0.21	0.40	0.08	1.00														
6. 创新型组织	3.82	1.17	-0.05	-0.03	-0.22	-0.24	0.08	1.00													
7. 系统化程度	4.15	1.45	0.28	0.15	0.12	-0.08	0.13	0.01	1.00												
8. 合作程度	3.92	1.33	0.15	0.04	-0.13	0.18	-0.22	0.31	0.08	1.00											
9. 社会结构	4.11	1.47	0.22	0.12	0.3	2	-0.12	0.17	-0.03	0.22	1.00										
10. 效率	3.71	1.02	0.14	0.06	0.13	0.18	0.02	0.18	-0.06	0.16	-0.05	1.00									
11. 范围	3.61	1.12	0.05	-0.03	0.07	0.17	0.07	0.12	0.17	0.18	0.09	-0.07	1.00								
12. 弹性	3.71	0.97	0.23	0.13	0.15	0.24	0.13	0.22	0.18	0.18	0.21	0.31	0.22	1.00							
13. 知识解读	3.82	0.88	0.31	-0.00	0.07	0.14	0.12	-0.16	0.32	0.27	0.01	0.33	0.44	0.11	1.00						
14. 知识获取	3.91	1.12	0.04	0.04	0.03	0.38	0.09	0.05	-0.13	0.16	-0.18	0.48	0.14	0.31	0.08	1.00					
15. 知识蓄积	3.74	1.13	0.07	0.25	0.07	0.12	0.01	0.11	0.05	0.07	0.03	0.35	0.30	0.42	0.06	0.13	1.00				
16. 知识流通	3.87	1.05	0.22	0.36	0.22	0.08	0.10	0.18	0.15	0.18	0.22	0.00	-0.20	0.14	0.06	0.06	0.09	1.00			
17. 门槛能力	4.25	1.07	0.13	0.23	0.21	0.22	0.25	0.00	0.16	0.14	0.15	0.37	0.27	0.60	0.17	0.25	0.06	0.09	1.00		
18. 重要性能力	4.34	1.04	0.16	0.17	0.02	0.12	0.07	0.02	0.08	0.14	0.16	0.30	0.06	0.53	0.09	0.04	0.07	0.09	0.04	1.00	
19. 未来能力	4.27	1.19	0.08	0.08	0.27	0.09	0.12	0.16	0.02	0.22	0.02	0.06	0.11	0.12	0.04	0.06	0.08	0.11	0.06	0.08	1.00

表 3.17　不同产业的差异性分析

变量／测量维度	集成电路 (1)N=25	生物科技 (2)N=12	软件 (3)N=45	光电 (4)N=35	电子信息 (5)N=35	F 检定	p 值	Duncan
	平　均　数							
技术知识特性								
ZSTX1 模块化	3.66	2.98	3.74	3.79	3.90	4.63	0.003*	(45,12)
ZSTX2 复杂化	2.99	4.18	4.06	3.75	3.58	4.21	0.02*	(45,23)
ZSTX3 外显程度	4.82	2.87	3.77	3.93	3.84	2.04	0.07	
ZSTX4 路径相依	4.05	2.92	3.87	3.96	3.91	3.98	0.00**	(12,23)
组织学习型态								
XXXT1 适应型	4.08	4.12	3.69	3.62	3.52	7.22	0.00**	(12,24)
XXXT2 创新型	4.02	4.07	3.88	3.76	3.45	7.88	0.00**	(14,24)
知识整合								
ZSZH1 社会化	4.25	4.13	4.07	4.05	3.99	1.14	0.42	
ZSZH2 系统化	3.08	3.87	3.92	3.84	3.75	1.07	0.44	
ZSZH3 合作程度	3.14	3.33	3.66	3.77	3.49	0.92	0.53	
运作特性								
YZTX1 效率	3.88	3.93	4.12	3.94	3.14	2.98	0.05*	(14,24)
YZTX2 范围	3.96	3.84	4.26	3.98	3.04	3.16	0.03*	(14,24)
YZTX3 弹性	3.98	3.78	4.18	3.86	3.22	3.85	0.00**	(14,24)
知识能量								
ZSNL1 知识解读	3.84	4.01	4.07	3.84	3.75	0.88	0.58	
ZSNL2 知识获取	3.77	4.15	4.14	3.74	3.59	0.94	0.54	
ZSNL3 知识积累	4.05	3.94	4.05	3.66	3.45	7.96	0.00**	(2,4)
ZSNL4 知识流通	4.14	3.87	4.02	3.58	3.25	9.47	0.00**	(2,4)
企业核心竞争力								
HXNL1 门槛能力	3.93	3.88	4.05	3.94	3.65	1.55	0.26	
HXNL2 重要性能力	3.85	3.92	3.96	3.84	3.58	1.48	0.38	
HXNL3 未来能力	3.74	3.95	3.93	3.68	3.48	0.98	0.65	

注:1. 在 DUNCAN 检验中,相连产业表示无显著性差异,用逗号隔开表示产业间有显著性差异,且依平均数由大至小排列,1,2,3,4,5 分别表示集成电路、生物科技、软件、光电和电子信息产业;

　2. * 表示 $p<0.05$, ** 表示 $p<0.01$, *** 表示 $p<0.001$。

生物科技、软件、光电、电子信息业为低($F=4.21, p<0.05$),可能原因为集成电路业的发展程度已渐趋成熟,上游至下游产业垂直分工精细,供应链体系完整而且已达规模经济和系统化。就组织学习方面而言,生物科技业和集成电路业比电子信息业在适应型($F=7.22, p<0.01$)和创新型($F=7.88, p<0.01$)呈现显著差异,可能原因为电子信息业的技术层次较低,员工工作的自主性程度较低,所表现出来的学习型态较为传统、保守,而且管理方式也是传统垂直沟通,不像生物科技业或

集成电路业倾向较开放、员工自主性较高的学习型态和注重平行沟通、回馈的管理方式。另外,就知识整合运作特性而言,光电业和生物科技业比其他产业在运作的效率($F=2.98,p<0.05$)、范围($F=3.16,p<0.05$)、弹性($F=3.85,p<0.01$)上都有显著的差异,可能原因在于光电业和软件业由于技术层次较高、知识密集程度较高,而且员工的自我管理、学习的程度也较高,所表现出来知识整合的运作情形较佳。就知识能量而言,软件业、集成电路业和生物科技业比光电和电子信息业在知识积累($F=7.96,p<0.01$)和知识流通($F=9.47,p<0.01$)有显著差异,其可能原因也在于前者的产业不仅在知识密集与发展程度较高,而且对于知识的储存与流通方式,已有系统化与制度化的处理,并且可能由专属部门或专人来负责,并且也列为公司主要的运作范围之一。

在知识整合、知识解读、知识获取以及企业核心竞争力方面,产业的不同并没造成任何的影响。

根据销售额高低将公司分为三组,第一组为 2010 年销售额小于 100 万元的低销售额公司,第二组为销售额介于 100 万至 1000 万元的中销售额公司,第三组为销售额大于 1000 万的高销售额公司。见表 3.18。

表 3.18 不同销售额的差异性分析

变量/测量维度	100 万以下 (1)N=20	100 万-1000 万 (2)N=220	1000 万以上 (3)N=108	F 检定	p 值	Duncan
	平 均 数					
技术知识特性						
ZSTX1 模块化	2.66	3.98	4.73	4.63	0.001*	(3,12)
ZSTX2 复杂化	2.99	3.18	3.06	3.21	0.5	
ZSTX3 外显程度	2.82	3.87	4.25	2.04	0.07	
ZSTX4 路径相依	2.05	3.52	3.88	3.98	0.00**	(32,1)
组织学习型态						
XXXT1 适应型	2.08	4.18	3.15	7.22	0.4	
XXXT2 创新型	3.02	4.04	3.88	7.88	0.8	
知识整合						
ZSZH1 社会化	3.25	4.13	4.07	1.14	0.42	
ZSZH2 系统化	3.08	4.85	4.92	1.07	0.44	
ZSZH3 合作程度	3.25	3.98	3.66	0.92	0.57	
运作特性						
YZTX1 效率	3.82	2.93	3.12	2.98	0.05	
YZTX2 范围	3.12	3.78	4.29	3.16	0.03	
YZTX3 弹性	3.36	3.25	4.17	3.85	0.00**	(3,12)

续表

变量/测量维度	100 万以下 (1)N＝20	100 万—1000 万 (2)N＝220	1000 万以上 (3)N＝108	F 检定	p 值	Duncan
	平　均　数					
知识能量						
ZSNL1 知识解读	3.24	3.04	4.58	0.88	0.58	
ZSNL2 知识获取	3.71	2.15	4.15	0.94	0.54	
ZSNL3 知识积累	3.06	4.15	4.05	7.96	0.00**	(1,23)
ZSNL4 知识流通	4.15	3.88	3.06	9.47	0.04	
企业核心竞争力						
HXNL1 门槛能力	3.94	3.81	4.75	1.55	0.26	
HXNL2 重要性能力	2.85	3.96	4.45	1.48	0.38	
HXNL3 未来能力	2.74	3.97	3.98	0.98	0.65	

注:1. 在 DUNCAN 检验中,相近规模的公司表示无显著性差异,用逗号隔开表示规模间有显著性差异,
　　 且依平均数由大至小排列;

　　2. * 表示 $p<0.05$, ** 表示 $p<0.01$, *** 表示 $p<0.001$。

在技术知识特性上模块化达到显著水平($F＝4.63, p<0.05$),高销售额公司高于中、低销售额的公司,可见高销售额公司具有较好的模块化技能。在技术知识特性的路径相依程度上达到显著水平($F＝3.98, p<0.01$),高销售额公司高于中、低销售额的公司,可见高销售额公司具有很强的路径相依程度。

在知识整合运作特性方面,其中弹性($F＝3.85, p<0.01$)达到显著水平。可见高销售额公司知识整合的弹性较强。再有,知识能量的积累达到显著水平($F＝7.96, p<0.01$),说明高销售额公司知识能量积累迅速。

3.3.3　知识管理与组织学习的互动关系[1][11-15]

这部分主要目的是探讨技术知识的特性与知识整合、知识能量以及组织学习型态的互动关系;探讨组织学习型态与知识整合运作特性、知识能量的关系;探讨知识整合及运作特性与核心竞争力的关系;探讨知识能量与核心竞争力的关系。

1. 技术知识的特性与知识整合、知识能量以及组织学习的互动关系

(1)技术知识的特性与知识整合的互动关系。以知识整合为自变量(predictor variable),技术知识的特性为因变量(criterion)进行典型相关分析,得出两条典型相关式,如表 3.19(a)。

表 3.19(a)　技术知识的特性与知识整合的典型相关检验表

典型相关式	特征值	典型相关系数	DF	Sig.
1	0.25	0.648	10.000	0.000
2	0.37	0.614	4.000	0.000

表 3.19(b)　技术知识的特性与知识整合的交叉解释力

典型相关式	知识整合(因变量)标准化变异被解释的部分				
	典型变项 (技术知识的特型)		规则 判定系数(R^2)	典型变项 (知识整合)	
	抽出变异数 百分比	重叠系数		抽出变异 数百分比	重叠系数
1	47.73%	14.28	0.343	57.30%	17.77
2	18.73%	7.84	0.285	41.56%	11.58

表 3.19(c)　技术知识的特性与知识整合的因素负荷

技术知识特性的 典型相关式		χ_1	χ_2	知识整合的 典型相关式		η_1	η_2
自变量	模块化	0.943*	0.230	因变量	社会化	0.321	0.542*
	复杂化	0.214	0.672*		系统化	0.925*	0.289
	外显程度	0.861*	0.426		合作程度	0.655*	0.824*
	路径相依	0.333	0.724*				

注:* 表示 $p < 0.05$。

由表 3.19 可知,有两对典型因素的相关达到显著水准,所以技术知识的特性与知识整合有显著相关,假设 1 获得支持(参阅 2.1 节)。第一个典型相关系数是 0.648,而 X 变项的第一个典型因素($\chi 1$),可以解释 Y 变项的第一个典型因素(η_1) 总变异量的 34.3%,而 Y 变项的第一个典型因素($\eta 1$),可以解释 Y 变项变异量的 57.30%,因 X 组变项与 Y 组变项在第一个典型因素的重叠部分是 17.77,所以四个技术知识的特性变项通过典型因素 χ_1 与 η_1,可以解释知识整合变项变异量的 17.77%。第二个典型相关系数为 0.614,而 X 变项的第二个典型因素(χ_2),可以解释 Y 变项的第二个典型因素(η_2)总变异量的 28.5%,而 Y 组变项的第二个典型因素 η_2,可以解释 Y 组变项总变异量的 41.56%。因 X 变项与 Y 变项的重叠部分是 11.58,故 X 组变项可以通过第二组典型因素(χ_2 及 η_2)解释 Y 变项总变异量的 11.58%。从第一对典型因素中看出,在技术知识的因素方面,以模块化程度的系数(0.943)最高,其次为外显程度系数(0.861),而相对的知识整合的因素方面,以系统化程度系数(0.925)为最高,其次为合作程度系数(0.655),可见当技术知识的模块化程度越高时,则知识整合的系统化程度越高,而当技术知识的外显程度越高时,则知识整合的合作程度越高,由此可见,技术知识的明确程度越有利于系统化与合作程度的提升。所以,假设 1a 与 1b 获得支持。

另外,再从第二对典型因素中 X 典型变项的路径相依程度系数(0.724)最高,其次为复杂化程度系数(0.672),而相对的 Y 变项中,合作程度系数(0.824)最高,其次为社会化程度系数(0.542),可见当技术知识的路径相依程度提高时,知识整合的合作程度也会提高。而当技术知识的复杂化程度越高,则知识整合的社会化程度也越高,所以,假设 1c 与 1d 也获得支持。由此可见,知识界面标准程度越高,越有助于合作的进行,而当技术知识的表现程度越复杂时,则必须依赖于公司文化或共享的价值观的凝聚,才能获得共识,强化知识展现的力量。

(2)技术知识的特性与知识能量的互动关系。为了验证假设 2,我们运用反向传递类神经网络模式,以技术知识特性的四个维度为输入层,以知识能量的四个维度为输出层,通过双弯曲函数的转换,使其易于收敛,并且以 6000 个学习循环 Momentum=0.3,Learning Rate=0.6 得出错误率较低。由图 3.2 各维度相对权重总值可以看出,由于技术知识的特性对知识能量的权重总值 $\left[\sum\limits_{j=1}^{4}\sum\limits_{i=1}^{4}W_{ij}=205.14\right]$ 大于 100 为正值,而且达到显著的标准,所以,技术知识的特性对于知识能量有显著的影响性,假设 2 获得支持。

若进一步分析表 3.20,当技术知识的模块化程度越高时,对于知识解读的程度呈现正向且显著的影响(W=62.12 大于 40),而且达到显著的标准,然而对于知识获取、知识蓄积和知识流通的程度,由于权重值太小,所以未达到显著的影响作用,所以,假设 2a 获得支持,可见当技术知识的标准界面程度越高,越有利于相关知识的解读与了解。当技术知识的复杂程度越高,对于知识获取的程度呈现负向且显著的影响(W=−50.13 小于−30),可见当技术知识越趋复杂,越不利知识的取得,换言之,对于知识的内化作用有负面的影响作用,然而对于知识解读、知识蓄积和知识流通,由于权重值太小,所以未达到显著的影响作用,所以,假设 2b 获得支持。另外,当技术知识的外显程度越高时,对于知识蓄积程度呈现正向且显著的影响(W=54.23 大于 40),可见当技术知识的表现程度越是通过既定作业程序,或书面文件表达时,越有利知识的储藏,然而对于知识解读、知识获取和知识流通,由于权重值太小,所以未达到显著的影响作用,所以,假设 2c 获得支持。而当技术知识的路径相依程度越高时,对于知识的流通越有帮助(W=67.18),主因乃是技术知识的传承程度越高,就不会因为人员的异动,而妨碍知识在各单位或不同人员间的运转与使用,然而对于知识解读、知识获取和知识蓄积,由于权重值太小,所以未达到显著的影响作用,所以,假设 2d 获得支持。由上述实证结果得知,假设 1 与假设 2 全部获得支持,依资源基础的观点而言,技术知识是内部资源的一种形式,而其特性即是资源内涵的表现,而技术知识的特性对于知识整合有不同程度的影响。由于本文探讨的是高科技产业,而该产业技术知识的来源不是外购而是内部自行发展以及该产业的产品生命周期已越趋短暂的发展历程的原因,所以技术知识显现出两大类的特性,一个为路径、模块化程度,一个为外显与复杂化程度。而当模块化程度越高时,越有助系统化程度的提升,乃是由于大量运用信息化设备的结果,而当知识外显与路径相依程度越高时,由于已建立相关的规章、制度,所以,对于合作程度的提升有帮助,而当知识复杂程度越高时,则往往必须通过不同单位的沟通、协调,才有助于解决难题,所以社会化程度越提升。如果就技术知识的特性对于知识能量的影响性而言,当知识的模块化、外显与路径相依度越高时,表示资源有明确的外在与系统的特性,会有助于知识能量的运作,然而当知识的复杂程度越高,会不利于知识的取得[1][20-22]。

表 3.20　技术知识的特性对知识能量影响的路径系数(N＝348)

影响路径		负荷系数	影响路径		负荷系数
Input layer $i=1\sim4$	Output layer $j=1\sim4$		Input layer $i=1\sim4$	Output layer $j=1\sim4$	
模块化程度——知识解读		62.12*	外显程度——知识解读		9.24
模块化程度——知识获取		−11.21	外显程度——知识获取		−11.09
模块化程度——知识蓄积		14.64	外显程度——知识蓄积		54.23*
模块化程度——知识流通		5.17	外显程度——知识流通		12.18
复杂化程度——知识解读		13.21	路径相依程度——知识解读		16.13
复杂化程度——知识获取		−50.13**	路径相依程度——知识获取		−7.12
复杂化程度——知识蓄积		7.11	路径相依程度——知识蓄积		11.86
复杂化程度——知识流通		10.62	路径相依程度——知识流通		67.18*

注:1. ** 表示 $p<0.05$, * 表示 $p<0.1$;

　　2. Learning Rate＝0.6,Momentum＝0.3,Patterns＝348,Interactions＝6000;

　　3. $i=1\sim4$,表示技术知识特性各维度,$j=1\sim4$,表示知识能量各维度;

　　4. Error(MSE)＝0.0102,隐藏层省略不列入,原因为简化图形复杂性,便于阅读。

(3)技术知识的特性与组织学习型态的互动关系。为了验证假设3,以 t-test 验证组织学习型态在技术知识的特性上所表现程度的差异。实证结果如表 3.21 所示,结果发现不同的组织学习型态在技术知识的特性上达到显著水平,所以,假设3未获得支持,而且适应型的组织学习型态在技术知识的模块化与外显程度的平均值高于创新型的组织学习型态,表示当技术知识的有形界面的系统化程度越高时,越倾向实行适应型的组织学习型态,所以,假设3a未获得支持,其主要原因是现阶段杭州高科技产业,技术的发展或取得仍然以外购或沿袭其他业者的技术模式。另外,创新型的组织学习型态在技术知识的复杂化程度的平均值高于适应型的组织学习型态,表示当技术知识牵涉到其他单位的范围越大时,越倾向实行创新型的组织学习型态,所以,假设3b获得支持。由此可见,当技术知识的特性越趋复杂时,就必须运用组织学习的开放、自主特性,才能运用技术知识。

表 3.21　技术知识的特性与组织学习型态的互动关系

技术知识的特性	组织学习型态		t 值	Sig.
	适应型 ($n=220$)	创新型 ($n=122$)		
模块化程度	3.56	2.32	7.75	0.000***
复杂化程度	2.77	3.85	9.25	0.000***
外显程度	3.42	2.21	7.12	0.000***
路径相依程度	3.54	3.55	1.05	—

注:显著水平:Sig. <0.01,Sig. <0.05,Sig. <0.001。

2. 组织学习型态与知识整合运作特性、知识能量的关系

(1)组织学习型态在知识整合运作特性上的差异性。为了验证假设 4,以 t-test 检定不同组织学习型态在知识整合的运作特性上是否有所差异,实证结果如表 3.22 所示。

表 3.22　适应型与创新型组织学习型态在知识整合运作特性方面的比较

知识整合运作特性	组织学习型态		t 值	Sig.
	适应型 ($n=220$)	创新型 ($n=122$)		
效率	2.88	3.16	7.47	0.000***
范围	2.97	3.25	5.59	0.000***
弹性	2.89	3.26	5.86	0.000***

注:显著水平:Sig. <0.01,Sig. <0.05,Sig. <0.001。

结果发现适应型与创新型的组织学习型态在知识整合运作特性的表现上有显著的差异,因此研究假设 4 获得支持。另外,创新型的组织学习型态比适应型的组织学习型态在知识整合运作特性上的效率、范围、弹性的表现程度上要高,所以,假设 4a 与 4b 也都获得支持。由此可见,组织学习的内涵对于知识整合运作上的表现有重大的影响程度,尤其对于高科技厂商更是如此。

(2)不同的组织学习型态在知识能量方面的差异性。为了验证假设 5,以 t-test 检定不同的组织学习型态在知识能量方面上是否有所差异。实证分析结果如表 3.23 所示,结果发现创新型组织学习型态比适应型组织学习型态在知识解读和知识获取方面达到显著差异,而且创新型的平均值高于适应型。可见,组织内部结构、文化与管理者风格会影响知识的取得、吸收与转化,而且越倾向于开放、自主的组织学习型态越有利于知识的取得和解读。不过,在知识蓄积与流通方面,虽然创新型比适应型组织学习型态的平均值为高,不过却没有达到显著的差异水平,所以,假设 5a 与 5b 未获得支持。

表 3.23　适应型与创新型组织学习型态在知识能量方面的比较

技术整合运作特性	组织学习型态		t 值	Sig.
	适应型（n＝220）	创新型（n＝122）		
知识解读	2.54	3.54	3.36	0.000***
知识获取	2.78	3.78	9.87	0.000***
知识蓄积	3.28	3.48	1.58	—
知识流通	3.51	3.59	2.87	—

注：显著水平：Sig. ＜0.01,Sig. ＜0.05,Sig. ＜0.001。

以组织学习的观点而言,当学习结构特性倾向非正式、平行沟通、开放自主的情形时,不仅有利于知识解读和知识获取,而且在知识整合的运作效率、范围与弹性都比学习结构特性倾向正式化、垂直沟通、集权化的情形为佳。另外,由于创新型的组织学习型态,弹性、应变的空间较大,可以因应技术知识环境的复杂化程度,反之,适应型的组织学习型态,由于正式化、集权化的程度较高,较适合于稳定的技术资源环境。此结论验证了林文宝(2002)的研究结论。

3. 知识整合及运作特性与核心竞争力的关系

(1)知识整合与知识整合运作特性的关系。通过反向传递类神经网络架构,如表 3.24 所示,由于知识整合各维度对运作特性各维度的权重总值 $\left[\sum\limits_{j=1}^{3}\sum\limits_{i=1}^{3}W_{ij} = 223.2\right]$ 高于 100 且为正值来看,表示知识整合与运作特性有显著的相关性。进一步分析发现,当知识整合的系统化程度越高,则知识整合的运作效率越高(权重值＝44.25 大于 40),但是在运作范围和弹性(权重值分别为 22.83 与 14.58 均小于 40)都不大。另外当知识整合的合作程度越高,则在整合的运作效率低(权重值＝12.22),而且运作范围(权重值＝11.35)也不太高,然而在运作弹性(权重值高达 46.14)则较大。当知识整合的社会化程度越高,则整合的运作效率越高(权重值高达 50.25),然而在运作的范围和弹性都不大(权重值分别为 10.41 与 11.17)。由此可见,知识整合的程度在运作的不同层面有不同的特质,尤其对高科技厂商而言,由于相当重视计算机系统化的处理,而且相当重视个人化而非团队式的知识运作方式,然而在不同部门或单位的特性与工作内涵差异性较大,知识整合的合作程度运作效率则较低。

(2)知识整合及其运作特性的交互作用与核心竞争力的关系。为验证假设 6,本研究以门槛能力、重要性能力与未来能力为因变量,知识整合的系统化程度、合作程度与社会化程度,运作特性的效率、范围与弹性六项因素为自变量建立以下回归函数：

表 3.24　知识整合对知识整合运作特性影响的路径系数($N=348$)

影响路径		负荷系数	影响路径		负荷系数
Input layer $i=1\sim3$	Output layer $j=1\sim3$		Input layer $i=1\sim3$	Output layer $j=1\sim3$	
社会化程度——范围		10.41	系统化程度——弹性		14.58
社会化程度——效率		50.25*	合作程度——范围		11.35
社会化程度——弹性		11.17	合作程度——效率		12.22
系统化程度——范围		22.83	合作程度——弹性		46.14*
系统化程度——效率		44.25*			

注:1. ** 表示 $p<0.05$，* 表示 $p<0.1$;

2. Learning Rate=0.6,Momentum=0.3,Patterns=348,Interactions=6000;

3. $i=1\sim3$,表示知识整合各维度,$j=1\sim3$,表示知识整合运作特性各维度;

4. Error(MSE)=0.0102,隐藏层省略不列入,原因为简化图形复杂性,便于阅读。

门槛能力 $=\alpha1+\beta11*ZSZH1+\beta12*ZSZH2+\beta13*ZSZH3+\beta14*YZTX1+\beta15*YZTX2+\beta16*YZTX3+E1$

重要性能力 $=\alpha2+\beta21*ZSZH1+\beta22*ZSZH2+\beta23*ZSZH3+\beta24*YZTX1+\beta25*YZTX2+\beta26*YZTX3+E2$

未来能力 $=\alpha3+\beta31*ZSZH1+\beta32*ZSZH2+\beta33*ZSZH3+\beta34*YZTX1+\beta35*YZTX2+\beta36*YZTX3+E3$

ZSZH1=社会化　　　　αi=截距

ZSZH2=系统化　　　　βij=斜率($i=1\sim3$,表示核心竞争力各维度,$j=1\sim6$,表示知识整合及运作特性各维度)

ZSZH3=合作程度　　　Ei=残差

YZTX1=效率

YZTX2=范围

YZTX3=弹性

运用回归分析,结果如表 3.25 所示。由知识整合及其运作特性对于核心竞争力的整体模式部分达到显著水平来看($p<0.01$),假设 6 获得部分支持。若进一步分析发现当知识整合的系统化程度越高而且运作的效率越高时,其交互作用对于核心竞争力的门槛能力有显著且正向的影响作用($\beta12=0.26,\beta14=0.43,p<0.05$),表示当知识整合通过硬设备的运作及其效率的发挥,可以对形成核心竞争力的基础能力有正面的影响作用。所以,假设 6a 获得支持。当知识整合的合作程度越高,而且运作范围也增加时,其交互作用对于核心竞争力的重要性有显著且正向的影响作用($\beta23=0.32,\beta25=0.28,p<0.001$),不过,弹性的增加并没有达到显著的影响作用,所以,假设 6b 未获得支持,表示当知识整合通过组织内部各部门互动、沟通了解以及运作范围的扩大,对于形成核心竞争力的重要能力有正面的影

响作用。当知识整合的社会化程度越高而且运作的效率也越高时,其交互作用对核心竞争力的未来能力有显著正向的影响($\beta 31 = 0.27$,$\beta 35 = 0.28$,$p < 0.05$),此结论,呼应芮明杰(2010)的部分研究结论。所以,假设6c获得支持,表示当知识整合通过企业文化、价值理念的推动及弹性权宜做法的实施,对于培养核心竞争力的未来能力有正面的影响作用。

表 3.25 知识整合及其运作特性对核心竞争力的回归分析

	门槛能力	重要性能力	未来能力
社会化程度	0.02	0.12	0.27*
系统化程度	0.26*	−0.01	0.04
合作程度	0.05	0.32***	0.01
效率	0.43**	0.05	0.12
范围	0.14	0.28***	0.28**
弹性	0.23	0.13	−0.17
R^2	0.38	0.27	0.28
F	5.25	4.37	4.24
p	0.001	0.000	0.000

注:* 表示 $p < 0.05$ ** ,表示 $p < 0.01$ *** ,表示 $p < 0.001$。

4. 知识能量与核心竞争力的关系

为了验证假设7,运用方向传递类神经网络架构,以知识能量各维度为输入层,核心竞争力各维度为输出层,如表3.26所示。

由知识能量各维度对核心竞争力的权重总值高达 $\left[\sum_{j=1}^{3} \sum_{i=1}^{4} W_{ij} = 509 \right]$ 大于300为正值,而且达到显著标准来看,表示知识能量对核心竞争力有正向且显著的影响作用,所以假设7获得支持。若进一步分析,发现知识解读与知识获取程度越高,对于核心能力有正向且显著的影响(权重值分别为91.17和86.41大于40),然而对于重要性和未来能力,由于权重值太低,没有达到显著的影响作用。所以,假设7a获得支持。当知识蓄积程度越高,对于重要能力有正向且显著的影响作用(权重值为72.15大于40),然而对于门槛能力,由于权重值太小,没有达到显著的影响作用,所以假设7b获得支持。当知识流通程度越高,对于重要性和未来能力有正向且显著的影响作用(权重值分别为54.12和97.47均大于40),然而对于门槛能力,由于权重值太低,没有达到显著的影响作用,所以,假设7c获得支持。可见,知识的解读与获取能力是高科技厂商奠基企业核心竞争力的基石,另外,提高知识的流通程度是企业发展重要性与未来能力的重要因素[1-2]。

表 3.26 知识能量对企业核心竞争力影响的路径系数($N=348$)

影响路径		负荷系数	影响路径		负荷系数
Input layer $i=1\sim4$	Output layer $j=1\sim3$		Input layer $i=1\sim4$	Output layer $j=1\sim3$	
知识解读——门槛能力		91.17	知识蓄积——门槛能力		22.32
知识解读——重要性能力		14.25	知识蓄积——重要性能力		72.15
知识解读——未来能力		7.54	知识蓄积——未来能力		20.84
知识获取——门槛能力		86.41	知识流通——门槛能力		14.47
知识获取——重要性能力		18.68	知识流通——重要性能力		54.12
知识获取——未来能力		10.04	知识流通——未来能力		97.47

注:1. ** $p<0.05$, * $p<0.1$;

2. Learning Rate$=0.6$,Momentum$=0.3$,Patterns$=348$,Interactions$=6000$;

3. $i=1\sim4$,表示知识能量各维度,$j=1\sim3$,表示企业核心竞争力各维度;

4. Error(MSE)$=0.0102$,隐藏层省略不列入,原因为简化图形复杂性,便于阅读。

通过本节分析,整体而言,绝大部分假设获得了实证支持,兹将研究假设验证结果汇总于表 3.27 所示。

表 3.27 假设验证结果

层次	提出的假设	验证结果
技术知识特性与知识整合的关系	假设 1:技术知识的特性对知识整合有显著的正向影响	完全支持
	假设 1a:技术知识的模块化程度对知识整合的系统化程度有显著的正向影响	支持
	假设 1b:技术知识的外显程度对知识整合的合作程度有显著的正向影响	部分支持
	假设 1c:技术知识的路径相依程度对知识整合的合作程度有显著的正向影响	部分支持
	假设 1d:技术知识的复杂程度对知识整合的社会化程度有显著的正向影响	支持
技术知识特性与知识能量的关系	假设 2:技术知识的特性对于知识能量有显著的正向影响	完全支持
	假设 2a:技术知识的模块化程度对于知识解读有显著的正向影响	支持
	假设 2b:技术知识的复杂程度对于知识获取有显著的负向影响	部分支持
	假设 2c:技术知识的外显程度对于知识蓄积有显著的正向影响	部分支持
	假设 2d:技术知识的路径相依程度对于知识流通有显著的正向影响	支持
技术知识特性与组织学习型态的关系	假设 3:技术知识的特性与组织学习型态有显著的正向相关性	部分支持
	假设 3a:当技术知识的模块化、外显和路径相依程度越高时,组织型态会倾向实行适应型的组织学习型态	不支持
	假设 3b:当技术知识的复杂化程度越高时,组织型态会倾向实行创新型的组织学习型态	支持

续表

层次	提出的假设	验证结果
组织学习型态与运作特性的关系	假设 4：组织学习型态在知识整合运作特性上有显著的差异性	完全支持
	假设 4a：适应型的组织学习型态对知识整合运作的效率、弹性和范围有显著的负向影响	部分支持
	假设 4b：创新型的组织学习型态对知识整合运作的效率、弹性和范围有较显著的正向影响	支持
组织学习型态与知识能量的关系	假设 5：不同的组织学习型态在知识能量上有显著的差异性	不支持
	假设 5a：创新型的组织学习型态，在知识能量上有较佳的显著表现	不支持
	假设 5b：适应型的组织学习型态，在知识能量上有较差的显著表现	不支持
知识整合及其运作特性与企业核心竞争力的关系	假设 6：知识整合程度与运作特性的交互作用对于核心竞争力有显著的正向影响作用	部分支持
	假设 6a：知识整合的系统化程度越高，而且整合运作的效率越高，则对于核心竞争力的门槛能力有显著的正向影响作用	部分支持
	假设 6b：知识整合的合作程度越高，而且整合运作的范围和弹性越大，则对于核心竞争力的重要能力有显著的正向影响作用	不支持
	假设 6c：知识整合的社会化程度越高，而且整合运作的效率越高，则对于核心竞争力的未来能力有显著的正向影响作用	支持
知识能量与企业核心竞争力的关系	假设 7：知识能量对于核心竞争力有显著的影响作用	完全支持
	假设 7a：当知识能量的知识解读和知识获取程度越高时，对于核心竞争力的门槛能力有显著的正向影响作用，但对于重要能力和未来能力无显著的影响作用	支持
	假设 7b：当知识能量的知识蓄积程度越高时，对于核心竞争力的重要性能力有显著的正向影响作用，但对于门槛能力无显著的影响作用	支持
	假设 7c：当知识能量的知识流通程度越高时，对于核心竞争力的重要性和未来能力有显著的正向影响作用，但对于门槛能力无显著的影响作用	支持

3.3.4　小结

为了验证企业技术知识特性、知识整合、运作特性、知识能量以及组织学习型态与企业核心竞争力的互动关系，选择了宁波经济技术开发区和杭州高新区生物科技、集成电路、光电、软件和电子信息产业作为调查对象，发放问卷 550 份，有效回收 348 份。分别与技术知识特性与知识能量的互动关系、知识整合与知识整合运作特性的关系,采用反向传播神经网络方法;对技术知识的特性与知识整合的互动关系,采用典型相关分析方法;对技术知识的特性与组织学习的互动关系、组织学习型态在知识整合运作特性上的差异性以及不同的组织学习型态在知识能量方面的差异性,采用 t-test 方法;对知识整合及其运作特性的交互作用与核心竞争力的关系采用层级回归分析的方法进行实证分析,发现有些假设完全获得支持,有些部分支持,有些不支持(见表 3.27),特别是在分析不同产业、不同的销售额的技术知识特性、组织学习型态、知识整合、知识整合运作特性、知识能量以及企业核心竞争力等方面是否存在差异时,我们发现,就技术知识的特性而言,生物科技业的模块化程度和路径相依程度比其他产业为低,可能原因为该产业在国内发展程度仍未趋成熟,不像其他高科技产业有既定的技术模式与发展轨迹可寻。集成电路产业的复杂化程度比生物科技、软件、光电、电子信息业为低,可能原因为集成电路业的发展程度已渐趋成熟,上游至下游产业垂直分工精细,供应链体系完整而且已达规模经济和系统化。就组织学习方面而言,生物科技业和集成电路业比电子信息业在适应型和创新型呈现显著差异,可能原因为电子信息业的技术层次较低,员工工作的自主性程度较低,所表现出来的学习型态较为传统、保守,而且管理方式也是传统垂直沟通,不像生物科技业或集成电路业倾向较开放、员工自主性较高的学习型态和注重平行沟通、回馈的管理方式。另外,就知识整合运作特性而言,光电业和生物科技业比其他产业在运作的效率、范围、弹性上都有显著的差异,可能原因在于光电业和生物科技业由于技术层次较高、知识密集程度较高,而且员工的自我管理、学习的程度也较高,所表现出来知识整合的运作情形较佳。就知识能量而言,软件业、集成电路业和生物科技业比光电和电子信息业在知识积累和知识流通有显著差异,其可能原因也在于前者的产业不仅在知识密集与发展程度较高,而且对于知识的储存与流通方式,已有系统化与制度化的处理,并且可能由专属部门或专人来负责,并且也列为公司主要的运作范围之一。而且,高销售额公司具有较好的模块化技能、很强的路径相依程度,知识整合的弹性较强、知识能量积累迅速。

（1）技术知识的特性与知识整合、知识能量与组织学习型态的关系。高科技产业,面对产业环境的复杂化程度较高,而且运用信息科技设备进行知识整合的系统化程度也较高。另外,依资源基础的观点,技术知识特性是资源内涵的表现,而且对于高科技产业而言,技术知识也往往通过系统资源设备的运用,各单位间的合作以及企业文化、策略,才能将蓄积的知识发挥其功效,展现其能量。就实证结果而言,当模块化程度越高时,越有益于系统化程度提升,这乃是由于大量运用信息设备的必然结果。而当知识外显与路径相依程度越高时,由于有既定的处理发展模式,所以有助于合作程度的提升。而当复杂化程度越高时,则必须通过不同单位的沟通、协调建立共识,形成文化,所以,社会化程度会提升。所以,就资源基础形成企业运作能力与持久性竞争优势的观点而言,本研究间接强调知识的选择与运用,不只与产业特性有关,而且也与知识整合程度有关。另外,就技术知识特性与知识能量的关系而言,当知识的机械化程度(亦即模块化、外显与路径相依程度)越高时,由于有一定的运作模式与规范,所以有利于知识运用、蓄积与流通,然而当知识的机械化程度越低时,对于知识的取得与利用就必须格外费心地处理、吸收与转化,而且技术知识特性是构成厂商竞争能力的关键。就技术知识的特性对组织学习的型态而言,适应型的组织学习型态在技术知识的模块化与外显程度的平均值高于创新型的组织学习型态,表示当技术知识的有形界面的系统化程度越高时,越倾向实行适应型的组织学习型态,其主要原因是现阶段高科技产业,技术的发展或取得仍然以外购或沿袭其他业者的技术模式。另外,创新型的组织学习型态在技术知识的复杂化程度的平均值高于适应型的组织学习型态,表示当技术知识牵涉到其他单位的范围越大时,越倾向实行创新型的组织学习型态,由此可见,当技术知识的特性越趋复杂时,就必须运用组织学习的开放、自主特性,才能运用技术知识。

(2)组织学习型态与知识整合运作特性、知识能量的关系。适应型与创新型的组织学习型态在知识整合运作特性的表现上有显著的差异,创新型的组织学习型态比适应型的组织学习型态在知识整合运作特性上的效率、范围、弹性的表现程度上要高。由此可见,组织学习的内涵对于知识整合运作上的表现有重大的影响,尤其对于高科技厂商更是如此。另外,创新型组织学习型态比适应型组织学习型态在知识解读和知识获取方面达到显著差异,而且创新型的平均值高于适应型。可见,组织内部结构、文化与管理者风格会影响知识的取得、吸收与转化。而且越倾向于开放、自主的组织学习型态越有利于知识的取得和解读。不过,在知识蓄积与流通方面,虽然创新型比适应型组织学习型态的平均值为高,不过却没有达到显著的差异水平。以组织学习的观点而言,当学习结构特性倾向非正式、平行沟通、开放自主的情形时,不仅有利于知识解读和知识获取,而且在知识整合的运作效率、范围与弹性都比学习结构特性倾向正式化、垂直沟通、集权化的情形为佳。另外,由于创新型的组织学习型态、弹性、应变的空间较大,可以适应技术知识环境的复杂化程度。反之,适应型的组织学习型态,由于正式化、集权化的程度较高,较适合于稳定的技术资源环境。

(3)知识整合及其运作特性与核心竞争力的关系。首先就知识整合及其运作特性的关系而言,当知识整合的系统化程度越高,则知识整合的运作效率越高,不过,却受制于作业程序与规则,运作的范围和弹性都不大。当知识整合的合作程度越高时,对于知识整合运作的效率、范围都不大,可能的原因为高科技产业员工的工作特性较强调个人化,而且不同部门间的工作结构不同,所以会影响知识整合的运作效果。当知识整合的社会化程度越高,由于已凝聚成共识价值观或文化时,对于知识整合运作的效率就会提高。以资源基础的观点而言,资源整合的能力具体表现在运作效率、范围和弹性上。就知识整合与运作特性的交互作用对核心竞争力的影响性而言,当知识整合的系统化程度提高配合效率的提升,对于核心竞争力的门槛能力有正向的影响,芮明杰(2010)得出同样的结论。当知识整合的合作程度提高配合运作范围的扩大,对于核心竞争力的重要性能力有正向的影响,当知识整合的社会化程度提高配合弹性的增加,对于核心竞争力的未来能力有正向的影响。

3.4 个案研究——再验证知识管理与组织学习的互动关系

问卷调查部分研究强调组织学习与核心竞争力的关联性,然而组织不会学习,只有镶嵌在组织中的人才会学习。因此,个人学习所产生的任务绩效,才能有助于组织绩效的达成。然而,综合上一节问卷调查(3.3节)得出的结论,组织学习与个人绩效的研究,两者的关联性呈现正负皆存在的不一致性。因此,这里将组织学习与任务绩效分别置于组织的不同层级,以个案的研究方式探讨,以便获得更加完整的结论。组织除了借由学习获取竞争优势外,在变动日趋快速的环境下,组织应具备并加强本身的动态能力,以调整并适时改变既有规则,以增加组织绩效。而动态能力亦是由组织中的个体所产生。当组织中的员工能够洞察及理解外在环境改变,就能够调整本身学习及达成任务的方式。故如同组织学习的层面,探讨动态能力对个人任务绩效间的关联性。结果显示,组织学习和动态能力分别对组织绩效具有正向显著影响,个人学习对任务绩效亦具有正向的显著影响。然而,在跨层级方面,动态能力对任务绩效的主效果和干扰效果皆是正向的影响,组织学习对任务绩效的主效果和干扰效果皆是负向显著影响。故本研究之贡献,主要是借由多层级特性的方法进行检测,以对于组织学习、动态能力、个人学习和绩效间,具有更深入的了解。在过去组织学习的研究中,多只限于单一层级的分析(例如个体、群体、组织阶层),导致结果具阶层偏误。故本研究认为,虽然单一层级研究可被使用,但结果将会导致不完整和错误的观念。而为了避免此情况的发生,本研究采用多层级理论,并提出组织多层级的架构研究,借此以提供理论和实务的研究成果。

上一节问卷调查,验证了企业技术知识特性、知识整合与运作特性、知识能量以及组织学习型态与企业核心竞争力的互动关系,选择了宁波经济技术开发区和杭州高新区作为调查对象,发放问卷550份,涉及100余项问题,有效问卷348份。主要结论有:

(1)技术知识特性方面。技术知识特性对知识整合有显著影响,其模块化程度、复杂程度的影响较大,而外显程度、路径依赖程度的影响不确定。

(2)组织学习型态方面。创新型的组织学习型态在知识整合运作的效率、弹性和范围有显著的正向影响,而适应型的组织学习型态则相反。

(3)知识整合及其运作特性方面。知识整合的社会化程度越高,而且整合运作的效率越高,则对于核心竞争力的未来能力有显著的正向影响作用。

(4)知识能量方面。当知识能量的知识解读和知识获取程度越高时,对于核心竞争力的门槛能力有显著的正向影响作用,但对于重要能力和未来能力无显著的影响作用。

考虑到调查问卷发放的范围限于浙江省内,而该项目的研究对象是长江三角洲地区,包括浙江省、江苏省和上海市三个地区,因此,针对知识管理与组织学习的互动关系,下面以个案研究方法(选择上海、江苏省各 5 家有代表性的公司,如表3.28 所示),补充问卷调查研究方法的不足,寻找影响企业核心竞争力的关键因素,以便为后续章节(提升企业核心竞争力)的应用研究找到切入点[①]。

表 3.28　个案背景介绍

公司 ＼ 项目	上海海隆软件公司 (公司 A)	上海华东电脑公司 (公司 B)	上海巴拓弗来纤维有限公司 (公司 C)	上海翔惠电子科技有限公司 (公司 D)	上海亚通通信工程公司 (公司 E)
行业	计算机软件	计算机设备	纺织、皮革/化学纤维	电子元器件	通信工程
经营范围或产品、技术优势	公司一直致力于先进信息技术的研发和推广应用,在计算机网络系统设计和集成、计算机应用软件系统开发等方面具有相当优势	主营计算机、电子及通信设备、系统集成、网络工程、软件开发及软件工程和电子工程设计与施工等,是上海市高新技术企业	涤纶长丝 FDY、DTY、ITY、新合纤、竹节丝、多丽丝、高收缩丝、低温阳离子丝、扁平丝、有色丝、抗菌＋吸湿排汗、竹炭纤维长丝 20D—300D 等产品专业生产加工的公司,拥有完整、科学的质量管理体系	专业从事开关电源研发、生产、销售与服务的高科技公司	主要经营范围为:邮电通信工程施工、建筑智能化工程、通信网络工程、通信设备维护、建筑装饰装修、劳务服务、金属材料、电讯器材、塑料制品等

---

① 本节各公司案例研究的资料来源:依据各公司网站资料和近三年的年度报告及其备查文件,并结合课题组成员公司案例分析资料整理。

公司 项目	南京欣网视讯 通信科技有限 公司(公司 F)	江南模塑科技 公司 公司 G	江苏恒瑞医药 公司 （公司 H）	江苏(昆山) 仁宝电子公司 （公司 I）	江苏索普公司 （公司 J）
行业	电信设备系统 维护、电信服 务软件	塑化汽车	医药	电子科技	化工
经营范围 或产品、技 术优势	主要从事通信 技术、信息技 术、软硬件技术 的技术服务外 包和系统集成 服务,致力成为 国内一流、国际 知名的通信、信 息和软硬件技 术 的 服 务 提 供商	主要从事汽车保 险杠等零部件、 塑料制品、模具、 模塑高科技产品 的开发、生产和 销售	公司主要产品 有:抗肿瘤药、心 血管药、麻醉镇 痛药、抗生素以 及 PTP 药用包 装铝箔、SP 复合 膜。年生产能力 为西药片剂 16 亿片、针剂 1 亿 支、化学原料药 50 吨、各类药用 包 装 材 料 3000 吨	已在笔记本 型计算机业 界建立了领 导地位,所生 产的计算机 监视器质量 兼具,更以稳 健的步伐朝 向网络通信、 数字可携式 产品领域 发展	拥有 140 万吨 冰醋酸、54 万 吨甲醇、50 万 吨醋酸乙酯、 110 万吨硫酸、 12 万吨氯碱、 4 万吨 ADC 发 泡剂等产品的 年生产能力,醋 酸乙酯和 ADC 发泡剂生产规 模位居国内同 行业前列

3.4.1　上海海隆软件公司

1. 技术知识特性对知识整合的影响及其提升核心竞争力

近年来国内外有些学者从技术知识特性方面,分析公司的技术知识特性对于知识流通的关联性。上海海隆公司始终把技术创新、开发新产品、提升产品的服务质量作为核心内容,进行科技创新。

第一,公司技术知识系统性强、软件模块化程度高。

第二,技术知识的路径相依程度。目前的技术是依循着过去的技术,研发人员 W 对路径相依度的说明:

该项技术实施许多年啦,主要是设计的效率有所提高,另外一方面就是开发新型的专利,现在开发的专利,其基础都是以前开发出来的技术,现在再用新的想法、做法去开发旧的东西。例如,手机跟传呼机的规格就严格多,基本上组成的架构一模一样,使用的零件一样,只是每个东西规格都更严格,复杂度高一些。

第三,技术知识特性对知识整合的影响,技术知识需要整合的知识范围,会影响公司知识吸收来源的广泛程度。即技术知识所需整合的知识范围越广泛,则该公司知识上游技术网络吸收来源越广泛。技术知识所需整合的知识范围越集中,知识上游技术网络吸收来源越集中。另一方面,技术知识所需整合的知识范围广度,会影响组织知识蓄积,范围越广泛,文件会以多种方式来蓄积知识,范围越集中,技术文件仅会以简单的方式储存。

据此得出推论：

推论 1：公司技术吸收来源广泛程度，会受到整合的知识范围广度的影响。技术知识的特性对知识整合有显著的正向影响；

考虑到技术知识的结构分类，系统性，模块化、复杂程度等不能完全决定公司知识能量的形成与传播，参与客户需求和设计交流、对承接软件项目包进行结构分析、系统分析、软件模块化，以及被动组件都一直存在于无线产品之中。

推论 2：技术知识的结构分类，系统性，模块化、复杂程度等不能完全决定公司知识能量的形成与传播。技术知识的特性对于知识能量无显著的正向影响。

2. 知识能量运作程序及其提升公司核心竞争力

企业核心竞争力发展须经过知识的获取和内部知识的整合。总的来讲，核心竞争力主要是依据组织学习发展出来的知识能量所奠基而成。知识能量的形成主要是组织学习的过程和知识的解读、累积与扩散，这不仅仅是上海海隆软件公司创新能力的关键要素，也可保持产品和制造方法不断地创新，维持公司的核心竞争优势，因此从知识管理的程序看，知识能量的开发或蓄积作用对于知识创新有正向的影响作用。知识的解读和获取程度越高，越能提高企业的基础营运能力；而知识储存是知识能量的整合方式，也是企业建立竞争力的重要能力之一，当知识储存程度越高时，由于知识或经验的传承，对于企业经营的绩效和未来发展的能力有正向的帮助。公司技术知识特性表现出系统性强、模块化程度高，路径依赖密切等，但与组织学习形态的选择没有必然的联系。

推论 3：公司技术知识特性表现出系统性强、模块化程度高，路径依赖密切等，但与组织学习形态的选择没有必然的联系。技术知识的特性与组织学习型态不存在有显著的正向相关性；

公司采取重罚方式不允许尝试错误的机会，仍属于适应型的学习形态；仍属较为保守、封闭的学习倾向，行事往往依制度规章而行，鼓舞员工创新学习的机会并不多。

推论 4：组织学习型态在知识整合运作特性无显著的差异性。

3. 组织学习形态与知识能量的关系

由于上海海隆软件公司面临同行业之间竞争的压力，例如，办公信息系统服务在发达国家的应用非常普遍，市场规模巨大。研发人员 H 告诉我们：

公司鼓励个人通过读书会或在职训练等方法自我成长，可是公司高层常常采取重罚方式不允许尝试错误的机会，仍属于适应型的学习形态，主管决策型态仍为传统、封闭、垂直下行的沟通方式。适应型组织学习型态下，公司知识能量却很显著，主要是采取如下的知识管理系统分类方式：知识门户、文档管理系统、信息获取系统、工作流管理系统、协同工作系统、分析系统。提出流行的 IT 工具：员工能力库、在线搜索系统、专家网络、基于案例的经验库。

推论 5：适应型组织学习型态下,公司知识能量却很显著。不同的组织学习型态在知识能量上的差异性不始终保持一致。

4. 基于知识平台的整合

公司研发人员一直研究知识管理平台(系统),他们将知识管理系统分成六个功能,例如,知识门户、文档管理系统、信息获取系统、工作流管理系统、协同工作系统、分析系统。

上海海隆软件公司不断扩大对科技研发的投入,加大自主知识产权产品的研发力度,持续提高公司的技术和产品开发能力。

推论 6：上海海隆软件公司知识管理平台(系统)的研究一直是该公司研发人员对知识管理研究的一个重要分支。他们赞同将知识管理系统分成六个功能或工具。知识整合程度与运作特性的交互作用对于核心竞争力有显著的正向影响作用。

公司核心竞争力的发展通过以下方法实现:(1)实时性的知识获取;(2)知识筛选与应用;(3)知识再生;(4)将知识运用于工作。

推论 7：公司核心竞争力的发展通过以下方法实现:(1)实时性的知识获取;(2)知识筛选与应用;(3)知识再生;(4)将知识运用于工作。知识能量对于核心竞争力有显著的影响。

5. 验证结论

验证结论见表 3.29。

表 3.29　上海海隆软件公司个案研究与问卷调查验证结果比较
(知识管理与组织学习的互动关系)

假设提出	假设 1	假设 2	假设 3	假设 4	假设 5	假设 6	假设 7
假设内容	技术知识的特性对于知识整合有显著的正向影响	技术知识的特性对于知识能量有显著的正向影响	技术知识的特性与组织学习型态有显著的正向相关性	组织学习型态在知识整合运作特性上有显著的差异性	不同的组织学习型态在知识能量上有显著的差异性	知识整合程度与运作特性对于核心竞争力有显著的正向影响	知识能量对于核心竞争力有显著的影响
问卷调查结论	完全支持	完全支持	部分支持	完全支持	不支持	部分支持	完全支持
上海海隆软件公司验证结论	支持	不支持	不支持	不支持	部分支持	完全支持	完全支持

3.4.2 上海华东电脑公司

1. 技术知识特性对知识整合的影响及其提升核心竞争力

公司的知识资产运用是通过项目来发挥,长期累积发展的各功能信息系统,配合客户规模与需求整合成为完整产品。

公司模块化设计的方法可将复杂系统分离成可单独运作的零件,这些零件通常有标准的界面可以连接。模块化包含三个层次,即生产的模块化、设计的模块化、使用的模块化。由于大量运用信息化设备和本身产业的特性,所以技术知识仍然强调模块化与路径相依程度的特性,另外一方面也是因为产业竞争和自行开发产品的压力较大,所以必须强调研发知识的快速商品化。目前该公司主要的技术知识为服务器及工作站以及无线计算机外设设备,所以强调相关知识的取得技术知识的特性对知识整合有显著的正向影响。

推论 1:公司的知识资产运用是通过项目来发挥,长期累积发展的各功能信息系统,配合客户规模与需求整合成为完整产品。技术知识的特性对知识整合有显著的正向影响。

知识获取的方式不一定依循既定的方式,技术知识的模块化程度越高并不一定会有助于知识的获取。

技术知识的模块化程度越高,由于存在既定的工作程序、作业规则和步骤等技术知识模式,技术知识往往就越外显,越容易以编码化的方式存储于组织的知识库、规章制度、文件、图纸、说明书等文档中,从而有助于知识的存储和扩散。此外,随着组织内部知识系统化的提升,组织中的成员可以通过结合不同来源的外显知识而形成一种新的外显知识,有助于加速知识创造从外显到外显的结合化过程。但是,对于高科技企业而言,由于产品的生命周期短、技术知识的变化性也较大,所以知识获取的方式不一定依循既定的方式,技术知识的模块化程度越高并不一定会有助于知识的获取。

推论 2:知识获取的方式不一定依循既定的方式,技术知识的模块化程度越高并不一定会有助于知识的获取。技术知识的特性对于知识能量无显著的正向影响。

2. 知识能量运作程序及其提升公司核心竞争力

(1)知识需求。现有知识足够支持营运需要,并持续通过项目或监管体系维持产品功能的有效性;对于未来知识需求系通过策略与目标市场的选择而产生,例如,公司适应社会发展与用户需求的商业模式改革,如 O2O、入口争夺战等。

(2)知识获得(网络定位、事业策略形态,在知识获得方面会产生不同的做法)

①内部:相关领域应用系统的发展以内部为主,并以产品线作为组织划分的基础,再以功能产品单元区分发展责任。

②知识获得外部来源包括供货商、客户等；

③该公司为满足不同客户对于信息系统不同作业平台的需求，会寻求系统工具供货商的技术支持，建立技术能量。再由软件研发部门发展成功能性信息系统。

③在医疗影像信息系统的开发方面，知识来自于长期往来客户对于大型医疗检查仪器的联机需求与应用构想。

公司技术知识的模块化程度很高，公司技术知识自行发展的比例约50％，但是公司基本上处于适应型的组织学习形态，说明公司知识模块化程度、路径相依程度的特性、自行发展与组织学习类型没有显著的关系。

由此发现：

推论 3：公司技术知识的模块化程度很高，公司技术知识自行发展的比例约50％，但是公司基本上处于适应型的组织学习形态，说明公司知识模块化程度、路径相依程度的特性、自行发展与组织学习类型没有显著的关系。技术知识特性与组织学习型态不存在显著的正向相关性。

3. 组织学习形态与知识能量的关系

另外，创新型的组织学习形态（学习程度较高）比适应型的组织学习形态（学习程度较低）除了在组织结构表现程度上有差异外，在知识能量的孕育过程上也有所不同。就知识运用而言，可以建立一个以重复使用为基础的奖励机制，比如对于开发性能优异且稳定的模块或子系统的个人或小组，可以获得公司不同层次的奖励，从而鼓励相关技术人员竭尽心力改善系统或模块的质量。

推论 4：创新型的组织学习形态（学习程度较高）比适应型的组织学习形态（学习程度较低）除了在组织结构表现程度上有差异外，在知识能量的孕育过程上也有所不同。组织学习型态对知识整合运作特性的差异性存在，但是不是很强。

推论 5：不同的组织学习型态在知识能量上的差异性存在，但不显著。

4. 通过知识整合蓄积知识能量提高企业核心竞争力

公司技术知识整合与运作涉及三个实验室的建设，即集成电路设计、医学信息系统软件产品开发和移动通信技术及产品开发。三个实验室已经建成，该项目不直接产生利润，但其科研成果及科技产品有助于提高公司经济效益，增强公司核心竞争能力。

①一个组织掌握的科技知识即使再先进，顶多只能带来短暂的优势；

②该公司为满足不同客户对于医疗信息系统不同作业平台的需求，会寻求系统工具供货商的技术支持，建立技术能量。再由软件研发部门开发出功能性信息系统。

推论 6：公司技术知识整合与运作涉及三个实验室的建设，即集成电路设计、医学信息系统软件产品开发和移动通信技术及产品开发三个实验室的建成，不直接产生利润，但其科研成果及科技产品有助于提高公司经济效益，增强公司核心竞争能力。知识整合程度与运作特性的交互作用对于核心竞争力有不太显著的影响。

推论7：上海华东电脑公司强调核心竞争力主要来自三个方面：第一个方面为产品研发及创新能力的开发；第二个方面为营销策略，加强市场开拓能力；第三个方面则建立如商情反馈系统的技术能力，三个方面均与技术知识的获取、知识转移、知识扩散、知识运用等知识能量集聚过程，以及项目为单位的知识整合密切相关。知识能量对于核心竞争力有显著的影响作用。

5. 验证结论

验证结论见表3.30。

表 3.30　上海华东电脑公司个案研究与问卷调查验证结果比较

（知识管理与组织学习的互动关系）

假设提出	假设1	假设2	假设3	假设4	假设5	假设6	假设7
假设内容	技术知识的特性对于知识整合有显著的正向影响	技术知识的特性对于知识能量有显著的正向影响	技术知识的特性与组织学习型态有显著的正向相关性	组织学习型态对于知识整合运作特性有显著的差异性	不同的组织学习型态对于知识能量有显著的差异性	知识整合程度与运作特性的交互作用对于核心竞争力有显著的正向影响作用	知识能量对于核心竞争力有显著的影响
问卷调查结论	完全支持	完全支持	部分支持	完全支持	不支持	部分支持	完全支持
上海华东电脑验证结论	支持	不支持	不支持	部分支持	部分支持	支持	完全支持

3.4.3　上海巴拓弗来纤维有限公司

1. 技术知识特性、知识整合与知识能量

上海巴拓弗来纤维有限公司运用核心技术，通过知识整合，促进知识优化实施。

①上海巴拓弗来纤维有限公司设有研发单位，发挥长短纤研发与设备的优势、运用核心技术，成功地开发了高功能性产品，并结合长短纤优势，开发了一系列的纺织产品，都是市场的利基产品，可避开价格的竞争，也是公司获利的来源之一。

②上海巴拓弗来纤维有限公司在知识传递的做法上,除了平时的部门及小组会议外,知识整合使用知识管理平台(Smart KMS),具有多项功能。

推论 1:上海巴拓弗来纤维有限公司运用核心技术,通过知识整合,促进知识优化实施。技术知识的特性对知识整合有显著的正向影响。

上海巴拓弗来纤维有限公司主要产品都是以企业核心能力为基础,发挥技术力量、研发与设备的优势,相继开发出新产品,及时推向市场。其组件知识为有关长短纤方面的知识,架构知识则为联结长短纤而成新纤维或布料的知识。其创新为强化并实现有产品设计的功能,至于产品架构及组件之间的联结则并没有改变。该公司技术知识的特性与知识能量获取方式没有紧密的联系。

①该公司主要的客户为成衣业者、室内装潢、成衣进口商、布料代理商等,技术知识的模块化程度低、路径依赖不明显,员工不是根据技术知识特性集聚知识能量,而是利用线上实时交谈获得所需知识。

②上海巴拓弗来纤维有限公司结合长短纤优势,开发了一系列的纺织产品。

推论 2:该公司技术知识的特性与知识能量获取方式没有紧密的联系。

公司研发部门采用适应型组织学习类型,停留在组织学习的起步阶段。选择适应型组织学习形态与产品技术知识特性无关。依据:

①上海巴拓弗来纤维有限公司基础研发部门基本采用适应型组织学习类型,停留在组织学习的起步阶段。部门存在少数创新者,他们喜欢尝试,能发现产品新知识;

②少数人的知识能够通过系统的机制为大家共享,转化为组织共有的知识;能不断增强组织自身能力,带来行为或绩效的改善。

③公司产品的组件知识为有关长短纤方面的知识,架构知识则为联结长短纤而成新纤维或布料的知识。其创新为强化并充实现有产品设计的功能,至于产品架构及组件之间的联结则并未改变。

推论 3:公司研发部门采用适应型组织学习类型,停留在组织学习的起步阶段。选择适应型组织学习形态与产品技术知识特性无关。知识的特性与组织学习型态没有显著的正向相关性。

2. 决策制定与组织学习

上海巴拓弗来纤维有限公司适应型组织学习类型,其整合形成的知识管理系统主要在于将组织知识作更有系统的组合及传递,其知识传递的渠道总体上看是正式的。依据:

①上海巴拓弗来纤维有限公司在知识传递的做法上,除了平时的部门及小组会议外,使用知识管理平台(Smart KMS),具有多项功能。

②上海巴拓弗来纤维有限公司基础研发部门基本采用适应型组织学习类型,停留在组织学习的起步阶段。部门存在少数创新者,他们喜欢尝试,能发现产品新

知识。

③研发部门负责人通过个人对内、外部环境分析判断后得出的决策、学习经验与同事间彼此分享及交流，并相互讨论做出决策，其结果是通过组织内成员共同学习及讨论的决策，运用在组织中，将原本及旧有的决策加以修正，进而影响公司竞争力的提升。

推论4：上海巴拓弗来纤维有限公司适应型组织学习类型，其整合形成的知识管理系统主要在于将组织知识作更有系统的组合及传递，其知识传递的渠道总体上看是正式的。组织学习型态对知识整合运作特性无差异性。

在知识能量孕育上，上海巴拓弗来纤维有限公司适应型组织学习类型不比创新型组织学习类型弱。依据：

①上海巴拓弗来纤维有限公司主要产品均奠基于本身核心能力上，发挥长短纤研发与设备的优势，开发出新产品。其组件知识为有关长短纤方面的知识，架构知识则为连结长短纤而成新纤维或布料的知识。

②丰富的资料获取方式，有效取得各平台资源，提供完整的自动排程功能，协助知识自动优化以及跨平台整合，与自行开发的搜索引擎有效集成，有效支持查询效率以及搜索优化，可配置的多维度的分类与跨领域知识组织，灵活适应不同领域需求，整合内容分析服务，协助延伸阅读，支持多种操作系统与数据库，运作系统效能高，支持知识优化中的用户互动以及激励机制，促进知识优化实施。

推论5：在知识能量蕴育上，上海巴拓弗来纤维有限公司适应型组织学习类型不比创新型组织学习型态弱。不同的组织学习型态在知识能量上无显著的差异性。

3. 知识整合程度与运作特性的交互对核心竞争力的影响

上海巴拓弗来纤维有限公司知识整合形成的知识管理系统，对公司核心竞争力有重大的促进作用。依据：

①该系统主要在于将组织知识作更有系统的组合及传递，其知识传递的渠道总体上看是正式的。大致而言，公司的知识主要来自于内部，而分享的渠道多为正式的。

②虽然该公司目前正面临同业竞争和需求减缓的压力，税前盈余有衰退之情形，不过若能有效实现知识的整合、管理，应能提升公司营业额。

推论6：上海巴拓弗来纤维有限公司知识整合形成的知识管理系统，对公司核心竞争力有重大的促进作用。知识整合程度与运作特性的交互作用对于核心竞争力有显著的正向影响作用。

4. 知识能量与企业核心竞争力

上海巴拓弗来纤维有限公司以其核心能力不断由内部研发，发展出新产品。其组件知识与架构知识均因此而获得增强效果，因而可在既有基础上不断研发创新。其内部知识有系统地储存于整合的数据库当中,成员可以很容易地利用组织所使用的知识管理网站得到所需知识,既而继续增强组织知识。公司围绕功能性纺织品,积极开发化纤原料,培养核心竞争力,强调运用信息科技系统帮助流程、决策的改善,换言之,从外在的作业流程的改善,进而改变组织文化与增进各单位间的沟通了解,凝聚成共同的生命体。

推论7:该公司的知识能量对于核心竞争力有显著的影响作用。

5. 验证结论

表3.31　上海巴拓弗来纤维有限公司个案研究与问卷调查验证结果比较

(知识管理与组织学习的互动关系)

假设提出	假设1	假设2	假设3	假设4	假设5	假设6	假设7
假设内容	技术知识的特性对于知识整合有显著的正向影响	技术知识的特性对于知识能量有显著的正向影响	技术知识的特性与组织学习型态有显著的正向相关性	组织学习型态对于知识整合运作特性有显著的差异性	不同的组织学习型态在知识能量上有显著的差异性	知识整合程度与运作特性的交互作用对于核心竞争力有显著的正向影响作用	知识能量对于核心竞争力有显著的影响
问卷调查结论	完全支持	完全支持	部分支持	完全支持	不支持	部分支持	完全支持
上海巴拓弗来纤维验证结论	支持	不支持	不支持	不支持	不支持	支持	完全支持

3.4.4　上海翔惠电子科技有限公司

1. 技术知识特性对知识整合的影响及其提升核心竞争力

模块化设计是公司大规模定制生产技术知识的主要来源。技术知识模块化程度不同,会影响项目计划中任务团队的分工,及任务团队的组成数量。技术知识的可分割性:若组织可将知识分割,以不同小组分别进行开发,甚至以外包的形式完成组件的开发,则切割的部分即隐含了组件各自发展,并且各自升级的可能。技术知识模块化程度越高,则计划组织内各任务团队的分工界限较清楚,而且会组成较多的任务团队;反之,则任务团队的分工界限较模糊,组成的任务团队较少。

关于知识能量孕育的四个程序,在问题来源方面,公司往往通过客户和市场情报,而问题的解决通常通过个人、小组、团队等较小的单位,以建立独立解决问题的能力,并且由项目经理负责传达内部相关部门的顾客售后服务情况。关于知识的取得往往通过订制的顾客。另外,通过各单位主管负责审查其完整性与知识的质量。关于知识流通方式,目前与高校大学图书馆合作,定期签约,提供借书等服务。就知识整合程度而言,由于此产业高度运用与依赖信息设备与系统,所以系统化程度高,另外,由各部门自发性选取收集所需知识,而且各部门(单位)所运用的技术知识差异性较大,所以,较重视个人或各单位自主性的问题解决、知识获取、蓄积与流动。

调查发现,若所承接技术知识具内隐性,则企业倾向采取人员交流的机制;若所承接技术知识具复杂性,企业倾向采取人员交流的机制;若所承接技术知识具专属性,企业亦倾向采取人员交流的机制;若所承接技术知识具经验性,企业仍倾向采取人员交流的机制,显示不同的技术知识特性在所采取的知识整合机制上,并无显著差异。

推论 1:针对上海翔惠电子科技公司的调查发现,不同的技术知识特性在所采取的知识整合机制上,并无显著差异。不同的技术知识特性在所采取的知识整合机制上,并无显著差异。

电子产业高度运用与依赖信息设备与系统,所以系统化程度、复杂性程度等技术知识特性决定了各单位自主性的问题解决、知识获取、蓄积与流动。依据:

①技术知识模块化程度不同,会影响项目计划中任务团队的分工,及任务团队的组成数量。技术知识的可分割性:若组织可将知识分割,以不同小组分别进行开发,甚至以外包的形式完成组件的开发,则切割的部分即隐含了组件各自发展,并且各自升级的可能。技术知识模块化程度越高,则计划组织内各任务团队的分工界限较清楚,而且会组成较多的任务团队;反之,则任务团队的分工界限较模糊,组成的任务团队较少。

②大规模定制模式(MCKP)的产品是知识产品,往往是无形的或虚拟的产品,生产过程较多体现为知识的密集增长和知识的相互关联增多。

推论 2:电子产业高度运用与依赖信息设备与系统,所以系统化程度、复杂性程度等技术知识特性决定了各单位自主性的问题解决、知识获取、蓄积与流动。技术知识的特性对于知识能量有显著的正向影响。

2. 技术知识特性与组织学习形态的联系以及知识整合对知识能量集聚的影响

学习是确保公司持续存活的关键。在技术上总是领先其他同业、同仁都致力于达成订立的目标,及时推出新产品和服务,不输给新的竞争对手;未来的发展方向有很清楚的说明,比竞争对手更快推出新产品的服务;鼓励员工不要把自己限制在一个框框内去思考,使用过公司产品的顾客会推荐亲朋好友来采购,推出新的产品和服务的成功率比同业高,订制化的产品与服务。

技术知识的特性与组织学习型态有联系,但不显著。依据:

①将个人知识扩充、分享内隐知识及观念化、具体化、知识的验证与知识网络,强调建构一个超联结组织学习单元。

②公司往往通过客户和市场情报发现问题,而解决问题通常通过个人、小组、团队等较小的单位,以建立独立解决问题的能力。

③研发人员认为对团队界线的监督及组织中其他团队的外部整合能强化团队的效率。

推论 3:技术知识的特性与组织学习型态有联系,但不显著。

利用外界知识的能力、创新能力与组织学习型态没有关联。依据:

①研发人员认为对团队界线的监督及组织中其他团队的外部整合能强化团队的效率,有效的团队会与外界分享他们成功的经验,借以建立团队与外界的接触网络。组织对外界新信息的吸收与同化的能力有助于组织进行创新,他们认为利用外界知识的能力对于公司创新能力的培养是重要的关键所在。他们将个人知识扩充、分享内隐知识及观念化、具体化、知识的验证与知识网络,并强调建构一个超联结组织学习单元。

②公司往往通过客户和市场情报发现问题,而解决问题通常通过个人、小组、团队等较小的单位,以建立独立解决问题的能力。

③首先客户的个性化需求信息经由网络平台传递给公司的研发部门,然后公司根据需求信息,利用相似性原理将需求聚类,再利用先进知识技术进行知识模块化设计,此时需求信息转化为模块化设计信息。

推论 4:利用外界知识的能力、创新能力与组织学习型态没有关联。两种类型的组织学习型态对知识整合运作特性无显著的差异性。

知识能量孕育的四个程序与适应型组织学习类型、创新型组织学习型态没有密切的关联。依据:

①关于知识能量孕育的四个程序,在问题来源方面,公司往往通过客户和市场情报,而问题的解决通常通过个人、小组、团队等较小的单位,以建立独立解决问题的能力,并且由项目经理负责传达内部相关部门的顾客售后服务情况。

②关于知识的取得往往通过订制的顾客,将行业信息、顾客要求等外部信息导入内部,通过研究单位的辅导,导入外部信息,例如由专人不定期到相关网站收集资料。另外,通过各单位主管负责审查其完整性与知识的质量。

③关于知识流通方式,目前与高校大学图书馆合作,定期签约,提供借书等服务,或者通过适当的咨询公司辅导,于内部召集适当人选组成小组,对于选定主题进行培训与改善项目的辅导,也可以通过顾客投诉响应系统,主管以 mail 方式通知不同部处室,以及内部的 intranet 公告信息,而部门介绍的数据由各处维护,其

余各部门公告、申请表等由 IT 网页工程师维护。

推论 5：知识能量孕育的四个程序与适应型组织学习类型、创新型组织学习型态没有密切的关联。不同的组织学习类型都能够发挥知识能量。

就知识整合程度而言，由于此产业高度运用与依赖信息设备与系统，所以系统化程度高，另外，由各部门（单位）自发性（或被动性）选取收集所需知识，而且各部门（单位）所运用的技术知识差异性较大，所以，较重视个人或各单位自主性的问题解决、知识获取、蓄积与流动，所以，各部门或员工间合作的机会并不高，然而该公司已积极塑造一个智慧财产权保护，以及推行绩效奖励制度，以塑造各单位间的合作与信任的文化。

①公司依赖的信息设备与系统，主要在于将组织知识作更有系统的组合及传递，其知识传递的渠道总体上看是正式的。大致而言，公司的知识主要来自于内部，而分享的渠道多为正式的。

②虽然该公司目前正面临同业竞争和需求减缓的压力，税前盈余有衰退之情形，不过若能有效实现知识的整合、管理，应能提升公司营业额。

推论 6：上海翔惠公司知识整合形成的知识管理系统，对公司核心竞争力有重大的促进作用，知识整合程度与运作特性的交互作用对于核心竞争力有显著的正向影响。

3. 发挥知识能量，提升企业核心竞争力

学习是确保公司持续存活的关键。在技术上总是领先其他同业。致力于达成订立的目标，及时推出新产品和服务，不输给新的竞争对手。

①他们将个人知识扩充、分享内隐知识及观念化、具体化、知识的验证与知识网络，并强调建构一个超联结组织学习单元；

②真正做到为客户开发生产即满足客户的实际使用，又最大限度优化成本的产品。

③在技术上总是领先其他同业、同仁都致力于达成订立的目标，及时推出新产品和服务，不输给新的竞争对手。

推论 7：学习是确保公司持续存活的关键。在技术上总是领先其他同业、同仁都致力于达成订立的目标，及时推出新产品和服务，不输给新的竞争对手。知识能量对于核心竞争力有显著的影响作用。

4. 验证结论

表 3.32　上海翔惠电子科技有限公司个案研究与问卷调查验证结果比较

（知识管理与组织学习的互动关系）

假设提出	假设 1	假设 2	假设 3	假设 4	假设 5	假设 6	假设 7
假设内容	技术知识的特性对于知识整合有显著的正向影响	技术知识的特性对于知识能量有显著的正向影响	技术知识的特性与组织学习型态有显著的正向相关性	组织学习型态对于知识整合运作特性有显著的差异性	不同的组织学习型态在知识能量上有显著的差异性	知识整合程度与运作特性的交互作用对于核心竞争力有显著的正向影响	知识能量对于核心竞争力有显著的影响
问卷调查结论	完全支持	完全支持	部分支持	完全支持	不支持	部分支持	完全支持
上海翔惠电子验证结论	不支持	支持	部分支持	不支持	不支持	支持	完全支持

3.4.5　上海亚通通信工程公司

1. 技术知识特性对知识整合的影响及其提升核心竞争力

宽带有线通信系统技术知识来源与特性。项目开始研发的时候几乎是每个星期有几次的会议,组长找几个本来就是通信的主管、资深工程师、相关的主管,一起脑力激荡。组长理解公司研发部门的成立,就是为了产业而存在的,所以积极地举办几场产业座谈会,了解当时产业的需求。通过开座谈会,了解厂商正在做什么,未来需要什么,同时也进行产业调查,得出产业的基础建设的结构,例如公司规模大小、公司员工数目、公司的资本额,知道厂商可以做什么,才能评估公司是否有能力接球,这是了解顾客的需求。他发现当时中国有五百家厂商,其中超过三分之二的厂商,都只是做各种电话机,如传统家用的电话、公共电话、拨接电话、按键电话等,其余三分之一厂商在做像一种小型便携式无线电通话设备(Walkie Talkie)等,还有部分厂商在做所谓高级组装品,简单说就是从国外代理进中国,然后卖给电信局,这种代理附加价值很低,但却是一个非常高利润的垄断市场。当时座谈会看不出来个别厂商的真正需求,因为在大庭广众下,公司负责人或公司代表不肯明白表示,于是他借助公司下面的一个通信组织,找出几家代表性厂商,进行一对一的访谈,了解个别厂商的需求。也因为通过座谈会、产业调查及个别厂商拜访,猜得到客户对产品功能的需求,于是 W 组长就推动着计划的落实。[20-22]

（1）该项目整合的技术知识范围。主要在电子与信息方面,该项目所需整合的知识范围有:其一,硬件组装。进行系统整合,所以需要了解硬件及固件。其二,软件。开发网络数据交换规则(protocol),需要会写 protocol 的人才。这部分的人力最多。其三,IC。相关关键性零组件 IC 知识,主要还是要懂 protocol 的人才,要让 IC 处理的速度更快,所以要做些芯片(chip)。

组长说明整个项目所需知识范围及人才:第一个要硬件做组装,做 system integration,要懂硬件、要懂 firmware 的人,应用 CPU 的人有时候要写些 software;第二个要软件,protocol 的人,这个部分的人力还不少,第三个部分是做相关关键部分组件 IC 的人,所以大致上要这三种人才。主要集中在电子信息方面。

(2)技术知识的路径相依程度。技术知识的路径相依程度高,这是必然的现象,这位组长这么表示。目前该项目的产出物,Layer-3 Switch 的过去技术就是 Layer-2 Switch,因为是 IC 技术,所以必须从 Layer-1 开始,才能开发 Layer-2,再往上到 Layer-3,循序渐进,没有 Layer-2 就不会有 Layer-3 的出现,所以一定是依循着前一阶段的技术知识发展。所以该项目技术知识的主轴有二,一为速度越来越快,另一为复杂度越来越高。但技术知识仍然不断地积累下去,朝向未来中阶的产品,也就是比现阶段更高阶的产品。所以很多以前的东西还是使用,protocol 越做越多,以前做过的现在就不用做,这些都是一直延续的,在系统里面就会越变越复杂,有些复杂的东西,就会淘汰掉,因为旧了。举个例子:关键性零组件现在做调试功能,现在做 Layer-3 Switch,那么 Layer-2 Switch 的技术就是过去的技术,做 IC,Layer-3 加进来,还是要有 Layer-2,因为 Layer-3 Switch 是含 Layer-2 Switch,不能做 2 就不可能做 3,所以以前的东西一定都留着。[20]

(3)技术知识的模块化程度。局域网络关键零组件的产出物,无法再切割成几部分分别开发,Layer-3 Switch IC 估计门数有 45 万,全部的东西都放在一个芯片上,将成本降低是全世界的趋势,如果分成几部分组装必定会有失误的成本,所以只要一个芯片能工作,就是良品,但是如此的风险很高,牵扯到 0 与 1 的问题。项目的产出物不易切割成几部分分别开发,Layer-3 Switch 估计有 45 万的闸门(gate),满世界都把很多东西放在一个 chip 上,放在一个 chip 上才能把成本降低,分开组装的时候又有组装失误的成本,所以一个可以工作就用一个工作,但是风险也很高,也可能一个都不工作,0 与 1 的问题。比较困难的是放在一个上面,怎么验证它是对的,这种工作的效果变大,比以前更重要。[20]

推论 1:公司整合的技术知识范围主要在电子与信息方面,设计硬件组装和软件开发,两者都与技术知识的模块化程度、复杂程度等知识的技术特性密切相关。技术知识的特性对知识整合有显著的正向影响。

推论 2:通信产业高度运用与依赖信息设备与系统,所以系统化程度、技术知识的路径相依程度高等技术知识特性决定了各单位自主性的问题解决、知识获取、蓄积与流动。技术知识的特性对于知识能量有显著的正向影响。

2. 技术知识特性与组织学习形态的联系以及知识整合对知识能量集聚的影响

从研究发展的角度来看,科研中心是技术导向的组织,所有的主管都应以技术优先,就算是行政主管,也要以技术为优先,技术好的员工才培养,技术不好的员工离开也无妨。如此的组织方式使得权力比较集中,因为权力集中,经费也较集中,当然会有些弊端。在课题组大家都集中做自己部门的事情,每个部门的专业不同,每个部门做自己最专业的事情,不浪费人力才会有效率;

技术只要能提出来,撰写成技术文件的难度不高,但是由于宽带有线通信系统技术片组内部的电路数目繁多,且复杂度较高,要将技术详细地描述,是个工程浩大的工作,并非件易事,但一旦技术文件清楚详细地完成,就很容易传承;

科研人员多数感觉,知识分享时,知识的隐性与组织的层级有反向关系,越是隐性的知识,越是以个人的接触为分享最佳途径;分享隐性的知识效果与组织层级群体的层次,具反向关系。

推论 3:技术知识的特性与组织学习型态有联系,但不显著。

推论 4:利用外界知识的能力、创新能力与组织学习型态没有关联,即组织学习型态对知识整合运作特性无差异性。

3. 发挥知识能量,提升企业核心竞争力

关于知识能量获取,对于新员工有完整的培训课程,开设课程的内容由项目主持人决定,课程时间会在网络上公布,新进员工一定要参加,老员工均可自由参加。

关于技术知识能量的储存机制有两种,一种是进入技术数据库的文件,符合PMS 规定,例如工程生产管理系统中规定 Switch 分阶段 1、阶段 2、阶段 3,阶段 1就是要把规格的需求写出来;阶段 2 是依据阶段 1 的规格需求做设计;阶段 3 就是把 Switch 做出来。每个阶段都有文件,这是正式的技术文件。第二种是共通性技术文件,这种文件不只适用某一个部门,像有关于的 QOS(quality of service)议题。

关于技术知识的学习,宽带有线通信系统技术知识需要整合的知识范围越广泛,组织知识上游技术网络吸收来源越广泛。并且技术知识所需整合的知识范围越集中,组织知识上游技术网络吸收来源越集中;该项目技术知识所需整合的知识范围广度,会影响组织知识蓄积。

关于组织学习形态,厂商刚开始设立的学习焦点是明确知识的学习,他们容易忽略以不可言传性知识为主要学习机会,因此会增加低估他们整体学习潜力的倾向;隐性的知识分享越是成功,则在创新型组织及适应型组织中的人员互动越是频繁。

推论 5:知识能量孕育的四个程序与适应型组织学习类型、创新型组织学习型态没有密切的关联。即不同的组织学习型态在知识能量上无显著的差异性。

　　公司自成立以来,不断引进先进技术和设备,在加大投资力度的同时,以技术进步为先导,积极开拓,勇于创新,向顾客提供专业、高效、规范的服务。企业的竞争力得到了进一步的增强。

　　公司在实践中发扬"精益求精,精诚团结"的企业精神,赢得广大客户的信任和赞誉,也为公司的发展创造了优良的业绩。公司近年来先后承接了中国移动的崇明环岛网的管道、光缆线路的接入网工程以及抢修工程,中国电信的管道、线路的改扩建工程,为当地的通信建设做出了应有的贡献。

　　技术只要能提出来,撰写成技术文件的难度不高,一旦技术文件清楚详细地完成,就很容易传承,并且可保留下来的知识可达八成以上。

　　明确的知识分享越是成功,则在创新型组织及适应型组织中的策略联盟的连结越是可能。

　　推论6:亚通通信工程公司知识整合形成的知识能量,对公司核心竞争力有重大的促进作用。知识整合程度与运作特性的交互作用对于核心竞争力有显著的正向影响作用。

　　项目知识有些是通过读书会、图书资料、国外研讨会获得。公司近年来先后承接了中国移动的崇明环岛网的管道、光缆线路的接入网工程以及抢修工程,中国电信的管道、线路的改扩建工程,为当地的通信建设做出了应有的贡献。

　　宽带有线通信系统技术知识需要整合的知识范围越广泛,组织知识上游技术网络吸收来源越广泛。并且技术知识所需整合的知识范围越集中,组织知识上游技术网络吸收来源越集中;该项目技术知识所需整合的知识范围广度,会影响组织知识蓄积。

　　推论7:公司自成立以来,不断引进先进技术和设备,在加大投资力度的同时,以技术进步为先导,积极开拓,勇于创新,向顾客提供专业、高效、规范的服务。企业的竞争力得到了进一步的增强。知识能量对于核心竞争力有显著的影响作用。

　　4. 验证结论

表 3.33　上海亚通通信工程公司个案研究与问卷调查验证结果比较

（知识管理与组织学习的互动关系）

假设提出	假设 1	假设 2	假设 3	假设 4	假设 5	假设 6	假设 7
假设内容	技术知识的特性对于知识整合有显著的正向影响	技术知识的特性对于知识能量有显著的正向影响	技术知识的特性与组织学习型态有显著的正向相关性	组织学习型态对于知识整合运作特性有显著的差异性	不同的组织学习型态在知识能量上有显著的差异性	知识整合程度与运作特性的交互作用对于核心竞争力有显著的正向影响作用	知识能量对于核心竞争力有显著的影响
问卷调查结论	完全支持	完全支持	部分支持	完全支持	不支持	部分支持	完全支持
上海亚通验证通讯结论	支持	支持	不支持	不支持	不支持	支持	完全支持

3.4.6　南京欣网视讯通信科技有限公司

1. 技术知识特性对知识整合的影响及其提升核心竞争力

①关于技术知识的复杂度。技术部组长表示：

"我们只有二种成员，一种是电子电机，另一种是信息工程，这里的信息工程比较偏系统上层，所谓系统上层就是比较偏驱动程序、固件、应用程序开发等。该项目所需整合的技术知识范围，主要在电子电机领域，但需要有受过通信课程及半导体设计课程的人才。WLAN 基频芯片组，所需领域的关键知识点在于电子电机。"

②关于模块化程度，他们认为："WLAN 基频芯片组可以分成二部分独立开发，主要有二颗 IC，一颗称实体层 IC，一颗为 MAC IC，最后再整合成一颗单芯片。"

③关于知识整合，他们认为："组长的角色非常关键，除了带整个团队的方向外，最大困难在于解决问题。"

推论 1：通信产品技术知识模块化程度和复杂度都偏高，项目所需整合的技术知识范围，主要在电子电机领域，需要有受过通信课程及半导体设计课程的人才。技术知识的特性对知识整合有显著的正向影响。

知识获取，主要采取团队沟通的方式，包括面对面、文件及 mail 的往返、正式与非正式会议等。组长的角色非常关键，除了带整个团队的方向外，最大困难在于解决问题。由于项目组成员都在同一个大楼工作，所以非正式的沟通是随时随地发生，遇到问题马上发问。

推论 2：通信产业高度运用与依赖信息设备与系统,系统化程度、复杂性程度等技术知识特性与知识的获取、蓄积与流动关联性有一些,但是不是很大。

2. 组织学习形态与知识能量的关系

研发项目目前属于适应型组织形态,是一种松散、灵活的具有高度适应性的形式。它因为不具有标准化的工作和规则条例,所以是一种松散的结构,能根据需要迅速做出调整。项目小组是一种临时性结构,用来完成某种特定的、明确规定的复杂任务,可以看作是临时性矩阵的一种简版,大多数组织都是小型的,并不需要高度复杂的正规结构设计。它们需要的是一种简单结构,也即尽量降低复杂性的结构。

项目所需整合的技术知识范围,主要在电子电机领域,但需要有受过通信课程及半导体设计课程的人才。

推论 3：技术知识的特性与组织学习型态有联系,但不显著。

推论 4：公司成立无线通信技术发展项目组,致力于无线通信技术及产品研发能力的提升,期望建立国内自行研发及产品设计能力,这些工作与选择什么类型的组织学习形态关联性不大。

另外,研发项目目前属于适应型组织形态,设计方案的选择,包括简单型、矩阵型、网络型、任务小组及委员会结构等。其特点:低复杂性、低正规化、分权化,不具有标准化的工作和规则、条例,员工多是职业化的;保持低程度的集权。公司对外合作,依托雄厚的技术力量及丰富的通信网络建设及运行维护经验,公司与国内外知名的电信设备制造商及运营商合作,提供专业的通信技术解决方案。

推论 5：研发项目目前选择适应型组织学习形态,公司积聚的知识能量不比创新型组织学习型态差。

3. 知识整合、知识能量对公司核心竞争力的影响

①在网络优化、通信网络建设及维护、通信软件研发等方面积累了丰富的专业经验。

② 在多年的技术服务过程中,公司与中国电信、中国移动、中国联通等运营商以及上海贝尔、华为、中兴等设备商建立了良好的合作关系。

③公司专注于技术服务,以软件研发提升服务品质。公司先后开发的虚拟网计费管理系统等电信领域配套软硬件产品,获得了电信设备制造商和运营商的一致好评。

组织学习的发展,主要是来自于员工个人对于知识的吸收、累积并扩散至整体组织当中。为了获取更好的组织绩效,员工个人学习的结果和绩效更是不容忽视。就是说判定员工个人绩效,就能判断个人学习过程是否正确,进而确保良好的组织学习效果。

公司研发人员普遍反映:学习是个惯常的活动,而非只是个偶然的事件,在学习与员工间的关系,应该将组织学习与技能培训机制整合在员工的基本学习技能当中,也就是把学习机会提供给所有阶层的员工。

④其一,核心竞争力是组织学习累积的成果,尤其是学习如何协调分散在各处的生产科技,及整合各种不同的科技;

其二,除了必须协调及整合不同的科技外,核心竞争力的建立也需要企业重新组合工作及价值传递的流程;

其三,核心竞争力的建立需要管理当局在组织中的各部门、各事业单位之间进行充分的沟通,并加上全员完全地投入和参与。故借由学习累积组织无形资产,并提升成员间的学习,进而产生组织核心能力,以达长期的竞争优势。

推论 6:南京欣网视讯通信科技有限公司知识整合与运作效果,对公司核心竞争力有重大的促进作用。

推论 7:知识就是力量,由于环境变化快速,组织须具备动态能力,以适时的调整、改变及重组本身能力。然而,动态能力亦是由单位成员,借助学习、创造和累积而成。学习是确保公司持续存活的关键。

4. 验证结论

表 3.34　南京欣网视讯通信科技有限公司个案研究与问卷调查验证结果比较

(知识管理与组织学习的互动关系)

假设提出	假设 1	假设 2	假设 3	假设 4	假设 5	假设 6	假设 7
假设内容	技术知识的特性对于知识整合有显著的正向影响	技术知识的特性对于知识能量有显著的正向影响	技术知识的特性与组织学习型态有显著的正向相关性	组织学习型态对于知识整合运作特性有显著的差异性	不同的组织学习型态在知识能量上有显著的差异性	知识整合程度与运作特性的交互作用对于核心竞争力有显著的正向影响作用	知识能量对于核心竞争力有显著的影响
问卷调查结论	完全支持	完全支持	部分支持	完全支持	不支持	部分支持	完全支持
南京欣网视讯通信验证结论	支持	部分支持	部分支持	不支持	不支持	支持	完全支持

3.4.7　江南模塑科技公司

1. 模型制作的技术特性对知识整合的影响及其提升核心竞争力

模型制作的主要方式,有些是人以手工制作,有些是操作机器制作。其加工方法及工艺,一般模胚直接从模胚厂订回,其加工方法这里略去。按模具设计图纸,订回模胚、模仁、行位、斜顶、镶件等钢料即可开始安排加工。

推论1：依据该公司模型制作技术的知识来源与特性，模具制作知识主要涉及塑胶模具、必备的知识、塑胶模具结构及分类、常用塑胶原料的特性、塑胶模具的加工方法及工艺、塑胶模具设计要点等几大部分。他们对知识整合的效率、范围，以及弹性有一定的关系。技术知识的特性对知识整合有部分正向影响。

很多模具设计师都在讨论 UG 和 PRO-E 的优劣，其实软件只是模具设计中使用的工具之一。

模具制作的核心资源是企业长久生存发展的重点，对于模型制作厂商而言，了解核心资源、建立并善于利用核心资源将有助于模型制作厂商的永续经营。

模型制作由于诸多特性因素，又很难找到完全同样的模型制作需求，这时，模型的制作经验与制作技术就非常重要，因为它可以被记录、传承，它能指导员工制作更复杂、更困难的模型。

推论2：模具制作的核心资源是企业长久生存发展的重点，模型制作的主要方式，有些是人以手工制作，有些是操作机器制作，不同的方式或知识特点，会影响知识能量的获取、储存，以及流通和共享方式。即技术知识的特性对于知识能量有显著的正向影响。

2. 组织学习与核心竞争力

知识可创造公司间不同的优势，而学习则是产生、维持和知识创新的重要方式。因此：

推论3：技术知识的特性与组织学习型态有联系，但不显著。

公司鼓励员工参加各种模具学习论坛，知识可创造公司间不同的优势，而学习则是产生、维持和知识创新的重要方式。静态累积的知识非常重要，组织可以凭借这些静态的知识分享和应用所创造的新知识，持续不断地学习，进而有助于应对外部环境变化的挑战和长期生存的压力。

推论4：学习是组织不断进步的方法，也是强化企业竞争力的根本，组织学习具有四个主要方面，分别是管理承诺、系统观点、公开和实验、知识分享与整合。也就是，组织要达到学习的功效，首先是管理者应该消除陈旧的思想，以及只适用于以往的经验但是和公司目前情况不一致的假设障碍，并能将员工看作组织内每个学习单位，员工成员凭借组织学习过程所获取的技术知识特性、分享及整合，形成组织记忆。因此，知识整合工作与选择什么类型的组织学习型态有一定的关联性。即组织学习型态对知识整合运作特性有一些差异性。

①知识可创造公司间不同的优势，而学习则是产生、维持和知识创新的重要方式。静态累积的知识非常重要，组织可以凭借这些静态的知识分享和应用所创造的新知识，持续不断地学习，进而有助于应对外部环境变化的挑战和长期生存的压力。

②诸多研究对于组织学习的内涵与过程有着不同的看法。组织学习具有四个主要方面,分别是管理承诺、系统观点、公开和实验、知识分享与整合。

推论5:创新型的组织学习形态和适应型的组织学习形态在知识解读、知识获取、知识流通上没有显著差异。

3. 知识能量运作的程序与知识整合

关于知识能量孕育的四个程序,在问题来源方面,由项目经理负责传达内部不同处室的顾客反应经验,避免相同问题出现在不同的处室中。很重视个人或各单位自主性的问题解决、知识获取、蓄积与流动,各部门或员工间合作的机会并不高,然而该公司已积极塑造一个知识产权保护,以及推行绩效奖励制度,以培育各单位间的合作与信任的文化。

推论6:知识整合的程度和运作特性不仅与技术知识特性有关,而且通过资源整合机制的运作,能够有效提升企业核心竞争力。

关于知识的取得往往通过客户技术分享,借助公司信息服务系统,将外部信息导入内部,通过研究单位的辅导,导入外部信息;

就知识整合程度而言,国内很多大型企业的模具部门在整个公司中的地位都极其重要。

推论7:企业核心竞争力的发展必须通过实时性的知识获取、知识筛选与应用、知识再生,将知识运用于工作与能力的表现。知识能量与核心竞争力的积聚与组织学习的情况有关,通过学习的过程,才能使得组织与成员间有密切互动的机会。

4. 验证结论

表3.35　江南模塑科技公司个案研究与问卷调查验证结果比较

（知识管理与组织学习的互动关系）

假设提出	假设1	假设2	假设3	假设4	假设5	假设6	假设7
假设内容	技术知识的特性对于知识整合有显著的正向影响	技术知识的特性对于知识能量有显著的正向影响	技术知识的特性与组织学习型态有显著的正向相关性	组织学习型态对于知识整合运作特性有显著的差异性	不同的组织学习型态在知识能量上有显著的差异性	知识整合程度与运作特性的交互作用对于核心竞争力有显著的正向影响	知识能量对于核心竞争力有显著的影响
问卷调查结论	完全支持	完全支持	部分支持	完全支持	不支持	部分支持	完全支持
江南模塑验证结论	部分支持	支持	部分支持	部分支持	不支持	支持	完全支持

3.4.8 江苏恒瑞医药公司

1. 技术知识特性对知识整合的影响及其提升核心竞争力

受政府主管机关严密监督。由于药品质量良好与否，直接关系消费者的健康，为确保药品安全及防止滥用，药品的开发、生产、销售过程中，政府主管机关都会通过查验、登记等方法加以严密管控。

研究发展经费高、风险高。一般而言，西药工业开发新药必须经过相当复杂的过程。临床前研究与发展期间为1~3年，临床研究与发展期间约为2~10年，新药上市申请的审核期间约为2个月至7年。2011年6月，恒瑞医药投入数亿元历时14年研发的1.1类新药艾瑞昔布获得国家食品药品监督管理局批准上市销售，标志着恒瑞医药真正踏上了医药创新研发之路。

知识整合。另外，由各部门自发性（或被动性）选取搜集所需知识，而且各产品所运用的技术知识复杂度与差异性较大，较重视各自部门或采取项目团队的问题解决、知识获取、蓄积与流动，所以，各部门内员工间合作机会的程度也不低。

推论1：江苏恒瑞医药股份有限公司的技术知识特性表现在：(1)受政府主管机关严密监督；(2)研究发展经费高；(3)知识整合，由各部门自发性（或被动性）选取搜集所需知识，而且各产品所运用的技术知识复杂度与差异性较大。因此，技术知识的复杂程度越高，不仅会影响知识的传递与获取速度，而且知识能量的蓄积必须靠组织内社会化的运作成果。

关于知识能量孕育的四个程序：

(1)在问题来源方面。往往通过大型医院、诊所或中介商的意见反馈（消费者对药品使用上的问题），或其他同业相关医疗信息上的发布。

(2)问题的解决。由于药品涉及较高层级的机密与安全性，所以采取项目团队式讨论，以建立解决问题的能力。

(3)知识的取得。药品的技术知识往往通过内部自行研发、外部研究机构、国外药厂新药品开发以及公开市场采购而得。

(4)知识流通方式。目前通过产学合作或是与国外药厂进行信息的交流活动，定期签约，提供技术知识等服务，或者通过国内外医疗机构研发信息的发布，取得相关的知识来源。

(5)知识的储藏。医药研发领域你争我赶本来是家常便饭，医药技术知识的储藏牵涉各单位内部的机密性，所以，采取较为封闭的管理方式，亦即由各单位专人负责产品知识的储存，以防止机密外泄。就知识整合程度而言，由于生化科技产业所需的临床试验机会较多，所以必须大量运用信息软硬件设备，所以系统化程度较高。

恒瑞医药公司董事长孙飘扬面对记者的采访提出："由于国内科研能力及资金所限，研发成功的药物专利基本上都属于国际大型医药企业，绝大部分的中国医药企业还停留在对原研药进行仿制的阶段。但即便是做仿制药,恒瑞医药从一开始就将研发重点聚焦在国内首仿产品上面。"

针对企业产品技术含量小,附加值低的现状,恒瑞决定以开发新药为突破口,在产品结构上做文章。

董事长孙飘扬认为:"富有前瞻性的产品策略和强大的研发实力,一直是并将继续是恒瑞医药业绩增长的主要动力。同时,持之以恒、专注用心的做事原则,是恒瑞医药赖以成功的法宝。"药品的技术知识往往通过内部自行研发、外部研究机构、国外药厂新药品开发以及公开市场采购而得,或是通过国外大药厂相关信息,以取得较适合的知识来源。

推论 2:恒瑞医药公司是做仿制药,从一开始就将研发重点聚焦在国内首仿产品上面。其技术知识的特点是研发经费高、周期长,这些直接制约首仿医药产品的知识能量的积聚与发挥的效果。也就是说,技术知识的特性对于知识能量有显著的正向影响。

目前公司通过产学合作以及与国外药厂进行信息的交流活动,定期签约,提供技术知识等服务,或者通过国内外医疗机构研发信息的发布,取得相关的知识来源,也可以通过技术转移或共同开发,订立合同,以确保医疗新技术知识取得的正确性。

公司认识到竞争主要依赖于创新,特别是关键领域的技术创新。为此,近几年来公司着力建设连云港、上海和美国三大研究中心。

知识可创造公司间不同的优势,而学习则是产生、维持和知识创新的重要方式。

推论 3:技术知识的特性与组织学习型态有正向联系。例如,通过公司内部信息化平台进行学习交流,针对首仿产品,有时采取适应型的组织学习形态,有时又采取创新型的组织学习型态,两者的关系不是严格的正向显著关系。

2. 组织学习型态与知识整合及其提升企业核心竞争力

通过公司内部信息化平台进行学习交流,此外,还有一些学术交流活动,作为国内医药行业研发能力最强的企业之一,董事长孙飘扬认为:富有前瞻性的产品策略和强大的研发实力,一直是并将继续是恒瑞医药业绩增长的主要动力。

目前通过产学合作以及与国外药厂进行信息的交流活动,定期签约,提供技术知识等服务,或者通过国内外医疗机构研发信息的发布,取得相关的知识来源,也可以通过技术转移或共同开发,订立合同,以确保医疗新技术知识取得的正确性。

医药研发领域你争我赶本来是家常便饭的事情,医药技术知识的储藏牵涉各单位内部的机密性,所以,采取较为封闭的管理方式,亦即由各单位专人负责产品知识的储存,以防止机密外泄。就知识整合程度而言,由于生化科技产业所需的临床试验机会较多,所以必须大量运用信息软硬件设备,所以系统化程度较高。

另外,该公司为积极强化研发能力较强的工作环境,已积极与国外药厂技术合作或推行各种绩效奖励制度,以塑造积极开发新产品或改善旧产品的企业意图。除此之外,各研发部门虽然产品研发对象有异,不过,为了激励对产品创新的意愿,仍借助各种研讨会召开的机会,提供彼此对产品创新思考的空间。

江苏恒瑞医药信息化系统实施效果达到了基础技术知识高度共享,加速了基础技术知识在企业内部的传递。采供、仓库、生产、质量、销售业务和财务连贯,实现信息共享和集成,为管理工作提供了依据。真正体现 GMP 管理的要求,加强了对物料的管理。

推论 4:江苏恒瑞医药信息化系统实施效果达到了基础技术知识高度共享,加速了基础技术知识在企业内部的传递。对于学习的活动,鼓励个人通过吸收国外医疗新知或在职培训等方式自我成长。另外该公司所属产业的特性为专利保护期间,所以特别重视各单位对产品的创新,以所得到的产品专利数目作为对该单位的奖励。另外,组织学习型态对知识整合运作特性有部分的差异性。

推论 5:创新性的组织学习型态和适应性的组织学习型态在知识解读、知识获取、知识流通和知识储藏以及知识整合上没有显著差异。

3. 知识能量运作的程序与知识整合

作为国内医药行业研发能力最强的企业之一,董事长孙飘扬认为:"富有前瞻性的产品策略和强大的研发实力,一直是并将继续是恒瑞医药业绩增长的主要动力。同时,持之以恒、专注用心的做事原则,是恒瑞医药赖以成功的法宝。"药品的技术知识往往通过内部自行研发、外部研究机构、国外药厂新药品开发以及公开市场采购而得,或是通过国外大药厂相关信息,以取得较适合的知识来源。另外,由于该产业的技术知识层级较高,所以,该公司非常重视产品研发,而且有专人或单位负责不同的药品开发与测试,并且以取得的知识是否对于进一步产品开发与生产有实质的帮助,作为单位创新绩效的评估。

推论 6:知识整合的程度和运作特性不仅与技术知识特性有关,而且通过知识整合机制的运作,能够有效提升企业核心竞争力。

推论 7:企业核心竞争力的发展必须通过实时性的知识获取、知识筛选与应用、知识再生、将知识运用于工作与能力的表现。知识能量与核心竞争力的积聚与组织学习的情况有关,通过学习的过程,才能使得组织与成员间有密切互动的机会。也就是说知识能量对于核心竞争力有显著的影响作用。

4. 验证结论

表 3.36　江苏恒瑞医药公司个案研究与问卷调查验证结果比较

(知识管理与组织学习的互动关系)

假设提出	假设 1	假设 2	假设 3	假设 4	假设 5	假设 6	假设 7
假设内容	技术知识的特性对于知识整合有显著的正向影响	技术知识的特性对于知识能量有显著的正向影响	技术知识的特性与组织学习型态有显著的正向相关性	组织学习型态对于知识整合运作特性有显著的差异性	不同的组织学习型态在知识能量上有显著的差异性	知识整合程度与运作特性的交互作用对于核心竞争力有显著的正向影响	知识能量对于核心竞争力有显著的影响
问卷调查结论	完全支持	完全支持	部分支持	完全支持	不支持	部分支持	完全支持
江苏恒瑞验证结论	支持	支持	部分支持	部分支持	不支持	完全支持	完全支持

3.4.9　江苏(昆山)仁宝电子科技公司

1. 技术知识特性对知识整合的影响及其提升核心竞争力

该公司技术知识仍然强调模块化与路径相依程度的特性,另外一方面也是因为产业竞争和自行开发产品的压力较大,所以必须强调研发知识的快速商品化。

目前该公司主要的技术知识为笔记型计算机、计算机监视器以及计算机外设制造,所以强调相关知识的取得。

由于有多条不同产品特性的生产线,所以部门间的合作程度也较高,而且近年来该公司积极扩展新产品,所以各部门的协调社会化的程度也较高。

推论 1:技术知识的特性对知识整合有显著的正向影响。仁宝电子科技公司技术知识仍然强调模块化与路径相依程度的特性,另外一方面也是因为产业竞争和自行开发产品的压力较大,所以必须强调研发知识的快速商品化。这些技术知识特性对于知识整合的合作程度、社会化的程度,以及整合的范围、弹性和程度有重大影响。

问题来源方面。往往通过定期的内部检查会议发现产品市场的销售量下滑或占有率降低时,或是通过中间商意见而取得问题的关键点。

问题的解决。通常通过项目讨论或部门内部讨论,以建立解决问题的能力。关于知识的取得往往通过研究单位、学校单位、供应商,以及公开市场采购、公司间的合作而得或是通过供货商的相互依存关系取得较适合的知识来源。另外,通过各单位主管或项目协调各部门负责审查其完整性与知识的质量,并且以取得的知识作沙盘推演,看能否完成该项技术方案。

关于知识流通方式。目前通过产学合作,定期签约,提供技术知识等服务,或者通过公司内部各单位间的协调合作,以及运用系统化的软硬件设备,制定一套完整的知识流动机制,以扩大知识分享的功用,也可以通过技术转移或共同开发,订定合约,使得知识取得的质量,有一定的淘汰机制。激发创意的主要元素有二:一是支持冒险与变革;二是容忍错误。另外,就执行方面来说,有两种规范是非常重要的:一是强调有效的团队合作;二是强调速度与急迫感。

知识储存。知识的储存管理并没有专人负责,通常由单位各员工就知识范畴所使用的技巧,或重要信息作加密储藏,并负责信息安全。另外,由研发部及品保部设计管理知识创造的制度,主要依据对专业或公司的贡献度,而内部知识的创造可由知识成员间经验的分享和专案小组的不定期讨论而得。

推论 2:技术知识的特性对于知识能量有显著的正向影响。仁宝电子科技公司知识能量孕育的四个程序,例如:问题来源方面,问题的解决,知识流通方式以及知识储存过程均与技术知识特性有紧密的联系。

2. 组织学习与知识整合运作特性及其提升公司核心竞争力

由于该产业也同样面临同行间的竞争压力不小,主张创新型组织学习类型,对于组织内学习的活动,鼓励个人通过项目团队的讨论在职训练或生涯规划等方式自我成长,对于员工寻求新知识,给予各种教育训练的机会,而且也适度给予错误中学习新事物的机会,亦即采取重视及鼓励员工自我学习,以及提供在职进修的机会,属于创新型的学习型态,而主管决策型态为民主、开发、重视水平与垂直沟通的方式,应该是公司重视组织学习的原因。

公司以引进、培养、激励为重点,以推动自主创新为目标,加强技术研发与经营管理人才队伍建设。

自研发中心成立以来,人才引进的重点和趋势也随着公司的新产品研发的不断扩大而进行改变。

推论 3:知识的特性与组织学习型态无显著的正向相关性。仁宝电子科技公司主张创新型组织学习类型,这与知识特性没有紧密的关系。

推论 4:主张创新型组织学习类型,各部门或员工间合作的机会多,而且该公司已积极塑造一个和谐和重视绩效奖励并重的组织制度,以强化各单位间的横向联系,并定期开会检讨各部间的问题。

3. 组织学习型态与知识能量的蓄积

公司知识的储存管理没有专门部门和专人负责,常常是由单位各部门员工就知识范畴所使用的技巧自己把握,做加密储藏,并负责信息安全。另外,由研发中心及品保部设计管理知识创造的制度,根据知识对专业或公司的贡献度制定制度,内部知识的创造由知识成员间经验的分享和专案小组的不定期讨论而得。

几年致力于创新产品的研究,公司积累了丰富的经验,创新产品研究也步入了良性循环。

推论 5：创新型的组织学习型态和适应型的组织学习型态在知识解读、知识获取、知识流通和知识储藏以及知识整合上没发现有显著差异。

4. 知识整合程度与运作特性的交互作用对于核心竞争力的影响

由于此产业也是高度运用信息化的设备，系统化程度高，另外，由于有多条不同产品特性的生产线，所以部门间的合作程度也较高，而且近年来该公司积极扩展新产品，所以各部门的协调社会化的程度也较高。不过，各部门（单位）所运用的知识层级由于生产线的扩增已逐渐增加，所以该公司高层已逐渐重视部门或项目团队的问题解决、知识蓄积与流动。

各部门或员工间合作的机会多，而且该公司已积极塑造一个和谐和重视绩效奖励并重的组织制度，以强化各单位间的横向联系，并定期开会检讨各部间的问题，比如：定期互相授课交流经验和鼓励部门相关经验的分享，所以该公司的社会化程度高，并且运用各种教育培训的机会。

针对全公司新进员工的训练，人事单位负责上岗资格培训，负责整合各部门的职前及在职教育训练，或者通过资深员工对新进员工经验的传承（做中学）以塑造良好的合作文化。

仁宝以多年的专业经验，体会到产品竞争的主要关键在于质量、成本、服务及推出的速度，它们都与知识整合的程度和运作特性密切相关。针对不同的 ODM客户设置专属的研发小组，使仁宝无论在笔记本型计算机、监视器及新开发的网络通信产品方面，均能充分迎合市场快速的变迁，并在专利的申请与核准获得了丰硕的成果。

推论 6：知识整合的程度和运作特性不仅与技术知识特性有关，而且通过资源整合机制的运作，能够有效提升企业核心竞争力。

关于知识能量的取得往往通过研究单位、学校单位、供应商，以及公开市场采购、公司间的合作而得或是通过供货商的相互依存关系取得较适合的知识来源。另外，通过各单位主管或项目协调各部门负责审查其完整性与知识的质量，并且以取得的知识作沙盘推演，看能否完成该项技术方案。

推论 7：知识能量对于核心竞争力有显著的影响作用。企业核心竞争力的发展必须通过实时性的知识获取、知识筛选与应用、知识再生、将知识运用于工作与能力的表现。知识能量与核心竞争力的积聚与组织学习的情况有关，通过学习的过程，才能使得组织与成员间有密切互动的机会。

5. 验证结论

表 3.37　江苏(昆山)仁宝电子科技公司个案研究与问卷调查验证结果比较

(知识管理与组织学习的互动关系)

假设提出	假设1	假设2	假设3	假设4	假设5	假设6	假设7
假设内容	技术知识的特性对于知识整合有显著的正向影响	技术知识的特性对于知识能量有显著的正向影响	技术知识的特性与组织学习型态有显著的正向相关性	组织学习型态对于知识整合运作特性有显著的差异性	不同的组织学习型态在知识能量上有显著的差异性	知识整合程度与运作特性的交互作用对于核心竞争力有显著的正向影响作用	知识能量对于核心竞争力有显著的影响
问卷调查结论	完全支持	完全支持	部分支持	完全支持	不支持	部分支持	完全支持
仁宝电子科技验证结论	支持	支持	不支持	不支持	不支持	完全支持	完全支持

3.4.10　江苏索普公司

1. 技术知识特性对知识整合的影响及其提升核心竞争力

该公司技术知识路径相依程度与模块化程度在化工产品制程上扮演相当重要的角色。公司化工产品的制程已经相当程序化与结构化。

多喷嘴对置式新型水煤浆气化技术是我国的自主知识产权的世界第三代煤气化技术,是国家"九五"重点攻关项目、国家"十五""863"攻关课题,作为产品化技术应用于以水煤浆为原料制备合成气和燃料气,是发展煤基化学品(如甲醇、氨、二甲醚等)、煤基液体燃料、先进的 IGCC 发电、多联产系统、制氢等过程工业的基础,是这些行业的共性技术、关键技术和龙头技术。与德士古水煤浆气化技术相比,其经济性和环保性有明显优势。

各产品所运用的技术知识复杂度与差异性较大,较重视各自部门或采取项目团队的问题解决、知识获取、蓄积与流动,所以,各部门内员工间合作机会的程度也不低。另外,该公司为积极强化研发能力较强的工作环境,已积极与国外厂商技术合作或推行各种绩效奖励制度,以塑造积极开发新产品或改善旧产品的组织形象。除此之外,各研发部门虽然产品研发的对象有差异,不过,为了激励对产品创新的意愿,仍然利用各种研讨会召开的机会,提供彼此对产品创新思考的空间。

推论1:技术知识的特性对知识整合有显著的正向影响。该公司也重视技术知识的外显程度,不过,路径相依程度与模块化程度在化工产品制程上扮演相当重要的角色。这些技术知识特性对于知识整合的合作程度、社会化的程度,以及整合的范围、弹性和程度有重大影响。

问题来源方面。往往通过重点客户、视察或中介商的意见反馈(通常通过重点客户对产品使用上的问题),或其他同业相关化工信息上的发布。例如,产品开发继续细化。

问题的解决。索普的发展得益于科技创新,索普人也更加关注和投入科技创新。在强化自主研发的基础上,索普集团强化智力合作,拓展创新领域,与中科院化学所、大连化物所、南京大学、华东理工大学等众多的科研单位、跨国企业、院校进行合作,深化醋酸催化剂及衍生产品的技术研究和开发。由于产品技术含量很高,涉及商业秘密,所以采取项目团队式讨论,以建立解决问题的能力。

关于知识流通方式。目前通过产学合作或是与国外厂商进行信息的交流活动,定期签约,提供技术知识等服务,或者通过国内外化工行业协会研发信息的发布,取得相关的知识来源,也可以通过技术转让或共同开发,订立合同,以确保化工新技术知识取得的正确性。

知识储存。牵涉各单位内部的机密性,所以,采取较为封闭的管理方式,亦即由各单位专人负责产品知识的储存,以防止机密外泄。

推论 2:技术知识的特性对于知识能量有显著的正向影响。江苏索普(集团)有限公司知识能量孕育的四个程序,例如:问题来源方面,问题的解决,知识流通方式以及知识储存过程均与技术知识特性有紧密的联系。

2. 组织学习与知识整合运作特性及其提升公司核心竞争力

由于化工产业也同样面临同行间的竞争压力不小,对于组织内学习的活动,鼓励个人通过项目团队讨论、在职培训或生涯规划等方式自我成长。

对于员工寻求新知识,给予各种教育训练的机会,而且也适度给予错误中学习新物的机会,亦即采取重视及鼓励员工自我学习,以及提供在职进修的机会,属于创新型的学习型态,而主管决策型态为民主、开发、重视水平与垂直沟通的方式,应该是公司重视组织学习的原因。

索普是一个行动敏捷的团队,唯有敏锐才能捕捉市场的变化,唯有迅捷才能顺应变化,领先市场。长期的实践铸就了索普特有的做事风格——敏锐的市场洞察力,迅捷的反应和行动,高品质的服务,高效率的产出。

推论 3:江苏索普公司主张创新型组织学习类型,这与知识特性没有紧密的关系。

由于化工科技产业所需的试验机会较多,所以必须大量运用信息软硬件设备,所以系统化程度较高,另外,由各部门自发性(或被动性)选取搜集所需知识。

战略研究对组织的学习的认识已看作是形成未来公司核心竞争力的重要因素。这种学习的机制在于组织能否通过学习提高对产品、技术和管理的创新能力,形成新的特殊资源,再对这种资源的有效利用形成公司的核心竞争能力。

江苏索普在实现企业战略目标的同时,给每个人提供充分实现自我价值的发展空间,为人才不断创造全新的、广阔的工作舞台,这永远是索普人才战略的核心理念。

推论 4:组织学习型态对知识整合运作特性无差异性。江苏索普为了实现发展目标、提高核心竞争力而围绕信息和知识技能所采取的各种行动,是组织不断努力改变或重新设计自身以适应持续变化的环境的过程。

3. 组织学习型态与知识能量的蓄积

满足客户要求,通过不断的总结与调整,将重点客户的产品合格率 75% 提高到 80% 以上;继续改进工艺,切实解决 ADC 内控优等品率下降的问题,取得了明显成效。

自 20 世纪 80 年代提出组织学习的概念到 20 世纪 90 年代,战略研究对组织的学习的认识已看作是形成未来公司核心竞争力的重要因素。这种学习的机制在于组织能否通过学习提高对产品、技术和管理的创新能力,形成新的特殊资源,再对这种资源的有效利用形成公司的核心竞争能力。江苏索普促使人才围绕公司的战略目标来创造人生的新价值。

属于创新型的学习型态,而主管决策型态为民主、开发、重视水平与垂直沟通的方式,应该是公司重视组织学习的原因。

推论 5:创新性的组织学习型态和适应性的组织学习型态在知识解读、知识获取、知识流通和知识储藏以及知识整合上没发现有显著差异。

由于化工科技产业需要较多的试验机会,经常大量应用信息软硬件设备,所以系统化程度很高,另外,由各部门自发性(或被动性)获取知识的来源,研发机构包括:集团技术中心(省级);企业博士后企业工作站;企业低碳研究所;与中科院化学所合作成立碳——化学联合试验基地;与大连化物所成立的联合实验室、与江苏大学成立的联合实验室等。而且化工科技产品所运用的技术知识复杂度与差异性很大,很重视各自部门或采取项目团队的问题解决、知识获取、蓄积与知识流动,所以,各部门内员工之间经常合作。

该公司为研发部门打造良好的工作环境,已经积极与国外厂商技术合作,表明公司积极开发新产品或改善旧产品。除此之外,各研发部门尽管研发的产品各不相同,不过,为了激励对产品创新(idea)的意愿,仍然经常参加各种研讨会,交流彼此对产品创新思考的思路。

索普集团为了保护持有的知识产权,加强知识产权管理,鼓励发明创造,成立了知识产权办公室,并建有镇江市首批"知识产权工程师工作站",负责集团知识产权的相关事务。

由于该产业的产品生命周期较短,所以如何强化产品的创新及研发能力是相当重要,因此产品研发及创新的能力是公司首要的核心能力,成本控制能力也相当重要,未来能力是强调创新能力,而重要性能力则强调在技术与成本管理能力的控制。不过,由于该公司目前发展战略较重视中短期,所以,对于未来的技术改造、改良、生产流程自动化和营销预测的能力尚有待进一步加强。

推论6:知识整合程度与运作特性的交互作用对于核心竞争力有显著的正向影响作用。知识整合的程度和运作特性不仅与技术知识特性有关,而且通过资源整合机制的运作,能够有效提升企业核心竞争力。

推论7:知识能量对于核心竞争力有显著的影响作用。企业核心竞争力的发展必须通过实时性的知识获取、知识筛选与应用、知识再生、将知识运用于工作与能力的表现。知识能量与核心竞争力的积聚与组织学习的情况有关,通过学习的过程,才能使得组织与成员间有密切互动的机会。

4. 验证结论

表3.38　江苏索普公司个案研究与问卷调查验证结果比较

（知识管理与组织学习的互动关系）

假设提出	假设1	假设2	假设3	假设4	假设5	假设6	假设7
假设内容	技术知识的特性对于知识整合有显著的正向影响	技术知识的特性对于知识能量有显著的正向影响	技术知识的特性与组织学习型态有显著的正向相关性	组织学习型态对于知识整合运作特性有显著的差异性	不同的组织学习型态在知识能量上有显著的差异性	知识整合程度与运作特性的交互作用对于核心竞争力有显著的正向影响	知识能量对于核心竞争力有显著的影响
问卷调查结论	完全支持	完全支持	部分支持	完全支持	不支持	部分支持	完全支持
江苏索普验证结论	支持	支持	不支持	不支持	不支持	完全支持	完全支持

3.5　提高企业核心竞争力的知识管理因素

企业知识管理当前比较关注科技和流程方面,而对知识能量的管理比较欠缺,未能实现对企业的知识进行有效的管理,造成了企业技术知识的浪费。本研究把知识管理与组织学习紧密结合起来,通过问卷调查和个案研究,从个人层次逐渐扩散至项目团队层次,最后是组织层次,甚至组织之外的知识,经过不断地整合,创造出新的组织知识能量,从而提升企业核心竞争力。

从表3.39中可以看出,问卷调查和个案研究针对假设7:知识能量对于核心竞争力有显著影响,其个案研究验证结论均为完全支持。因此,挖掘企业知识能量无疑是提高企业核心竞争力的关键因素。而孕育知识能量的程序包括知识获取、知识流通和知识整合,涉及三个方面:一是获取过程的知识创新;二是流通过程的知识分享;三是知识整合。后面将分三章专题研究这三个方面的应用——提高企业核心竞争力的机制。

1. 知识创新

针对假设 7:知识能量对于核心竞争力有显著影响,问卷调查验证结论是完全支持,个案研究验证结论 10 家公司均为完全支持,可见,知识能量(知识创新)是提高企业核心竞争力的关键因素之一。

2. 知识分享

针对假设 7:知识能量对于核心竞争力有显著影响,问卷调查验证结论是完全支持,个案研究验证结论 10 家公司均为完全支持,知识分享是知识流通的一种方式,即知识能量扩散,它是提高企业核心竞争力的关键因素之一。

3. 知识整合

针对假设 6:知识整合程度与运作特性对于核心竞争力有显著的正向影响作用。问卷调查验证结论是部分支持,个案研究验证结论有六家为支持,四家为完全支持。可见,知识整合是提高企业核心竞争力的关键因素之一。如表 3.39 所示。

表 3.39　上海和江苏 10 家公司个案研究与问卷调查验证结果汇总比较
(知识管理与组织学习的互动关系)

假设提出	假设 1	假设 2	假设 3	假设 4	假设 5	假设 6	假设 7
假设内容	技术知识的特性对于知识整合有显著的正向影响	技术知识的特性对于知识能量有显著的正向影响	技术知识的特性与组织学习型态有显著的正向相关性	组织学习型态对于知识整合运作特性有显著的差异性	不同的组织学习型态在知识能量上有显著的差异性	知识整合程度与运作特性对于核心竞争力有显著的正向影响作用	知识能量对于核心竞争力有显著影响
问卷调查结论	完全支持	完全支持	部分支持	完全支持	不支持	部分支持	完全支持
上海海隆软件公司验证结论	支持	不支持	不支持	不支持	部分支持	完全支持	完全支持
上海华东电脑验证结论	支持	不支持	不支持	部分支持	部分支持	支持	完全支持
上海巴拓弗来纤维验证结论	支持	不支持	不支持	不支持	不支持	支持	完全支持

续表

假设提出	假设 1	假设 2	假设 3	假设 4	假设 5	假设 6	假设 7
假设内容	技术知识的特性对于知识整合有显著的正向影响	技术知识的特性对于知识能量有显著的正向影响	技术知识的特性与组织学习型态有显著的正向相关性	组织学习型态对于知识整合运作特性有显著的差异性	不同的组织学习型态在知识能量上有显著的差异性	知识整合程度与运作特性对于核心竞争力有显著的正向影响作用	知识能量对于核心竞争力有显著影响
上海翔惠电子验证结论	不支持	支持	部分支持	不支持	不支持	支持	完全支持
上海亚通通讯验证结论	支持	支持	不支持	不支持	不支持	支持	完全支持
南京欣网视讯通信验证结论	支持	部分支持	部分支持	不支持	不支持	支持	完全支持
江南模塑验证结论	部分支持	支持	部分支持	部分支持	不支持	支持	完全支持
江苏恒瑞验证结论	支持	支持	部分支持	部分支持	不支持	完全支持	完全支持
仁宝电子科技验证结论	支持	支持	不支持	不支持	不支持	完全支持	完全支持
江苏索普验证结论	支持	支持	不支持	不支持	不支持	完全支持	完全支持

第 4 章　企业间合作创新
——融合知识基础观点与组织学习观点

本章概要：企业在与伙伴合作的过程中，因为吸收对方的知识，或是因为彼此不协调、观点相异，从知识分享角度，研究在产品、技术或管理制度上更好的做法。从知识基础理论的观点来看，企业间合作创新乃是伙伴间知识整合的结果，另从组织学习理论的观点来看，这种创新则是企业学习到伙伴的知识后，加以应用的结果。本章结合案例公司比较详细地绘制了公司产品出货、客诉处理以及售后服务等知识获取、蓄积与应用流程，诊断出问题所在，并提出改进建议。研究设定市场结构为上游二家、下游三家厂商寡占模型，分四种情境，进行合作与欺骗策略的本量利分析，结合内隐知识多寡大小对策略选择的影响，提出内隐知识交换时，垂直整合厂商的优势策略，供实业界人士参考。

第三章问卷调查发现，当知识能量的知识流通程度越高时，对于核心竞争力的重要性和未来能力越有显著的正向影响作用。Sirmon, David G(2010)曾经指出企业能力的发展须经过知识的获取和内部知识的整合，而且 Bonjour(2009)认为企业核心竞争力的发展必须通过：(1)实时性的知识获取；(2)知识筛选与应用；(3)知识再生；(4)将知识运用于工作；(5)能力的表现。另外，强调企业核心竞争力对于提升企业绩效有重大且正面的影响，也认同知识的解读和获取程度越高，对企业基础营运能力越有强的支撑。知识获取，涉及企业与顾客、其他企业间的合作，通常包括下列问题：

(1)贵公司常重视各种知识或信息的来源，包括顾客、外部顾问，甚至于其他因素；

(2)贵公司所需知识或信息，大多来自组织内部的成员的研究；

(3)贵公司常向合作部门、顾问公司购得所需的知识或信息；

(4)贵公司常为了某种策略目的，与其他组织达成技术合作。

问卷调查发现，当知识流通程度越高，对于重要性和未来能力有正向且显著的影响作用(权重值分别为 54.12 和 97.47 均大于 40)，所以，当知识能量的知识流通程度越高时，对于核心竞争力的重要性和未来能力有显著的正向影响作用，获得支持。可见，知识的解读与获取能力是高科技厂商奠定企业核心竞争力的基石，另外，对于发展知识的流通程度，也就是扩大与其他企业间合作程度，是企业发展重要性与未来能力的重要因素。

　　浙江企业主要以中小型公司为主,虽然企业资源不丰富,但是产业内向来以垂直分工、蚂蚁雄兵的方式与企业竞争,甚至也多与国外大企业合作加入全球竞争的行列,如信息电子产业、纺织产业。因此对浙江企业来讲,如何通过企业间合作,与伙伴进行知识整合创新,将对提升企业核心竞争力有相当大的影响。环境的不确定性虽然造成对企业的威胁,却也可能为企业带来创新的契机。企业寻求创新的做法来控制环境的不确定性,这些做法包括创造新产品,开发新市场,以新技术生产产品,或是与竞争者、供货商、顾客合作等,而企业间合作寻求创新则是越来越普遍的现象。企业间合作是企业响应产业环境变动的一种策略趋势,这种策略对于资源不丰沛的中小型企业尤为重要,因此各先进国家莫不制定相关政策鼓励企业间合作创新。浙江企业通过公司间垂直分工、水平合作与其他企业集团竞争的情况相当普遍,而整合内外部知识进行创新,更是企业的一项重要课题。

4.1　企业间合作创新的内涵[26-27]

　　企业间合作是指企业与其伙伴长期且紧密地合作,从事研发、设计、制造、配送、营销等活动,其中牵涉到资源共享、风险分担者。

　　"企业间合作创新可以看成技术战略联盟的一种,它是一种企业间合作关系,在保持自身相对独立性的同时,共享彼此的技术资源输入,出于某种技术战略,资源共享、风险共担,以提高研发绩效,而结成的一种合作协议。"[26]

　　通常而言,企业间合作的形式有战略联盟、合作伙伴、合资企业、分销渠道、卡特尔协议、业务外包、资源共享协议甚至政府间的合作计划等等。企业参与企业间合作的主要的目的,在于获取合作伙伴的知识或技术能力。企业的技术与知识一般都相当复杂而内隐,通过合作互动是获取或利用这些知识的比较好的方式。企业在提供产品或服务的加值过程中,牵涉许多有形及无形资源的投入,如原物料、技术、渠道、品牌等,这些资源往往无法全部都在企业内自行发展,通过长期并且紧密的企业间合作,可以有资源共享与风险分担的好处,并让企业能专心致力于核心竞争力的发展。核心竞争力的不断成长,是企业能够持续创新的泉源。(郑景华,2005)

　　通过企业间资源共享,企业可以降低发展技术的复杂度、成本与风险,进而增加竞争优势,这点对于中小型企业来讲尤其重要,因为中小型企业一般都缺乏足够的资本来发展自己的资源,并且通过企业间合作,这些企业能从伙伴处学得更多知识。Kogut(1992)指出,企业珍贵的知识库一般都不轻易揭露给外界,除了有限受到法律保护的专利知识外,即使通过市场机制也不达成知识分享或传递,因为组织的知识常常是与组织的结构、文化、制度或相关资源紧密结合,知识本身的内隐、复杂与专属等特性也让知识不传递。而企业间合作却是知识分享与传递的有效做法，企业在与伙伴的持续互动过程中，不仅改进产品与技术，增进彼此的知识，而且避免知识在市场交易机制中因投机心理所造成的风险，因为一旦合作的一方感觉另一方的投机企图，知识分享便会终止。企业间合作提供资源共享机会，使得企业可以凭借这种机会来整合知识、技术与实体资产，此外，合作过程中伙伴所溢出的知识也具有信息传递渠道的效果，让企业有机会一探新技术的突破发展、对问题的熟悉，或是积累别的企业的失败经验，这些信息对企业从事创新都有助益。不过企业在没有资源共享、风险共担，并且合作不是长期而密的关系中，伙伴间因缺乏休戚与共的意识，企业重要的技术知识并不会在伙伴间流动，在这种情况下不会有知识整合或新知识的产生，也就不大可能为企业带来创新绩效。因此，企业如果希望通过企业间合作彼此吸收对方的知识，必须建立在信任的前提卜，一般情况，信任大多发生在长期关系中。

本文所探讨的创新主要是针对企业在与伙伴合作的过程中，因为吸收对方的知识，或是因为彼此不协调、观点相异，引发彼此进一步研究问题的解决办法，所产生在产品上、技术上或管理制度上更好的做法。从知识基础理论的观点来看，企业间合作创新乃是伙伴间知识整合的结果，另从组织学习理论的观点来看，这种创新则是企业学习到伙伴的知识后，加以应用的结果。

4.2 合作创新中知识能量与企业核心竞争力的提升[26-28]

4.2.1 案例分析：改善知识获取、蓄积与应用[28]

广义的知识获取概念是指企业如何从各种知识源中得到问题求解所需要的知识，并转换到计算机中，即要将未经组织的文档、数据等（显性知识）和存在人脑中的专家技能（隐性知识）转化为重复可用的、可检索的知识。由于知识是企业的战略性资源，通过何种手段有效地扩充企业的知识库对于企业的未来发展有着至关重要的作用。知识的获取越来越多地依靠信息技术知识管理平台。网络化的信息技术已成为知识获取重要手段。

合作创新中的知识识别和获取是指企业在合作创新过程中从他方或是己方内部寻找到自己所需的知识，并获取的过程。这一过程在创新合作体形成的初期即已开始。获取自身所不具备的且无法独立获得的技术知识是企业组成创新合作体的重要动机之一。对于带有明确的知识获取目的的合作体成员来说，知识的获取是这一合作创新活动的基础和前提。

1. A 公司的知识获取、蓄积与应用的流程分析[28]

A 公司在初创阶段时,以生产传统锯床与磨床为主,因为洞察未来工具机业将朝向高度自动化、无人化的趋势发展,所以投入先进电脑数值控制(CNC)系列产品的开发研究。2007 年起使用自有品牌生产截式车床、小型车床及工具车床,并开始研发综合加工机(MC)。除了以 CNC 车床和立(卧)式综合加工机为主力产品外,近年来更因应市场需求,扩展至龙门型综合加工中心及大型卧式综合加工机,并结合整厂联机的弹性制造单元(FMC)与弹性制造系统(FMS),以提升公司工具机的附加价值和加工效益。目前,整体工具机分厂年产量 650 台,内外销比约 35：65。本文将选定 A 公司的 FV-800A 的 ATC 模块为研究对象。选定理由为其占 A 公司总营业额的 27%,是此系列机种的主力产品。

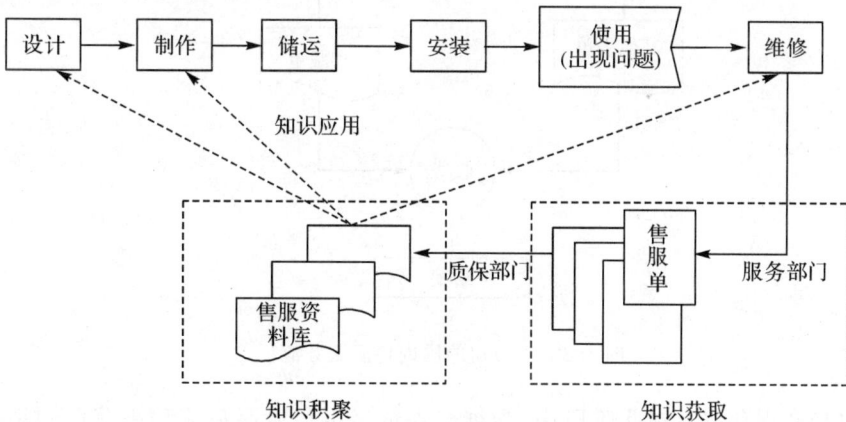

图 4.1　A 公司的知识获取、蓄积与应用流程[28]

以获取、蓄积与应用的观点来探讨 A 公司的知识处理流程时,可整理成如图 4.1 所示的 A 公司的知识获取、蓄积与应用流程。如图所示,A 公司的工具机将某些模块(如 ATC、控制器等)完全委外设计、制作,某些模块(如底座、立柱等)则为 A 公司自行设计,但组装则以整组外包和厂内外包的形式提供。最后所有模块于 A 公司厂内进行最后组装。接着,以整机方式运送给顾客,由维修人员进行管线、电线等的安装工作,最后交由顾客使用。设备交给顾客使用后,若出现问题,则由 A 公司的维修人员(隶属于服务部门)将问题予以解决。从维修人员开始进行维修工作时,一直到维修人员完成维修工作后,并根据规定将其解决问题所得的知识记录至售后服务单(简称售服单)为止的过程,为 A 公司的知识获取的阶段。而从这些售服单由服务部门收集后送至质量保证部门开始,一直到质量保证人员将这些售服单进一步整理并输入其自行设计的售后服务数据库(简称售服数据库)为止的过程,为 A 公司的知识蓄积的阶段。

从检索售服数据库中的数据开始,一直到制作出某些分析窗体,并视其需要而提供给设计、制作、服务等相关部门使用为止的过程,为 A 公司的知识应用的阶段。获取、蓄积与应用的详细流程如图 4.2 所示:

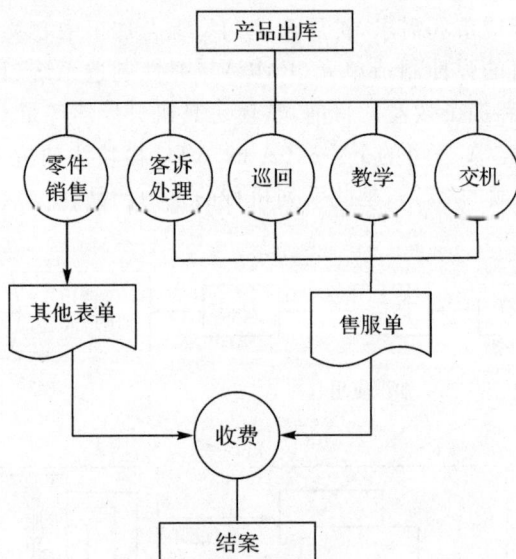

图 4.2 A 公司的国内售后服务流程[28]

(1)知识获取。在此阶段中,为维修人员经由售后服务流程来获取知识的流程。A 公司的国内售后服务流程如图 4.2 所示。A 公司的产品出货后,会由服务部门进行零件销售、客诉处理、巡回、教学与交机等子流程。其中,客诉处理、巡回、教学与交机的结果都填写至售服单内。然而,在审视售服单内容后发现客诉处理的数量最多,且客诉处理的内容大都属于产品出现故障后所进行的故障处理活动,故知识的主要来源来自客诉处理流程。而 A 公司的国内客诉处理流程如图 4.3 所示。

如图 4.3 所示,当客诉问题产生时,A 公司任何单位接受客户抱怨时,须将此信息转至服务部门处理,并将客户的基本数据详细记录,整理成客户抱怨受理记录表。服务部门受理客户抱怨时,须先查阅纪录的完整性并厘清疑点。 如果对客户抱怨事项有疑虑时,则通过电话联系了解实况,若问题不大客户可自行解决,则以电话或提供数据传真方式协助客户自行排除故障问题。 如果问题重大或不适合客户自行处理,则派遣维修人员至客户公司进行处理,如需其他单位派人支持时,则以售后服务问题追溯记录表来知会相关部门及质量保证部门研讨追踪。维修完成

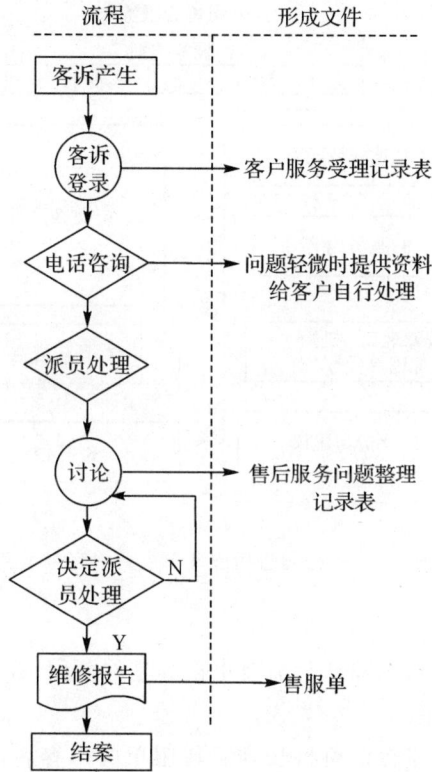

图 4.3 A 公司的国内客诉处理流程[28]

后,维修人员应填写售后服务单。A 公司的售服单简化格式如图 4.4 所示。

如图 4.4 所示,A 公司售服单主要分为 8 大字段:服务类别、故障现象、服务内容、机构与原因代号、分析与建议、更换的零件、防止再发方案以及其他栏位等。详细说明如下:

服务类别:A 公司的国内售服流程中的交机、教学、巡回、客诉处理的次流程都是使用相同的售服单,因此在售服单中有服务类别这个字段来让维修人员勾选服务的类别为何。

故障现象:此字段至少必须填写故障现象与故障机构。

服务内容:此字段至少必须填写故障原因与处理对策。

机构与原因代号:由质量保证单位某一专人将售服单中的故障现象及服务内容字段,依据各项故障对照一览表将故障现象、机构与原因填上其所属代号。其目的为方便以代号输入数据库,制作成售后服务一览表。

分析与建议:为维修人员建议客户应注意事项,或其他分析与建议内容。或由

A公司售后服务单

1. 服务类别				
交机	教学	巡回	修理	…

包含发生机制的内容 ←

2. 描述故障现象

3. 服务内容

4. 故障现象、机构原因等代号

5. 分析与建议

6. 更换零件

7. 预防措施

8. 其他

→ 包含对策的内容

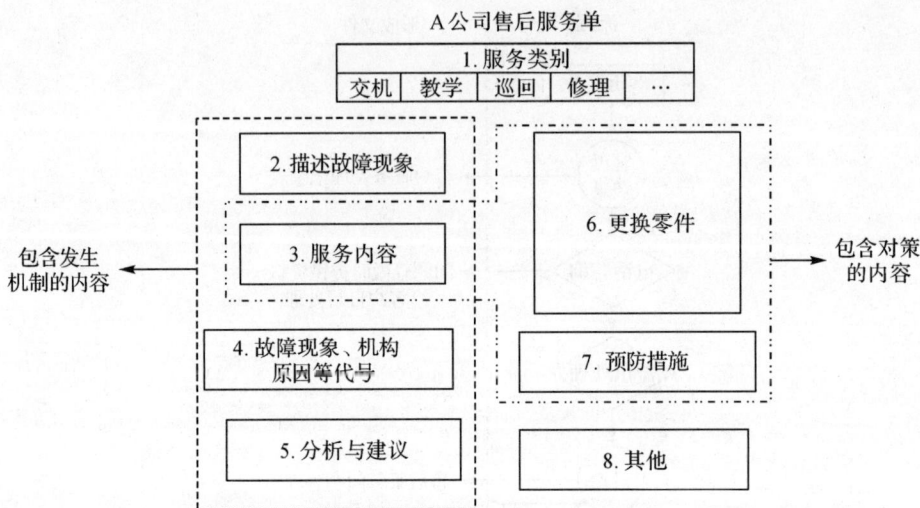

图 4.4　A公司售后服务单主要内容[28]

客户来填写某些建议事项。

更换零件：为维修人员填写认为需要更换的零件名称、数量、金额等，是维修人员所采取立即复原的对策。

防止再发方案：为质量保证科科长观看售服单的内容后，所提出的矫正方案。视情况会与设计、制造及其他相关部门进行矫正的活动。

其他字段：客户字段、机种字段、售服成本字段等。

如图 4.4 所示，进一步将 A 公司售服单的内容分为两大部分：a)发生机制（原因→结果）的部分；b)对策的部分。发生机制的部分为图 4.4 的 2、3、4、5 的字段内容，主要包含了故障现象、故障机构与故障原因等内容。而对策的部分为图 4.4 的 3、6、7 的栏位内容，包含了服务人员所采取的复原对策，以及其他相关部门（设计、制造等）所采取防止再发的矫正对策。

（2）知识蓄积。如图 4.5 所示，上述从售后服务所得售服单，经由服务部门将这些国内各地的售服单收集后，送至质量保证部门，每个星期由某一专员从售服单的某些字段抽出 10 项目，输入 A 公司自行设计的数据库中。而从售服单的字段所抽出的项目如图 4.5 所示。

故障现象字段：抽出故障现象、故障机构与维修代号等 3 个项目。其中，维修代号表示此故障现象属于机械上或电控上的故障。

服务内容字段：抽出故障说明这个项目，内容包含故障原因与对策。

其他字段：抽出售服单号、客户、机号、服务日期、出厂日期与人工成本等 6 个

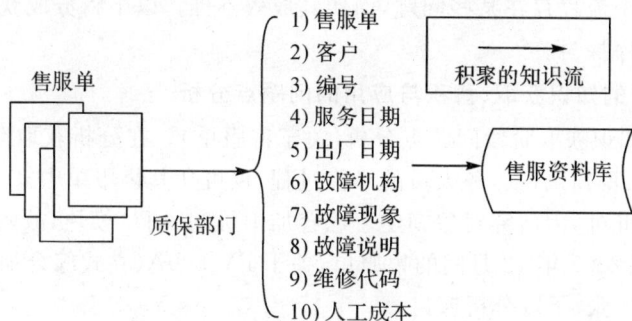

图 4.5　A 公司的知识蓄积流程[28]

项目。此 10 个项目即为售后服务一览表 10 个字段，而售服单中的发生机制与对策的内容则分别在图 4.5 的 6、7、8 项目中。

（3）知识应用。如图 4.6 所示，质量保证部门的专员根据售服数据库中的售后服务一览表内容，将需要的数据取出，并通过统计分析的方法制作出客户抱怨统计表、售服成本分析统计表、故障率、零件内外发生件数对照明细表、故障分析统计表（包含故障机构、故障原因与故障现象三大部分的统计表）、易损坏或故障率高的零件统计表等。并将以上资料于适当时机提供给相关人员，例如于质量保证讨论会时，提供相关数据给与会人员，以利于会议的进行。此外，其他部门有需要时，也可直接向质量保证部门索取数据，以利于设计、制作与维修的进行。

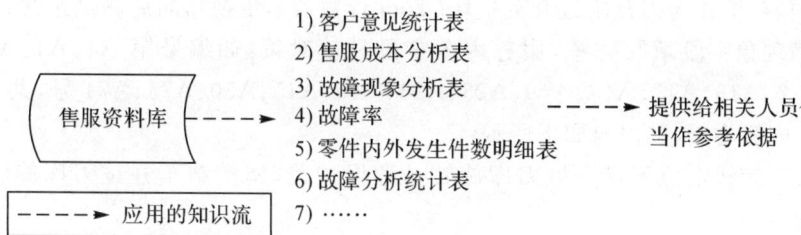

图 4.6　A 公司的知识应用流程[28]

A 公司原本拟通过上述流程，将维修人员所填写售服单，进一步抽出、整理至售服数据库中。通过统计分析的手法，制作如故障分析单等窗体，于质量保证讨论会时，作为会议进行的参考依据。通过这些窗体，可使与会人员了解哪些故障机构所发生的故障现象最多，而造成故障现象的故障原因又以何者居多等。接着挑选对象，指示负责部门将问题予以解决，使这些故障不再发生。然而，分析 A 公司的内部统计资料以及与访谈质量保证人员后发现，问题仍然会一再地重复发生。表示图 4.1 的整个流程存在某些问题,而使其成效不佳。以下将分成获取、蓄积与应用三大部分依序探讨。

2. A 公司的知识获取、蓄积与应用的问题点分析[28]

阶段 1—知识获取阶段问题点分析(关于售服单)。在分析获取阶段的问题点时,因无法深入得知每位服务人员的维修过程,仅可从其售服单中来了解其维修的过程与结果。此外,因研究对象锁定于综合加工机的 ATC 模块,故收集 A 公司从 2007 年 5 月至 2007 年 12 月间的售服单,关于 FV-800A(立式综合加工机)机种的 ATC 故障共 74 张,予以分析探讨。

(1)填写内容不足。如前所述,为了因应质量保证人员要求,故障现象字段至少必须填写故障现象与故障机构,而服务内容字段至少必须填写故障原因与处理对策。然而,分析后发现,完全填写上述 4 大内容(现象、机构、原因、对策)的售服单不多。可依其填写内容分为 5 类:填写完整,故障现象字段填写完整、服务内容字段只填对策,故障现象字段只填故障现象、服务内容字段填写完整,故障现象字段只填故障现象、服务内容字段只填对策,故障现象字段填写故障现象与故障原因、服务内容字段填写对策。其中,售服单只有 11 张,填写不完整的共有 63 张。兹详述于下:

① 填写完整:如编号第 A2、A6、A7、A10、A11、A13、A14、A15、A30、A44、A69 号,共 11 张。以 A2 内容为例,其内容如下所示:

编号:A2。

故障现象:刀盘转不停,无法换刀。

服务内容:检查为刀盘附近开关损坏(Tool 计数器),更换新品后测试正常。

②故障现象字段填写完整,服务内容字段只填对策:如编号第 A1、A4、A5、A8、A9、A12、A16、A17、A18、A19、A25、A26、A40、A45、A50、A73、A74 号,共 17 张。以 A1 内容为例,其内容如下所示:

A1:刀库旋转定位不良。拆刀库旋转马达保护盖,调整刹车并试刀库旋转。测试后良好。

③故障现象字段只填故障现象,服务内容字段填写完整:如编号为 A3、A21、A23、A28、A29、A31、A32、A33、A34、A35、A41、A43、A46、A47、A49、A51、A55、A59、A60、A61、A64、A65、A67、A68,共 24 张。以 A23 内容为例,其内容如下所示:

A23:无法换刀。经查 ARM 刀臂马达刹车线圈故障无法动作,所以更换 ARM 马达。

④故障现象字段只填故障现象,服务内容字段只填对策:如编号为 A20、A22、A24、A27、A36、A37、A38、A42、A48、A52、A53、A54、A56、A57、A58、A62、A63、A70,共 18 张。以 A20 内容为例,其内容如下所示:

A20：卡刀。调整刹车距离及感应器，提早刹车。

⑤故障现象字段填写故障现象与故障原因，服务内容字段填写对策：如编号第A39、A66、A71、A72 号，共 4 张。以 A39 内容为例，其内容如下所示：

A39：换刀点异常（振动）。调整顶刀量、第二原点，测试换刀正常。

A39 故障现象字段中，将应填写至服务内容字段的故障原因（振动）填写至故障现象字段。而故障现象字段并未填写故障机构。

综上所述，可归纳出问题在于未明确规定各字段应填内容，维修人员需填写哪些内容，只是其与质量保证人员间的默契而已，只要彼此互相了解便可。而 A 公司并未明文规定维修人员必须填写哪些内容，会因为每个人的技能、知识不一，造成填写内容的广度及深度不一。售服单的字段设计不佳，虽维修人员应填写故障机构、故障现象、故障原因、对策等四大内容，但售服单只有故障现象与服务内容两个字段，造成维修人员可能会有没有填写与填写位置不当等问题产生。

（2）未掌握首先发生故障的机构。如前所述，为了因应质量保证人员要求，维修人员于故障现象字段至少必须填写故障现象与故障机构。如此，质量保证人员才可掌握故障机构，并赋予其代号，输入售服数据库中。然而，维修人员并未掌握首先发生故障的机构，也就是于故障现象字段所填的故障机构并非是首先发生故障的机构，造成质量保证人员误判故障机构代号。以 A2 为例，其于故障现象字段中所填内容为刀盘转不停，无法换刀。然而，首先发生故障的机构是刀盘近接开关。因为刀盘近接开关损坏，才造成刀盘转不停的现象。也就是说，刀盘转不停是刀盘近接开关故障的影响。因此，此张售服单的故障机构代号应为 E05（电器零件）。然而，却被质量保证人员判定为 M01（ATC）。而 A23 的故障现象字段中所填内容为无法换刀，是指换刀臂无法进行换刀的动作，而首先故障的机构是换刀臂刹车马达。因此，此张售服单的故障机构代号应为 E07（动力系统含各马达及泵）。然而，却被质量保证人员判定为 M01（ATC）。

A2：刀盘转不停，无法换刀。经检查为刀盘近接开关损坏（Tool 计数器），更换新品后测试正常。

A23：无法换刀，经查 ARM 刀臂马达刹车线圈故障无法动作，所以更换 ARM马达。

问题在于未掌握首先发生故障的机构，导致质量保证人员判断故障机构代号错误。因质量保证人员大都由故障现象字段来判断故障机构代号，但维修人员因为上述问题，而使质量保证人员出现判断故障机构代号错误的情况，无法将首先发生故障的机构输入售服数据中，造成蓄积的错误，更造成应用上的错误。另外也没有掌握真正的故障原因。由于上述问题，造成维修人员并未进一步厘清造成首先发生故障的原因为何，更使其所填写的发生机制不完善。以 A2 为例，首先发生故障的机构为刀盘近接开关（损坏）。但并未填写造成近接开关损坏的上层原因为何,也就使得质量保证人员未将真正的故障原因输入售服数据库中,造成蓄积的错误,更造成应用上的错误。

(3)填写用词不统一。分析后发现其内容有用词不统一的问题,且可进一步分成以下几大类:

①在机构用词不统一:如换刀臂这一个名词,有 ARM、刀臂、换刀臂等用词。气压缸则有风压缸、气压缸等用词。顶刀爪有扣刀机构、顶刀爪等用词。

②原因用词不统一:如 A3 的刀盘旋转刹车打滑、A21 的刹车马达刹车过头等,都是在叙述刹车马达的刹车过慢。

③对策用词不统一:如 A1 的调整刹车、A25 的调整适当刹车紧度、A27 的调整刀臂刹车间隙等,都是在叙述调整刹车来令片与马达转轴间的距离。

(4)填写内容错误。分析后发现其内容有填写错误的问题,且大都是填写内容有遗漏所致。以 A3 为例,其于服务内容字段中有填写刀盘旋转刹车打滑的故障原因。然而真正原因是作用于马达转轴的刹车打滑,刀盘旋转刹车打滑会被误认为是作用于刀盘的刹车打滑,因此,正确填写内容应为刀盘旋转刹车马达的刹车打滑。此外,在 A24 的服务内容字段中所填写的调 ATC 感应轮刹车距离的对策内容,为错误的内容。感应轮为检知换刀臂位置的一种检知器,如果造成 ATC 换刀异常的原因是感应轮的位置偏移,则正确的内容应为调整感应轮位置。而造成 ATC 换刀异常的原因也可能是因为换刀臂刹车马达刹车间距过大,造成换刀异常,所以正确的内容应为调整换刀臂马达刹车间距。如果是因为感应轮位置偏移与换刀臂刹车马达刹车间距过大,造成换刀异常的话,其正确的内容应为调整感应轮位置与换刀臂马达刹车间距。因此,就调 ATC 感应轮刹车距离此错误的内容来看,服务人员要填的内容应为调 ATC 感应轮位置与换刀臂刹车马达刹车距离。

A3:常乱刀。检查刀盘旋转定位感应微动开关,为刀盘旋转刹车打滑,调整刀盘旋转马达刹车,并试换刀,测试后良好。

A24:ATC 换刀异常。调 ATC 感应轮刹车距离,试换刀,测试后良好。

阶段 2——知识蓄积阶段。如前所述,服务部门将国内各地的售服单收集后,送至质量保证部门,每个星期由某一专员从售服单的某些字段抽出 10 项目,输入 A 公司自行设计的数据库中。而售服单中的故障现象字段内容,被抽出故障机构与故障现象两个项目,并输入售服数据库中的故障机构与故障现象两个字段中。服务内容字段,被抽出故障原因与对策两个项目,并输入售服数据库中的故障说明字段中。分析此质量保证专员抽出项目的过程,以及售服数据库中的故障机构、故障现象与故障说明三个字段内容后发现,蓄积阶段的问题点有:质量保证人员对故障机构代号判断错误,故障说明字段内容大多只包含对策等两个问题。兹详述如下:

(1)质量保证人员对故障机构代号判断错误。售服数据库中的故障机构字段内容,目的为通过统计分析方式,统计出在一段时间范围中,哪一个机构的故障发生次数最多,进而对此机构设法改善。因此,此字段的故障机构必须正确,统计出来的数据才会正确,才可对症下药。填写故障机构代号的质量保证人员大都只从售服单中的故障现象字段来判断故障机构代号。但由于维修人员未必将首先发生故障的机构填于故障现象字段,恐造成代号判断错误的情况,使得售服资料库中的内容错误,从此数据库制作出的故障机构统计表也是错误的。例 A73,维修人员在故障现象字段中所填写的内容为刀库马达烧毁,为首先发生故障的机构,而质量保证人员也将其代号填为 E07(动力系统含各马达及泵)。然而,维修人员于案例 A23 的故障现象字段中所填内容为无法换刀,但其首先发生故障的机构为马达(刹车线圈故障),质量保证人员应将其代号填为 E07(动力系统含各马达及泵)。然而,却将故障机构代号填为 M01(ATC)。

又如 A64 至 A72 等,首先发生故障的机构为主轴部分,并非属于 ATC,但却将故障机构代号填为 M01(ATC)。虽然 A64 至 A72 有些于故障现象字段中,所填写的故障现象是主轴部分的现象(如第 A64 号的夹刀松动),但仍然被判为 M01。

A23:无法换刀。经查 ARM 刀臂马达刹车线圈故障无法动作,所以更换 ARM 马达。

A64:夹刀松动。经拆装其心轴起毛边,用砂纸研磨,其碟型弹簧亦弹性疲乏。迫紧环、螺丝断裂一只,更换新品。组装后测试顶刀量,并调整。测试换刀与夹刀,OK 正常。

A73:刀库马达烧毁。更换新品,重新组装配线,测试后状况正常。

质量保证人员对故障机构代号判断错误,原因分析:因为维修人员于故障现象字段未填首先发生故障的机构,造成质量保证人员误判。此外,质量保证人员只察看故障现象字段的内容便判断故障机构代号,加上判断标准不一等,也是造成判断错误的原因之一。

(2)故障说明字段内容大多只包含对策。如前所述,售服数据库中的故障说明字段至少应包含故障原因与对策。目的为通过统计分析方式,统计出在一段时间范围中,造成某一故障现象的哪一个故障原因发生次数最多。然而,负责输入的质量保证专员大都只输入维修人员所采取的对策,凭借其对策来判断故障原因。如例 A1 的调整刹车并试刀库旋转,于售服数据库中的内容为调整刹车,据此对策来判断其故障原因为刹车间距过大。又如例 A2 的更换新品,于售服数据库中的内容为更换近接开关,据此更换近接开关来判断其故障原因为近接开关损坏。

A1:刀库旋转定位不良。拆刀库旋转马达保护盖,调整刹车并试刀库旋转。测试后良好。

A2:刀盘转不停,无法换刀。经检查为刀盘近接开关损坏(Tool 计数器),更换新品后测试正常。

无法掌握真正的故障原因，因质量保证人员只输入维修人员的对策，由判断对策内容来判断原因。如例 A2 的对策：更换近接开关，只可得知其故障原因为近接开关损坏，并无法得知近接开关为何会损坏。

阶段 3—知识应用阶段问题点分析。关于应用的内容方面，为质量保证部门的专员将售服数据库中的内容，通过统计的方法制做出的客户抱怨统计表、售服成本分析统计表、故障率、零件内外发生件数对照明细表、故障分析统计表、易损坏或故障率高的零件统计表等表格资料。上述表格资料，应用场合大多在 A 公司例行的会议中（主要应用场合为质量保证讨论会，每个月一次），将这些表格资料给与会人员，作为会议进行的参考依据。

本文分析其应用的过程、内容后发现有：应用内容无法完善地提供必要的改善知识，改善知识没有很好地回馈至设计部门等问题。兹详述如下：

（1）应用内容无法完善地提供必要的改善知识。为了避免问题再度发生，须回馈改善知识给设计部门，从源头将问题予以解决。然而，上述表格资料对设计人员而言，仅可提供一个变化趋势的概念而已，如故障分析统计表仅可提供关于故障机构、原因与现象的统计变化趋势。且由于阶段 2 的问题（2），其故障原因大多为某某机构损坏等内容，并无法提供给设计人员为何会损坏等的内容，造成设计人员只能选用更好的机构来避免问题再度发生。如此，可能造成设备的成本增加。而选用更好的机构，只是延长其故障发生的时间而已，问题仍可能会再度发生。

（2）改善知识没有很好地回馈至设计部门。回馈至设计部门的改善知识，质量保证部门必须要能适时地加以回馈。而设计人员在设计时，应该也要主动应用解决问题所得的改善知识，如此才可适时地避免问题再度发生。然而，除非质量保证科科长认定售服单中的案例，其故障是因为设计疏失所造成的后，才会将这些改善知识主动回馈给设计部门。造成回馈至设计部门的改善知识几乎只能从每个月的质量保证讨论会中，才可拿到上述表格资料。使得设备上的问题可能会持续存在一段时间后，才会由相关部门（设计、制作等）来思考解决的方法，对公司产品形象造成影响。

3. 改善知识应用对象[28]

为了避免相同问题再度发生，应从设计阶段着手，从源头将问题予以解决。然而，有些问题可能会有所遗漏，或无法避免，此时就必须靠维修人员将问题予以迅速解决。因此，为了避免相同问题再度发生，无法避免时也要迅速予以解决，改善知识至少应该用至设计阶段与维修阶段。故本文所探讨改善知识应用对象主要为设计与维修。为了了解其需求，须了解其思考流程后，从中找出其所需改善知识。

如图 4.7 所示，探讨设计思考流程有许多观点，本文采用 Hatamura(2009) 所提出的设计思考流程。Hatamura(2009) 认为一般设计的思考流程，主要从了解顾客需求开始，检查设计方案是否有符合顾客需求，并设定某些目标。接着决定主要的规格,并分析为了达成主要规格的必要功能,再决定达成必要功能的机构,然后绘出机构线图来初步决定各机构的构造与相关位置。接着再思考构造要以何种形状来呈现,最后决定其详细尺寸,并决定材质与加工法等。在这过程中,必须面对思考空间、重量等限制条件,以及强度等项目。

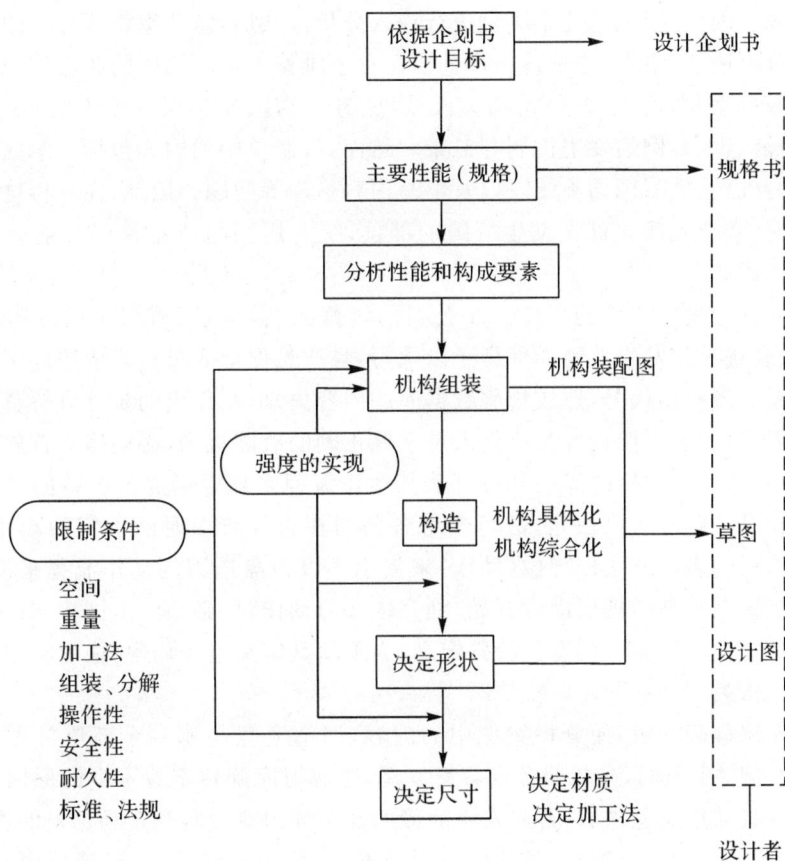

图 4.7　设计的思考流程[28]

上述设计人员所思考的构造、形状、尺寸、强度等项目,这里为设计属性。而所回馈的改善知识必须能够提供设计人员某些设计属性上的知识,使其了解问题出现的可能原因。例如,当设备出现故障时,也就是设备的某一机构出现功能失效的情况,使其无法正常运作。此时,如设计人员能够了解哪些设计属性有问题,才造成功能失效的话,设计人员便可从这些设计属性着手因应对策,使问题不再度发生。而维修人员的思考流程,一般都是从最终的故障现象开始,思考造成此故障现象的原因为何,并思考是否还有更上一层原因等,了解其发生机制后,才提出因应对策。此时,若能提供适当的发生机制与对策,改善知识时,可使维修人员迅速找出故障的原因,并参考以往的对策,迅速地施以正确的对策。

(1)售服单案例的前处理

为了避免问题再度发生,设计与维修阶段所应用的改善知识,至少应包含发生机制与对策两大部分,所以必须厘清为了设计与维修所应用的发生机制与对策包含的内容。因此,拟挑选几个案例进行深入分析。然而,这些案例所保存的改善知识可能有所遗漏、错误,必须进一步抽出保存于维修人员等脑中的改善知识。故以分析售服单案例,并与 A 公司相关人员(服务、设计、质量保证等人员)访谈的方式,来厘清这些案例的发生机制与对策。然而,售服单中的内容包括未掌握首先发生故障的机构、填写用词不统一以及填写内容错误等问题。因此,在分析这些售服单案例前,必须先确立首先发生故障的部位、统一用词与改正错误等前处理的动作。兹详述如下:

确立首先发生故障的部位。A 公司的维修人员在填写售服单的故障现象字段时,没有将首先发生故障的部位予以填写,且质量保证人员也只依照此字段的内容来判断故障机构代号,造成售服数据库的内容失真,制作出的统计分析资料也有问题。因此,为了能使设计与维修人员掌握正确的故障机构,必须确立首先发生故障的部位,而首先发生故障的部位可从其动作流程来加以确立。设备的动作流程大都是在设计阶段就已决定,故可参考各公司在设计阶段时所决定的动作流程。将动作流程的表示方法以部位(动作)来表示。以刀盘选刀的动作流程来说明时,从刀盘旋转刹车马达提供动力开始,到完成选刀动作时,必须经由许多部位的成功运作才可完成。机构一词有其特殊定义,为不使其定义过于局限,往后将以部位一词取代机构。

动作流程确立后,便分析案例中的内容,厘清究竟是哪一个部位首先发生故障。以案例 A1 为例,分析服务内容后发现,造成刀库旋转定位不良的原因为刹车过慢。从其动作流程来看,首先发生故障的部位为刀盘旋转刹车马达上的刹车。

统一用词与改正错误。各部位的用词不一、原因用词不一、对策用词不一等。为了能统一用词,必须依照公认标准所制订的用词。如果未制订标准时,可依照业界常用的用词、公司内部常用的用词来加以统一。将部位用词、原因用词、对策用词等加以统一,并制订故障现象的表达方式。兹详述如下:

统一部位用词:在此以 A 公司的使用说明书对各部位用词为标准。如将 ARM、刀臂、换刀臂等用词以换刀臂来表示。将风压缸、气压缸等用词以气压缸来表示。将扣刀机构、顶刀爪等用词以顶刀爪来表示。ARM SENSOR 以感应轮来表示。

统一原因用词:如将案例 A3 的刀盘旋转刹车打滑与案例 A21 的刹车马达刹车过头等用词,以刹车马达的刹车过慢来表示。

统一对策用词:如将案例 A1 的调整刹车、案例 A25 的调整适当刹车紧度与案例 A27 的调整刀臂刹车间隙等用词,以调整刹车间距来表示。在故障现象的表达方式方面,从功能的观点来加以探讨。以 VE(价值工程)的观点来定义功能时,认为功能是该物或方法所担任的角色、目的、作用、任务。而以 VE 的观点对功能下定义的方法为动词+名词,用以表示某物的功能。进一步制订功能失效的表达方式为功能(动词+名词)+失效特征。而往后将以功能失效的观点来表达故障现象。以刹车为例,其功能为中止+马达转动,而其功能失效的表达方式为中止马达转动(功能)+过慢(失效特征)。在改正错误的部分,与 A 公司相关人员访谈后,将上述案例错误的地方予以改正。如案例 A1 的故障现象的字段内容:刀库旋转定位不良为错误的叙述。刀库包含的部位有刀盘、护罩、刀套、刀具等,均在刀库中。而 A1 的叙述所表达内容应为刀盘旋转定位不良。

(2)厘清发生机制

上述案例经由前处理后,接着就开始来厘清发生机制的改善知识。而为了设计人员与维修人员的需求,将从最终现象开始,逐步厘清至包含设计属性等的发生机制。

维修人员一般均从最终现象开始追踪,探索其发生原因,然后再提出对策。因此,发生机制的改善知识至少应包含最终现象。所谓最终现象,是在动作流程中的最后一个部位所出现的功能失效现象。然而,此最终现象不一定是首先发生功能失效的部位,而是首先发生功能失效的部位的影响。以案例 A1 为例,最终现象出现在刀盘,其异常状态为旋转定位不良,是首先发生功能失效部位:刹车(中止马达转动过慢)的影响。故其发生机制为刹车中止马达转动过慢→刀盘旋转定位不良。

A1:刀盘(修改后)旋转,定位不良。拆刀库旋转马达保护盖,调整刹车并试刀库旋转。测试后良好。

因此,发生机制为从原因演变到结果的过程,是由一组原因→结果所组成。也就是说,发生机制的基本单位为原因→结果。如上例,发生机制为原因(刹车中止马达转动过慢)→结果(刀盘旋转定位不良)。

然而,如果能够知道造成功能失效的原因,并提供给设计人员与维修人员的话,应可更进一步了解其发生机制,采取适当的对策。在案例 A1 中,首先发生功能失效的部位为刹车,其功能失效为中止马达转动过慢。而造成过慢的原因有异物附着于刹车来令片、刹车来令片磨耗、刹车来令片与马达转轴之间隙过大。因此,其发生机制便可扩充为 2 组发生机制的基本单位,如下所示:第一组:原因 A、B、C(原因)→刹车中止马达转动过慢(结果);第二组,刹车中止马达转动过慢(原因)→刀盘旋转定位不良(结果)。此外,分析造成功能失效的原因后可发现,这些原因有程度上的差异,造成部位应有状态分离的因素称为导火线。如案例 A1 的原因 A,异物附着于刹车来令片。部位的异常状态,所谓异常状态即为上述应有状态分离后的现象,将此类原因称为缺陷。如案例 A1 的原因 B,刹车来令片磨耗;原因 C,刹车来令片与马达转轴之间隙过大。在缺陷上,也有上层原因造成部位产生缺陷,此上层原因即为导火线。然而,在导火线之上,也有更上层原因。本文只探讨至造成部位产生缺陷的导火线为止,对于导火线上的更上层原因不再追究。理由为导火线上的更上层原因,其所直接影响的对象为导火线,并非是部位,导火线才是直接对部位产生影响的因素。提供给设计人员与维修人员只要到导火线这一阶层原因便可。例如,如果导火线为人员误操作时,会直接对某部位产生影响。而造成人员误操作的原因可能有疲劳、看错、忘记等,因为疲劳等的更上层原因,其直接影响的对象是人,进而使其误操作。关于导火线与缺陷的差异,兹详述如下:

第 1 阶的原因为导火线,它只是造成部位开始产生缺陷的一个原因,在时间 T1 时并不会对部位产生缺陷,但随着其影响部位的次数与时间的增加,会使部位的缺陷扩大,造成部位的功能失效。第 2 阶的原因则是缺陷,此缺陷是已受到某些导火线的影响,在部位上所产生的异常状态(缺陷)。至此,本文认为功能失效的发生机制如下所示:

导火线→部位的缺陷→部位的功能失效→功能失效的影响。此发生机制包含 3 组基本单位,如下所示:

第 1 组:导火线(原因)→部位的缺陷(结果)。

第 2 组:部位的缺陷(原因)→部位的功能失效(结果)。

第 3 组:部位的功能失效(原因)→功能失效的影响(结果)。

导火线:厘清造成部位应有状态分离的因素。例:异物附着于刹车来令片。

部位的缺陷:部位的异常状态。例如,刹车来令片磨耗、刹车来令片与马达转轴之间隙过大。

部位的功能失效:确立首先出现功能失效的部位(从其动作流程来决定)与其现象。

表达方式:部位＋功能＋失效特征(先以 VE 对功能下定义的观点来叙述功能:动词＋名词,再叙述其功能失效)。例如,刀盘旋转刹车马达的刹车＋中止马达转动＋过慢。

功能失效的影响:受影响的其他部位的现象,例如,刹车马达停止转动过慢→刀盘停止旋转过慢(定位不良)。

(3)改善知识架构

改善知识架构共有 5 个知识单元,为功能失效发生机制的 4 个知识单元(导火线、缺陷、功能失效、影响,两两之间互为因果关系)以及对策知识单元。通过改善知识架构,可使设计人员得知某部位的设计属性会有哪些缺陷存在,并可得知是由哪些导火线所造成,而缺陷又会造成哪些功能失效并影响其他部位。对维修人员而言,可使其从功能失效的影响开始追踪,观察最终现象后,通过改善知识架构可了解是哪一部位首先发生功能失效,又是哪些缺陷造成功能失效的,而造成缺陷的导火线又是哪些。最后,设计人员与维修人员参考以往的做法,做法迅速提出正确的对策。故此改善知识架构可用来协助相关人员(设计与维修等)厘清改善知识的本质,分析关于机械性的功能失效的发生机制,以采用最适当的对策。

4.2.2 合作创新中知识能量与企业核心竞争力的提升[26-27]

企业间合作常常是一种伙伴间的技术互补,而创新的过程则常常需要同时投入不同的知识,在企业间合作中,企业可以免除自行发展技术,或是避免市场交易的风险,通过伙伴已经发展完备的知识来增进自己的知识库,并且提高创新绩效。若从规模经济的观点来看,企业间合作项目所牵涉的知识规模比企业独立的项目所牵涉的知识规模大,在项目中所能累积的知识也会较多。知识是创新的基础,创新则是知识与信息密集的活动,企业间合作为企业带来的不只是伙伴的知识,也可能包括与伙伴有关系的其他第三者的知识,并且为企业增加信息来源渠道,因此企业间合作让企业接触到更多知识与信息,结果将对企业的创新绩效带来正面效益。依前文的讨论,本文将这种因为与其他公司合作而产生的创新称为企业间合作创新,这种创新不一定是指企业与伙伴一起创新,企业因为得到伙伴的不同观点或新知识而产生的创新也包含在内。[26]

郑景华(2005)在跨部门合作创新的研究中提出,跨部门合作带来多重的沟通渠道、信息来源与不同的观点,使得组织成员有较多资源可运用,但也造成较多冲突。在这种环境下,组织如果能做好部门间的沟通,有效整合信息与人员专长,组织的新产品开发绩效便能较佳。企业间合作创新也须依赖企业整合相关资源,或整合相关知识的能力,而这种能力本身是企业的人力资源、制度文化,也是一种知识。企业间合作可以视为寻求知识整合机会,或是组织学习的重要渠道,因此在探讨企业间合作创新时,适合采用知识基础理论与组织学习理论来分析其影响因素。

企业间合作虽然可以是一种获取知识以进行创新的有利方式,但是不能保证企业可以从中获得益处,当企业无法辨识哪些伙伴的知识对自己有用,则知识交换与知识创造的可能性便受到限制。企业间合作创新的基础在于企业有能力吸收合作伙伴所提供的知识,当企业的知识基础无法匹配上伙伴的水平,就很难实现创新,企业想要利用伙伴所提供的知识,本身须具备若干知识基础,这些知识基础有赖企业在研发与组织学习上的投资。在企业间合作时,伙伴的知识领域的不同会造成信息流动不易,而使合作失败,克服这种问题有赖企业过去在学习上的投资,企业所蓄积的知识越多,在企业间合作时与伙伴的沟通就越没有障碍,学习的成效也就越好。这种能力相当于是一种开采、利用伙伴知识的能力,对于企业的创新绩效有非常重要的影响。

4.2.3 企业间技术合作与学习表现[26]

Sobrero & Roberts(2010)以欧洲知名家用品事业供货商与制造商共同进行产品研发的合作关系为研究标的,就制造商与供货商合作方式(制造商给予供货商设计自主性的高低)、任务相依程度(合作任务对于制造商整体研发计划的重要程度)等两因素,以制造商观点,分析合作关系的效率与学习效果。研究发现,设计自主性与任务相依程度高低交互构成四种合作型态,传统型指的是供应商接受制造商既定设计代为制造,效率维持预期水平,但相互互动少,且属研发过程后段参与,创新贡献度低。整合型指的是供货商依制造商指示负责关键子系统的研发。供货商尝试满足制造商要求,制造商则负责测选各种解决方案与计划其他部分的嵌合影响,彼此虽有工作重叠,但因供货商了解的是部分制程,双方知识水平不一,反复试误过程虽强化知识交流,但也使整合成本增加。精进型的供货商有极大自由度设计相依性低的子系统,制造商可自多项方案中择一适用,因合作计划专注于与整体计划相依度较低的零组件,对计划整合成本影响不大,但频繁与开放的沟通使学习与效率效果皆同向提升。黑盒型的合作关系是由供货商总揽关键系统的设计观念与功能研发,供货商被尊为知识提供者,制造商则专注于控制计划整合成本,此合作型态对制造商从合作关系中获得学习效果为最大。(任玲,2009)

4.3 专题研究——企业技术知识特性与企业间合作创新能力的关联性[①]

4.3.1 概念界定

1. 企业技术知识特性

技术知识特性是反映某技术知识的外部性表现,是对知识所具有的特点的概括总结,包括可转移性、可专用性、可累加性等方面的特点。知识的可转移性是区别所谓内隐与外显的知识、程序与陈述的知识的显著特征;可专用性是指知识拥有者具有通过此资源创造价值的能力,知识与员工技能、企业制度等紧密联系,具有不可分割性;可累加性是指技术在发展过程中会遵循一定的路径累积。Teece曾以不确定性、技术累积性、不可回复性、隐形、技术关联性等方面来说明技术知识特性。Grant 和 Simonin 认为技术知识可从隐性程度、复杂程度、模块化程度和路径

---

① 这一部分的专题研究引自作者指导的硕士论文:廖檠.技术知识特性对企业合作创新能力的影响研究.杭州电子科技大学,2012.涉及的引用、标注与参考文献请查阅该论文。

依赖程度等方面衡量。

从本文的研究背景来看,大部分开发区是非自发形成的,早期的经济技术开发区是中国在沿海开放城市设立的以发展知识密集型和技术密集型工业为主的特定区域。经过多年的发展开发区虽已遍布中国各个城市,但综观各个开发区的产业布局不难发现,电子信息、装备制造、生物医药、电器制造等知识密集型产业仍然在开发区占据主导地位。所以开发区企业具有高技术知识的特性,这一特性是影响企业合作创新的一个重要因素。从合作创新的角度分析,合作双方将自己专有的核心技术、先进的工艺流程拿出来用于共享和交流,这部分知识多可以用文本或流程化的规则、文件展示,具有显性和复杂性特征。另一方面,合作创新涉及两个或两个以上不同背景和文化企业之间的知识、技术的交流、融合。这些由于根植在原企业特定地域和文化环境当中,造成的知识本身的专用性,是探讨技术知识特性对合作创新的影响时必不可少的一个方面。下面将以一个具体的开发区企业合作创新项目为例,对开发区企业技术知识特性做进一步说明:

资料阅读:浙江大华技术股份有限公司位于杭州滨江经济技术开发区,该公司是一家全球领先的安防企业,也是一家监控产品供应商和解决方案服务商,面向全球提供视频存储、前端、显示控制和智能交通等系列化产品。浙江大华在 2011 年与东方网力科技股份有限公司结为合作伙伴关系,并公布了双方相互开放底层软硬件技术,合作研发安防系统软、硬件设备和整体解决方案的计划。东方网力是国内一家知名的数字视频厂商,专注于视频处理核心技术和视频中间件技术的研发。此次,双方的合作关注于在技术层面上对视频中间件进行各种合作尝试,以及在设备、方案、应用和市场方面的合作互补。

(1)技术知识的显性程度、模块化程度。双方进行技术合作的中间件技术是位于平台(硬件和操作系统)和应用之间的通用服务,这些服务都具有标准的程序接口和协议,针对不同的操作系统和硬件平台,可以有符合接口和协议规范的多种实现方式。虽然中间件所包含的范围非常广泛,拥有众多各具特色的中间件产品,但是它们都是基于一个基本的通信平台之上,构筑各种框架。平台为上层应用屏蔽了异构平台的差异,而其上的框架又定义了相应领域内的系统应用结构、标准的服务组件等。中间件具有如下特点:运用于多种硬件和 OS 平台;支持分布式计算,提供跨网络、硬件和 OS 平台的透明性应用;支持标准的协议;支持标准的接口。由此可见,该技术具有显性的特征,采用 JAVA 作为统一开发语言,还有标准的协议和规范作为开发基础,可以以代码的形式显性地呈现。此外,该技术是模块化的,在协议标准平台上构筑框架,所有的执行流程、对系统的调用等都由框架完成,具有很好的可扩充性、可移植性。

(2)技术知识的复杂程度。中间件面对一个复杂、不断变化的计算环境,该技术必须具有足够的灵活性才能适应变化的环境需求。且在应用时,利用中间件完成的是复杂的、大范围的企业级应用,往往需要涉及多个内部应用,流程交织、运用复杂。由此可见,该技术具有明显的复杂性特征。

(3)技术知识的专用性。虽然中间件拥有良好的移植和扩充基础,但在技术合作上还面临的一些问题:中间件技术目前所应遵循的一些原则离实际还有很大距离,在未合作的前提下大华和东方网力的中间件服务使用专业的 API 和专有的协议,使得应用建于单一厂家的产品,从而限制了应用在异构系统之间的转移。这一问题体现了该技术知识具有专有性特征。

此外,大华与东方的合作创新还体现在针对项目在解决方案上的深度合作,利用双方既有优势针对不同行业进行合作方案的创新,例如在平安城市项目采用"大华的前端设备+网力的城市级综合安防管理平台",虽然合作双方相互开放底层技术的基础,能最大限度地保证系统的兼容性、稳定性、易用性,为以后扩展各种新增应用打下基础。但是该安防行业内部设备制造商、方案提供商、系统集成商有各自的专业化分工。这种分工一方面有助于发挥各自的优势,但也存在着某种封闭和壁垒。这也是该合作创新项目中技术知识专有性的一个体现。

因此,结合本文的研究方向,以及对开发区企业合作创新项目的实际案例研究,本文最终选择从显性程度、复杂程度、模块化程度和知识专有性四个构面来探讨技术知识特性的影响,以期能更好地反应研究结果。

2. 知识扩散

知识扩散(Knowledge Diffusion)是指知识信息等通过跨越时空的传播使不同的个体间实现知识分享的过程(李莉、党兴华,2007),它承担着把知识从其拥有传递到接受者,使接受了解和分享到同样知识信息的任务。叶丹、谢卫红(2009)认为知识扩散还是一个学习的过程,其最终目的是促进社会、组织对知识的利用。Rogers(2007)认为,知识扩散可能被描述为一种特殊类型的交流,在交流过程中伴随着有可产生新观点的信息传播。目前关于知识扩散机制的研究多与学者各自的研究领域和特殊背景相结合。如 Lucas Bretschger(1999)从区域经济的角度出发,提出一个地区的经济繁荣在很大程度上取决于知识的积累和扩散,并分析了区域内部及区域之间知识扩散的规模效应和资源再分配效应。Bass(1969)在熊彼特创新有关知识扩散理论的基础上提出了"传染病模型",该模型认为大多数扩散过程与传染病类似,开始阶段由于感染者较少,扩散较慢,到后来随着感染者的增多,扩散逐渐加快。但由于可能感染人数是有限的,所以扩散过程在接近饱和点时会减慢,直到达到饱和点。

企业间的合作是一个知识相互扩散、相互集成的过程。在技术创新网络中采用何种方式和形式,使参与活动的企业网络中的知识得以有效扩散,并实现知识分享、知识创造、知识应用等活动的正常、有序进行是知识扩散的关键问题,而知识扩散的方式可以从多个不同角度进行研究。

多数学者认为,知识扩散方式需与所转移知识的类型相匹配(Glenn,2007;Lorenzo,Nicoletta,Franco,2008)。Buckley 和 Carte(1999)提出,知识转移扩散的方式有人际沟通、编码传播和内嵌转移三大类,隐性知识主要通过人际沟通和内嵌转移方式等非正式渠道完成扩散,知识的隐性特征是阻碍知识扩散的重要原因(Santoro,Bierly,2006),而显性知识的扩散主要通过编码传播等正式渠道。谢荣见、孙剑平(2009)根据不同的知识期望、知识扩散成本、集群企业间已有知识水平的势差,将知识扩散方式分为:(1)传播扩散型:主要通过培训、资料传播等方式扩散规范的、可显性表达的知识,该方式具有成本低、效益高的特点。(2)培养指导型:主要通过多途径教育和帮助企业技术和管理人员,采用先进的信息、管理技术等来实现快速的半显性知识的扩散,通常该方式所传播的知识内容广泛、扩散速度较快。(3)互动创造型:通过成员间主动学习、分享隐性知识与技术,促进知识与技术的创新,具有扩散慢、成本和风险高,对企业技术和创新贡献大的特点。

方凌云(2001)在研究企业间知识流动时得出几种扩散的方式:企业间技术合作、企业间人才流动、企业间专利技术的转让以及对其他企业的市场调查分析等,其中技术合作是企业间知识流动最常用、最直接的方式。

刘友金(2002)按照企业技术创新扩散过程中知识产权转让的方式与程度来分类,将企业技术创新扩散归纳为内部扩散、合资扩散和转让扩散三种形式。借鉴Markus(2004)在研究国际技术转移时的成果,从是否存在知识交易行为角度出发,知识扩散可以划分为两种方式:市场化扩散方式、非市场化扩散方式。

而无论如何划分,Argote,Ingram,Levine 和 Moreland(2000)在研究大量文献后发现,知识流动和扩散的途径大都包括如下要素:人员流动、技术转移、专利申请、联盟以及组织联系的其他方法。因此,结合技术知识特性本文最终选取了人员交流扩散、产品转让扩散、专利开放扩散三个维度来衡量技术知识特性对企业合作创新的影响,其中人员交流扩散方式、产品转让扩散方式属于市场化扩散方式;专利开放扩散方式属于非市场化扩散方式。而本文对企业间知识扩散的界定为:在企业间合作中,一方将相关知识(包括技术、专利等显性知识,和人员知识、经验、专家意见等隐性知识)扩散到另一企业,促进合作双方提高技术创新能力的过程。

3. 合作创新能力

随着知识日益成为企业最重要的独特战略资源,企业间合作创新成为企业知识创新的战略性选择,是企业快速获取新知识、形成新能力的一种最佳形式。作为现代组织不可或缺的一部分,组织创建、识别、分享和应用知识的能力将直接影响其竞争优势(Alavi,Leidner,2006)。企业间的合作创新以共享资源为原则,以创造新知识为目的。合作创新过程中的知识需要进行有效吸收、整合、管理,才能提高企业间知识分享与转移的速度和效率,缩短创新时间,提升创新效率。从知识基础理论的角度来看,企业间合作创新的过程就是如何获取外部知识信息,加以消化吸收,且有效地对知识进行分享,对新知识在实践中进行运用,并结合实际发展和创造出新知识、新技术的过程。知识管理过程运行状况的好坏反映了合作创新组织运用知识和实施知识管理的能力,是对合作创新绩效产生影响的关键因素。

因此从知识基础的观点入手,在结合了本文研究背景和詹湘东(2008),吴云鹏、王君(2010)等人对合作创新能力构建指标的基础之上,提出了从知识吸收能力、知识分享能力、知识创造能力三个维度来对合作创新能力进行分析和探讨(董静,2010;王冬雪,2011)。这是因为,企业在合作过程中,首先需要建立良好的合作关系,才能保障合作双方的充分交流、互动,良好的合作环境是一切创新活动的基础。此外,由于外部资源对企业至关重要,为了获取独占资源提高竞争优势,企业需要不断获取和吸收外部资源。利用外部知识和技能来实现产品和服务的创新,因此知识的吸收能力是帮助企业识别市场机遇、快速利用新技术不断创新的关键环节。知识吸收后还需要组织范围内的交流、分享,最后创造出新的知识。只获取不消化吸收,知识的增加只是流于形式,永远无法转化为组织能力的一部分,并发挥其应有价值。只有将吸收的知识转化、利用,有所创造和产出,技术知识才能实现其实践价值。因此知识吸收、知识分享、知识创造是一个环环相扣,有序推进的过程。企业通过合作从外部获取的知识,经过吸收转化为自身的知识。随着企业知识存量的增加,可能会提升企业的研发能力,从而构成了一个相对完整的合作创新流程。而运用这些过程的能力共同作用构成了企业合作创新能力,决定了合作创新绩效的最终表现。

4. 吸收能力

Cohen 和 Levinthal 最初提出了吸收能力(absorptive capacity)这个概念,他们认为技术的转移并非不需要任何代价就能进行的,如果一个企业在学习外部知识的时候表现的流畅自然,看上去不需要花费多少代价,那么一定是这家企业事先已经对"从外部环境中识别、吸收和利用新知识的能力"进行了充分的投资——这就是所谓的"吸收能力"。Zahra 和 George 提出以过程的观点解释吸收能力,认为吸收能力是指公司获取、消化、转化和运用外部新知识的能力。包括潜在吸收能力(potential absorptive capacity)和具体吸收能力(realized absorptive capacity)两种形式的组织吸收能力,潜在吸收能力包括知识的获得、消化能力,具体吸收能力包括知识转化能力和知识利用能力两个方面。Cohen 和 Jansen 等认为公司吸收能力是创新能力的关键,采用同样合作创新策略的公司之所以产生了不同的创新产出,或是外部创新资源投入并不总是能带来创新产出,其原因就在于吸收能力的差别。Lane(2006)在"过程观点"的基础上对 Cohen 和 Levinthal 的概念进行了重新定义:吸收能力是企业利用外部知识的能力。它表现为三个连续的过程:(1)通过探索学习识别和理解外部具有潜在价值的新知识;(2)通过转化学习吸收新知识;(3)通过应用学习把吸收的知识运用在知识创造和商业产出上。

高展军、李垣(2005)将企业吸收能力概括为:(1)吸收能力是企业对外部知识在评价、获取与消化基础上,与企业原有知识有效整合和利用的一系列组织惯例和过程;(2)吸收能力是建立在企业知识和经验积累的基础上,具有领域限制和路径依赖的特点;(3)吸收能力存在于企业个体和组织两个层次上,作为一系列基于知识的能力,吸收能力的强弱最终表现在企业竞争优势的实现程度上。任爱莲(2010)认为公司已有的知识储备决定其吸收能力,内部研发投资时公司吸收能力的关键因素,因此采用了内部研发投资等测度吸收能力。综上所述,本文将从知识的获取、识别、吸收和应用三个方面对吸收能力进行衡量。

5. 知识分享能力

知识分享能力是指将组织、团队和组织内员工的显性知识和隐性知识通过各种共享手段为组织或组织中其他成员所共同分享,从而转变为组织的知识积累的能力。也有学者认为知识分享能力是指对知识进行交流与吸收利用的能力,更强调知识在合作主题要素之间的双向流动(马永红,刘晓静,2009)。知识分享是企业合作创新的重要前提,通过共享现有技术和知识,合作企业可以降低创新成本、提高创新效率,因此知识分享能力的强弱决定了其知识应用于创新的效率。Paul 和 Clark(2003)通过对美国合作企业的研究得出,知识合作与共享可以促使总体知识指数增长,取得双赢的效果。Taylor 和 Wright(2004)的研究指出,无论对于组织自身还是组织间的合作来说,创新的文化氛围都是推动知识分享的重要因素,反过来,出色的知识分享能力又可以促进新知识、新技术的产生。有效的知识分享能够鼓励组织拿出自己的知识,在参与合作的同事之间相互切磋和交流,同时,知识分享的过程能够进一步加强沟通、加深信任、启发新思维,从而在很大程度上避免了合作创新中因对彼此的不信任和自我保护造成的重复建设和绕弯路。企业之间只有通过知识的交流和共享才能够在合作创新的过程中产生较强的协同效应,双方的合作创新才能够达到理想的效果。

合作创新的目标是多个企业共同创造新的技术或者是产品,知识分享、转移是合作创新的必要过程,信息和知识能否通畅、迅速地在各个合作成员之间流动是合作创新成败的关键。企业通过与其他企业采取合作的方式进行技术创新,将外部知识内部化,实现知识分享能力的提升,从而提高知识创新能力(Petter,2007;Bock,2005;Cummings,2004;Hansen,2002)。因此可以说合作创新的过程本身就是一个知识分享的过程,解决知识的有效共享是合作创新的根本目标。而知识分享能力的强弱主要取决于技术共享能力和非技术共享能力两个方面。技术能力主要指信息技术为知识分享提供的能力,非技术能力主要指服务于组织知识分享的制度安排、激励机制等方面。两者缺一不可,只有当两个能力都很强时,合作组织的共享能力才强(樊治平,欧伟,冯博,孙永洪,2008)。此外,需要说明的是,合作创新企业之间的知识分享是针对合作项目所需知识而言的,并不涉及企业所有的隐性知识,所以这种知识外泄对企业的影响不大,无须过多担心知识分享会造成知识提供方核心知识的泄露。

6. 知识创造能力

Nonaka 最早提出了组织知识创造(knowledge creation)概念,认为组织知识创造是指组织在企业内部或企业之间创造、分享新显性知识和隐性知识的持续过程;知识创造的个人、组织在企业内部或企业之间创造、分享新的显性知识和隐性知识的程度(Ananth, Derek Nazareth, 2011)。吴泽桐、蓝海林(2003)认为战略联盟的知识创造就是新知识的出现,所谓新知识不是指原先或现在部分成员拥有的知识,而是指联盟成员原先不共同或单独拥有的组织程式和编码。而知识创造能力是合作创新的基础,它是指企业在一定规模、技术条件和经济条件下,以提高企业竞争力为出发点,有效利用各种资源创造新知识的能力。它反映了知识的投入量和产出成功之间的比例。学者们通过进一步剖析组织知识创造过程中包含的具体活动,将知识创造能力大体分为两类:一是基于旧知识的扩展型知识创造能力和开拓型知识创造能力(Nonaka, 1994)。扩展型知识创造能力是在现有知识领域内,对现有知识进行提炼,增加其深度和广度以及发现其他相关知识的能力。二是开拓型知识创造能力,开拓型则是指创造出新的知识领域,包括发展新的相关数据、创造新信息和新的隐性、显性知识的能力。我们认为企业合作,双方将自己的知识进行分享、整合是为了产生新知识,其最终目的是为了创新,所以在合作创新中的知识创造更多的是开拓型知识创造。知识创造能力取决于研究开发投入的大小以及新知识创造的强弱。可以用企业的投入程度、新产品开发成果、研究人员数量等指标进行衡量。

4.3.2 模型构建及假设提出

企业间合作是一个知识相互扩散、相互集成的过程。而知识扩散过程是知识从知识源向知识受体传递的过程,涉及的要素有要转移的知识、知识源、知识受体等因素,所以知识本身的特性必然对知识扩散的效率和成本产生影响。知识按其性质可以分为隐性知识和显性知识,隐性知识不易表达出来是高度个人化、难以规范化的知识,因此难以被别人复制或窃取,也提高了隐性知识扩散的难度。显性知识编码方便,容易跨越时空进行传播,扩散成本低、效率高。知识复杂程度使得知识发送者需要耗费更多的时间、精力将知识转化成便于扩散的内容。复杂程度高和模块程度低的知识增加了知识接收者理解和接受的难度,进而影响了知识扩散的速度。知识专用性也对扩散路径的通畅与否和扩散效果产生了影响,专用性强的知识,即便顺利被接收,也可能因为无法适应接受企业的环境而影响扩散的效果。

另一方面,扩散的本质是通过交流信息和知识,实现单个体向多个体传播,逐步实现知识的共享和利用。如果说知识扩散、获取与共享、整合与应用和知识创造构成了一条完整的知识链,那么知识扩散就处于这个链条的前端,这几个知识环节即相对独立又紧密相连,所以知识扩散效率无疑会对接下来的知识获取和吸收、知识分享的程度和知识的应用、创造产生影响,从而影响企业间的合作创新能力。

因此,本文提出了包含技术知识特性、知识扩散和合作创新能力以及它们之间关系的概念模型。希望通过实证研究探讨以下问题:

(1)探讨开发区企业技术知识特性各维度对合作创新能力各产生什么影响。

(2)探讨知识扩散是否作为技术知识特性与合作创新能力关系的中介变量发挥影响作用。

(3)作为控制变量的企业性质、企业规模、行业性质等因素是否会对合作创新能力产生影响,产生什么样的影响。

(4)通过以上研究结果提出技术知识特性对合作创新能力的影响方式和机制,从而提出相应的对策建议,为管理实践提供参考。

基于此,本研究提出以下理论模型,如图 4.8 所示:

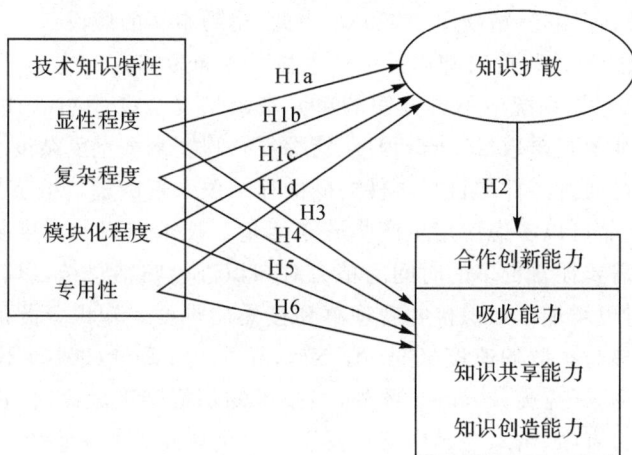

图 4.8　技术知识特性、知识扩散与合作创新能力关系模型

通过对以往文献和相关理论的总结,为方便探讨各变量之间关系,提出了本文的如下研究假设:

(1)技术知识特性与知识扩散的关系。知识扩散的本质是通过交流信息,一个人把新知识传播至另一个或几个人,是一种自然的知识传播过程。传播的顺畅与否必然受到传播的知识本身的特质的影响。Chung(2005)认为知识本身是个关键的决定因素,不同类型的知识有自己的特性,因此需要考虑不同的方式进行知识的转移和扩散。同时,成功的企业也是基于对知识特点的充分了解来展开知识管理

的，Avlavi 和 Leidner(2001)的研究结果证明知识的复杂性、模块化、可传授性等对知识扩散效果有重要影响。Harryson 在分析日本技术创新管理时就发现，一流的创新企业在知识吸收、知识扩散以及项目管理方式等协调联结活动上都有不同，这些都与某些技术特性相关联。因此我们需要了解知识具有哪些关键特性，以及它对知识扩散的影响，合作企业才能充分利用技术知识在战略和操作层面上的某些关键特性来获得成功。

技术知识可分为显性与隐性的层次，通常隐性知识是个人、团体、部门或组织长期累积的，深埋在个体经验中的个人知识，包括个人信念、观点、直觉与价值观等无形因素。反之，显性知识是可以用正式语言来表现、很容易在彼此间传递的知识，既可以透过文字和数字表达，也可借由具体的文件数据、科学公式、标准化程序或普遍原则进行沟通与知识分享，也可透过各种财产法加以保护。由于显性知识容易简化转译成简单的符号，可以以编码的形式进行传递，克服了知识扩散对时间和空间的限制，所以在流通或扩散上就比较容易，扩散成本也更低(Cummings, Teng, 2003;Chung, 2005;Cluck, 2009)。而隐性知识只能透过面对面、同步沟通模式进行知识的扩散。所以我们可以认为知识的显性程度越高，企业间的知识扩散效率越高(魏静，宋瑞晓，苗建军，2009)。由此，得到本文的假设：

H1a：知识的显性程度对知识扩散产生显著正向影响；

Simon(1997)用系统中不可分解的单元来衡量复杂度，Tyre(1991)则用一个新技术中的特征及观念数目、新奇程度、错综复杂程度来衡量复杂度。也有学者认为系统复杂度可通过零件数目与零件之间的连结关系来衡量。组装品可以用零件数目，而非组装品可以考虑使用生产步骤来衡量。技术知识的高度复杂化程度使得知识发送者需要耗费更多的时间的精力对知识进行归纳总结，以转化成便于扩散的内容，同时也增加了知识接收者理解和接受的难度。知识资源的复杂程度会影响知识的传递与扩散的速度(Garud, Nayyar, 1994;Lane, 2010;Ricol, 2008;刘益，2007;张大为，汪克夷，2009)。此外，当技术知识复杂度较高时，由于组织成员的个人掌握能力有限，组织会倾向于重视用文件化的方式来存储知识，以利于知识的扩散。对此，周光耀(1999)、Zahra 和 George(2002)也认为当技术知识复杂度较高时，知识蕴蓄方式越以外显方式蕴蓄扩散；反之，则倾向以较隐性的方式蕴蓄扩散。由此，得到本文的假设：

H1b：知识的复杂程度对知识扩散产生显著负向影响；

李仁芳、花樱芬(1997)认为技术知识的模块化程度可以用技术知识可分割性和技术知识标准化程度来衡量。Clark 和 Wheelwright(1993)指出，模块化设计的方法可将复杂系统分离成可单独运作的零件，这些零件通常有标准的界面可以连接。模块化包含三个层次：(1)生产的模块化：生产的模块化为知识与零组件的重复使用创造了可能性；(2)设计的模块化：设计的模块化使得生产制造可以被分开各自进行;(3)使用的模块化:使用的模块化则提供了客户在选择时的弹性和时效性。综上,生产的模块化来自于高度标准化的零件,设计的模块化则进一步使产品及生产体系可以分解成不同的独立的单位,它们可以混合及配套来满足一个完整的系统。林文宝(2002)认为技术知识模块化程度有助于降低成员间的沟通成本,并使得组织内各任务团队的分工界限更清楚。由于存在既定的工作程序、作业规则和步骤等技术知识模式,所以知识的模块化程度越高,技术知识往往就越外显,越容易以编码化的方式存储于组织的知识库、规章制度、文件、图纸、说明书等文档中,从而有助于知识的存储和扩散。由此,得到本文的假设:

H1c:知识的模块化程度对知识扩散产生显著正向影响;

专用性是交易成本理论中的一个概念,指的是"在不牺牲生产价值的条件下,资产可用于不同用途和不同使用者利用的程度"。苏卉(2009)认为在知识转移的过程中,知识专用性也可以成为影响知识扩散和转移的一个因素,因为某些技能与资产只能在特定生产过程中使用,或仅能服务特定顾客。当某些知识是由特定的地区经济、组织政策、文化与商业习惯有关的信息与技能知识所构成,这些知识根植于特定的环境当中,造成了知识本身的专用性。当对知识专用性要求很高时,该行业中的企业要获得竞争力就不得不积累组织专用性知识。反过来,如果某行业对知识的组织专用性要求不高,企业就不必在内部积累大量知识,而应设法按需吸收不同组织中产生的各种知识。对后者而言,要获得竞争优势,关键是要保证组织的开放性,以获取可转移的知识。青木昌彦(2005)也将高组织专用性知识称作企业环境技能(contextual skills),将低组织专用性知识称作功能性技能(functional skills)。组织专用性高的知识的产生主要源于两个原因:第一,组织成员所获得的知识是有关某个产品或某项工艺的,而该产品或工艺是该企业所特有的。第二,组织成员所掌握的知识可能涉及一套独特的组织惯例,而这套惯例是持续互动和不断学习的结果,具有隐性知识的特征。所以专用性特征明显的知识,往往难以简单地复制到其他企业或地域中去,因此成为知识扩散和转移的一个障碍因素(Cummings,Teng,2003;肖小勇,文亚青,2005;陈仁松,曹勇,李雯,2010)。由此,得到本文的假设:

H1d:知识的专用性对知识扩散产生显著负向影响。

(2)知识扩散与合作创新能力的关系。在知识经济年代,合作企业间知识的扩散与合作创新密不可分,是创新的基础和核心。知识扩散具有促进知识传播、增加知识存量、提高创新主体创新能力的作用。因此,知识扩散的效率体现着合作创新能力的高低。合作创新的成功取决于合作中知识积累能力、促进企业知识存量和流量快速流动、转化的能力以及整个创造能力提升的能力等,总结起来说,这些能力都与核心企业的知识扩散活动有着密切的关系。Hamel(1991)、Izuminoto(2002)等也将跨国合作视为一种知识扩散的合作过程。因此,知识扩散不仅是重要的知识管理活动,而且作为合作创新的重要一环,有效的知识传播和扩散可以加快对外部资源的获取和知识资本的积累速度,提高合作企业的核心竞争力和创新能力。前面已经说到,以知识基础的观点来看,合作创新的过程就是一个获取新知识、吸收转化、整合为新的知识体系,并加以创造利用的过程,它包括了知识的获取吸收、共享、创造等几个环节组成的知识链。知识链是基于知识流在不同市场主体间的转移与扩散而实现知识的集成、整合与创新、具有价值增值功能的网络结构模式。企业在知识链上对内外知识进行选择、吸收、整理、转化和创新,形成一个无限循环的流动过程,使知识在使用中实现创新与增值(王冬雪,2011)。也就是说,知识扩散可能会对企业知识获取吸收、知识分享和知识创造产生正向的影响。由此,得到本文的如下假设:

H2:企业间的知识扩散对合作创新能力产生显著正向影响。

(3)技术知识特性与合作创新能力的关系。从知识基础的观点来看,合作创新的核心是通过系统地平衡信息和专门知识,运用集体的智慧提高组织的创新能力、反应能力和生产率。成功的企业是基于对知识的特点的充分了解来展开知识管理的。他们都自觉或不自觉地充分利用了在战略和操作层面上知识的某些关键特性来获得成功的。知识的特性影响着获取吸收知识的难易程度、企业间知识分享与转移的速度和效率、也决定了其再创造的难度。Nonaka 等学者(1998)认为根据技术知识特性的不同,需要采取不同的知识转化和创新模式,由此可知合作创新能力必定受到技术知识特性的影响而有所不同。由此,得出以下假设:

H3:合作中知识的显性特征越明显,合作创新能力越容易得到提升。即显性程度对合作创新能力产生显著正向影响;

H4:合作中涉及的知识越复杂,合作创新能力提升的难度越大。即复杂程度对合作创新能力产生显著负向影响;

H5:合作中涉及的知识模块化程度越高,合作创新能力越容易得到提升。即模块化程度对合作创新能力产生显著正向影响;

H6:合作中涉及的知识专用性越强越难以被合作双方吸收,合作创新能力提升的难度也就越大。即专用性对合作创新能力产生显著负向影响。

(4)知识扩散在技术知识特性与合作创新能力之间的中介作用。谢荣见、孙剑平(2009)认为基于知识链的知识扩散过程是一种学习活动,是通过有目的、主动地学习或是将学习到的知识与现有知识相融合开发出新知识的活动。合作创新过程中知识扩散的效率将直接影响合作创新的结果。知识扩散的效率和效果好,会有更多的知识用于合作双方的技术交流、知识分享。Ensign(1999)在研究知识分享对研发创新影响时认为,知识分享的种类影响着知识转移的效果,从而进一步影响知识应用甚至新知识的创造。而知识扩散的效率直接受到知识本身所具有的特性的影响,也就是说,知识扩散在技术知识特性对企业合作创新能力的影响过程扮演

着桥梁和中介的作用。由此,得出如下假设:

H7:知识扩散在技术知识特性与合作创新能力的关系中起中介作用。

H7a:知识扩散在显性程度与合作创新能力的关系中起中介作用;

H7b:知识扩散在复杂程度与合作创新能力的关系中起中介作用;

H7c:知识扩散在模块化程度与合作创新能力的关系中起中介作用;

H7d:知识扩散在专用性与合作创新能力的关系中起中介作用。

在以往的研究基础上,结合相关文献和本研究所要解决的问题,进行了更深入的分析。首先构建出了本文的理论模型,然后就研究模型所涉及的假设关系和意义进行了讨论,对理论模型中涉及的主要因素间的影响作用进行详细分析,在此基础上提出了有待本文验证的如下假设,如表 4.1 所示。

表 4.1　技术知识特性对企业间合作创新能力的影响的研究假设

编号	假设内容
H1	H1a:知识的显性程度对知识扩散产生显著正向影响
	H1b:知识的复杂程度对知识扩散产生显著负向影响
	H1c:知识的模块化程度对知识扩散产生显著正向影响
	H1d:知识的专用性对知识扩散产生显著负向影响
H2	H2:知识扩散对合作创新能力产生显著正向影响
H3	H3:知识的显性程度对合作创新能力产生显著正向影响
H4	H4:知识的复杂程度对合作创新能力产生显著负向影响
H5	H5:知识的模块化程度对合作创新能力产生显著正向影响
H6	H6:知识的专用性对合作创新能力产生显著负向影响
H7	H7:知识扩散在技术知识特性与合作创新能力的关系中起中介作用
	H7a:知识扩散在显性程度与合作创新能力的关系中起中介作用
	H7b:知识扩散在复杂程度与合作创新能力的关系中起中介作用
	H7c:知识扩散在模块化程度与合作创新能力的关系中起中介作用
	H7d:知识扩散在专用性与合作创新能力的关系中起中介作用

4.3.3　问卷设计与数据处理

1. 变量的测量

技术知识特性。对于技术知识特性,本文综合了开发区企业的研究背景以及案例分析和访谈的结论,最终决定从显性程度、复杂程度、模块化程度和知识专用性四个因素来研究高科技企业技术知识所具有的特性,以及他们对知识扩散所产生的影响。所谓知识的显性特征是指知识可以借由具体的文件数据、公式和标准化程序等形式进行表达、沟通和知识的分享;复杂性是指此技术知识是否需要运用各领域的技术、专家、资源;模块化就是将知识体系分解成模块,它是知识标准化的延伸,目的是让知识的重组、复用的过程更加方便;而专用性是指知识是否是特定、专业的,必须额外投入特定人力或机器设备。在设定量表时,主要参考了 Simonin B,Ebadi 以及 Utterback 以及李仁芳等学者的成熟量表,并通过文献总结自己添加了部分条款。采用 11 个指标对变量进行测度,其中测度显性程度的问题 3 个、复杂性的问题 3 个、模块化程度的问题 3 个、专用性的问题 2 个。具体如表 4.2 所示。

表 4.2　技术知识特性的测量条款

测量条款	测度依据	变量
该技术知识不需要经过亲身体验,即能以文件、报告清晰表达	Simonin B	显性程度
该技术知识能够以操作手册、说明书、产品设计图等书面形式表达		
该技术知识无须经过实践的酝酿和充分交流,就能理解其内容		
为承接该知识,企业必须运用各领域专家、技术和资源	Simonin B Ebadi&Utterback	复杂程度
该知识包含多项技术知识领域		
该技术知识须透过多种专家的解释与引导才可解释清楚		
该技术知识的每个子系统可以成为独立的部分,模块内部的改变不影响其他模块的使用	Ebadi&Utterback 李仁芳	模块化程度
该技术知识的每个模块有标准的工作流程,可以在一定通用标准下进行独立的设计和生产		
该技术知识通常在预先规定的规则下进行		
为承接该技术知识,企业必须额外投入许多专业、特定的机器设备	Simonin B, 文献总结	专用性
为承接该技术知识,企业必须额外投入具有相关专业背景的人员		

知识扩散。前面已经对知识扩散的研究现状进行了分析,得知关于知识扩散目前还没有一个相对统一的定义,国内外学者大都分别从自己的研究角度出发,针对自己的研究问题对知识扩散进行了分析,而针对知识扩散的实证研究则更为欠缺。为了解决这一问题,本文参考了李莉等(2008)对知识扩散的定义,从人员交流、产品转让、专利开放三个方面的表现对知识扩散进行衡量,这种划分方法能较好地反应企业合作的特征,且能更好地对知识扩散的效果进行量化的评价和测量。最后,在此基础上参考大量文献对知识扩散的定义和相关测度,并进行归纳总结,最终得出了本文的 8 个测度指标,其中人员交流扩散、产品转让扩散各 3 个,专利开放扩散的问题 2 个,具体测度题项如下表所示。

表 4.3　知识扩散的测量条款

测量条款	测度依据	变量
企业能通过与对方技术人员进行团队合作方便地获取更多知识信息	郭维森（2003）李莉、党兴华（2008）	人员交流知识扩散
企业能通过与对方技术人员通过电话会议、当面商谈等方式获取更多知识信息		
企业能通过与对方开展合作培训、培训研讨会等方式获取更多知识信息		
企业能通过购买合作伙伴的产品很快获取知识	文献汇总李莉、党兴华（2008）	产品转让知识扩散
企业能通过购买合作伙伴的成套设备、生产线很快获取知识		
企业能通过购买合作伙伴特定技术规则文档、工艺程序文档很快获取知识		
双方开放专利活动很频繁，或开放的专利项数很多	张伟峰（2006）	专利开放知识扩散
企业能很快应用学到的专利知识		

　　吸收能力。吸收能力是识别外部知识价值、消化并将这些知识应用于商业行为的能力。综合前人研究的观点本文认为吸收能力主要反映在为获取知识、评估知识、消化知识以及应用知识的能力。对于吸收能力的测量主要有种类型，第一类测量方法将影响吸收能力的因素作为测量条款，包括了企业培训、研发的投入、效率以及以往的经验等。如，邓颖翔、朱桂龙（2009）提出利用三个方面对吸收能力进行衡量，分别是：利用当年企业科技人才引进数来衡量"新知识识别"，利用企业高级技术职称人才来衡量"新知识吸收"，利用近三年完成并已投产的新产品和已经运用到产品中去的新技术项目来衡量"新知识应用"。也有学者从内外部创新绩效对吸收能力进行衡量，并采用了技术开发经费支出额、合作经费支出额等测量指标。

　　第二类测量方法是根据知识转移的粘性提出的，Szulanski（1996）认为组织内部知识转移的主要障碍就是缺乏吸收能力，并提出了测量吸收能力的一系列指标，包括：处理实际问题时享有的共同语言、成员拥有转移知识的共同愿景，具有吸收知识的良好技术能力等因素。

　　第三类是根据吸收能力的多个构面提出测量指标。Lane（2006）根据吸收能力的新知识评级、吸收以及商业化三个构面来设计指标。楼飞（2007）从潜在吸收能力和具体吸收能力两个维度对吸收能力进行衡量，其中潜在吸收能力包括了知识的获取和吸收，具体吸收能力包括知识的转化和利用。结合各种方法的利弊和本文的主要研究对象，本文主要参考第三类方法的思想，在 Zahra 和 George（2003），楼飞、贾生华（2007）等的吸收能力测量量表基础之上，根据本研究需求进行修改，最终采用 5 个指标对变量进行测度，具体如表 4.4 所示。

表 4.4　吸收能力的测量条款

测量条款	测度依据
识别外部知识用途的能力	
引进外部知识的速度	
对外部知识进行整理和分类的能力	贾生华,楼飞(2007)
	Zahra&George(2003)
对知识成功进行融合的能力	
将新知识快速有效地应用于重要工作的能力	

　　知识分享能力。知识分享能力是帮助组织、团队和组织内员工将显性和隐性知识通过各种手段为组织或组织中其他成员共同分享,从而实现知识增值过程的能力。由于合作创新的本质就是一个因知识互补需求而缔结的组织,所以合作成员之间的知识交流既是合作的主要意图,也是合作的基础。合作创新中知识分享包括了两层含义:一是核心知识的共享,由于组织异质性、知识结构等差异使企业形成独有的核心资源优势,如先进的技术成果、生产管理模式等。另一层含义是基于共享网络的知识分享,是指不仅要建立共享机制、平台和网络,还要确保在共享网络的引导下,组织从各种途径获取知识,进行学习和消化。Bartol 和 Srievastava(2006)认为组织中的知识分享行为可以是正式的或非正式的。正式的行为包括培训计划、结构化的工作组、推动知识分享的技术系统。非正式的共享行为则建立在个体之间的信任关系的基础之上。因此知识分享能力可以从四个具体行为进行考察,它们是:对数据库的贡献、通过正式的相互作用发生知识分享的频度、通过非正式的相互作用发生知识分享的频度、实践社区使用程度。

　　因此,基于上述研究成果,本文认为应当从知识分享的意愿、频度和知识分享渠道的搭建几个方面对知识分享能力进行考核。结合企业实地调研与专家意见,使用 4 个题项来度量组织间的知识分享能力,具体题项如表 4.5 所示。

表 4.5　知识分享能力的测量条款

测量条款	测度依据
把自己的报告和文件与项目成员分享	Leung&Koch(2006)
* 在合作方成员要求下,向他们提供能够协助解决问题的门路或人物	文献总结
合作组织举办、参与学术交流会议、培训等的次数与规模	曹霞(2007)
创新公共平台和专业知识社区利用程度	Bartol&Srievastava(2006)

　　注:带 * 的题项为笔者添加。

　　知识创造能力。Nonaka 等人认为知识创造是以隐性知识为起点的隐性知识和显性知识相互转化的螺旋模型,即知识的社会化(个体之间隐性知识的转化)、外在化(隐性知识向显性知识的转化)、组合化(显性知识的综合)和内在化(显性知识向隐性知识的转化)。Wikstrom 和 Normann(1994)从商业角度定义了知识创造的 3 个阶段:为要解决的问题而创造出新知识的生成进程、为消费者提供的知识积聚和利用的生产性进程、最后实现消费者直接利用的知识价值显现过程。而我国学者任庆涛、王蔷(2003)等认为除了企业内部高度个人化的隐性知识,还应当将社会知识和个人知识共同作为企业知识创造的源泉,并将知识创造的全过程划分为四个部分,相对应的知识创造能力分别为:知识的输入能力、知识的转化能力、知识的嵌入能力和知识的积累能力。

詹湘东(2008)认为知识创造能力取决于研发投入的大小以及新知识创造的强弱,所以用企业研发投入增长率等指标衡量研究开发投入;用论文发表数、发明专利增长量、技术开发成果 3 个指标衡量新知识创造,从而构成了关于知识创造能力的评价体系。也有学者认为知识创造能力取决于研究开发的投入水平、科技产出水平以及过程管理水平多个因素的综合。本文认为以上几种观点的结合能更好地反应合作创新企业的知识创造能力。首先,企业投入是一个重要方面,是一切积累的基础,这里的投入不仅包括资金还有制度建设、管理方面的投入。其次,新产品和知识的产出也必须纳入考虑范围。最终本文采用以下 4 个题项来度量知识创造能力,具体题项如表 4.6 所示。

表 4.6　知识创造能力测量条款

测量条款	测度依据
知识创新激励机制的建立和完善程度* 知识产权保护重视程度和实施状况 新产品的开发速度 拥有创新团队的数量及质量	Wikstrom&Normann(1994)

注:带 * 的题项为笔者填加。

2. 问卷设计过程

在设计问卷环节,首先阅读了大量的相关文献和相关变量的测量量表,再参考本研究的目的、期望达到的效果、研究结构以及本研究的实际可行性等方面因素,在此基础上进行本研究的题项设计。由于合理的问卷设计是保证数据的信度和效度的重要前提。在变量的测量题项具有一致性的情况下,多个题项比单个题项更能提高信度,因此本研究在问卷中采用多个题项对变量进行测度。问卷的设计过程主要经历了两个阶段:

首先,通过文献回顾和专家访谈形成问卷题项。本文在设计问卷时参考了部分前人的研究成果,对涉及技术知识特性、知识扩散和合作创新的相关定义进行汇总分析,筛选出适合的部分,进行了适当的调整和增删。通过专家意见进行修改,完成问卷初稿。

其次,初始问卷编制后,首先对部分企业界人士和硕士研究生内部进行小范围的测试,然后根据测试结果和对被测人员的访谈情况,对问卷题项归类以及用词准确性进行评估,使问卷尽量不包含专业术语,易于一般企业人士所理解。通过反复的修订,最后形成目前的调查问卷。

由于本调查问卷题项均采取 Likert 五级量表进行测度,答卷者的回答主要建立在主观评价之上,因而可能会影响问卷测度的客观性和准确性,导致数据结果出现偏差,为了提高问卷的科学性,本文在问卷设计时进行了如下操作:

(1)采用结构化问卷形式。尽量使用结构化的语言表达形式,便于问卷填写人理解问题并进行填写。

(2)为了减少因答卷者不了解所需答案的相关信息而带来的负面影响,本研究选择了在该企业直接参与合作项目、了解项目运营或与合作创新过程相关性较高的部门员工作为调研对象。

(3)为了减少答卷者的疑虑带来的负面影响,本问卷在卷首即向答卷者申明,本问卷纯属学术研究目的,内容不涉及企业商业机密,所获信息也不会用于任何商业目的,并承诺对答卷者提供的信息予以保密。并且在调研阶段尽量指导被试者进行问卷的填写,以避免理解上的偏差造成的负面影响。

3. 调研对象分析

本论文主要研究高科技企业技术知识特性对企业合作创新能力的影响。因此,主要选取了杭州滨江经济技术开发区企业作为本次调研的对象,该区域企业涵盖了计算机、电子通讯、生物制药等高技术产业。这些行业具有市场竞争激烈,技术创新频繁的特征,较好地满足了本次调研的需求。同时,由于涉及对技术知识的了解、创新与对外合作等相关内容,对调研对象也有一定的要求。调研对象必须是企业中与技术、设计、研发等密切相关的人员,同时兼具技术和管理经验的中高层管理者是调研对象的最佳人选。

考虑到本研究的客观条件,本研究共发放 200 份问卷,收回 152 份,其中有效问卷 137 份,有效回收率为 68.5%。考虑到跨行业、跨企业性质的获取样本原则,主要采用了三种方式进行问卷的发放和回收。其一,笔者直接去到相关企业发放问卷;其二,通过朋友作为中间人的方式,委托朋友在其公司中向符合条件的被试者发放问卷;其三,在笔者的个人关系网络这筛选出符合条件的调研对象,通过电子邮件、网上调研工具等方式进行问卷发放。

4. 分析方法

对于回收的样本将主要采用 SPSS 16.0 统计软件进行统计分析。具体分析方法包括:

(1)描述性统计分析。描述性统计主要对样本基本资料,包括企业性质、所属行业、员工人数等进行统计分析,说明各变量的数量、占比等基本信息,以描述样本的类别、特性以及比例分配状况。

(2)信度与效度检验。信度分析用于考察问卷测量的可靠性,本文采用

Cronbach alpha 系数进行判定。对于效度将从内容效度(content validity)和结构效度(construct validity)两方面进行检验。通过探索性因子分析方法进行结构效度的检测,在因子分析中,首先采用 KMO 测度和巴特利特球度检验来确定是否适合做因子分析(大于 0.7)。其次利用主成分分析法、正交旋转法进行分析,最后通过评价测量条款的因子载荷判断效度。

(3)相关分析。本研究以 Pearson 相关分析研究技术知识特性、知识扩散、合作创新能力等变量间的相关系数,考察各研究变量间是否相关,以及相关强度和方向,作为下一步分析变量间相互作用的基础。

(4)多元回归分析。多元回归分析是用于考察变量间的数量变化规律,并通过回归方程的形式描述和反映这种关系,帮助我们把握变量受一个或变量影响的程度。本研究以多元回归分析探讨技术知识特性对合作创新能力的影响关系,以及知识扩散的中介作用。首先通过多重共线性检验来判断各变量间是否存在共线性,其次通过回归进行中介变量的验证,最后进行各变量之间分析,对假设进行检验。

5. 数据分析

表 4.7　有效样本企业性质

经济类型	样本数	百分比
国有企业	12	8.7%
私营企业	64	46.7%
外商独资企业	23	16.8%
合资企业	38	27.8%
合计	137	100%

由表 4.7 可知本次调研的企业类型包括大型国有企业、国有控股企业、私营企业和三资企业,在类型分布上基本能代表我国企业的基本性质。

表 4.8　有效样本产业分布

产业	样本数	百分比
计算机/互联网/电子及通信设备制造	72	52.6%
生物制药与新材料	12	8.7%
加工制造及仪表设备	30	21.9%
化工和纺织业	2	1.5%
其他	21	15.3%
总计	137	100%

如表 4.8 所示,调研对象涉及软件、电子通信设备、互联网、生物医药、新材料、仪器制造等高新技术行业以及机械制造、纺织化工等传统行业。其中计算机、互联网、通信设备制企业占 52.6%,约 30%来自生物医药、新材料与仪器仪表设备行

业。也有部分问卷来自化工、机械等传统行业。从总体来看所选样本多集中于高新技术行业,技术含量较高,发展前景较好,研发活动频繁。在产业分布上代表性较强。

表 4.9　有效样本企业规模

企业人数(人)	样本数	百分比
≤100	28	20.4%
100~500	48	35.0%
500~1000	8	5.8%
≥1000	53	38.7%
总计	137	100%

由表 4.9 可以看出,在企业规模上,20.4%的样本来自 100 人以下的小公司,接近 40%的样本来源于 1000 人以内的中型企业,也有 38.7%的样本来自 1000 人以上的大型企业,这与本次调研企业的性质比较契合。在公司规模上也具有很强的代表性。

此外,调研数据显示,90.5%的企业拥有独立的研发机构,从事设计、技术等方面的创新,有 95.6%的企业曾经与其他机构或部门进行过合作创新。有部分私营小企业没有独立的研发机构,但在过去的三年当中也曾参与过合作研发。这些前提为本文后续的研究奠定了良好的基础。

在数据分析阶段,首先需要对量表的质量进行检验,只有当检验结果满足一定的效度和信度,基于该题项设计和数据的分析结果才具有说服力。因此效度和信度问题是指模型的构建和各变量包含题项的设计以及数据收集是否可靠和准确,是实证研究中非常重要的一个环节。本研究利用 35 个问题分别测量 10 个研究变量,在进行效度与信度检验之前,先在小范围内对问卷进行了预测试,根据预测试的结果删除了其中 3 个题项(知识分享中的“创新公共平台和专业知识社区利用程度”;知识创造中的“能很快地把新原材料引入产品的创新”和“信息系统能够根据收集到的数据和信息生成分析报表以供相关部门和人员决策参考”被删除),保留的 32 个题项在预测试时已经显现出较好的信度和效度。在此基础之上对最终的研究量表的效度和信度检验结果如下。

效度是指测量指标能够真正测出研究人员所要衡量的事物的程度,它揭示结构变量和它的测量指标之间的关系。一般分为内容效度和结构效度。内容效度是指测量所选用的量表对整个测验内容的代表程度;结构效度是指测量工具是否真实体现了测量所依据的理论结构,以及对该理论结构的体现程度。本文采取了多种方法来保证问卷的内容效度,首先,尽可能的采用了已有研究成果中的相关量表,这些量表经过学者们反复实践和检验,具有很强的代表性和可靠性。其次,在已有成果基础上,根据本文的研究需求,通过文献阅读、定义梳理、请专家给予评价等方式对量表进行适当增删和修改。并结合在小范围内预调研的实际结果和反馈进行了微调。因此可以认为本问卷具有较高的内容效度。

而在结构效度方面,本研究采用因子分析的方法来检验测量条款能够测出所研究变量的程度。运用因子分析可以帮助我们判断同一变量的不同测量条款之间是否存在较强的相关性,从而将其合并为几个较少的因子,简化数据基本结构。在此之前,需要衡量是否适合做因子分析,通常采用 KMO 标准进行判断:KMO 在 0.9 以上,非常适合;0.8—0.9 很适合;0.7—0.8 适合;0.6—0.7,不太适合;0.5— 0.6 很勉强;0.5 以下,不适合。故当 KMO 值大于等于 0.7,各变量的荷重均大于 0.5 时,可以通过因子分析将不同变量合并为一个因子进行后续分析。

(1) 对技术知识特性的相关检验

如表 4.10 所示,KMO 值为 0.711,显著性 Sig 为 0.000,表明适合做因子分析。因子分析采用主成分因子分析方法,进行最大方差旋转后得到的各测量题项在对应因子上的因子载荷值。对 11 个测量题项进行因子分析,析出 4 个因子,共解释总变异量的 77.423%。所有题项在对应因子的负载均大于 0.5。

表 4.10 技术知识特性的 KMO 测度和巴特利球形检验结果

取样足够度的 Kaiser-Meyer-Olkin 度量		0.711
Bartlett′的球形检验	近似卡方	681.076
	自由度	55
	显著性	0.000

表 4.11 技术知识特性的因子载荷表

题项编号	成 分			
	因子 1	因子 2	因子 3	因子 4
A01	0.114	−0.042	**0.815**	−0.161
A02	0.024	−0.059	**0.875**	0.066
A03	−0.206	0.263	**0.757**	0.026
A04	**0.898**	0.032	0.038	0.205
A05	**0.892**	0.147	0.022	0.174
A06	**0.840**	0.022	−0.094	0.272
A07	0.020	**0.842**	−0.010	0.101
A08	0.024	**0.841**	−0.003	0.091
A09	0.139	**0.788**	0.117	−0.150
A10	0.259	0.067	−0.049	**0.894**
A11	0.353	−0.016	−0.012	**0.870**

由表 4.11 可知,11 个题项共析出 4 个因子。其中,共同因素 1 包括 A04、A05、A06 三题,共同因素 2 包含 A07、A08、A09 三题,共同因素 3 包含 A01、A02、

A03 三题,而共同因素 4 包含了 A10、A11 两题。这四个共同因素与题项的对应关系恰好与本文编制的有关技术知识特性的构念及题项完全吻合,因素 1 的构念名为"复杂程度",因素 2 的构念名为"模块化程度",因素 3 的构念名为"显性程度",因素 4 的构念名为"专用性"。

(2)对知识扩散的相关检验

表 4.12　知识扩散的 KMO 测度和巴特利球形检验结果

取样足够度的 Kaiser-Meyer-Olkin 度量		0.820
Bartlett'的球形检验	近似卡方	409.381
	自由度	28
	显著性	0.000

如表 4.12,KMO 值＝0.820,大于 0.7,显著性 Sig 为 0.000,适合做因子分析。各变量所对应的荷重见表 4.13。

表 4.13　知识扩散的因素矩阵

项目编号	成分 1
B12	0.787
B13	0.613
B14	0.672
B15	0.759
B16	0.798
B17	0.812
B18	0.623
B19	0.855

结果仅得到 1 个因子,该因子的特征根解释了总体方差的 62.481%。这与指标设置时变量结构一致,因此验证了知识扩散的结构效度。

(3)对合作创新能力的相关检验。对合作创新能力 3 个变量的效度依上述方法一一进行验证。吸收能力的相关分析如表 4.14。

表 4.14　吸收能力的因素矩阵

项目编号	成分 1
C20	0.886
C21	0.906
C22	0.881
C23	0.875
C24	0.863

吸收能力的 KMO 值＝0.848,大于 0.7,显著性 Sig 为 0.000。经分析仅得到 1 个因子,与指标设置时变量结构一致,且该因子的特征根解释了总体方差的 78.697%。结构效度得到验证。

表 4.15 所示,知识分享能力的 KMO 值为 0.744,显著性 Sig 为 0.000,说明数据具有相关性,适合做因子分析。各变量所对应的荷重见表 4.16。结果仅得到 1 个因子,该因子的特征根解释了总体方差的 80.729%。这与指标设置时变量结构一致,因此验证了本文结构效度。

表 4.15　知识分享能力的 KMO 测度和巴特利球形检验结果

取样足够度的 Kaiser-Meyer-Olkin 度量		0.744
Bartlett' 的球形检验	近似卡方	214.796
	自由度	3
	显著性	0.000

表 4.16　知识分享能力的因素矩阵

项目编号	成分
	1
C25	0.905
C26	0.897
C27	0.893

由检验结果知知识创造能力的 KMO 值＝0.824,大于 0.7,显著性 Sig 为 0.000。如表 4.17 所示经分析得到 1 个因子,该因子的特征根解释了总体方差的 76.870%。这与指标设置时变量结构一致,结构效度得到验证。

表 4.17　知识创造能力的因素矩阵

项目编号	成分
	1
C28	0.832
C29	0.875
C30	0.900
C31	0.898

综上所述,分析结果表明测量量表均具有较好的效度,各测量条款与理论预期的因子结构完全对应。

信度指的是测度量表在测量时的稳定性与一致性,测量结果反映出系统变异的程度(王重鸣,1990)。内部一致性(internal consistency)分析常用来测度信度的方法。通常用 Cronbach alpha 系数进行判定,α值越大,表示该测量量表的内部一致性越高,即具有高的信度。一般来说,当 α≥0.8,说明量表的信度非常好;如果 α 在 0.7—0.8 之间,说明量表信度比较好;如果在 0.6—0.7 之间则尚可接受;如果在 0.5—0.6 之间,则量表最好不要;低于 0.5 以下则需要重新修改量表,剔除无关变量。即只要满足 Cronbach alpha 系数大于 0.7,则表明各个测量条款具有较好的内部一致性。

(1)技术知识特性。通过本部分量表的信度检验结果可知,本研究变量测量的 Cronbach alpha 系数均高于 0.7,且每个条款的 Corrected Item-Total Correlation 值均高于 0.5,表明该部分的变量测量具有良好的信度。信度分析结果见表 4.18 所示。

表 4.18　技术知识特性部分 CITC 值和 Cronbach α 系数

变量	测量条款	CITC 值	α 系数
显性程度	1. 该技术知识可以靠文件、报告等形式清晰表达	0.539	
	2. 该技术知识很能以文字与数据库等书面形式存储	0.647	0.731
	3. 该技术知识无须经过实践和充分交流,就能理解其内容	0.505	
复杂程度	4. 为承接该知识本公司必须运用多领域专家、技术和资源	0.823	
	5. 该技术知识包含多项技术知识领域	0.803	0.890
	6. 该技术知识须透过多种专家的解释与引导才可解释清楚	0.732	
模块化程度	7. 该技术知识的每个子系统可以成为独立的部分,模块内部的改变不影响其他模块的使用	0.663	
	8. 该技术知识的每个模块有标准的工作流程,可以在一定通用标准下进行独立的设计和生产	0.722	0.829
	9. 该技术知识通常在预先规定的规则下进行	0.685	
专用性	10. 为承接该技术知识,本公司必须额外投入许多专业、特定的机器设备	0.753	
	11. 为承接该技术知识,本公司必须额外投入(聘用)具有相关专业背景的人员	0.753	0.857

(2)知识扩散。此部分量表的信度检验结果显示,变量测量的 Cronbach alpha 系数为 0.846 远高于 0.7,且每个条款的 Corrected Item-Total Correlation 值均高于 0.5,表明该部分的变量测量具有良好的信度。信度分析结果见表 4.19。

表 4.19　知识扩散部分 CITC 值和 Cronbach α 系数

变量	测量条款	CITC 值	α 系数
知识扩散	12. 能通过与对方技术人员进行团队合作方便地获取更多知识信息	0.636	0.846
	13. 能通过与对方的技术人员通过会议、商谈等方式获取更多知识信息	0.626	
	14. 能通过与对方开展合作培训、培训研讨会等方式获取更多知识信息	0.544	
	15. 能通过购买合作伙伴的产品很快获取知识	0.501	
	16. 能通过购买合作伙伴的成套设备、生产线很快获取知识	0.649	
	17. 能通过购买合作伙伴特定技术规则文档、工艺程序文档很快获取知识	0.574	
	18. 双方开放专利活动很频繁，或开放的专利项数很多	0.577	
	19. 本企业能很快应用学到的专利知识	0.587	

（3）合作创新能力。此部分量表的信度检验结果显示，变量测量的 Cronbach alpha 系数均高于 0.7，且每个条款的 Corrected Item-Total Correlation 值均高于 0.7，表明该部分的变量测量具有良好的信度。信度分析结果见表 4.20。

表 4.20　合作创新能力部分 CITC 值、Cronbach α 系数

变量	测量条款	CITC 值	α 系数
吸收能力	20. 本企业能够快速识别外部知识用途	0.792	0.907
	21. 本企业能够快速地引进、获取外部有用知识	0.828	
	22. 本企业能够对外部知识进行有效的整理和分类	0.782	
	23. 本企业能够对新、旧知识进行成功融合	0.767	
	24. 本企业能够将新知识快速有效地应用于重要工作，提供给需要的员工	0.757	
知识分享能力	25. 本企业非常愿意与项目成员分享自己的报告和文件	0.777	0.877
	26. 在合作方成员要求下，本企业非常愿意向他们提供能够协助解决问题的门路或人物	0.765	
	27. 合作组织或参与学术交流会议、培训的次数很多	0.762	
知识创造能力	28. 本企业知识创新激励机制建立或完善程度显著提高	0.710	0.897
	29. 本企业知识产权保护重视程度和实施状况显著提高	0.775	
	30. 本企业新产品的开发速度显著提高	0.810	
	31. 本企业拥有创新团队的数量及质量显著提高	0.799	

4.3.4　分类变量对模型的影响分析

分类变量包括企业性质、企业规模等，企业规模是影响企业行为和决策的重要因素，而不同性质企业所面临的发展状况、企业文化和面临的内外部环境等方面的

差异也可能会造成企业行为的不同,从而影响合作创新能力。因此本文将这些变量也纳入研究范围,利用单因素方差分析来研究这些分类变量在不同水平上对合作创新的影响是否存在差异。

1. 企业性质对合作创新能力的影响

首先对企业性质与合作创新能力进行单因素方差分析,并选择 LSD 法进行多重比较检验。

表 4.21　合作创新能力 ANOVA

	方差	df	平均方差	F	Sig
组间	16.418	3	5.473	14.322	0.000
组内	50.822	133	0.382		
总计	67.240	136			

由表 4.21 可知,组间方差为 16.418,组内方差为 50.822,平均组间方差和平均组内方差分别为 5.473 和 0.382,F 统计量观察值为 14.322,对应的 P 值接近 0,因此合作创新在控制变量各水平上存在显著差异,也就是说企业性质会对合作创新能力产生影响。接下来将通过多重比较检验进一步分析不同企业性质的影响以及它们之间的差异。

表 4.22　企业性质的多重比较检验

(I)企业性质	(J)企业性质	差异(I−J)	标准误差	Sig	95%置信区间 上限	95%置信区间 下限
	1.国有企业	2.私营企业	0.49143*	0.14581	0.001	0.2030	0.7798
		3.外商独资、台资	−0.39488*	0.14505	0.007	−0.6818	−0.1080
		4.合资企业	−0.03401	0.17120	0.000	−0.3726	0.3046
	2.私营企业	1.国有企业	−0.49143*	0.14581	0.001	−0.7798	−0.2030
		3.外商独资、台资	−0.88631*	0.13571	0.000	−1.1547	−0.6179
		4.合资企业	−0.52544*	0.16337	0.002	−0.8486	−0.2023
LSD	3.外商独资、台资	1.国有企业	0.39488*	0.14505	0.007	0.1080	0.6818
		2.私营企业	0.88631*	0.13571	0.000	0.6179	1.1547
		4.合资企业	0.36087*	0.16269	0.028	0.0391	0.6827
	4.合资企业	1.国有企业	0.03401	0.17120	0.003	−0.3046	0.3726
		2.私营企业	0.52544*	0.16337	0.002	0.2023	0.8486
		3.外商独资、合资	−0.36087*	0.16269	0.028	−0.6827	−0.0391

由表 4.22 的结果可知,不同企业性质的差异是显著的(检验的 P 值都接近 0)。而外商独资、台资企业的合作创新能力最高,比合资企业平均水平高 0.36087,比国有企业平均水平高 0.39488,比私营企业平均水平高 0.88631。其次分别是合资企业、国有企业和私营企业。

2. 企业规模对合作创新能力的影响

首先对企业规模与合作创新能力进行单因素方差分析,判断是否具有显著影响。

4.23　合作创新能力 ANOVA

	方差	df	平均方差	F	Sig
组间	36.046	3	12.015	51.229	0.000
组内	31.194	133	0.235		
总计	67.240	136			

由表 4.23 可知,组间方差为 36.046,组内方差为 31.194,平均组间方差和平均组内方差分别为 12.015 和 0.235,F 统计量观察值为 51.229,对应的 P 值接近 0,因此合作创新在控制变量各水平上存在显著差异,也就是说企业规模会对合作创新能力产生显著影响。接下来通过多重比较检验进一步分析不同企业规模的影响程度以及它们之间的差异。

表 4.24　企业规模的多重比较检验

	(I)企业性质	(J)企业性质	差异(I−J)	标准误差	Sig	95%置信区间	
						上限	下限
LSD	1. 100 人以下	2. 100～500 人	−0.32973*	0.15950	0.021	−0.6452	−0.0143
		3. 500～1000 人	−1.38803*	0.14497	0.000	−1.6748	−1.1013
		4. 1000 人及以上	−1.20237*	0.14991	0.000	−1.4989	−0.9059
	2. 100～500 人	1. 100 人以下	0.32973*	0.15950	0.021	0.0143	0.6452
		3. 500～1000 人	−1.05830*	0.11380	0.000	−1.2834	−0.8332
		4. 1000 人及以上	−0.87264*	0.12003	0.000	−1.1101	−0.6352
	3. 500～1000 人	1. 100 人以下	1.38803*	0.14497	0.000	1.1013	1.6748
		2. 100～500 人	1.05830*	0.11380	0.000	0.8332	1.2834
		4. 1000 人及以上	0.18566	0.09992	0.015	−0.0120	0.3833
	4. 1000 人及以上	1. 100 人以下	1.20237*	0.14991	0.000	0.9059	1.4989
		2. 100～500 人	0.87264*	0.12003	0.000	0.6352	1.1101
		3. 500～1000 人	−0.18566	0.09992	0.015	−0.3833	0.0120

如表 4.24 所示,所有显著性概率均满足 P<0.05 的显著性水平,说明不同企业规模的差异是显著的。具体而言,规模在 500～1000 人的企业,合作创新能力最高,比 1000 人以上规模高 0.18566,比 100～500 人的规模高 1.05830,比 100 人以

下企业规模高 1.38803。排在第二位的是 1000 人以上大型企业,第三是 100～500 人的中型企业,排在最后的是 100 人以下的小型企业。总体来说企业规模与合作创新能力呈现出的关系是,随着规模的增大,企业合作创新能力增强。

3. 相关分析

相关分析用于两个变量之间统计关系的强弱程度,它反映了当控制了其中一个变量的取值时,另一变量的变异程度。为了进一步探讨技术知识特性、知识扩散和合作创新能力三个变量之间的内部关系,本研究对这些变量进行了 Pearson 相关系数分析,得出上述变量间的显著性水平。结构变量间的相关性检验结果见下表。由表 4.25 可知,显性化程度和模块化程度的均值最高,表明所调查对象企业在合作创新过程中用于合作交流的知识具有明显的显性和模块化特征。知识专用性较低,可能是由于在合作中企业往往会尽量避免引进一些与本企业环境很难融合的知识。此外,在变量的相关性方面,由表可知自变量间呈中低度相关,而自变量与因变量之间的关系简化整理后见表 4.25。

表 4.25　变量的描述性统计与 Pearson 相关系数

变量	均值	标准差	1	2	3	4	5	6	7	8
1.显性程度	4.00	0.49	1.00							
2.复杂程度	3.94	0.76	−0.05	1.00						
3.模块化程度	4.06	0.58	0.11	0.14	1.00					
4.专用性	3.28	0.89	−0.07	0.53	0.07	1.00				
5.知识扩散	3.68	0.49	0.56	−0.31	0.07	−0.25	1.00			
6.吸收能力	3.41	0.72	0.36	−0.22	0.44	−0.28	0.40	1.00		
7.知识分享能力	3.66	0.75	0.35	−0.09	0.53	−0.20	0.43	0.63	1.00	
8.知识创造能力	3.46	0.78	0.11	−0.06	0.42	−0.06	0.39	0.49	0.43	1.00

表 4.26　技术知识特性、知识扩散与合作创新能力维度间的相关分析

变量		合作创新能力		
		吸收能力	知识分享能力	知识创造能力
技术知识特性	显性程度	0.361	0.346	0.106
	复杂程度	−0.221	−0.094	−0.064
	模块化程度	0.443	0.525	0.417
	专用性	−0.280	−0.198	−0.061
知识扩散		0.397	0.428	0.395

由表 4.26 可以看出,显性程度与吸收能力、知识分享能力在 0.01 显著水平上正相关。复杂程度与吸收能力在 0.01 显著水平上负相关。模块化程度与吸收能力、知识分享能力和知识创造能力在 0.01 显著水平上正相关。而专用性与吸收能力、知识分享能力在 0.01 显著水平上负相关。

4. 模型的回归分析

(1)技术知识特性与知识扩散的回归分析。为了验证技术知识特性与知识扩散之间的关系,以知识扩散(z)为因变量,技术知识特性的四个维度即显性程度、复杂程度、模块化程度和专用性为自变量进行拟合,多元线性回归($z = \beta_1 x_1 + \beta_2 x_2 + \beta_3 x_3 + \beta_4 x_4 + b$)分析结果如表 4.27 所示。

由表 4.27 可知,回归方程的 F 值的显著水平为 0.000,回归效果显著,且该回归方程解释了总变异量的 40.7%,表明技术知识特性各维度对知识扩散有很好的预测作用,方程具有很好的统计意义。DW 值为 2.146 表明该回归方程的误差项具有较好的独立性。自变量的 VIF 值(分别为 1.000、1.003、1.005、1.013)表明回归方程不存在明显的多重共线性。

观察回归结果可以看出,最先进入方程的自变量是显性程度,与知识扩散的相关系数为 0.559,相关系数的显著性概率为 0.000,$P < 0.01$,表明显性程度与知识扩散呈显著正相关,假设 H1a 得到验证。第二个进入方程的自变量是复杂程度,其回归系数为 -0.378,相关系数的显著性概率为 0.000,$P < 0.01$,表明知识的复杂程度与知识扩散呈显著负相关,假设 H1b 得到验证。第三个进入方程的自变量是专用性,其回归系数为 -0.210,相关系数的显著性概率为 0.000,$P < 0.01$,表明知识的专用性与知识扩散呈显著负相关,假设 H1d 得到验证。最后一个进入回归方程的自变量是模块化程度,与知识扩散的相关系数为 0.199,相关系数的显著性概率为 0.000,$P < 0.01$,表明模块化程度与知识扩散呈显著正相关,假设 H1c 得到验证。由此,技术知识特性与知识扩散的四个假设均成立。

表 4.27　技术知识特性与知识扩散回归方程检验结果

自变量 \ 因变量	知识扩散 z			
	标准化系数 β	t	容忍度	VIF
显性程度 x_1	0.559	8.049	1.000	1.000
复杂程度 x_2	-0.378	-5.116	0.997	1.003
专用性 x_4	-0.210	-7.646	0.995	1.005
模块化程度 x_3	0.199	9.874	0.987	1.013
知识扩散 z				
R	0.559			
调整 R^2	0.407			
DW	2.146			
F 值	61.373			
Sig.	0.000			

(2)知识扩散与合作创新能力的回归分析。为了验证知识扩散与合作创新能力之间的关系,以知识扩散(z)为自变量,合作创新能力为因变量,构建回归方程

$y=\beta z+c$ 进行拟合,回归结果如表 4.28 所示:

表 4.28　知识扩散与合作创新能力的回归方程检验结果

自变量　　　因变量	合作创新能力 y			
	标准化系数 β	t	容忍度	VIF
知识扩散	0.424	6.395	1.000	1.000
	合作创新能力 y			
R	0.335			
调整 R^2	0.310			
DW	1.781			
F 值	54.78			
Sig.	0.000			

　　由表 4.28 可知,方程的 F 值显著性是 0.000,P<0.01,说明回归效果很显著。回归方程调整后 R^2 系数为 0.310,说明知识扩散解释了合作创新能力总变异量的 31.0%。表示模型具有显著统计性。DW 值均大于 1.5,接近 2,表明误差项之间具有良好的独立性,无自相关。而 VIF 均为 1.000 表明回归模型不存在明显的多重共线性。

　　由方程的结果可以看出,知识扩散与合作创新能力回归系数 β 为 0.424,且显著性概率 P<0.01,说明知识扩散对合作创新能力的提升具有显著的正向作用,因此,假设 H2 得到验证。

　　在知道整体的影响效果之后,我们希望进一步了解知识扩散对合作创新能力各维度分别产生多大程度的影响,从而对影响方式有深层次的理解。因此,下面将对知识扩散与合作创新各维度进行回归,以便后文分析。

表 4.29　知识扩散与合作创新能力各维度的回归方程检验结果

自变量　　　因变量	合作创新能力					
	吸收能力		知识分享能力		知识创造能力	
	β	t	β	t	β	t
知识扩散	0.383	3.341	0.433	0.433	0.295	3.312
	吸收能力		知识分享能力		知识创造能力	
R	0.297		0.328		0.295	
调整 R^2	0.290		0.316		0.290	
DW	1.758		1.762		1.509	
F 值	54.78		74.35		53.46	
Sig.	0.000		0.000		0.000	
容忍度	1.000		1.000		1.000	
VIF	1.000		1.000		1.000	

　　由表 4.29 可知,三个方程的 F 值显著性都是 0.000,说明回归效果都很显著。

三个回归方程的调整后 R^2 系数分别为 0.290、0.316 和 0.290。说明知识扩散分别解释了吸收能力变异量的 29.0%，解释了知识分享能力变异量的 31.6%，解释了知识创造能力变异量的 29.0%。表示模型具有显著统计性。DW 值均大于1.5，接近 2，表明误差项之间具有良好的独立性，无自相关。而 VIF 均为 1.000 表明回归模型不存在明显的多重共线性。且知识扩散对合作创新各维度显著作用由高到低分别是：知识分享能力、吸收能力和知识创造能力。

（3）对知识扩散中介作用的分析。前文已经验证了（1）技术知识特性对知识扩散具有显著影响；（2）知识扩散对合作创新能力具有显著影响。根据 Baron 和Kenny 对中介变量需满足条件的研究，要证明知识扩散在技术知识特性与合作创新能力之间扮演中介作用，还需要验证技术知识特性对合作创新能力是否具有显著影响；且当加入知识扩散作为自变量时，影响关系会发生怎样的变化。即我们需要验证同时考虑自变量 A 和中介变量 C 的影响时，A 对 C 的影响效果是否小于单独考虑自变量 A 时其对因变量 C 的影响效果。如果即随着中介变量的介入，自变量对因变量的直接影响效果明显降低了，就可以认为该变量起到了中介作用。

首先对技术知识特性对合作创新能力的影响进行分析。为了验证技术知识特性与合作创新能力之间的关系，以技术知识特性各维度为自变量（显性程度 x_1，复杂程度 x_2，模块化程度 x_3，专用性 x_4），合作创新能力 y 为因变量建立回归方程：$y = \beta_1 x_1 + \beta_2 x_2 + \beta_3 x_3 + \beta_4 x_4 + b$。结果如表 4.30 所示。

表 4.30　知识特性各维度与合作创新能力的回归方程检验结果

因变量 自变量	合作创新能力 y			
	标准化系数 β	t	容忍度	VIF
显性程度 x_1	0.307	8.766	1.000	1.000
复杂程度 x_2	−0.235	−7.116	0.997	1.003
模块化程度 x_3	0.504	9.494	0.987	1.013
专用性 x_4	−0.207	−7.402	0.995	1.005
合作创新能力 y				
R	0.341			
调整 R^2	0.338			
DW	1.895			
F 值	43.32			
Sig.	0.003			

由表 4.30 可以看出，回归方程的 F 值的显著水平是 0.003，表明回归效果显著。调整后的 R^2 为 0.338，表示技术知识特性各维度解释了合作创新能力33.8% 的变异量。总体来看，技术知识特性各维度对合作创新能力有较好的预测作用，具有统计显著性。且误差项均具有较好的独立性。且 VIF 值表明回归方程不存在

明显的多重共线性。

由回归方程的结果可知,显性程度、复杂程度、模块化程度、专用性与合作创新能力的回归系数 β 分别为 0.307、−0.235、0.504、−0.207,且显性程度、模块化程度和专用性相关系数的显著性概率都为满足 $P<0.01$。说明知识的显性程度、模块化程度对合作创新能力的提升具有显著的正向作用;知识专用性对合作创新能力具有显著的负向作用;且模块化程度是产生影响最为显著的因素。因此假设 H3、H5、H6 得到验证。根据方程的回归结果,H4 并没有得到验证,即知识的复杂程度对合作创新能力并没显著影响。本文将在后面部分对可能的原因进行进一步探讨。

加入知识扩散作为自变量,分析自变量对合作创新能力的影响。下面将以技术知识特性 4 个维度和知识扩散(显性程度 x_1,复杂程度 x_2,模块化程度 x_3,专用性 x_4,知识扩散 z)为自变量,以合作创新能力 y 为因变量,建立方程:$y = \beta_1 x_1 + \beta_2 x_2 + \beta_3 x_3 + \beta_4 x_4 + \beta_5 z + d$。回归结果如表 4.31 所示。

表 4.31 知识特性各维度、知识扩散与合作创新能力的回归方程检验结果

因变量 自变量	合作创新能力 y			
	标准化系数 β	t	容忍度	VIF
显性程度 x_1	0.025	6.253	1.000	1.000
复杂程度 x_2	−0.035	−1.015	0.703	1.315
模块化程度 x_3	0.239	4.903	0.907	1.013
专用性 x_4	−0.117	−3.128	0.962	1.039
知识扩散 z	0.519	5.179	0.903	1.089
合作创新能力 y				
R	0.483			
调整 R^2	0.480			
DW	1.766			
F 值	45.14			
Sig.	0.001			

由表 4.31 可知,方程调整后的 R^2 为 0.480,较技术知识特性直接对合作创新能力回归的 R^2 有所提高,表示技术知识特性各维度与知识扩散解释了合作创新能力 48.0% 的变异量,总体来看,技术知识特性各维度对合作创新能力有较好的预测作用,模型具有统计显著性。且误差项均具有较好的独立性。

由回归结果可知,当加入知识扩散这一变量后,技术知识特性中的显性程度、模块化程度、专用性对合作创新能力回归得到的系数要小于直接回归所得到的系数。并且显性程度和专用性对合作创新能力的显著性系数均大于 0.05 的显著水平,解释变量的显著性消失。就是说,作为中介变量的知识扩散加入后,显性程度和专用性对合作创新能力的直接影响作用大大降低。所以可以判定,知识扩散在

显性程度和专用性与合作创新能力之间具有完全的中介作用,假设 H7a、H7d 得到验证。而知识扩散在模块化程度与合作创新能力之间的中介作用同样存在。假设 H7c 得到验证。由于复杂程度与合作创新能力的回归系数不显著,所以假设 H7b 未得到验证。

通过前文的数据分析,本文的假设验证结果如表 4.32 所示。

根据实证结果得出的模型关系如图 4.9 所示。

表 4.32　假设验证结果

编号	假设内容	是否支持假设
H1a	知识的显性程度对知识扩散产生显著正向影响	支持
H1b	知识的复杂程度对知识扩散产生显著负向影响	支持
H1c	知识的模块化程度对知识扩散产生显著正向影响	支持
H1d	知识的专用性对知识扩散产生显著负向影响	支持
H2	知识扩散对合作创新能力产生显著正向影响	支持
H3	知识的显性程度对合作创新能力产生显著正向影响	支持
H4	知识的复杂程度对合作创新能力产生显著负向影响	不支持
H5	知识的模块化程度对合作创新能力产生显著正向影响	支持
H6	知识的专用性对合作创新能力产生显著负向影响	支持
H7	知识扩散在技术知识特性对合作创新能力的关系中起中介作用	部分支持
H7a	知识扩散在显性程度对合作创新能力的关系中起中介作用	支持
H7b	知识扩散在复杂程度对合作创新能力的关系中起中介作用	不支持
H7c	知识扩散在模块化程度对合作创新能力的关系中起中介作用	支持
H7d	知识扩散在专用性对合作创新能力的关系中起中介作用	支持

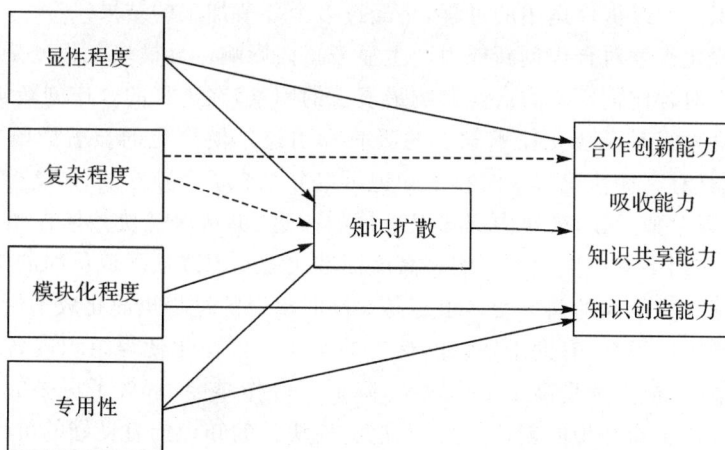

图 4.9　技术知识特性对合作创新能力的关联性模型

4.3.5 结论及建议

(1)首先从理论角度来看,将开发区企业的技术知识特性划分为显性程度、复杂程度、模块化程度和专用性四个维度,四个构面具备良好的结构效度。

(2)技术知识特性对知识扩散存在显著性影响。研究证实了显性程度、模块化程度对知识扩散产生显著正向影响,而复杂程度和知识专用性对知识扩散产生显著负向影响。这是由于当知识的显性程度和模块化程度越高,技术知识往往就越外显,越容易以编码化的方式存储于组织的知识库、规章制度、文件、图纸、说明书等文档中,从而有助于知识的扩散。而当知识变得复杂时,发送方正确发送知识和接受方接受知识的难度同时提升,从而提高了知识向外扩散的难度。当知识专用性强时,需要对方具备相似的区域环境、组织文化甚至相似的技术能力才能有效实现知识扩散。

(3)总体来看技术知识特性对合作创新能力的影响是不确定的。技术知识特性各维度对合作创新各维度产生不同方向的影响,且有一个假设未得到实证支持。

1)显性程度对合作创新能力产生显著正向影响。当知识以资料、技术文档、专利图纸等显性形式呈现时,合作主体能更快速直接的识别知识、获取知识,从而增加了企业的知识存量,促进吸收能力的提升。吸收能力得到提高后能更快的消化所外部知识,将其与企业原有知识进行整合并形成自己的知识。可以将知识更快的加以利用或提供给需要的员工,从而帮助企业提高知识创新的能力。但是我们应当注意,知识的显性程度只是提高创造能力的基础条件,企业合作创新能力之所以有差异,根本还是在于技术人员对这些显性知识的消化、吸收,转化为自己独有的隐性知识再加以提取运用的过程,是经过多个环节加工的结果。

2)模块化程度对合作创新能力产生显著正向影响。且模块化程度是所研究的知识特性中对合作创新能力产生影响最显著的因素,在未来的合作创新实践中,企业应当高度重视对模块化技术知识的吸收和引进。模块化的显著影响可能是因为,当知识具有高模块化特征时技术知识可以分割成很多独立的、高度标准化的版块,模块可以单独运作,模块内部知识进行的改进、更新对模块整体在整个系统运用的位置、作用不会产生太大影响。高度标准化的知识降低了成员间的沟通成本,使技术知识在成员间的共享变得很容易。同时整合的过程也简化成了模块与模块在既定规则下的组合,有助于知识的整合的运用。模块化使得组织内各团队的任务分工更清晰,极大地提高了工作效率,降低了合作难度,解放了更多的智力资源和组织资源用于新知识的创造。另一方面,模块化的知识拥有良好的可扩充性,企业可以根据特殊需求在原有技术规则和知识基础上进行增加、改进,避免了大范围的变动,可以极大地减少创新所需的时间,快速获得技术成果并加以利用。

3)专用性对合作创新能力产生显著负向影响。专用性对知识整合、应用和共

152

享的影响是显而易见的,因为知识的专用性使很多技术并不是仅仅通过文件、资料、语言就能够完全表达的,大部分的技术诀窍是隐含在员工和流程之中。且大部分知识可能难以在他组织复制,也就是说知识在组织之间是难以转移的,从而大大增加知识整合到特定组织中所需的时间和难度,同时降低了在不同的组织中运用该知识的程度。在合作创新过程中组织成员所获得的知识是有关某个产品或某项工艺的,而该产品或工艺是一个企业所特有的,很多时候这个专有的知识就是双方合作的前提,当合作双方对彼此充分信任和配合时,充分的指导、合理配置技术人员和资源配置可以提高对专有知识学习和消化的效率,有利于新知识的创造。

4)未证实复杂程度对合作创新能力产生显著负向影响。究其原因,一方面知识分享是知识原发体一种有意识、有目的、主动地促进知识转移的行为。Ryu 等人(2005)就曾指出员工个体对其本人知识分享的意愿有较为清晰的认识和判断,个体意愿、期望会对共享结果产生一定约束和影响。另一方面的原因可能在于,知识越复杂意味着需要更多的信息来帮助理解、保存与综合。李仁芳、花樱芬(1997)也认为技术知识复杂时,产品开发需要许多不同的技术知识,也就需要依靠各个不同技术知识领域的成员一起参与,团队成员将趋于多样化(廖拓宗,1999)。多样化使得团队成员必须透过不断地沟通、协调来理解知识。此外,当技术知识复杂度较高时,由于组织成员的个人掌握能力有限,组织会倾向于重视用文件化的方式来存储知识,以利于知识的扩散(周光耀,1999)。因此,当知识趋向复杂时反而可能增加成员间交流共享的频度。复杂程度对知识分享的影响是不确定的,因此存在显著负向影响的假设不成立。对于高科技企业而言,知识创造的效果与技术知识的复杂程度并没有必然的联系,而是取决于不同技术知识领域的成员能否有效地参与、沟通和协调,使大量的知识转化形成组织的新知识。此外,技术知识复杂程度高增加了技术创新失败的风险,企业更加倾向于把一部分技术通过外部技术网络开发,借助于外界的开发力量,从外界寻找该技术领域能力最强的伙伴进行合作,能够取得更好的效果。即是当复杂程度增高时,合作创新与企业自主创新相比能获得更高的绩效。

(4)知识扩散对合作创新能力产生显著的正向影响。本研究证实了知识扩散与合作创新能力存在显著的正向关系,且进一步证实影响强度由高到低分别为:知识分享能力、吸收能力和知识创造能力。其中知识扩散对知识分享能力和吸收能力的影响是最为直接和显著的,相关系数分别达到 0.433 和 0.383。究其原因,知识分享与知识扩散原本就是两个含义非常接近的概念,有很多相通点和相似之处甚至常被混淆使用,但是两者也存在相当的区别。知识扩散是在一定环境下,知识通过各种方式和手段由原发体传播至接受体的过程和现象。而知识分享则应是为了达到某种目的,知识原发体根据所处环境,利用相应手段将自有知识传递给目标接受体,并使其理解消化所传递知识的过程和行为。知识分享是有意识、有目的、主动地促进知识转移的行为,知识扩散更类似于一种客观的现象,有时知识扩散的发生是一种无意识、无目的、自发的行为。相比知识分享,知识扩散的内涵注重扩散覆盖范围、知识散播强度、接受群体规模等数量指标,而知识分享的内涵则更重视知识传递方向、内容、接受体吸收程度、最终协同效应等质量指标(万青,陈万明,2010)。也就是说知识分享在某种程度上是建立在扩散的基础之上,甚至可以将它视为有目标的、更精确的知识扩散。因此知识扩散对知识的共享的过程和能力产生直接且显著的正向影响。而知识扩散对吸收能力的影响主要体现在对外部知识的大量获取、对合作方原有知识的整合以及对外部知识与本企业知识的整合三个方面。知识扩散覆盖的范围越广、知识散播的强度越大,知识的信息量就越大,当更多的单个知识汇聚在一起时,接受者由点到面的认知有助于知识的融会贯通,从而提高知识接受者挖掘知识的能力。知识存量的增加和主体消化、利用能力的提升促进了吸收能力的提升。

(5)知识扩散在技术知识特性与合作创新能力中起中介作用。发现了技术知识特性以知识扩散为中介对合作创新能力产生了间接效应。在进行实证检验时,当加入知识扩散作为因变量,技术知识特性对合作创新能力的相关系数要小于技术知识特性对合作创新能力直接影响的相关系数,有些变量间相关的显著性甚至消失。因此本研究对知识扩散作为中介变量的假设得以证实。

(6)证实了企业性质和企业规模对合作创新能力产生显著影响。

1)就企业性质来说,三资企业的合作创新能力最高,其次是国有企业,最后是私营企业。这与不同性质企业对研发投入、创新的重视程度以及企业的文化背景和工作氛围有关。外资企业受到其文化背景和企业实力的影响,非常注重创新的人才和资源投入,且具有乐于分享和注重团队绩效的企业价值观,在多个因素的共同作用下外资企业通常拥有较高的合作创新能力。而国有企业,虽然拥有雄厚的资金实力和创新投入,但层级制度和论资排辈的观点在多数国有企业中仍然比较显著,在这种氛围的影响之下,员工更倾向于独占知识自我发展,关注个人而非整体的绩效,因此知识分享能力受到一定程度的影响。而民营企业,尤其是处在发展初期的民营企业,其知识资本积累和研发方面的投入与前两者相比还有较大差距,这也是导致其合作创新能力较低的一个重要原因。

2)就企业规模来说,一般而言,随着规模的增大,企业合作创新能力增强,这是由于当企业规模增大时,企业发展的更为成熟,人员、资金条件更加充裕,企业拥有大量精力和资源投入到合作创新项目中,从而提高了企业的合作创新能力。然而数据分析结果显示,当企业规模非常大时,其合作创新能力有一定程度的降低,即1000人以上的超大规模企业,其合作创新能力反而小于500~1000人规模的企业。这可能是因为,当企业发展到足够壮大时,拥有很强的实力引进大量人才建立自己的研发团队,并且有充足的资金和时间支持自主研发,所以这部分企业可能更偏向于通过自主创新来实现企业竞争力的提高。

通过前文对高科技企业技术知识特性对知识扩散，及知识扩散对合作创新能力影响关系的探讨，我们对技术知识特性已经有了一个相对理性的认识。因此高科技企业在今后的发展、合作中应当充分利用技术知识的特性，通过完善制度政策等方式引导发挥技术知识特性的正面影响，减低负面影响。为企业的知识管理与合作创新尽可能扫除障碍，提供一个良好的创新环境，进而帮助企业提高创新绩效，获得持续发展的核心竞争力。基于此，本研究提出以下几个建议：

(1)实现知识的模块化和显性化——建立组织规范，强化信息技术支撑。首先，建立明确有效的组织规范，可以对员工行为起到有效的规范和引导作用。如在日常项目中遇到问题后迅速建立错误档案，记录失败的状况和可能原因，方便后续研究人员学习，避免犯同样的错误。按特定规范对知识进行规范化记录、标识、存储等，尽可能将一些隐性的经验、教训以案例等形式显性化。同时为了避免外化过程中的障碍，企业应当为员工的行为提供一个制度保障，保证员工对组织规范的认识和认同。

企业内的知识信息存量和流量都极为丰富，仅依赖人力资源的识别是难以实现的，并且如果每次在需要运用时才去寻求相关人员，会造成极大的时间和资源浪费。因此企业必须建立有效的信息技术平台，对常用技术知识进行编码化。实现业务过程知识和产品知识的模块化，比如，将所有任务集进行分解，并在知识管理系统中建立与任务对应的过程知识模块，并单独存储于知识库中。产品知识的模块化可以将产品按不同功能分解成不同的模块，并使接口标准化，选择不同的模块可以迅速组合成各种符合客户要求的产品。

知识的模块化和显性化需要信息系统的支持，利用知识管理系统或专业的技术平台对知识进行存储，可以减轻员工的知识负荷，加快知识在企业内各部门的流动，使知识扩散的形式多样化，而不仅仅是员工经验与体会的传达。知识的显性化和模块化，提高了知识扩散的效率，避免了主体差异带来的知识发送失效和知识接受偏差。同时，从长远来看模块化将改变企业原有的知识创造业务模式，实现组织合作创新能力的大幅提升(Bock, Wasko & Faraj, 2005; Young & Heeseok, 2010)。

(2)降低专用性的负面影响，促进知识扩散——强化共同愿景、建立信任关系。高科技企业在合作创新过程中知识的创新和知识扩散，除了取决于知识本身的属性，还受到知识主体主动性的影响。尤其是在合作创新过程中，建立有助于双方共同成长的战略目标，在企业员工间提供一致的利益纽带、建立共同愿景才能确保知识扩散的通畅。员工有了一致的利益，才会动用一切可用的资源和能力来有效传送和接受知识，并实现知识的不断增值。以共同愿景联系起来的员工彼此信任和认可，合作关系联结的更为紧密。知识拥有者更倾向于将自身具备的经验、诀窍、体会加以清晰、完整、及时地表达，因此信任是知识扩散高效运行的重要基础，特别是在隐性知识的扩散过程中，很难通过正式的网络进行有效的扩散，而只有通过紧密的、值得信赖的和持续的直接交流等非正式网络才能实现知识的传递。信任使得创新知识会全盘传送，接受方也更愿意相信新知识的价值，减少识别和净化的过程，从而加速了知识扩散。合作双方相互信任感的建立有利于营造一种自由开放的氛围，促使各方紧密接触，进而促成组织实践和知识的交换和扩散。

（3）创造开放分享的环境——建立有效的沟通机制。开发区企业具有高科技企业的一般性质，而高科技产业合作创新知识一般具有较强的专用性特征，由于文化和组织环境的差异知识的适用性降低，甚至可能在合作过程中引起不必要的摩擦。为了避免这一问题的出现，必须努力促成合作双方文化的协同，创造一种有助于不断获取、学习和共享知识的环境和文化氛围，让具有不同文化背景的成员树立理性精神，相互尊重对方的技术知识，求同存异。高科技企业处在一个开放和动态的外部环境中，建立一个与之相匹配的内部环境才能使组织获得持续发展的动力。开放分享的组织环境可以促进员工分享、沟通的意愿，有效的沟通可以把隐性知识转化为显性知识，把个人知识整合为组织知识。思想的碰撞和启发也可以促进对复杂知识的理解。

人际关系的发展，人与人的熟悉和信任便于频繁、有深度的沟通，面对复杂的、专用性强的技术知识，建立有效的沟通机制可以增进成员间关系，保障针对问题的及时沟通和反馈，有利于加强对知识的理解，促进知识扩散。这是因为强关系使团队成员有更多的机会充分了解其他成员的价值观、思维方式和工作态度，分享彼此间在理论研究、产品开发、工程设计等方面的心得体会。当一方对于新产品开发有好的想法、提议和思路时，其他成员也往往能够给予及时回应，便于信息搜寻者更好地理解和利用新学的知识。且沟通带来的强合作关系具有一定的稳定性，合作双方更容易相互理解和信任，增加彼此间分享隐性知识的意愿和动机。

（4）促进知识分享——设计有效的激励机制。由前文分析的技术知识特性我们知道技术知识所具有的价值越高，对知识分享越容易产生负向的影响。对个人而言具有高价值的独占知识的分享会给员工的个人利益造成损失，而对于企业来说，知识所产生的价值则随着共享人数的增加而增加。因此当面对个人利益与公共利益的矛盾时，对员工的激励机制显得尤为重要。物质奖励的作用主要是弥补创新主体因知识扩散而带来的私人利益损失。这部分奖励要等同于或略高于创新主体因创新带来的独特竞争优势而产生的物质利益，这才能促使创新主体主动提供知识分享，使知识创新可以及时产生外部效应。而由于知识使用的非排他性，企业给予创新主体的物质奖励从经济的角度来说是值得的。除了物质激励，还应当注重精神激励。在高科技企业中参与合作创新的员工多具有较高的知识水平和素质，他们当中不乏更注重对知识和技术的追求而非物质利益的人，对这部分员工而言,精神奖励在某种程度上可能更为有效。因此,企业应适时对员工进行精神激励,增强他们对工作的热情和未来发展的信心,从而忽略彼此之间的物质冲突以及短期得失,使知识分享和创新可以顺利进行。

此外,在促进知识分享方向方面,除了激励分享、经常举办合作交流、培训等方式,还应当建立创新公共知识平台,实现知识分享的持续性的规范化。

(5)通过对合作创新能力的探讨我们发现公司内部的知识存量、吸收和创新的能力对合作创新能力产生直接的影响,因此企业在合作创新的同时,也不能忽略内部研发能力的提升。合作创新作为一种战略选择应当起到的是支持和补充的作用,其根本目的还是为了促进企业内部创新能力的提升。

4.4　企业间内隐知识分享策略[29-31]

近年来由于国际分工与企业国际化的盛行,中国传统产业正面临前所未有的挑战,欲提升产业核心竞争力,一方面应从传统产业提升附加价值着手,另一方面则要提升高科技产业的运作实力,然而此两方面产业能力提升的根基,在于知识的开发与整合,从知识创造、凝聚到内化形成产业的核心竞争力。因此,知识的整合与管理对于当前中国经济的发展,有相当迫不及待的压力。

根据上述背景,可以得知企业进行创新的诱因主要为提高产品附加价值和应对产品生命周期缩短。然而,创新的来源为何?由于创新活动必源自于知识的应用与积累,而其中知识的内隐性却又使得某些关键知识难以通过文字记录或传递,使得内隐知识的分享难度相对提高。内隐知识与特定情境有关,难以形式化与沟通,内隐知识为不可编辑亦不可具体化的技巧,是经由非正式的学习行为与程序而取得,必须通过非结构化或半结构化机制,才能学习到此内隐知识并将其进行传递。因此,若厂商想要凭借获取对方的内隐性知识来进行创新与差异化,势必得经由彼此间交流的方式来进行,让内隐知识从未成形的阶段转为外显的知识,甚至是具有生产力的知识。然而,内隐知识为零碎、无系统的概念,其效用亦难以测度。

这部分内容引用 Millou(2004)中的寡占模型作为基本框架,Millou 在 2004年发表的研究着重于垂直整合以及上下游间研发信息流的探讨,其将产业结构简化成上游只有单一供货商、下游两家异质产品制造商,进行三阶段博弈分析,凭借最终产品的产出以及创造的福利来衡量信息流在整合过程中所扮演的角色。在现实产业结构下,信息的流动不仅止于上下游供应链,对于产业结构位置相似的竞争厂商而言,相互间知识与技术的水平转移也能够改变其成本结构。

本文结合 Millou(2004)假设下的经济模型探讨:(1)当知识交换过程中厂商可采取合作分享或欺骗隐瞒两种策略时,内隐知识的互补性将会如何影响厂商所选取的策略？（2）完成向上垂直整合的厂商，如何通过内隐知识转移来强化其竞争优势，并经由赛局情境来遴选出其优势策略？

假设产业结构为上游厂商有两家，下游厂商有三家，且均不考虑潜在竞争者的进入。其中上游第一家厂商（以 U1 表示）与下游第一家厂商（以 D1 表示）已完成垂直整合动作，因此本模型为单一垂直整合模型。上游两家厂商（分别以 U1 及 U2 表示）生产同质产品，以中间产品形式提供给下游三家厂商（分别以 D1、D2、D3 表示）使用，而下游三家厂商通过投入产出过程进行异质商品的寡占竞争。为简化起见，假设上游两家厂商无固定成本且无产能限制，并通过市场供需给定中间产品要素价格 w。在单一垂直整合模型下，D1 的要素价格即为 U1 的边际成本，而 U1 在垂直整合后即不再进入中间产品市场交易，形成市场封杀状态，亦即 D2、D3 所需的中间产品全由 U2 所提供。下游三家厂商对于生产要素的投入与最终产出具有一比一的转换关系，此外，除了要素成本，三家下游厂商尚存在着单位固定成本（a）。不考虑下游厂商间进行内隐知识交换所产生的交通、转换、学习等额外成本。知识交换种类分为两种，独立性知识交换及互补性知识交换，其对于厂商生产单位成本递减的单位分别为 β 及 γ。

4.4.1　企业间内隐知识交换下赛局情景[29-31]

本研究下所设定的产业结构为上游两家、下游三家厂商的寡占模型，其中，假定下游厂商 D1 已完成与上游厂商 U1 垂直整合的动作，且上游厂商不再介入中间产品市场交易，故本研究所探讨对象为单一垂直整合下市场封杀的模型。模型中，D1 所需的生产中间产品全部由 U1 所提供，而另外两家下游厂商 D2 及 D3 所需的生产中间产品则由 U2 以 w 的市场均衡价格所提供，其市场型态及中间产品供给关系如下图所示：

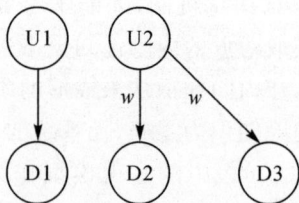

图 4.10　市场结构图[31]

由于本研究设定内隐知识交换分为两种，独立性知识交换及互补性知识交换，且于内隐知识分享时，各厂商均可自行决定是否采取欺骗的态度，隐瞒本身的部分的内隐知识。因此，在决策制定存在着欺骗策略空间下，由赛局理论的思维，来分析当考虑到对手所有可能的反应行为时，本身的最佳应对决策为何。假设厂商 D1

与 D2 均有采取欺骗策略的动机,而 D3 则永远采取合作分享的态度。因此黄军咏(2007)提出由 D1 与 D2 的策略互动,可呈现四种赛局情景。如图 4.11。

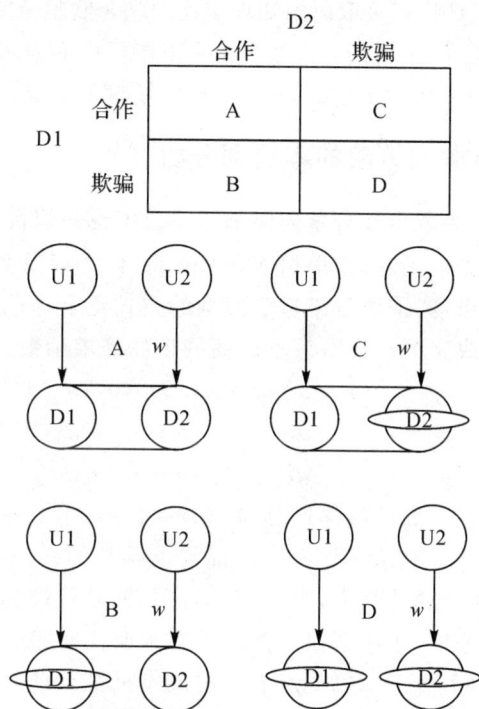

图 4.11　厂商 D3 永远采取合作的态度,厂商 D1 与 D2 可能呈现的赛局情景[29-31]

情景 A:在有厂商(U1-D1)采取垂直整合的市场结构下,下游三家厂商(D1-D2-D3)采取内隐知识交换的全部合作策略。下游厂商以古诺寡头模型做数量上的竞争,上游的生产数量是由下游厂商的需求所决定,上游 U1 厂商垂直整合后不会再进入中间产品市场交易,为完全市场封杀的型态。

情景 B:在有厂商(U1-D1)采取垂直整合的市场结构下,已经整合的下游厂商(D1)采取内隐知识交换的单独欺骗策略。下游厂商以古诺寡头模型做数量上的竞争,上游的生产数量是由下游厂商的需求所决定,上游 U1 厂商垂直整合后不会再进入中间产品市场交易,为完全市场封杀的型态。

情景 C:在有厂商(U1-D1)采取垂直整合的市场结构下,未整合的下游厂商(D2)采取内隐知识交换的单独欺骗策略。下游厂商以古诺寡头模型做数量上的竞争,上游的生产数量是由下游厂商的需求所决定,上游 U1 厂商垂直整合后不会再进入中间产品市场交易,为完全市场封杀的型态。

情景 D:在有厂商(U1-D1)采取垂直整合的市场结构下,未整合的下游厂商

(D2)与有垂直整合的下游厂商(D1)采取内隐知识交换的联合欺骗策略。上游 U1 厂商与下游 D1 厂商采取垂直整合的策略,且下游 D3 厂商采取内隐知识交换的合作策略,但是 D1 厂商与 D2 厂商采取内隐知识交换的联合欺骗策略。下游厂商以古诺寡头模型做数量上的竞争,上游的生产数量是由下游厂商的需求所决定,上游 U1 厂商垂直整合后不会再进入中间市场交易,为完全市场封杀的型态。(张正儒,2007)

4.4.2　合作与欺骗策略的本量利分析[29-31]

1. 情境 A:在 D2 采取合作分享内隐知识下,D1 也采取合作分享的策略[31]

下游三家厂商的需求函数,是根据 Milliou(2004)文章模型设计所假设。下游三家厂商在最终产品市场,采取古诺寡头模型的方式竞争,而上游产品的总供给是由下游厂商总需求所决定的。下游三家厂商的市场需求函数:

$$\begin{cases} p_1 = a - q_1 - dq_2 - dq_3 ; a > 0, 0 \leqslant d < 1 \\ p_2 = a - q_2 - dq_1 - dq_3 ; a > 0, 0 \leqslant d < 1 \\ p_3 = a - q_3 - dq_1 - dq_2 ; a > 0, 0 \leqslant d < 1 \end{cases} \quad \text{(A-1)}$$

p_i 代表下游第 i 家厂商的最终产品价格,$i=1\sim3$;q_i 代表下游第 i 家厂商的最终产品数量,$i=1\sim3$;a 代表下游三家厂商需求函数的截距项;数学符号 d 代表产品差异化程度,产品差异化越大,则 d 越小,产品间替代性越低。

由于参与知识分享时,下游三家厂商并没有采取任何的欺骗策略,因此各家厂商均可获取$(3-1)*(\beta+\gamma)=2(\beta+\gamma)$的单位成本抵减。此外,下游 D2 厂商与下游 D3 厂商则分别以单位价格 w 向上游 U2 厂商购买中间产品。根据 Aydogan、P. Lyon(2004)文章的模型设计,给定下游三家厂商的成本函数:

$$\begin{cases} c_1 = (\alpha - 2\beta - 2\gamma)q_1 ; \beta < 0, \gamma > 0 \\ c_2 = (\alpha - 2\beta - 2\gamma + w)q_2 ; \beta < 0, \gamma > 0 \\ c_3 = (\alpha - 2\beta - 2\gamma + w)q_3 ; \beta < 0, \gamma > 0 \end{cases} \quad \text{(A-2)}$$

其中 c_i 代表下游第 i 家厂商的最终产品成本,β 表示独立性知识交换使单位成本降低的程度,γ 表示互补性知识交换使单位成本降低的程度,α 表示下游三家厂商成本函数的截距项。因为 D1 厂商与 U1 厂商有采取垂直整合的策略,所以其中间产品价格被垂直整合所内化。D1 厂商与 D2 厂商和 D3 厂商之间又采取内隐知识交换的合作策略,所以内隐知识交换所造成的成本减少显现在三者的成本函数上,而 U2 厂商以 w 价格将中间产品卖给 D2 厂商与 D3 厂商。上游厂商与下游厂商的利润函数:

$$\begin{cases} \pi_{D1} = (a - q_1 - dq_2 - dq_3)q_1 - (\alpha - 2\beta - 2\gamma)q_1 \\ \pi_{D2} = (a - q_2 - dq_1 - dq_3)q_2 - (\alpha - 2\beta - 2\gamma + w)q_2 \\ \pi_{D3} = (a - q_3 - dq_1 - dq_2)q_3 - (\alpha - 2\beta - 2\gamma + w)q_3 \\ \pi_{U2} = wq_2 + wq_3 \end{cases} \quad \text{(A-3)}$$

分别将三家的利润 π 对其产量（$q_i, i = 1, 2, 3$）微分，再令一阶条件为零，分别求出 q_1、q_2 与 q_3 的反映函数：

$$
\begin{cases}
q_1(q_2, q_3) = \dfrac{1}{2}(a - dq_2 - dq_3 - \alpha + 2\beta + 2\gamma) \\[2ex]
q_2(q_1, q_3) = \dfrac{1}{2}(a - dq_1 - dq_3 - w - \alpha + 2\beta + 2\gamma) \\[2ex]
q_3(q_1, q_3) = \dfrac{1}{2}(a - dq_1 - dq_2 - w - \alpha + 2\beta + 2\gamma)
\end{cases}
\tag{A-4}
$$

求解（A-4）得出最终产品纳什均衡数量：

$$
\begin{cases}
q_1^*(w, \beta, \gamma) = \dfrac{-2a + ad - 2dw + 2\alpha - d\alpha - 4\beta + 2d\beta - 4\gamma + 2d\gamma}{2(-2 + d)(1 + d)} \\[2ex]
q_2^*(w, \beta, \gamma) = \dfrac{-2a + ad + 2w + 2\alpha - d\alpha - 4\beta + 2d\beta - 4\gamma + 2d\gamma}{2(-2 + d)(1 + d)} \\[2ex]
q_3^*(w, \beta, \gamma) = \dfrac{-2a + ad + 2w + 2\alpha - d\alpha - 4\beta + 2d\beta - 4\gamma + 2d\gamma}{2(-2 + d)(1 + d)}
\end{cases}
\tag{A-5}
$$

将式子（A-5）代入式子（A-3）中，利用利润极大化的一阶条件求出 w 的条件式：

$$
w = -\frac{1}{4}(-2 + d)\left[a - \alpha + 2(\beta + \gamma)\right]
\tag{A-6}
$$

将式（A-6）代入式（A-5）可以求得：

$$
\begin{cases}
q_1 = \dfrac{(2 + d)\left[a - \alpha + 2(\beta + \gamma)\right]}{4(1 + d)} \\[2ex]
q_2 = \dfrac{a - \alpha + 2(\beta + \gamma)}{4(1 + d)} \\[2ex]
q_3 = \dfrac{a - \alpha + 2(\beta + \gamma)}{4(1 + d)}
\end{cases}
\tag{A-7}
$$

再将式子（A-7）代入（A-1）求出最终产品的均衡价格：

$$
\begin{cases}
p_1 = \dfrac{a(2 + d) + (2 + 3d)\left[\alpha - 2(\beta + \gamma)\right]}{4(1 + d)} \\[2ex]
p_2 = \dfrac{a(3 + d + d^3) + \left[1 + d(3 + d)\right]\left[\alpha - 2(\beta + \gamma)\right]}{4(1 + d)} \\[2ex]
p_3 = \dfrac{a(3 + d + d^3) + \left[1 + d(3 + d)\right]\left[\alpha - 2(\beta + \gamma)\right]}{4(1 + d)}
\end{cases}
\tag{A-8}
$$

再将式子（A-8）代入式子（A-3）求出各厂商的利润：

$$\begin{cases} \pi_{D1} = \dfrac{(2+d)^2[a-\alpha+2(\beta+\gamma)]^2}{16(1+d)^2} \\[3mm] \pi_{D2} = \dfrac{[a-\alpha+2(\beta+\gamma)]^2}{16(1+d)^2} \\[3mm] \pi_{D3} = \dfrac{[a-\alpha+2(\beta+\gamma)]^2}{16(1+d)^2} \end{cases} \tag{A-9}$$

2. 情境 B：在 D2 采取合作分享内隐知识下，D1 采取欺骗隐瞒的策略[29]

下游三家厂商的市场需求函数：

$$\begin{cases} p_1 = a - q_1 - dq_2 - dq_3 \, ; a > 0, 0 \leqslant d < 1 \\ p_2 = a - q_2 - dq_1 - dq_3 \, ; a > 0, 0 \leqslant d < 1 \\ p_3 = a - q_3 - dq_1 - dq_2 \, ; a > 0, 0 \leqslant d < 1 \end{cases} \tag{B-1}$$

p_i 代表下游第 i 家厂商的最终产品价格，$i = 1 \sim 3$；q_i 代表下游第 i 家厂商的最终产品数量，$i = 1 \sim 3$；a 代表下游三家厂商需求函数的截距项；数学符号 d 代表产品差异化程度，产品差异化越大，则 d 越小，产品间替代性越低。

由于参与知识分享时，D1 采取欺骗策略，因此 D1 获取了 $(3-1) * \beta = 2\beta$ 的单位成本抵减。而采取合作分享态度的厂商 D2、D3 则可分别获取 $(3-2) * (\beta+\gamma) = \beta+\gamma$ 的成本降低。此外，下游 D2 厂商与下游 D3 厂商则分别以单位价格 w 向上游 U2 厂商购买中间产品。根据 Aydogan、P. Lyon（2004）文章的模型设计，给定下游三家厂商的成本函数：

$$\begin{cases} c_1 = (\alpha - 2\beta)q_1 \, ; \beta < 0, \gamma > 0 \\ c_2 = (\alpha - \beta - \gamma + w)q_2 \, ; \beta < 0, \gamma > 0 \\ c_3 = (\alpha - \beta - \gamma + w)q_3 \, ; \beta < 0, \gamma > 0 \end{cases} \tag{B-2}$$

其中 c_i 代表下游第 i 家厂商的最终产品成本，β 表示独立性知识交换使单位成本降低的程度，γ 表示互补性知识交换使单位成本降低的程度，α 表示下游三家厂商成本函数的截距项。因为 D1 厂商与 U1 厂商有采取垂直整合的策略，所以其中间产品价格被垂直整合所内化。D1 厂商与 D2 厂商和 D3 厂商之间又采取内隐知识交换的合作策略，所以内隐知识交换所造成的成本减少显现在三者的成本函数上，而 U2 厂商以 w 价格将中间产品卖给 D2 厂商与 D3 厂商。上游厂商与下游厂商的利润函数：

$$\begin{cases} \pi_{D1} = (a - q_1 - dq_2 - dq_3)q_1 - (\alpha - 2\beta)q_1 \\ \pi_{D2} = (a - q_2 - dq_1 - dq_3)q_2 - (\alpha - \beta - \gamma + w)q_2 \\ \pi_{D3} = (a - q_3 - dq_1 - dq_2)q_3 - (\alpha - \beta - \gamma + w)q_3 \\ \pi_{U2} = wq_2 + wq_3 \end{cases} \tag{B-3}$$

分别将三家的利润 π 对其产量 $(q_{i,i} = 1, 2, 3)$ 微分，再令一阶条件为零，分别求出 q_1、q_2 与 q_3 的反函数：

$$\begin{cases} q_1(q_2,q_3)=\dfrac{1}{2}(a-dq_2-dq_3-\alpha+2\beta) \\[2mm] q_2(q_1,q_3)=\dfrac{1}{2}(a-dq_1-dq_3-w-\alpha+\beta+\gamma) \\[2mm] q_3(q_1,q_2)=\dfrac{1}{2}(a-dq_1-dq_2-w-\alpha+\beta+\gamma) \end{cases} \quad (\text{B-4})$$

求解(B-4)得出最终产品纳什均衡数量:

$$\begin{cases} q_1^*(w,\beta,\gamma)=\dfrac{2a+ad-2dw+2\alpha+d\alpha+4\beta-2d\gamma}{2(-2+d)(1+d)} \\[3mm] q_2^*(w,\beta,\gamma)=\dfrac{2a-ad-2w-2\alpha+d\alpha+2\beta-2d\beta+2\gamma}{2(-2+d)(1+d)} \\[3mm] q_3^*(w,\beta,\gamma)=\dfrac{2a-ad-2w-2\alpha+d\alpha+2\beta-2d\beta+2\gamma}{2(-2+d)(1+d)} \end{cases} \quad (\text{B-5})$$

将式子(B-5)代入式子(B-3)中,利用利润极大化的一阶条件求出 w 的条件式:

$$w=\frac{1}{4}(2a-ad-2\alpha+d\alpha+2\beta-2d\beta+2\gamma) \quad (\text{B-6})$$

将式(B-6)代入式(B-5)可以求得:

$$\begin{cases} q_1=\dfrac{2a-ad+2dw-2\alpha+d\alpha+4\beta-2d\gamma}{2(1+d)(d-2)} \\[3mm] q_2=\dfrac{2a-ad-2w-2\alpha+d\alpha+2\beta-2d\beta+2\gamma}{2(1+d)(d-2)} \\[3mm] q_3=\dfrac{2a-ad-2w-2\alpha+d\alpha+2\beta-2d\beta+2\gamma}{2(1+d)(d-2)} \end{cases} \quad (\text{B-7})$$

再将式子(B-7)代入式子(B-3)求出各厂商的利润:

$$\begin{cases} \pi_{D1}=\dfrac{\{(a-\alpha)(-4+d^2)+2[-4+(-1+d)d]\beta+2d\gamma\}^2}{16(1+d)^2} \\[3mm] \pi_{D2}=\dfrac{[(-a+\alpha)(-2+d)+2(\beta-d\beta+\gamma)]^2}{16(1+d)^2} \\[3mm] \pi_{D3}=\dfrac{[(-a+\alpha)(-2+d)+2(\beta-d\beta+\gamma)]^2}{16(1+d)^2} \end{cases} \quad (\text{B-8})$$

3. 情境 C:在 D1 采取合作分享内隐知识下,D2 采取欺骗隐瞒的策略[29]

下游三家厂商的市场需求函数,是根据 Milliou(2004)文章模型设计所假设。下游三家厂商在最终产品市场,采取古诺寡头竞争模型的方式竞争,而上游产品的总供给是由下游厂商总需求所决定的:

$$\begin{cases} p_1=a-q_1-dq_2-dq_3\,;a>0,0\leqslant d<1 \\[1mm] p_2=a-q_2-dq_1-dq_3\,;a>0,0\leqslant d<1 \\[1mm] p_3=a-q_3-dq_1-dq_2\,;a>0,0\leqslant d<1 \end{cases} \quad (\text{C-1})$$

由于参与知识分享时,D2 采取欺骗隐瞒的策略,因此,D1、D2、D3 分别可享有 $(3-2)*(\beta+\gamma)=\beta+\gamma$、$(3-1)*(\beta)=2\beta$、$(3-2)*(\beta+\gamma)=\beta+\gamma$ 的单位成本抵减。此外,下游 D2 厂商与下游 D3 厂商则分别以单位价格 w 向上游 U2 厂商购买中间产品。根据 Aydogan、P. Lyon(2004)文章的模型设计,给定下游三家厂商的成本函数:

$$\begin{cases} c_1=(\alpha-\beta-\gamma)q_1;\beta<0,\gamma>0 \\ c_2=(\alpha-2\beta+w)q_2;\beta<0,\gamma>0 \\ c_3=(\alpha-\beta-\gamma+w)q_3;\beta<0,\gamma>0 \end{cases} \quad (C-2)$$

其中 c_i 代表下游第 i 家厂商的最终产品成本,β 表示独立性知识交换使单位成本降低的程度,γ 表示互补性知识交换使单位成本降低的程度,a 表示下游三家厂商成本函数的截距项。上游厂商与下游厂商的利润函数:

$$\begin{cases} \pi_{D1}=(a-q_1-dq_2-dq_3)q_1-(\alpha-\beta-\gamma)q_1 \\ \pi_{D2}=(a-q_2-dq_1-dq_3)q_2-(\alpha-2\beta+w)q_2 \\ \pi_{D3}=(a-q_3-dq_1-dq_2)q_3-(\alpha-\beta-\gamma+w)q_3 \\ \pi_{U2}=wq_2+wq_3 \end{cases} \quad (C-3)$$

分别将三家的利润 π 对其产量($q_i,i=1,2,3$)微分,再令一阶条件为零,分别求出 q_1、q_2 与 q_3 的反映函数:

$$\begin{cases} q_1(q_2,q_3)=\frac{1}{2}(a-dq_2-dq_3-\alpha+\beta+\gamma) \\ q_2(q_1,q_3)=\frac{1}{2}(a-dq_1-dq_3-w-\alpha+2\beta) \\ q_3(q_1,q_2)=\frac{1}{2}(a-dq_1-dq_2-w-\alpha+\beta+\gamma) \end{cases} \quad (C-4)$$

求解(C-4)得出最终产品纳什均衡数量:

$$\begin{cases} q_1^*(w,\beta,\gamma)=\frac{-2a+ad-2dw+2\alpha-d\alpha-2\beta+2d\beta-2d\gamma}{2(-2+d)(1+d)} \\ q_2^*(w,\beta,\gamma)=\frac{-2a+ad+2w+2\alpha-d\alpha-4\beta+2d\gamma}{2(-2+d)(1+d)} \\ q_3^*(w,\beta,\gamma)=\frac{-2a+ad+2w+2\alpha-d\alpha-2\beta+2d\beta-2\gamma}{2(-2+d)(1+d)} \end{cases} \quad (C-5)$$

将式子(C-5)代入式子(C-3)中,利用利润极大化的一阶条件求出 w 的条件式:

$$w=-\frac{1}{4}(-2a+ad+2\alpha-d\alpha-3\beta+d\beta-\gamma+d\gamma) \quad (C-6)$$

将式(C-6)代入式(C-5)可以求得:

$$\begin{cases} q_1=\dfrac{-2a+ad-2dw+2\alpha-d\alpha-2\beta+2d\beta-2\gamma}{2(-2+d)(1+d)} \\[2mm] q_2=\dfrac{-2a+ad+2w+2\alpha-d\alpha-4\beta+2d\gamma}{2(-2+d)(1+d)} \\[2mm] q_3=\dfrac{-2a+ad-2w+2\alpha-d\alpha-2\beta+2d\beta-2\gamma}{2(-2+d)(1+d)} \end{cases} \tag{C-7}$$

再将式子(C-7)代入式子(C-3)求出各厂商的利润：

$$\begin{cases} \pi_{D1}=\dfrac{\{a(-4+d^2)+4(\alpha-\beta-\gamma)+d[\beta-\gamma+d(-\alpha+\beta+\gamma)]\}^2}{16(1+d)^2(-2+d)^2} \\[2mm] \pi_{D2}=\dfrac{[a(-2+d)+2\alpha-5\beta-d(\alpha+\beta-3\gamma)+\gamma]^2}{16(1+d)^2(-2+d)^2} \\[2mm] \pi_{D3}=\dfrac{[-a(-2+d)-2\alpha+\beta+3\gamma+d(\alpha-3\beta+\gamma)]^2}{16(1+d)^2(-2+d)^2} \end{cases} \tag{C-8}$$

4. 情境 D：在 D2 采取欺骗隐瞒内隐知识下，D1 采取欺骗隐瞒的策略[29-31]

下游三家厂商的市场需求函数：

$$\begin{cases} p_1=a-q_1-dq_2-dq_3\,;a>0,0\leqslant d<1 \\ p_2=a-q_2-dq_1-dq_3\,;a>0,0\leqslant d<1 \\ p_3=a-q_3-dq_1-dq_2\,;a>0,0\leqslant d<1 \end{cases} \tag{D-1}$$

p_i 代表下游第 i 家厂商的最终产品价格，$i=1\sim3$；q_i 代表下游第 i 家厂商的最终产品数量，$i=1\sim3$；a 代表下游三家厂商需求函数的截距项；数学符号 d 代表产品差异化程度，产品差异化越大，则 d 越小，产品间替代性越低。

由于参与知识分享时，D1、D2 均采取欺骗策略，因此都无法得到互补性知识，故 D1、D2、D3 分别获取 β、β 和零的单位成本抵减。此外，下游 D2 厂商与下游 D3 厂商则分别以单位价格 w 向上游 U2 厂商购买中间产品。根据 Aydogan、P. Lyon (2004)文章的模型设计，给定下游三家厂商的成本函数：

$$\begin{cases} c_1=(\alpha-\beta)q_1\,;\beta<0,\gamma>0 \\ c_2=(\alpha-\beta+w)q_2\,;\beta<0,\gamma>0 \\ c_3=(\alpha+w)q_3\,;\beta<0,\gamma>0 \end{cases} \tag{D-2}$$

其中 c_i 代表下游第 i 家厂商的最终产品成本，β 表示独立性知识交换使单位成本降低的程度，γ 表示互补性知识交换使单位成本降低的程度，a 表示下游三家厂商成本函数的截距项。因为 D1 厂商与 U1 厂商有采取垂直整合的策略，所以其中间产品价格被垂直整合所内化。D1 厂商与 D2 厂商又采取内隐知识欺骗隐瞒的策略，所以内隐知识交换所造成的成本减少显现在三者的成本函数上，而 U2 厂商以 w 价格将中间产品卖给 D2 厂商与 D3 厂商。

上游厂商与下游厂商的利润函数：

$$\begin{cases} \pi_{D1} = (a - q_1 - dq_2 - dq_3)q_1 - (\alpha - \beta)q_1 \\ \pi_{D2} = (a - q_2 - dq_1 - dq_3)q_2 - (\alpha - \beta + w)q_2 \\ \pi_{D3} = (a - q_3 - dq_1 - dq_2)q_3 - (\alpha + w)q_3 \\ \pi_{U2} = wq_2 + wq_3 \end{cases} \quad \text{(D-3)}$$

分别将三家的利润 π 对其产量 $(q_i, i=1,2,3)$ 微分,再令一阶条件为零,分别求出 q_1、q_2 与 q_3 的反函数:

$$\begin{cases} q_1(q_2, q_3) = \dfrac{1}{2}(a - dq_2 - dq_3 - \alpha + \beta) \\ q_2(q_1, q_3) = \dfrac{1}{2}(a - dq_1 - dq_3 - w - \alpha + \beta) \\ q_3(q_1, q_2) = \dfrac{1}{2}(a - dq_1 - dq_2 - w - \alpha) \end{cases} \quad \text{(D-4)}$$

求解(D-4)得出最终产品纳什均衡数量:

$$\begin{cases} q_1^*(w, \beta, \gamma) = \dfrac{2a - ad + 2dw - 2\alpha + d\alpha + 2\beta}{2(-2+d)(1+d)} \\ q_2^*(w, \beta, \gamma) = \dfrac{2a - ad - 2w - 2\alpha + d\alpha + 2\beta}{2(-2+d)(1+d)} \\ q_3^*(w, \beta, \gamma) = \dfrac{2a - ad - 2w - 2\alpha + d\alpha - 2d\beta}{2(-2+d)(1+d)} \end{cases} \quad \text{(D-5)}$$

将式子(D-5)代入式子(D-3)中,利用利润极大化的一阶条件求出 w 的条件式:

$$w = \frac{1}{4}(2a - ad - 2\alpha + d\alpha + \beta - d\beta) \quad \text{(D-6)}$$

将式(D-6)代入式(D-5)可以求得:

$$\begin{cases} q_1 = \dfrac{2a - ad + 2dw - 2\alpha + d\alpha + 2\beta}{2(1+d)(d-2)} \\ q_2 = \dfrac{2a - ad - 2w - 2\alpha + d\alpha + 2\beta}{2(1+d)(d-2)} \\ q_3 = \dfrac{2a - ad - 2w - 2\alpha + d\alpha - 2d\beta}{2(1+d)(d-2)} \end{cases} \quad \text{(D-7)}$$

再将式子(D-7)代入式子(D-3)求出各厂商的利润:

$$\begin{cases} \pi_{D1} = \dfrac{\{(a-\alpha)(-4+d^2) + [-4 + (-1+d)d]\beta\}^2}{16(1+d)^2(d-2)^2} \\ \pi_{D2} = \dfrac{[(a-\alpha)(-2+d) - (3+d)\beta]^2}{16(1+d)^2(d-2)^2} \\ \pi_{D3} = \dfrac{[(a-\alpha)(-2+d) + \beta + 3d\beta]^2}{16(1+d)^2(d-2)^2} \end{cases} \quad \text{(D-8)}$$

4.4.3　内隐知识互补性大小对策略选择的影响[29-31]

当厂商参与内隐知识的交换时,可以选择采取合作分享的策略,与他人分享互补性的知识,亦可实行欺骗隐瞒策略,单纯接受其他厂商的独立性知识分享,而隐藏本身部分的内隐知识。然而,随着内隐知识的互补性高低,不同策略选取下的成本抵减程度不同,合作分享者、隐瞒欺骗者间势力将产生消长,进而使得市场产生新的均衡。

若内隐知识的互补性 γ 大,厂商间将能够通过知识交换有效降低单位生产成本,其所带来的效益将会因成本结构的不同而有所差异。影响成本函数的因素主要有两项:即因垂直整合而省去的中间产品购买成本以及通过内隐知识交换所降低的单位成本,它们会因合作、欺骗策略的采取而有所差异。若拥有较低的成本结构,厂商即可通过提高产出效率以及采取较低定价的方式来提升竞争优势,并以此掠夺其他成本结构较高者的市场。

1. 互补性知识越高,采取合作分享策略的厂商均衡产出越多[29]

就情境 A 而言,下游三家厂商均采取合作分享内隐知识的态度,因此均可获取 $2(\beta+\gamma)$ 的单位成本抵减,如此一来,当 γ 越大,单位成本抵减的程度将越大,而随着生产成本的降低,均衡产出自然也随之提升。根据以上的推论过程,可以了解 γ 值变动对于均衡产出方向的影响。利用上一节得出的产量公式可以证明 $q_1 > q_2 = q_3$,其原因:

(1)由于 D1 已完成垂直整合,相较其余两厂拥有更低的成本结构,因此在三者同样获取 $2(\beta+\gamma)$ 的单位成本抵减下,其成本降低幅度相对较高,而随着 (γ) 的增加彼此间成本的差距将持续增大,反映在产量上便是均衡产出差距的扩大。

(2)当厂商间交换彼此内隐知识后,便会以所获得的新知识来对自身产品作研发上的改进,此时已完成垂直整合的厂商便能够得到来自于上游中间产品供给的配合,缩减了成本上的耗费,因此在均衡产出上可以比另外两厂有更好的表现。

就情境 B 而言,采取合作分享内隐知识态度的厂商 D2、D3 均获取 $(\beta+\gamma)$ 的单位成本抵减,随着 γ 的提高,成本降低,均衡产出自然也随之提升,而采取欺骗策略的 D1 通过独立性知识转移的分享,只能获取了 2β 的单位成本抵减,将无法享有 γ 提高所带来的利益。不仅如此,D1 更将遭受 D2、D3 凭借 γ 而取得的成本优势所压迫,在市场供需机制运作下,均衡产出将随着 γ 上升而缩减。反之,当 γ 并不高的时候,代表互补性知识转移所能带来的成本抵减较少,所能增加的产出亦有限,故厂商于此时采取欺骗策略的诱因将为之提高。以本情境来说,采取欺骗策略的 D1,其均衡产出将随着 γ 下降的同时而提高,而 D2、D3 的均衡产出则随之降低。

就情境 C 而言,采取合作分享内隐知识态度的厂商 D1、D3 均获取 $(\beta+\gamma)$ 的单位成本抵减,随着 γ 的提高,成本降低,在利润极大化的前提下,均衡产出随之提升,其中,由于 D1 享有垂直整合的成本优势,因此随 γ 提高所带来的均衡产出增幅将大过 D3。另一方面,采取欺骗策略的 D2 通过内隐知识分享,将可获取 2β 的单位成本抵减,但是其无法享有 γ 提高所带来的好处,反而受到 D1、D3 凭借 γ 而取得的低成本优势所压迫,故如同情境 B 下采取欺骗策略的 D1 一般,D2 的均衡产出将随 γ 值的升高而减少,反之,若 γ 并不高,代表互补性知识所能带来的成本抵减有限,此时便有采取欺骗策略的空间。以本情境来说,在 $(\beta+\gamma)$ 的情况下,随着 γ 的下降,采取欺骗策略的 D2 将不会感受到来自 D1、D3 的威胁,反而凭借欺骗下所获取的 2β 单位成本抵减,拉近与 D1 的成本差距、扩大与 D3 的成本优势。因此,D2 的均衡产出将随着 γ 下降的同时而提高,相对而言,D1、D3 的均衡产出将随之减少。

就情境 D 而言,D1、D2 均采取欺骗策略,因此双方均无法获取来自于 γ 的成本抵减好处,两者只能自唯一合作分享内隐知识的 D3 处各自获取 β 的单位成本抵减,也就是说,γ 的大小、上升或下降并不会对参与知识分享任一方的成本有所影响,同样的对于均衡产出也没有任何帮助。

2. 互补性知识越高,所有厂商的最终产品价格越低[30]

在情境 A 下,由于下游三家厂商均采取合作分享内隐知识的态度,因此均可获取 $2(\beta+\gamma)$ 的单位成本抵减。如此一来,当 γ 越高,单位成本抵减的程度将越大,生产成本随之降低,在成本降低的情况下,三者皆有能力定出较低的产品售价,根据供需理论,价格越低则顾客的需求量会越大。

由于 D1 已完成垂直整合,相较其余两厂拥有更低的成本结构,因此在三者同样获取 $2(\beta+\gamma)$ 的单位成本抵减下,其成本降低幅度相对较高,反映在竞争力上便是较低的产品售价,不仅如此,随着 γ 值的增加,D1 所拥有的成本优势亦将持续扩大,使得降价空间更为充裕。第二个影响因素是中间产品成本的高低。将中间产品价格 w 对 γ 作微分,显示随着内隐知识互补性提高,中间产品价格也将随之上升:其原因在于,随着 γ 的增加使得三家厂商生产成本都得以降低,造成均衡产出提升,对于上游供货商来说,下游产出的增加将带来中间产品引申性需求的上升,故通过供需平衡,中间产品价格 w 将随之提高。对于已完成垂直整合的 D1 来说,来自于上游的全力配合将使其得以专注在产出的提升,并不需要担心中间产品供给的问题,同时亦缩减了成本上的耗费。反之,面临市场封杀下的 D2 与 D3 则恰巧相反,由于 γ 增加带来了产出的上升,使其对于生产中间产品的需求提升,在面临单一供货商 U2 的情况下,通过市场供需法则,所付出的中间产品价格 w 提高,故未垂直整合厂商于成本上相对居于劣势。

就情境 B 而言,采取合作分享内隐知识策略的厂商 D2、D3 皆获取 $(\beta+\gamma)$ 的单位成本抵减,因此在其他条件不变下,随着 γ 的提高,成本降低,产品定价随之降低,增加了产品竞争的优势,而采取欺骗策略的 D1 则获取 2β 的单位成本抵减,不但

无法享有 γ 提高所带来的利益,更为 D2、D3 凭借 γ 上升所带来的低成本优势所压迫。在面临 D2、D3 产品价降攻击下,D1 厂商不得已只好也采取降价策略来还击。

将 p 对 γ 求偏导数我们发现,随着 γ 的上升,D2、D3 产品价降的幅度将大过 D1 的降幅,D1 的利润可能因市场被侵蚀而降低。反之,当 γ 下降时,D2、D3 不再享有互补性知识交换所带来的成本优势,因而产品价格相对较高,此时 D1 反而凭借垂直整合的成本优势,有能力控制定价,使价格上升幅度比其余两厂来的小,故产品较具有竞争优势,获利也将随 γ 值的降低而提高。

就情境 C 而言,采取合作分享内隐知识态度的厂商 D1、D3 皆获取的单位成本抵减,因此在其他条件不变下,随着 γ 的提高,成本降低,产品定价随之降低,增加了产品竞争的优势。另一方面,采取欺骗策略的 D2 通过独立性知识转移的分享,只获得 2β 的单位成本抵减,并无法享有 γ 提高所带来的利益。然而,D1、D3 将因成本降低而采取低价策略,在 d 较大的条件下,使得 D2 即使处于成本劣势,仍需采取降价策略,故其利润会受到挤压。反之,当 γ 越小,代表互补性知识所能带来的成本抵减有限,此时,采取欺骗策略的 D2,较不会感受到 D1、D3 带来的成本威胁,且厂商间将不会采取价格竞争,达成维持或提高价格共识的机会便越大。

就情境 D 而言,D1、D2 皆采取欺骗策略,因此双方皆无法获取来自于 γ 增加所带来的成本抵减好处,两者只能自唯一合作分享内隐知识的 D3 处各自获取 β 的单位成本抵减,也就是说,γ 的大小、上升或下降并不会对参与知识分享任一方的成本有所影响,同样的也无任何降低售价的空间。

3. 互补性知识越高,采取合作分享策略的厂商获利越高[31]

在情境 A 下,下游三家厂商皆采取合作分享内隐知识的态度,过程中分别可获取 $2(\beta+\gamma)$ 的单位成本抵减,故随着 γ 的增加,单位成本抵减的程度将越大。经由上述互补性知识对产出和价格的影响分析,我们发现,随着成本抵减,各厂商皆能够提高均衡产出,且均有能力调降其产品售价,使得利润也随之提升。由于垂直整合下的成本结构较低,在获取相同的单位成本抵减下,D1 成本降低幅度相对较高。而随着 γ 的增加,D2、D3 对于中间产品产生引申性需求,通过市场供需,使得中间产品价格 w 提高,D1 拥有成本优势。由于以上两个原因,D1 凭借着垂直整合所带来的成本优势,将能够比其余两厂拥有更高的均衡产出以及更有竞争力的产品定价,并随着 γ 的增加持续扩大此一优势,利润差距亦随之拉开。

在情境 B 下,D1 于内隐知识分享时采取欺骗隐瞒的策略,凭借独立性知识交换获取了 2β 的单位成本抵减,而 D2、D3 在采取合作分享的策略下,通过相互间的独立性及互补性知识交换,分别获取 $(\beta+\gamma)$ 的单位成本抵减。当 γ 并不高时,互补性知识所能带来的成本抵减有限,此时采取欺骗策略的诱因将为之提高。以本情境来说,采取欺骗策略的 D1 厂商,在 $\gamma<\beta$ 下,随着 γ 下降的同时,均衡产出增加、产品定价更具竞争力,利润因而提高;反之,D2、D3 享有 γ 所带来的好处相对较

少,单位成本抵减的程度低,因此随着 γ 降低下,均衡产出减少、产品价格抬升,利润亦随之降低。

就情境 C 而言,内隐知识分享时采取合作态度的厂商 D1、D3 皆获取 $(\beta+\gamma)$ 的单位成本抵减,随着 γ 的提高,单位成本抵减的程度越大,使得两者利润随之提升,其中,由于 D1 享有垂直整合的成本优势,在 $(\beta+\gamma)$ 下,因 γ 提高而带来的利润增幅将大过 D3。

就情境 D 而言,D1、D2 皆采取欺骗策略,因此双方皆无法获取来自于 γ 的成本抵减好处,两者只能自唯一合作分享内隐知识的 D3 处各自获取 β 的单位成本抵减,也就是说,γ 的大小、上升或下降并不会对参与知识分享的任一方有所影响,无论是均衡产出、产品定价或是最终利润。

4. 产品差异化程度越高,均衡产出提升,最终产品价格提高,厂商获利越高[29]

若产品间差异性大,则相互间替代性小,使其得以做出市场分割并增加顾客忠诚度,较不会有价格竞争的情况产生,而此优势便反映在获利的提升,由表 4.33 可得知,在大部分的情况下,当差异化程度偏高($d<1/2$)时,随着 d 减低(差异化程度趋高)将使得利润提升越多。也就是说,厂商通过彼此产品间的差异化,利用价格以外的属性去吸引消费者,合力把市场做大,达成同时提升利润的目标。反之,当产品差异化程度很低,下游厂商将提供同构型且替代性较高的产品,因此其竞争的程度将更为激烈,有可能导致价格战的产生,进而剥削所有厂商的利润。从表 4.33 中可得知当 $d<1/2$ 时,随着 d 增大(差异化程度降低)将使得利润降低。

从表 4.33 可以得知,除了情境 A 与 D,不论是均衡产出或产品定价皆与产品差异化程度呈现正向关联外,其余情境皆存在无法确切判断正负方向的情况。

在情境 A 下,下游三家厂商均采取合作分享内隐知识的态度,通过彼此间的知识分享,各家厂商有能力通过差异化生产来进行市场分割,减少价格竞争的机会,进而提升彼此的利润。三家厂商的利润都随着产品差异化程度呈正向成长,原因在于随着产品的异质,厂商间得以有效做出市场分割,刺激消费需求,在供需平衡下共同提升均衡产出数量,此外,消费者对于差异化产品也愿意付出较高的价格,故厂商通过产品差异化程度的增加,使得产出提升、售价提高,利润因此而增加。经由以上推论,显示差异化产品存在着足够的诱因驱使厂商投入研发,以创新及质量来进行良性的非竞价竞争,彼此间并持续通过知识分享的进行,提升差异化的能力,通过市场供需机制把饼做大,使参与者的利润均能同步成长。

在本情境下三家厂商均采取合作分享态度,彼此之间获取共同的内隐知识并进行差异化投入,然而在相同的差异化程度下,D1 却享有较高的均衡产出、产品售价及利润,且随着 d 的变动此间差距持续扩大,反映在利润变动的幅度上,探讨如下:

表 4.33　三家下游厂商利润、均衡产出与产品定价对产品差异化程度微分表[29-30]

赛局情境 　　对 d 微分	$\dfrac{\partial \pi_1}{\partial d}$	$\dfrac{\partial \pi_2}{\partial d}$	$\dfrac{\partial \pi_3}{\partial d}$
A	<0	<0	<0
B	<0,当$>\gamma\dfrac{4\beta}{d}$	<0,当 $d<1/2$	<0,当 $d<1/2$
C	无法判断	无法判断	无法判断
D	<0,当 $d<1/2$	<0,当 $d<0.15$	<0,当 $d<1/2$

赛局情境 　　对 d 微分	$\dfrac{\partial q_1}{\partial d}$	$\dfrac{\partial q_2}{\partial d}$	$\dfrac{\partial q_3}{\partial d}$
A	<0	<0	<0
B	<0,当 $d<1/2$	<0,当 $d<1/2$	<0,当 $d<1/2$
C	<0,当 $d<1/2$	<0,当 $d<0.3$	<0,当 $d<1/2$
D	<0,当 $d<1/2$	<0,当 $d<0.15$	<0,当 $d<1/2$

赛局情境 　　对 d 微分	$\dfrac{\partial p_1}{\partial d}$	$\dfrac{\partial p_2}{\partial d}$	$\dfrac{\partial p_3}{\partial d}$
A	<0	<0	<0
B	<0,当 $d<1/2$	无法判断	无法判断
C	<0,当 $d<1/2$	无法判断	无法判断
D	<0,当 $d<1/2$	<0,当 $d<0.82$	<0,当 $d<1/2$

由于进行产品差异化可能产生出额外的成本,例如专门化资产及专属原材料需求等,此时厂商往往需要上游供货商提供必要的配合,因此将会使得已进行垂直整合的厂商处于成本的有利位置,且随着差异化程度的提高,此优势将会相对扩大。随着产品差异化程度的提高,未垂直整合厂商所必须付出的中间产品价格越高,成本亦随之拉抬,使得 D2、D3 不论在生产或定价上都处于较不利的地位,反之,D1 不仅可凭借较佳的整合效率进行差异化生产,产出增幅高于其他厂商,更可凭借着原料成本优势,调降产品售价,从多方面提高自身产品优势,进而掠取对手市场及利润。从反面来说,当产品间的差异化越小,产品同构型升高的同时将导致市场重叠的情况,市场规模变小使得竞争更加激烈,厂商利润可能面临彼此间低价竞争的威胁。就 D1 来看,此时垂直整合的优势在于拥有较低的生产成本,当面临削价竞争时可以有更高的降价空间,也就是说即使处于同质产品市场,D1 的定价可以比其余两厂更富有弹性,所能获取的利润也较高。然而,此时没有成本优势的厂商将同时面对产能过剩及价格割喉战的双重困境,利润将会被拥有成本优势的对手剥削。

在情境 D 下,对两个相互欺骗的厂商而言,γ 的大小对双方已不具任何意义,将不会对任一方的成本函数有所影响,故实行产品差异化是本情境下增加产出及利润最有效的策略。然而随着产品差异化程度的上升,伴随而来的中间产品成本亦增加。在三家厂商均无法自互补性知识取得好处下,中间产品取得成本的高低相形重要,此时已完成垂直整合的厂商 D1 便享有绝对优势,当其余两厂必须在产品差异化程度极高时($d<0.15$)始能提升利润下,D1 只要在 $d<1/2$ 下即能享有差异化带来的好处,显示已完成垂直整合的厂商将更有诱因去进行产品创新及差异化研发。

在情境 B 及 C 下,由于加入了欺骗行为的考虑,使得模型更为复杂且难以判定 d 的影响方向。由于部分参数无法明确判定变动程度及其限制条件,因此本段只概述产品差异化程度与欺骗策略之间的因果关系。

厂商间在进行内隐知识分享之前,必定会评估此次交流的内容以及所能带来的利益,当某方意识到本次交流对于其产品研发帮助有限时,便有可能实行隐瞒己身内隐知识的策略,而产品差异化程度便是一个很重要的考虑因素。当有厂商意识到本次与会交流所讨论的产品同构型很高(d 很小),或者是对于其自身产品的差异化研发并没有帮助时,便有可能采取隐瞒关键知识的策略,只单纯接收他人的独立性知识分享,而选择不与他厂做更深入的互补性知识交换。

4.4.4 内隐知识交换时,垂直整合厂商的优势策略[31]

本节以博弈理论(gametheory)的观点出发,站在已完成垂直整合厂商 D1 的立场下,探讨其是否存在着优势策略,并分别检验互补性知识与产品差异化程度对于 D1 厂商策略选取上的影响。为了方便分析,根据模型的结论制作表 4.34 作为比较。

表 4.34 厂商 D1 在情境 A 与情境 B 下的利润差、产量差、定价差对 γ、d 的微分

变量	数值	对 γ 微分	对 d 微分
$\pi_{1A} - \pi_{1B}$	>0,当 $\gamma>0.2$	>0	<0,当 $0.65<d<0.66$
$q_{1A} - q_{1B}$	>0	>0	<0,当 $d<1/2$
$p_{1A} - p_{1B}$	<0	<0	<0,当 $d<1/2$

由上表可知当 $\gamma>0.2$ 时,$\pi_{1A} - \pi_{1B}>0$,显示只要互补性知识不是太小,采取合作分享的态度将可以获取较高的利润。

第一种情况:对手在内隐知识交换时采取合作分享策略下,垂直整合厂商 D1 的最佳策略。

1. 随着互补性知识的提高,D1 采取合作及欺骗策略下的均衡产出差距扩大,最终产品价差缩减,利润差距扩大

从成本结构来看,D1 采取合作态度下的单位成本为 $\alpha-2\beta-2\gamma$,而采取欺骗策略下的单位成本为 $\alpha-2\beta$,显示采取欺骗态度者将得不到来自于 γ 的单位成本抵减,成本结构上处于相对劣势。一旦处于成本劣势,均衡产出便会减少且售价将

较高。

当 γ 高时,采取合作分享下的 D1 将会享有较高的成本抵减,通过利润极大化过程其均衡产出会因而增加,反之,采取欺骗态度下,其不仅无法降低成本,更将遭受 D2 及 D3 的低成本威胁,使得均衡产出受到挤压,故在 $\gamma > 0.2$ 的条件下 $q_{1A} - q_{1B} > 0$。同理,随着 γ 的增加,此一差距将持续扩大:

$$\frac{\partial(q_{1A} - q_{1B})}{\partial\gamma} = \frac{-4 - d + d^2}{2(-2 + d)(1 + d)}$$

在均衡产出差距拉大的同时,利润差也伴随增加,提高了 D1 采取合作分享的诱因。

从产品定价角度来看,当互补性知识高时,采取合作分享下的 D1 可凭借成本的抵减,取得较高的价格下降空间,使得 p_{1A} 在享有垂直整合与知识交换双重成本优势下,能够有低于竞争对手的表现,然而采取欺骗策略下的 D1 则恰巧相反,当 γ 很高时,D1 无法享有单位成本的抵减,此时 D1 唯一拥有的优势只剩垂直整合所省下的中间产品成本,故其售价将较采取合作分享下来的高,$p_{1A} - p_{1B} < 0$,在相同的市场条件下,产品的竞争力随之下降,利润也将较合作分享下来的低。

然而,从表 4.34 当中我们可以得知,随着 γ 的增加,$p_{1A} - p_{1B}$ 却呈现距离拉近的现象,似乎与上述低成本低定价、高成本高定价的法则不相符合,通过分析个别情境下与其他厂商的互动后,发现在本文的模型设定下,由于 D1 厂商率先完成向上垂直整合,缩减了中间产品的购买成本,而不论在任何情境下,通过 γ 上升将促使均衡产出增加,间接带动中间产品引申性需求的提高,使得其价格亦随之上升:

$$\frac{\partial w_A}{\partial\gamma} = \frac{2 - d}{2} > 0 \qquad \frac{\partial w_B}{\partial\gamma} = \frac{1}{2} > 0$$

因此,享有成本优势的 D1 可以拥有比其余两厂更低的定价,但不用低的太多,只要能够维持产品的竞争优势即可,另一方面,情境 B 下,采取欺骗策略的 D1 不仅无法获得成本抵减,更将遭受来自于 D2、D3 的低价威胁,使得其不得不降价应对,造成随着 γ 的增加 p_{1B} 越低的现象。整理两种情境下的结论,当 γ 上升时,采取合作分享下的 p_{1A} 享有降价空间,但在同时拥有垂直整合优势的情况下不必降得太多,而采取欺骗态度下 p_{1B} 的则被迫降价,利用既有垂直整合成本优势来填补缺口,使得两情境下的售价差距将会拉近,最终产品价差缩减。

2. 随着产品差异化程度的提高,D1 采取合作或欺骗策略下的均衡产出差距扩大,最终产品价差扩大,利润差距扩大

首先从均衡产出差距来看,当 d 下降时所有情境下 D1 的均衡产出都将上升,比较 D1 采取合作及欺骗下的产出对差异化微分,可以发现当 D1 合作以对时,始终存在均衡产出差距扩大、最终产品价差扩大、利润差距扩大。而欺骗时却需要产品差异化在某一程度以上($d < 1/2$)才能保证均衡产出差距扩大、最终产品价差扩

大、利润差距扩大的趋势。即使面对产品差异化不大的市场,采取合作分享内隐知识的厂商仍可获得较佳的产出表现,竞争能力较优,然而,即便是处于产品差异化程度高($d<1/2$)的市场,采取合作态度也可以享有较高的产出增幅,当$d<1/2$下,可以证明:(1)式绝对数大于(2)式绝对数。

$$\frac{\partial q_{1A}}{\partial d}=\frac{-a+\alpha-2(\beta+\gamma)}{4(1+d)^2} \tag{1}$$

$$\frac{\partial q_{1B}}{\partial d}=\frac{(-a+\alpha)(-2+d)^2+4(-1+2d)\beta-2(2+d^2)\gamma}{4(-2+d)^2(1+d)^2} \tag{2}$$

由于这是比较同一家公司,在面对所有比较基础相同、唯独策略选取相异情况下的反应,因此可以推断产出差异单纯来自于欺骗策略的实行与否。由于 D1 采取合作态度下的单位成本较采取欺骗下来的低,因此在产品差异化程度同幅变动下,均衡产出增幅较采取欺骗态度下来的高,而此产出距离亦随着差异化程度的增加而扩大。

从产品定价上来说,随着产品差异化程度的上升,厂商有能力分割市场,提高消费者忠诚度,制定较高的售价。即使面对产品差异化不大的市场下,采取合作分享内隐知识的厂商仍可表现出较佳的定价能力,获利能力较优,然而,即便是处于产品差异化程度高($d<1/2$)的市场,采取合作态度也可以享有较高的定价增幅,使得产品价差随差异化程度增高而扩大,当$d<1/2$下:

$$\frac{\partial(p_{1A}-p_{1B})}{\partial d}=\frac{(2+d^2)\beta+2(1-2d)\gamma}{2(-2+d)^2(1+d)^2}<0$$

欲探讨为何会有以上的关系存在,必须从其所处的不同情境下去分析。当厂商间决定研发差异化产品时,必定面对成本上的增加,本节分析对象同为已完成垂直整合的厂商 D1,皆无所谓中间产品成本的问题,故造成产品定价差异的因素来自于采取不同策略下,与其他厂商互动上的角力关系。

此外,造成产品价差扩大的另一个原因也和成本有关,那就是因欺骗策略而造成的成本结构差异。本节前段曾经提到,采取欺骗策略下的 D1 不仅无法获得成本抵减,更将遭受来自于 D2、D3 的低价威胁,使其不得不降价应对,因此即使随着d下降而能够提升定价,在所有条件相同的比较下,价格提升幅度仍恒小于采取合作分享下的售价增幅。

第二种情况:对手在内隐知识交换时采取欺骗隐瞒策略下,垂直整合厂商 D1 的优势策略。

本小节同样站在 D1 的立场,延续上一小节的议题,讨论当 D2 采取欺骗隐瞒策略下,D1 最恰当的因应策略为何,以及做决策时应当考虑到哪些变量的影响。

表 4.35　厂商 D1 在情境 C 与情境 D 下的利润差、产量差、定价差对 γ、d 的微分

变量	数值	对 γ 微分	对 d 微分
$\pi_{1C} - \pi_{1D}$	>0,当 $\gamma>0.4$	>0,当 $\beta<\gamma$	<0
$q_{1C} - q_{1D}$	>0	>0	<0,当 $d<1/2$
$p_{1C} - p_{1D}$	<0	<0	<0,当 $d<1/2$

　　由表 4.35 可以看出,各变量差微分下的方向与前一小节完全一致,比较之下,除了部分限制条件有所不同外,最大差异便是对手的策略自合作改为欺骗,致使 D1 成本函数受到影响。然而,最终结论并不会因此而改变,采取合作分享仍旧是最佳的策略。

　　综上所述,在四个赛局情境下,D1 的成本结构将因本身及对手 D2 策略选取上的不同而有所差异,经由表 4.36 整理更能清楚窥得此一关系。

表 4.36　垂直整合厂商 D1 在四种情境下的单位成本比较

赛局情境	D1 的单位成本
A-情境—D1、D2 均合作	$\alpha - 2\beta - 2\gamma$
B-情境—D1 欺骗、D2 合作	$\alpha - 2\beta$
C-情境—D1 合作、D2 欺骗	$\alpha - \beta - \gamma$
D-情境—D1、D2 均欺骗	$\alpha - \beta$

　　从成本结构上来看,不论 β、γ 的值为何,情境 A、C 下 D1 的单位成本始终分别较情境 B、D 下为低,因此在不考虑和其他厂商的均衡产出互动下,采取合作策略乃是 D1 最具有竞争力的选择。若纳入与其他厂商的互动来做考虑,在博弈的模型下,厂商间通过均衡产出与产品定价来决定彼此的利润,此时,D1 厂商享有垂直整合下的成本优势,省去中间产品单位购买成本 w,于产出及定价均具有竞争优势,因此 D1 只需专注在本身策略的选取,评估出最低生产成本的策略即可,故其优势策略为采取合作的分享态度。另外,由于采取合作策略下,D1 得以内隐知识的相互交流来获取互补性的内隐知识,在 $\gamma>0.4$ 下,将可获取比采取欺骗策略下更高的利润,故合作以对是 D1 的优势策略。从策略评估的角度来说,不论对手采取的策略为何,只要 D1 体会到本身能从任一厂商获取关键互补知识,便值得采取分享的态度,因为即使其中有任何一厂并未合作以对,D1 仍旧可凭借所得来的互补性知识去进行差异化研发,再凭借着垂直整合的优势去做生产上的配合,例如专属性资产的提供等,亦即通过介入,强化了 D1 采取合作分享策略的优势,故在本赛局中,垂直整合厂商 D1 存在着优势策略。[29-31][271]

4.5　隐性知识交换过程中，要防止对方的欺诈[29-31][271]

改革开放、对外交流、知识分享给我国公司带来了巨大的经济效益，可是由于我方人员疏于防范，违反有关保密规定行事，人为地造成机密技术泄露，给他人造成可乘之机，说明我们在隐性知识交换过程中，保密制度的建立、完善及宣传工作上还存在很多不足之处，"防人之心不可无"。鉴于此，我们要时刻警惕着。

【典型案例 1】六神丸是驰名中外的中成药，也是传统的家庭常备良药之一，沿用至今已有百年历史，深受人们青睐。它是由牛黄、珍珠、麝香、雄黄、冰片、蟾酥 6 味中药组成，因其功能神效且神速，故得名"六神丸"。我国中成药"六神丸"，本是治喉良药，但日本人通过贸易交往，将它带回去，进行研究，发现"六神丸"还能治疗冠心病，他们便把此药进行简单加工改制，并改名为"救心丸"，这样该药一下子成为国际市场畅销货，每年收入数千万美元。

【典型案例 2】宣纸生产技术的严重泄密。1981 年某外商参观我某造纸厂，详细地了解了原料种类、配比、选择和处理以及原料所用碱水浓度等，对生产的全过程进行录像，还要走了生产宣纸的原料，并以帮助化验为名装走了造纸用的井水。结果，我国具有悠久传统的宣纸生产技术秘密顷刻间被轻易窃走。

【典型案例 3】某日籍"爱国"华侨两次参观我景泰蓝厂，我方代表毫无戒备，慷慨地允许拍下全部工艺流程，热情"传经送宝"，唯恐"海外赤子"一知半解。这名华侨实际上是日本间谍，窃取了我景泰蓝全部秘密，开始自己生产。不到两年，我国的传统出口创汇产品直线贬值。

隐性知识交换，要防止知识的泄露。一方面企业要将专有技术、难以学习以及与个人经验密切相关的隐性知识尽可能地转化为易于理解、传播和掌握的显性知识进行保存；另一方面企业应加强员工的保密意识，必须注意以下两点：

(1)签订正式的契约。依据合同法，技术秘密是指不为公众所知悉、能为权利人带来经济利益、具有实用性并经权利人采取保密措施的技术信息。该技术信息因属于秘密而具有商业价值，能够使拥有者获得经济利益或者获得竞争优势；权利人采取保密措施，是指该技术信息的合法拥有者根据有关情况采取的合理措施，在正常情况下可以使该技术信息得以保密。技术秘密分享、转移要签订正式的契约，明确双方的角色、知识交换的方式等。

(2)恰当选择隐性知识交换伙伴。选择交换伙伴同时又要和伙伴建立良好的关系。通常，知识交换伙伴选择不当会造成重大知识泄露。不同企业在技术、管理、文化等方面的差异是影响知识交换程度的关键因素。因此，企业在选择合作伙伴时，应对双方差异做出仔细的分析，并权衡双方的某些差异可能带来的学习潜力和障碍,正确处理好企业隐性知识供需的矛盾关系。

4.6　本章小结

　　问卷调查发现,当知识能量的知识流通程度越高时,对于核心竞争力的重要性和未来能力有显著的正向影响作用。为了扩大知识流通的程度,主要强调公司要重视各种知识或信息的来源,包括顾客、外部顾问、甚至于其他因素;虽然公司所需知识或信息,大多由组织内部的成员所研究开发而得,但是公司常向合作部门、顾问公司购得所需的知识或信息,公司常为了某种策略目的,与其他组织达成技术合作。即坚持企业间合作创新。

　　从知识基础理论的观点来看,企业间合作创新乃是伙伴间知识整合的结果,另从组织学习理论的观点来看,这种创新则是企业学习到伙伴的知识后,加以应用的结果。本章结合案例公司比较详细地绘制了公司产品出货、客诉处理以及售后服务等知识获取、蓄积与应用流程,诊断出问题所在,并提出改进建议。研究设定市场结构为上游二家、下游三家厂商寡占模型,分四种情境,进行合作与欺骗策略的本量利分析,结合内隐知识大小对策略选择的影响,提出内隐知识交换时,垂直整合厂商的优势策略,供实业界人士参考。

第 5 章　实现员工知识分享的机制

本章概要:期望通过个案研究,为企业界提供一套如何导入知识分享机制。为此,本研究将企业主体、人员与知识三要素作为分享机制设计的基础概念。就整个机制的执行流程来看,分别以员工完成任务所需知识类型、分享媒介和分享后工作效果的提高等层次,其中介条件也涉及三个层次,分别是个体层次、团体互动层次与组织情境。

通过观察第 3 章表 3.11 的部分数据发现,问题 2.5—2.17,属于知识分享的内容,因素 1 包括两个问题,2.5—2.6,载荷系数分别为 0.77、0.74,因素 2 包括 2.7—2.11 共 5 个问题,载荷系数分别为 0.79、0.59、0.66、0.78、0.82,

调查显示,科研人员的知识分享,主要是通过工作轮换、督导与反馈、团队小组设计及资深员工的带领而获得,员工凭借这些学习更精确的技能、更愿意尝试动脑筋、互助合作,使得科研质量提高、客诉件数减少。至于工作手册、会议记录、公布栏等为事务所已经制定或已确定的事项,使用机会较少,所产生的效果也较少。午餐与午茶的闲聊则有助于同事间友情的增长及合作默契的提升。而网络资源的运用则是属于个人行为,公司并无任何鼓励措施。

各式书面信息、资深员工的带领、活动小组与相互观摩对工作效率的提升很有帮助。问题 2.14 反映说明工作轮换、活动小组与个人因特网的运用则可促进个人学习与产生新构想。通过科研工作总结、工作研讨会及活动小组的讨论可使自己获得上级及同事的肯定,形成个人心智上的满足,同时也能提升同仁间的默契。问题 2.13 反映部门间的协调程度高,非正式制度下的人际交流则常常会有意想不到的好处,如:百思不解的问题,在闲聊间被同事点破;偷学到老同事的秘诀;与同事感情增进,工作压力也随之减轻了。

问题 2.5 和 2.7、2.11 反映科研人员所需的形式化或科学的知识,经常是由公司所积累的各式书面资料、正式制度下的人际接触与正式制度下的信息科技设施(简称书面与正式的媒介)而获得。科研人员所需的产业专业技能,经常是通过正式制度下的人际接触与正式制度下的信息科技设施(简称正式的媒介)而获得。科研人员所需的公司内部运作能力以及外部网络关系能力,经常是通过正式制度下的人际接触与非正式的人际接触(简称人的媒介)而获得。

3.11　知识整合的共同度和内部一致性系数(部分数据)

知识整合	因素 1	因素 2	因素 3	共同度
2.5 员工乐于接受公司既定制度与文化的约定	0.77	0.13	−0.13	0.61
2.6 公司对知识分享利益的考虑超越成本考虑	0.74	0.18	0.18	0.60
2.7 员工工作内容与工作程序具有容易标准化的特征	0.05	0.79	0.23	0.68
2.8 行政效率会因为作业规定标准化太高而降低	0.04	0.59	0.28	0.49
2.9 专业知识的传递主要是依赖数据库来传递或转移知识	0.01	0.66	0.11	0.78
2.10 核心知识大部分存在于数据库中	0.15	0.78	0.08	0.85
2.11 强调以书面规则和程序来整合知识	0.22	0.82	−0.19	0.85
2.12 产品的完成必须通过各相关人员的通力合作	0.19	0.01	0.56	0.67
2.13 部门间的协调程度高	0.14	0.12	0.69	0.79
2.14 员工轮调至新部门所需调适时间较短	0.19	0.23	0.68	0.81
2.15 个人目标的达成远高于团队目标的达成	0.21	0.28	0.87	0.58
2.16 员工与他人合作的意愿会随着训练、工作转换而增加	0.19	−0.10	0.57	0.79
2.17 员工工作完成往往通过许多不同单位或人员的支持的程度较高	0.38	−0.23	0.86	0.81

　　知识管理的重点在于如何推动知识的分享,企业员工带走知识的无形损失,可能使组织的核心能力逐渐流失,如何使员工将知识释放于公司中成为公司资产,实为现今知识管理的重点。

5.1　知识分享机制的内涵

1. 知识分享机制的概念

　　由于知识所受到的重视与日俱增,因此使得知识管理(KM)在近年来逐渐成为热门的研究课题。对此,Davenport 和 Pruska(1998)针对其内涵提出著名的公式:

$$KM=(P+K)^s$$

　　上述公式 P 代表人,K 代表知识,S 代表知识分享。而在分享(S)的组织文化中达到加乘的效果。能不能在组织中创造分享气氛,决定了知识是否能发挥几何级数的力量。Davenport 和 Pruska(1998)也在研究 31 个不同的知识管理项目后,发现这些项目有三项普遍的管理目标是一致的,它们分别是:架设知识资料库、改善知识的取得渠道,以及改善知识文化与环境,其中前二个管理目标与知识分享直接相关,而改善知识文化与环境则与知识分享有间接的关系。另外,组织的知识可以通过如知识地图、知识黄页、知识掮客、多功能的项目团队、资料库、沟通面谈与激励等机制来进行管理,而其背后的主要目的就是促进组织知识的分享。由此可见知识分享在整个知识管理概念中的重要地位。

对于知识分享,在研究上不仅是定义,甚至连描述的文字也都还没有一致的看法,如知识扩散、知识分配、知识交换、知识转换与知识交易等,都是文献中常被使用的相似观念。因此,Venzin 等人(1998)认为关于知识的研究,尚属于一个发展中的概念,因此学者对于知识分享的不同分类方式,正代表了知识分享所涵盖范围的广泛程度,以及知识分享与人类日常生活的密切关联。

5.2 企业员工知识分享媒介、知识类型与效果访谈录[32 33]

在开始访谈前,根据前文理论综述得来的概念或理解,进行访谈问题的预拟定,并采取开放的态度,对受访者回答问题的内容不予设限。为求访谈问题的适当性,先就预拟定的问题访谈一位员工,据访谈互动过程与访谈记录,进行数据分析与审慎思考问题的适当性及清晰程度,对于有疑虑之处,与课题组成员及其他研究生讨论后,进行访谈题目及访谈技巧的修正与改进。为减少样本数,专门挑选经历过各种所需经验者为样本(即所谓综合样本)以取得最丰富的反应资料,进一步了解影响受访者知识分享行为的因素。本部分针对受访者进行深度访谈,希望经由知识分享的研究架构(图 5.1)与研究方法,在自然的情境下,研究者与被访谈者通过双向沟通的互动过程,收集有关口语与非口语的信息,以便能深入理解研究的现象。由于研究者都有企业工作的经历,对于企业组织深层的文化内涵较能体会,希望更能呈现出企业员工知识分享行为在个体层次、团体层次、组织情境层次究竟受哪些动机或相关因素影响,整合出关于知识分享在组织行为中的实现机制。

5.2.1 知识分享行为的相关因素[32]

知识分享行为的相关因素主要涉及个体层次、团体互动层次和组织情境等三个层次,其构成要素如图 5.1 所示。

1. 个体层次的相关因素

个体层次的相关因素,是以知识分享者的立场出发,探讨知识分享者的动机、需求与本身能力对知识分享行为的影响,归纳前述文献得出利他主义、工作态度、激励作用及个人能力等四个相关因素。

利他主义。个体行为动机大多先受其价值观的判断后,才会准备采取行动。利他主义包含两方面:利他特质与同情心。利他特质指个体能在工作上自动自发协助解决其他人的问题。同情心是指设身处地感受他人的情绪的一种反应与想

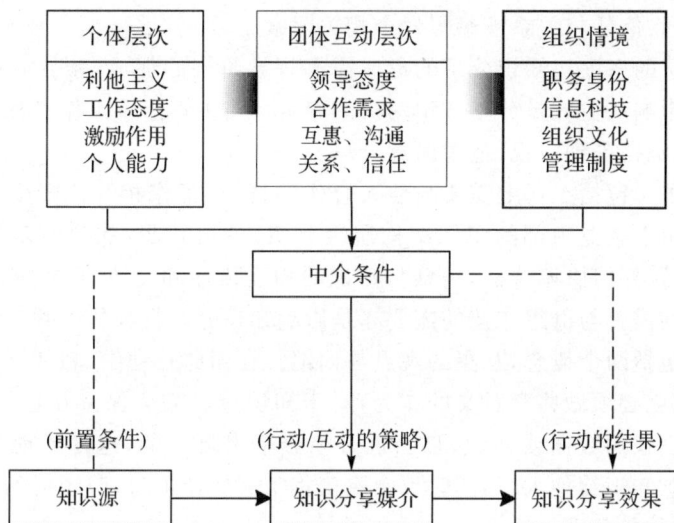

图 5.1　实现员工知识分享的机制[32-33]

法。利他主义者对周围事物有较多注意与关心，能以同情心思考问题，并提供他人
必要协助，所以知识分享的频率较高。

　　工作态度。不论知识分享是员工本身自主采取的行为，或是职场上被要求的，
员工的工作态度都会影响员工知识分享行为。工作态度包括组织承诺、薪资满足、
工作投入，亦涵括做事的质量、从事有意义的工作、责任等。

　　激励作用。知识分享行为除牵涉到个人内在需求是否满足的影响外，也受外
在激励的作用。在个人内在需求方面，员工知识分享可能是基于自我实现需求或
成就感，他们希望自己能实现自我的目标，而有所成就。当得到别人肯定与赞美
时，他内心获得一种满足感，而更促使他乐于分享。心理方面包含自我实现、工作
需求、晋升、自主、工作变化及保障。外在激励方面，例如得到上级的赏识后，不仅
获得名誉，职业上的地位升迁机会也可能变大，心理需求满足了，物质需求也可能
得到满足。因此激励作用包括自我实现、成就感、晋升、自我成长、保健因子、声誉、
权力、尊重需求、社会需求、亲和需求、价值感等。

　　个人能力。除员工个人的动机或意图会驱使知识分享行为进行之外，员工进
行知识分享时必须具备一定程度的信息科技使用能力，才能胜任必要的工作。员
工个人能力包括计算机及网络熟悉度、打字速度、本身工作领域的知识、文字表达
能力与沟通技能、专业技能与管理技能等。

　　2. 团体互动层次的相关因素

　　团体互动层次的相关因素，探讨知识分享者与上级、同僚或部属之间的互动过

程所产生对知识分享者行为的影响,归纳前述文献得出领导阶层的态度、合作需求、互惠、沟通、信任与关系情谊等六个相关因素。

领导阶层的态度。知识分享的形成需靠领导阶层的促成,领导阶层的领导策略与态度是影响从业人员分享知识动机的因素。当主管强调工作目标且关心部属时,则部属越觉得受到重视,他越愿意分享。

合作需求。包括工作上需要与他人合作的特性、工作相互依赖度与互助合作几个属性。由于企业内部的组织结构层级分明,各司其职,部门间基于业务整体性,经常必须跨部门协调合作,信息与知识的相互传递和交流,显得非常重要。因此信息传递的需要与群组作业的需要亦是影响知识分享行为的因素。

互惠。包括两个概念,互惠的观点与回馈。在团体互动中,想从别人那里得到好处,自己也就必须做些有意义的作为,对于知识分享就会保持互惠的观点,认为自己想分享别人的数据或知识,自己也必须分享出自己的,这样才能持续运作下去。个人分享知识给他人时,同时也会希望将来需要帮忙时,曾经得到帮忙的人会给予回馈,这就是互惠。

沟通。互动过程中包含四种要素:沟通、了解、信任与情谊。沟通是互动的基本条件,知识分享是同事间对彼此的专业知识、技能、经验、价值观、人际网络及工作流程的一种了解程度,而通过有效率的沟通有助于彼此的了解。沟通层面包括编码传递、译码接收、沟通渠道(媒介)、反馈、噪音等因子,沟通有利于隐性知识分享行为的进行,其中又以沟通渠道(媒介)的选择最为关键。

信任。包括对人格信任与对专业信任两方面。由于个案公司员工大多服务年资普遍长达 10 年以上,故彼此间的人格信任与专业信任程度也普遍有较高的评价,整体而言,有助于促进提高知识分享的质量。

关系情谊。情谊的建立有赖于了解与信任,当互动过程产生良好的反馈时,员工的亲和需求会获得满足,有被认同的感觉、有归属感,则员工会降低对于利益的考虑,而乐于分享,因此关系情谊是员工知识分享重要的影响因素。

3. 组织情境层次的相关因素

依据文献探讨,职务身份虽是个人的背景特征,但在企业内,职务身份是组织赋予员工个人的任务与责任,会因调职或升迁而有所变动,因此将职务身份列入组织情境层次来探讨。一般而言,企业本身的信息基础设施的完备程度,会影响知识分享的便利性与效能。组织文化虽然有某些特征可循,但每位员工所认知的组织文化并不尽相同,仍属抽象的氛围。但重要的是,员工认知到的组织文化是如何的?怎样的组织文化可以促进员工比较愿意知识分享呢?在组织文化中容许犯错较能促进分享的意愿,而科层型、创新型、支持型这三种组织文化都能通过组织信任影响知识分享意愿,但程度上稍有不同。知识管理制度是否推行与知识管理制度的内涵都影响企业员工知识分享的意图[32]。

针对企业员工知识分享媒介、知识类型与效果,预拟定的访谈提纲如下:

(1)请问您所负责执行的任务有哪些?如何运作?必须具备哪些知识和技能?

(2)请问您如何取得上述这些知识?公司是否提供任何的协助?个人如何求取工作上知识的秘诀?

(3)同事当中,升迁最快者或表现最佳者,是否有何独到之处,您是否尝试去了解并学习?您是否尝试用尽各种方法,去获取工作所需的各种知识技能?

(4)通过不同渠道或方式所得到的知识,在取得上和使用上有何差异?个人的感受有何不同?

(5)在通过各种方式取得知识并解决工作问题的过程中,个人有何感受?得到了什么?最在乎什么?

(6)您觉得该用什么指标来衡量知识分享过程中的收获?请发挥您的创意,只要有助于您职业生涯发展的知识分享效果,都请提出来。

(7)您对于贵公司在员工知识分享的作为上,较满意的有哪些?较不满意的有哪些?您有何相关的建议?请尽量表达。

5.2.2　员工知识分享媒介访谈录[33]

本研究将知识分享媒介区分为五大类。其详细内涵依序说明如表 5.1 至表 5.5。[33]

表 5.1　分享媒介类型一:各式书面信息

类目	关键词	员工陈述
各式书面信息	SOP 标准作业程序	为确保质量,所有作业均须制定标准,提供员工执行的规范,并留底作为主管机关查核
	个案研究追踪报告	关于退货、产出异常时的追踪、包括价格、产出率、颜色、性状等异常时,追踪其原因、处理方法及改善措施,以达到降低发生几率,并提升产品质量目标
	研究报告	公司内部拥有各专业人士对于其所负责工作性质的内容简报,供同仁自由阅读
	工作手册	公司对于每一人都发一本工作手册,有助于对工作的初步了解
	会议记录	厂长每天下午都会开生产会议,集合各制造部门科长及生产部门、质量科,然后在各班交接时,将会议记录中有关现场需改进或相关信息公布给大家知道

183

续表

类目	关键词	员工陈述
各式书面信息	研究报告	现场工程师及研发工程师几乎每周都有研究报告,这些研究报告都要提交给副总经理、总经理。这些研究报告都会要求现场人员提供协助,大部分现场技术员都会要求告诉研究结果,工程师也都会答复,这是一种相互成长的方式
	会议纪要	因为业务人员的工作非常有弹性,公司会要求每一个业务人员做客户商谈报、拜访状况表等,以掌握目前业务推广状况并可作为生产预测。此外,会议纪要内也有注明一些内容可提供给后进人员作为参考
	工作规范及工作指导书	工作规范及工作指导书是由各部门主管所签发的,内容是针对每一部门所承担的工作内容,以 ISO 所要求说你所做,做你所说,言行必一致,利用文字记录下来,如此一来若有新进人员或职务轮换时,可经由这些书面资料去了解目前自己所要做的职务内容有哪些(最适用于现场工作人员)

表 5.2　分享媒介类型二:正式制度下的人际接触

类目	关键词	员工陈述
正式制度下的人际接触	类师徒制	多数情况员工以类师徒制传递操作技巧及注意事项
	工作轮换	工作轮换可分两方面:一般职员可利用轮换的机会,学习不同的工作,可降低工作的倦怠感。干部轮换则可加强其专业知识的广度及第二专长
		采用工作轮换,即:收银组与营业组必须互相支持,若收银组人员不够时,营业组须支持。营业组在每季大规模盘点时收银组也必须支持。故而能够了解不同组别的工作细项,而相互体谅,避免产生冲突,更有默契
	工作研讨会	本公司内部控管流程完善,每月固定有一次业务人员会报,通过工作研讨会除可宣达命令外,由于每个月的会议均由不同的科来负责上台报告,内容涵盖了个案处理的方式、产品的专业介绍,是一个很好的媒介
	业务汇报	在本公司的机制下,业务汇报中可得到知识分享的效果:因为在开会中,每个人都可以发表自己的看法和想法,以及专业知识彼此的分享,个人有可能得到意外的收获。此外,公司在客户下订单后,若有比较复杂的造型设计,公司主管会在工作中,当场解说如何设计的专业技能,让员工彼此分享,以减少工作中的错误

类目	关键词	员工陈述
正式制度下的人际接触	提案制度	公司设有提案制度,让同仁们在工作中可以发觉问题后通过提案制度,提出解决方案以改善工作中多余的浪费,或有待改善的地方。对这些提出提案的人,公司有专任的委员会审理这些提案,对有用的提案区分等级发给奖金或奖品以兹奖励
	个案讨论	个案讨论用于事件处理,如设备故障、操作错误、成品异常、产率异常、顾客申诉等项目讨论,找出发生原因、改善方法、注意事项减少再发生率
	业务培训	业务培训定期举办,针对不同主题进行培训,以质量、GMP 观念居多
	TQC 小组	本公司有一全质办[TQM(total quality management)],下辖提案、标准化、质量稽核、GMP、TPM、安全卫生、业务培训等推行小组,推动知识管理与质量管理
	团队小组	团队小组设计让每科成为一个 QCC 的小组,每个小组自订一个提案,提案施行期为期半年,每半年全厂召开 QCC 评比,获得第一名单位将代表公司参加全国产业 QCC 比赛,通过 QCC 可以让每个单位了解其他单位的运作情形及相关知识
	6 个标准差	6 个标准差,本公司在 2000 年实施,并且定期倡导,可是在我们部门实行的效力不是很让人满意
	标竿学习	标竿学习,公司内每年表扬模范员工,发放奖金。各部门间拥有质量环境的竞赛制度,每星期都会评比,表扬模范

表 5.3　分享媒介类型三：正式制度下的信息科技

类目	关键词	员工陈述
正式制度下的信息科技	数据库	公司的数据库拥有各系统的教学档案及各工程师的项目报告,供所需者下载阅读。也拥有许多生活常识、近期新闻、公司沿革、各部门主管简介及部门分析等信息提供
	在线学习	公司对于内部运作所需使用的系统,提供在线学习安装、使用的功能,其他的学习则必须经由定期的在职教育课程或是师徒制来学习
	网络会议	网络会议,听说管理层在使用这个程序,但我无法证实,所以只能够说有少部分高层有使用其联络
	知识管理系统	公司的知识管理系统设施可由各部门自行将部门内有用的或可分享的知识放到部门专属的网域中,使相关或有兴趣的同仁可以自行且快速地获得所需
	知识地图	详细的知识地图,使得员工在遇到难题时,可在最短的时间内找人来解决,可降低损失

表 5.4　分享媒介类型四：非正式制度下的人际接触

类目	关键词	员工陈述
非正式的人际接触	上班时间空档	我们公司有厕所文化,利用在厕所整理服装仪容、洗涤物品时,交换工作心得
	交流会	相关厂商到厂介绍新产品、新技术、新信息,员工可以通过人际关系得到知识
	读书会	公司的研发部门有所谓的读书会,即各人抽签到各科各工作区去了解各区的工作性质及机台的作用,并限定时间去了解,时间到了提出心得报告与同事分享
	展览会	参加展览,如杭州世贸就常办大型的展览,可借此看看他人新产品为何,新客户在哪
	观摩	与老板拜访客户,听老板如何向客户介绍自己的产品,优点何在,如何应付客户,如何对答,等类似观摩的情况,可以在不知不觉中把老板的那一套学起来

类目	关键词	员工陈述
非正式 的人际 接触	午餐时间	以一次印象深刻的个案为例:由于每月结账时,因例行的业务(请购单)要处理,还要在期限内完成结账,因此,每次都要靠加班才能完成。在一次平时的午餐时间,有位同事提议,将原先采用的验收单号码排序,改用按厂商类别归类的方式,且平时就把每一笔数据确认完成,并输入发票号码,待月底结账时,只需列出厂商应付明细表,再与总金额核对是否相符,即可完成结账的手续。故而,大为提升结账的工作效率,也不必再为结账加班赶工了,并且由于工作效能的提升,使得公司对我们整个部门的评价也提高了,同事间的情感因此也更为融洽了
	联谊活动	主要是非正式的人际接触,尤其是各店联谊活动。在某次活动中,本店人员学习利用胶带层层贴住光盘和酒类,将光盘和酒类紧黏在货架上并注明如需购买光盘和酒类,请教服务人员,因为胶带黏得很紧,小偷要偷很难一下就撕开胶带而不被发现,因而减少了很多光盘和酒类的失窃

表 5.5　分享媒介类型五:非正式制度下的信息科技

类目	关键词	员工陈述
非正式 的信息 科技	e-mail 信箱	e-mail 经常使用,很方便
	网络 聊天室	我每天晚上会在网络上与同事聊天、传档案,若有同事请假,也利用这个程序来交代工作,以及告知彼此
	在线 讨论区	因为我个人设有网页,所以同事有时会在上面留言告知信息,有时也会相互讨论公司的工作方式及管理方式
	个人网页 运用	个人曾在公司的学习课程里学到如何制作个人网页,但在公司内部并不是很流行使用个人网页。只有部分人员拥有公司外部网页并且刊登在公司内部供有兴趣者上去浏览。公司里只有部分有权限的人才能够连结到公司外部的 INTERNET,大部分员工只能够使用公司内部的网络 INTRANET
	虚拟社群	各分支单位从事类似工作的人员,经常通过公司的网络软件设施交换意见,虽没有面对面的接触,但也可以获得一些宝贵的信息与知识

5.2.3　员工知识类型访谈录[33]

　　知识类型的分类形式众多,各学者依其研究的需要而有不同的见解。由于本章内容是实务导向的,理应由企业实务中去寻求解答。因此,在员工的知识与技能方面,区分为三个层次,分别为:一般的科学知识、产业专属的知识、与公司专属的知识。再将个人的知识系统群集成三类知识:专业技术知识、组织内部运作知识及外部接触与关系知识。就知识类型而言,分别依传统制造业、电子信息制造业与服务业各两个员工案例来说明,如表 5.6 至 5.17 所示。[33]

表 5.6　传统制造业员工知识类型分析案例一

类目	关键词	员工陈述
公开的知识产业技能 外部网络关系能力	专业理论 业务经历 因个人特质而得知识	在公司服务已有 10 年了。主要的任务有:开发客户,洽谈订单,催收管理货款,保持良好的客户关系,与上游厂商维持良好互动关系,协助设计部门开发、规划新产品。要完成上述任务,须具备以下知识能力: 首先一定要具备攸关产品的专业能力,如此才能了解产品,继而卖出产品。此外,还要具备下列的能力与技巧: (1)良好的谈话技巧:业务人员过于爱说话而未能保留一些互动空间给客户发挥,会让客户没有参与感。有时祸从口出,言多必失,得罪了客户而不自知,这是极不利的。 (2)良好的沟通能力:仔细倾听客户说话,认真做笔记,以求充分了解客户需求,才能于适当的时机将自己的产品卖出去。好的沟通能力也是降低与客户冲突的最大保障。 (3)良好的观察与分析能力:能有洞察事物的能力,才能在潜在销售机会出现时反应过来。有精准的分析能力才能了解客户的下一步要如何,才能即早应对以提高成交率。

表 5.7　传统制造业员工知识类型分析案例二

类目	关键词	员工陈述
科学知识 产业技能	操作程序与专业理论 技术人员因经历而得经验	关于我完成任务所需具备的知识,大略可说明如下: 通过公司的业务培训或标准工作操作说明书,而学习形成的知识。如:化学、导线架操作规程、导线架质量判定。 为了维持质量的稳定,要以实际的实验结果记录事实,并配合现场参数作正确的判断,日积月累的经验做直觉式判断: 1.沟通配合能力:我的工作性质类似客服单位,我服务的对象是公司各制程单位,我必须具备沟通协调能力,才能让实验室和其他部门工作愉快顺畅。 2.熟悉顾客下单明细:根据顾客下单明细,设计药液制程以针对客户需求,符合规格,如:目前电子业非常在乎导线架上的铜剥离测试,若测试未通过则会遭整批退货,所以我必须了解整个电子业的质量要求,再行调整制程。

续表

类目	关键词	员工陈述
公司内部运作能力	人际关系技能	3.制程、药液、品质间的关联性：一般实验分析人员都只致力于实验室的工作,而我对制程、质量判定亦有兴趣,我会将我的心得整理出来和伙伴们共同分享,企图提升工作至最佳化。 4.主动找问题的能力：当产品遭退货时,我会主动找出问题,并在个人笔记中逐一记录。 我个人在公司工作了六年,大概在第二年后才开始对公司的洞察力敏感,因新入厂期间对工作不熟,一直将注意力集中在实验室范围,待熟悉工作后,我便开始对其他部门有兴趣,之后才了解到部门与部门间的恩怨情仇,整个公司有关经营策略、人事变革等的运作。 1.识相：当公司有内斗时,最好和两派人员保持中立,以免某一方形势强时,将我划分在黑五类,对职位升迁大有影响。 2.分辨谣言的能力：在经济不景气时,有人谣传公司快倒闭了,要大家快自我打算,那一次吓坏了很多人,自动离职帮公司省下不少遣散费,渡过了经济危机。
外部网络关系能力	人脉的开拓	此外,公司的药品采购是由我负责,因药液厂商本身没有实验室,我常帮药液商做实验,彼此交换心得,互换技术数据,并取得最优惠的价格。我会与其他同业实验室朋友讨论药液信息、价格,主动地提出资源并和他人交换,主动学习让我可以面对工作挑战。 1.与药液商紧密的合作关系：我常帮药液商试新药,排制程少量试产,反馈报告,所以药商总愿以低于市价的价格卖给本公司。 2.建立个人专业领域的人脉：当有相关导线架展览,我会自我推荐,申请到外面参观,帮公司和个人增加应用的资源。

表 5.8　电子信息制造业员工知识类型分析案例一

类目	关键词	员工陈述
科学的知识产业专属技能	专业理论	身为本厂制造部高级技术员,必须具备化工学历背景。 技术员的专长与经历所得的知识,在我们公司并不被重视,因为技术员只需要会操作机台即可。公司重视的是工程师,工程师的经历及经验可传授于技术员,而他们对于化学方面的认知及判断能力也可经由上课的方式传授给现场的技术员。 公司内部资源对外、对技术员都是保持机密状态,唯有通过熟识的工程师询问才能得到,有时还不一定有结果。因此,人际关系技能是很重要的,有机会多问多看并寻求同事的教导,才有可能得到想要的知识技能。 我因为经过工作轮换的关系,所以能操作许多不同种类的机台,因此而认识了这些机台所属公司的工程师,他们有时会来作例行性保养、维修。通过维修及保养,学习以及对机台更深的了解,对于外界公司运作状况及人才需求更进一步了解。

表 5.9　电子信息制造业员工知识类型分析案例二

类目	关键词	员工陈述
公开知识 产业技能 关系能力	公司积累的显性知识 公司作业流程 采购人员的经验 相关利益单位的熟悉度与关系维持	对于工作所需的知识,个人认为:电子零件的采购是一件困难的事情,因为同样的一种电子零件会因为厂商不同,连带其产品名称亦会有不同。因此本公司的资料室收集了很多各厂商的目录(有的是书面资料,有的是光盘片),提供采购人员购买或业务人员卖出时相关数据的搜寻。 而为了确实控制并跟催已订物料的交期,务必保合格品如期交货:通过公司内部的 ERP,确实了解每一张业务及生产需求的商品或原物料可否如期进货。 详细地说,要了解并依照公司目前 ISO 文件中的规定每年或一定期间应对目前仍在交易的供货商做评核,其内容有:交期是否如期,配合的态度如何,质量方面是否稳定,等等,作为评估是否继续与之合作。 还要顾及降低成本的目标。经由对电子零件业的了解(其媒介有报纸、杂志、平常建立和供货商之间的谈话等)以及以量制价的原则,要求供货商降价。另一方面使用谈判技巧,如:本公司询问其他厂商的价格比您少了 10%,因为您是公司长期合作又关系不错的厂商,我希望先询问您的意见,再去决定向谁买。如此,该厂商感受到危机意识又有降价空间时,就可达到本公司要求降价的目的了。此外,平时就和供货商保持良好的关系或沟通模式,在跟催急单时,供货商的窗口会因此多帮忙喔!……而在参加电子展时可获得很多供货商资料。质量好、交期好、价格好即可推荐成公司可采购的对象。

表 5.10　服务业员工知识类型分析案例一

类目	关键词	员工陈述
科学知识 产业知识 运作能力 关系能力	专业理论与操作流程	个人必须具备的知识与能力有:取得人身保险、财产保险、投资型商品、信托、证券及期货等任职资格。随时注意财政部保险公司对产业发布的新措施。 还有对作业流程的熟悉,核保准则的遵行,内部计算机系统的运用等。 除证照的取得外,需自我充电了解多种法律的基本常识,如:劳动法、健康制度、理赔范围。以便提供给客户,提升本身附加价值。还有说服潜在顾客投保的技巧,以及理赔事件发生时,对于案发真伪的判断。 在公司内部方面,必须注意的是:其他职位同仁的工作代理,各部室专业领域咨询,EQ 管理及抗压性的加强。 比一般人要强的 EQ,因为随时都会遇到不如意的事。

表 5.11　服务业员工知识类型分析案例二

类目	关键词	员工陈述
产业技能 运作能力	客服人员素质 处理人事配合的技能 人际间的洞察力 沟通能力	从事客服工作,最主要的就是与顾客的接触,这是个具难度的工作,因为不论顾客是对是错,公司都希望员工尽力去满足顾客要求而不分对错。因此,在服务部门,若具有高情绪 EQ 的员工或正确服务工作心态的员工来执行任务,则可以大幅降低因为判断错误所产生的客诉,且能通过适当的处理与沟通,来满足顾客需求,留住顾客,使公司不会流失客源,又创造业绩与利润。 在内部方面: 1. 与公司同仁间的互动,以部门为主,有不少周期既定工作需执行,如:每月的排班、每周数据统计、每日报表归档与例行工作。这些工作,需要部门内各位同仁的配合,由一己之力,恐难完成。所以有效且简明的分工合作,是部门营运重点。 2. 如何去分派工作,也就是一项考验人际关系与对员工能力了解度的难题。 3. 内部沟通十分重要,因为一项政策传达错误,就可能使员工误导顾客,而造成顾客及公司双方的损失。

表 5.12　技术人员知识类型分析案例一

类目	关键词	员工陈述
所属技能 运作能力 网络能力	与客户的应对能力	身为技术人员的专业技能格外重要。以复印机来说明——复印机不是只有一种机种,相同的机种又有不同的机型。比如惠普机型有多种等,要了解这些不同的机型就需花费一段时间。这只是复印机而已,更别说还有传真机、打卡机等等。基层技术人员只要会修公司其中一样产品就可以了。组长、副组长就必须会修理公司所有的产品。主任则更不用说了,除了会修理公司承租的产品外,其他竞争者的产品也是 OK 的。 技术人员也不是一开始就了解这些专业技能,而是经过了工厂的经历:从洗机壳、清机壳到整机等阶段性培训而选拔出来。只要你肯学、肯花时间研究都可达到。 还有一项更重要的是人际性技能:主管会观察你是否善于沟通、与同事相处的情形及对问题的处理方式等等。 而考虑你是否适合出去应对客户。若被判定为否,则只能继续在公司维修机器而已。不但薪资难以突破,也没有升迁机会。

表 5.13　技术人员知识类型分析案例二

类目	关键词	员工陈述
科学知识 形式化的知识 专属技能	轮胎结构学等 公司制度规章 维修工程师的经验技能	一位专业的技术服务工程师必须具备的专业知识包含:基本轮胎结构、轮胎生产流程、车辆结构,也要尊重公司的制度,本公司内部正式沟通的目的,在于: 使全体成员了解组织的目标、政策、计划及各人的职责。唯有对公司内部的熟悉,才能进一步将自己职责内的任务,快速且最有效完成。 在工作执行上,必须注意: 1.技术密集的轮胎业必须同时兼顾舒适、安全、耐磨、操控平衡等技术,如何让这些功能不致互相抵触。 2.与厂商(那个厂,自己的/别人的)沟通,判定轮胎使用损坏责任的归属。如何达到双方都满意且合理的范围内,也要有一定的沟迪技巧。(对于内部运作能力与外部网络能力没有特别感受)

表 5.14　业务人员知识类型分析案例一

类目	关键词	员工陈述
科学知识 所属技能	专业理论 业务人员的经验	进入公司服务并没有特定学历的要求,但一定要有驾照。我的工作任务是业务营销及收账款,有时候帮忙送货,和处理客户的有关问题。所要具备的知识与能力可大约归为三类: 1.专业知识是最基本的,而对于数字概念较为重要,因为如果窗帘布尺寸算错了,所做出来的窗帘尺寸大小就不一样,那就要重新修改过,很麻烦。还有每个月处理收账款的金额要算对,不然自己要负责任。 2.当顾客对窗帘样式不了解时,要对顾客说明及建议,对窗帘布料的材质知识及安装的技术知识都要了解,对顾客抱怨要有技巧的手腕处理,与各种类型客户的沟通技巧。 3.在帮忙送货时,要有路线方向感及了解交通路况,如此才能够快速有效率地送到客户手里。

表 5.15　业务人员知识类型分析案例二

类目	关键词	员工陈述
公开知识 专属能力 网络能力	业务人员的经验	身为业务员必须要了解公司的食品,对于所要运送的饮料食品的优点,才可向零售业者或消费者推荐。 如果是冷藏食品,对天气也要相当的注意,什么样的天气,要下多少货。 业务员最重要的就是开拓新的市场,对于人际间的关系,必须要有很好的处理人事物技巧。可是并非每个人都可以做得到,有的业务员可以让顾客主动地帮他招揽生意,但有的却让顾客讨厌处处刁难。

表 5.16　行政人员知识类型分析案例一

类目	关键词	员工陈述
科学知识 公开知识 内部运作能力 外部网络关系能力	专业理论 操作流程 人际关系能力	我所运用的是:在学校所受的会计方面的教育以及现今信息发达的环境下,有关会计领域的信息。 整个产品作业流程:从下订单购料、验收、派工、发料、完工入库到销售等流程的了解。 在遇到有关跨部门的问题时,人际关系对我来说是相当重要的,有良好的人际关系可以帮助我较容易达到目的。 就外部关系而言,由于我个人的工作性质是属于内部行政工作,所以几乎没有对外的机会。

表 5.17　行政人员知识类型分析案例二

类目	关键词	员工陈述
科学知识 专属技能 运作能力 网络能力	沟通协调能力 人际关系能力	公司各部门同仁在应征同时,即针对其应备的基本的专业知识及工作经历给予筛选,例如:财务单位就必须具备基本财务及会计知识。而研发单位的人力需求需具备化学或电子或机械专业智能。 此外个人沟通协调能力、处理事情的能力、经历等也是录取与否的考虑因素。 要与秘书维持良好互动:因为秘书是和各部门沟通的窗口,尽力维持良好的人际关系。 还要与文具、印刷厂商、租赁车业者关系良好,必能增加无形效益。

5.2.4　员工知识分享后工作效果访谈录[33-37]

本书引用工作场所中领导与员工动机的研究可得:影响员工知识分享效果优良与否的四大因素,即:组织因素、工作团队因素、领导者因素与个人工作因素。再考虑知识分享媒介功能的特殊性后,得到员工知识分享效果的三大指标,即:工作成果项目、自我效能项目、团体动力项目。另外再增列其他项目一类,如知识接收者的自发性反应(即:目前还没有理论根据,但却普遍地出现在众人身上的现象)。

在中介变量(或知识分享的相关因素)的考虑限制下,企业员工经由媒介进行知识分享所能增进的效果指标是指:某一种会因为知识分享而改变的现象。例如:采购作业所花费的时间,可能因为员工彼此分享知识而缩短,则任务完成时间的缩短纳入工作效率项目,即可视为一种指标,亦即:只要观察这个指标的变化,即可推论某一员工是否经由分享媒介而提高其工作效果。根据此一原则,得出十项员工知识分享效果指标,其内涵如表 5.18 至表 5.21。[33-37]

表 5.18   知识分享后的工作效果类型一:工作成果[35]

次类目	关键词	员工陈述
时效程度	加速取得信息的程度	通过信息科技的搜寻功能,可以节省许多事前的准备工作,如:备料、工具的准备与一些参考文件的收集都可省下相当可观的时间。另外,也可以确实掌握工作的重点
工作效率	完成任务所需时间的缩短程度	由经验的分享,同事间可以分享供货商的营业项目,如此一来,采购收到新的产品需求时,不必浪费时间在寻找厂商上,相对的采购作业所花费的时间会缩短
	工作时间节省的程度	从前在上班时,不仅无法立即快速响应病患的需求,就算下班后也可能还需要继续忙着后续处理工作,如病患的疏散、个人物品的整理、后台登账与交账的会计处理。这些工作常拖延时间,经由前辈工作经验的分享及指导后,发现在上班时便可时时注意的事项,不但可在为病患服务时即可完成,在下班交账等后台工作的速度也快了许多
受惠程度	客诉减少的程度	因为与顾客的接触,是个有难度的工作,因为不论顾客是对是错,公司都希望员工尽力去满足顾客要求而不分对错。因此,在服务部门,若具有高情绪 EQ 的员工或正确服务工作心态的员工来执行任务,则可以大幅降低因为判断错误所产生的客诉,且能通过适当的处理与沟通,来满足顾客需求,留住顾客
	业绩提高的程度	在较短的时间内将顾客所需的产品介绍给他,并引导他找到最合适的商品。并且在较短的时间将产品销售出去,如此,就可以多接一些客人,提高个人业绩
	良品率	本部门最重视质量良好率,可是以往在接布时常发生物理性能偏离,造成大量报废品,优良率降低,后来有员工发现在接布时,因每卷布的基重不同,必须在过布头时调整计量滚筒,才不致发生大量报废品的出现。这是经由其多次试验所得到的知识并主动分享给所有同仁,使我们部门质量优良率维持在 95% 以上,使产品更具竞争力
	任务达标率	员工可以分享工作经验给新人,新人可能未遇到的问题,由老员工的经验、模范,事情遇到时可以有应付对策并提高任务达标率

表 5.19　知识分享后的工作效果类型二:学习成长[37]

次类目	关键词	员工陈述
促进学习	学习意愿提高的程度	促进学习:同事间相互切磋也相互较量,有的人因工作表现良好而得到奖励,会激起其他人他能,我也能的积极态度,对新事物的学习意愿及接受度提高
激发创新	新点子产生率的提高程度	在小组研讨会中,同仁们纷纷把个人的工作经验与见解提出,经常可以激发我个人的联想力,而产生出一些新点子,对于本部门的工作成果有很大的帮助
自我成长	工作满足感提高的程度	通过沟通、聊天方式分享知识,同事间感情交流会更好,所以在工作时心情就越投入,可以获取更高的工作满足感

表 5.20　知识分享后的工作效果类型三:团体动力

次类目	关键词	员工陈述
同仁默契	同仁工作默契提升的程度	午餐的闲聊,下午休息十分钟,都属于闲聊工作情况上的问题,对于工作效率,质量改善,准时交货,得到的知识分享贡献的效益不大,但因为友谊的交流使得同事间的合作默契增加许多
工作士气	工作更流畅顺手的程度	质量管理部的同仁们大家努力贡献自己的想法,互相帮助,使得本单位在全公司各分支中表现优异并且获得奖赏,使得大家工作的更起劲了,做起事来流畅顺手
获得重视	个人感觉受重视的程度	在公司每个月初的主管讨论会议中,经常在汇总分析其他部门主管的报告后,提出个人的意见,而受到上级和其他部门主管的认同与赞美,感觉自己是很有价值的

表 5.21　知识分享后的工作效果类型四:社会心理[33]

次类目	关键词	员工陈述
意外收获	同事情谊	在处理跨部门沟通协调时,同仁也会因为见面三分情,而对有些事情在权责允许的程度下网开一面,无形中使同事关系更进一步,而成为朋友的不计其数
	职业倦怠时间缩短的程度	工作一段时间后,总会有职业倦怠症出现,由同事间的安慰与心情分享,可以缩减职业倦怠的时间

5.2.5 案例分析:员工知识类型、分享媒介对工作效果的影响[32-34]

1. 案例 1:××矿业股份有限公司/营业部主任

(1)在完成任务所应具备的知识方面。最基本的材料科学知识是一定要的。就个人专业方面须具备金属材料的知识,包含:材料组成的化学成分、材料的机械物理特性、材料适用于何种电子零件。此外,对于化学成分所组成的金属材料,每一种化学成分有毒或无毒,是否危害到人类及环境的剂量要相当了解,并时时关切最新趋势。在公司人事互动上,必须清楚各部门人员的权责、分工合作、职务代理等情形以及各相关部门人员的性格、友好程度、意见的接收及发出等的了解。对于工作上的理解度及工作执行程度,如有不清楚要实时反映,必要时须自己部门协调或跨部门求援。此外,对于客户规格需求、报价、订单、入单、安排加工、委外、包装、派车、出货、抱怨处理等流程,要有掌握能力。公司的对外关系,必须做到:定期拜访客户,以确认客户使用量、新产品开发、电子业未来走向、产品寿命、公司未来营运方针、市场调查、抱怨等的掌握。并由存货管理、加工精确度、包装确认、配合度等来掌握委外加工厂。由交期准确性、质量不良数统计、价格谈判、配合度等来掌握供货商。还要与货运行协调:送货时间、指定送货地点、交完货的回报及配合度。[33]

(2)在通过媒介取得所需知识方面。公司的工作手册订立员工上班时的工作规则、注意事项、公共安全卫生等事项,可降低产品不良率及员工意外发生率。定期召开的品质会议,讨论前月抱怨件数、退货件数和更前一月处理状况的追踪,促使员工不断学习与动头脑,并将会议记录公告于公布栏上,让没有参与该项会议的员工也能了解状况。本单位人数少,每个人均身兼数职,有时工作无法负荷时,可通过团队小组来支持,原则上由各部门自行设计。本公司工作轮换机会相当高,最主要是让每个员工有更多学习的机会,避免职业倦怠症的发生,且当有人离职时,其工作可以轻易地由他人接管。每一季举办一次业务培训,由各部门轮流培训,并取材自各部门的专业。再来就是质量部结合各部门人员共同讨论质量上的问题,如三个臭皮匠胜过一个诸葛亮的道理一般,团结就是力量,发挥个人想法及意见,来达到问题的解决。此外,资深员工的带领效果也是不容忽视的。午餐与午茶时间,同事们三五成群闲聊工作上的问题,对于工作效率、质量改善、准时交货等绩效并无多大帮助,但对同事间合作默契的提升帮助倒是蛮大的。当有紧急信息要传达给全公司员工时,就会用到 e-mail,同事间在上网时,若看到好文章或对公司有帮助的信息,也会发 e-mail 给大家作参考。

2. 案例 2:××饮料公司/质量管理部工程师

(1)在完成任务所应具备的知识方面。任何新进人员要进入本公司都需具备相关业务的学历背景,即必须具备基本的专业知识,而这些知识是来自于教科书或学术性期刊、论文。人员上岗后,公司也会提供相关的工作手册与操作说明书,至于工作表现如何,还是必须看员工个人的素质与临场表现。通常需要资深人员从旁指导一阵子后,才可独立作业。以质量管理人员而言,了解公司产品是基本能力。此外,须熟悉公司的质量要求为何,良品与不良品的定义范围在哪?当产品发生问题时,究属何种异常。以上种种有些公司会安排一些相关课程进行业务培训,使相关单位人员可以有学习的机会。其实,有些问题必须借助以前相关经验的积累才能更有效率地解决。由于本公司为饮料产品的开发及生产事业,许多制程内涵都属于秘方,非相关业务人员,无法得知。攸关知识是由基本专业知识,加上经验及实验所获得,如:什么样的口味需加上何种添加物,再以何种制程才能做出理想的产品。为了要获得更多的相关知识,与同事间充分沟通协调,人际关系的熟练度与技能,非具备不可。许多的配方机密,就算是相关人员,也无法由书面纪录上完全了解,因为有些感官认知的知识,如:香气、口感,非本人无法说明。有了良好的人际关系技能,才能使你拥有更完整的知识。拥有相关产业间的人际关系网络,不但能获得更多产业相关知识,也可以增加自己在公司及业界的分量。但内部技术人员通常较少机会涉足,而公司的高阶主管和业务专员则较有机会与外界互动,因此具备良好人际关系能力者就能更加拓展个人的发展版图,如虎添翼。[34]

(2)在通过媒介取得所需知识方面。公司的会议记录针对规划未来发展方针、产品质量维护、成本降低,由主管及相关人员保管使用。研究报告针对各项产品的生产特性及条件,由研发部门保管使用。标准书针对各项产品的生产做法及质量控管,由研发部门发布,交由生产单位保管使用。工作手册针对各种生产用机器的操作及保养,由生产单位保管使用。本公司在新进员工进厂工作时,通常会指定一名资深员工对新进员工做业务培训,除了针对工作规则与要领做训练,顺便也是经验的传承。一般员工在同一工作职务任职三年以上,即可申请工作轮换到其他相关单位,以提高工作兴趣与学习意愿。公司的制造组项目会议是由本技术研发部每季集合两生产厂召开,针对生产技术的提升与质量改善做研讨。另外,有些单位每周周会中的工作执行报告与心得,也是取得知识的媒介来源。公司会安排两生产厂员工相互观摩或到其他厂商处观摩。TQC 活动是由公司同仁依单位组成改善小组,针对项目主题做改善,每年并举办发表会,以达信息共享,并于每年淡季时举办业务培训,内容包括生活新知、工作目标倡导、技术发表等。此外,公司有一任务编组 TQM 委员会(total quality management)下辖提案、标准化、品质稽核、GMP、TPM、安全卫生、业务培训等推行小组,推动知识管理与质量管理。通过非正式的人际关系,请到相关厂商到厂介绍新产品、新技术、新信息也可得到一些产业知识,此外,在午餐或工作空档时间,同事们间相聚聊天、讨论,也能获得与其他相关单位沟通,信息交流的机会,这一部分所获得的知识尤其宝贵。本公司为传统产业,信息化的程度较低,很少有知识由信息科技传达,仅有在因特网的使用上搜寻相关新知。[32]

3. 案例3：××电子(股)印刷电路板制造部主任

(1)在完成任务所应具备的知识方面。在印刷电路板制造部门工作，至少要先具备一些科学知识，如：工业管理知识、预烧测试制程技术、PCB原理、质量管理工具、实验计划法等。在专业能力的加强上，公司有两项措施：一是由基层作业员组成的QCC，通过团队改善活动，同仁可将在工作上的经验分享出来，并与其他成员讨论进而实现改善的目标，更重要的是培养团队合作以及质量意识，使生产出来的东西第一次就做好。二是由工程师级以上人员参与的QIT及6SIGMA活动，可增进工程师对制程设备的解析能力，优良率提高、生产速度更快。通过开会可以了解公司内部运作状况，部门间协调与冲突，人际关系状况，从会议中经常可以看得出各部门的明争暗斗，且通过会议形式，也可让我们了解公司内部人事概况。本公司有由上到下的VIP会议(各一级单位主管参加)、各厂产销会议(各厂三级主管以上)、生产会议(生产部主管)、领班会议、班会等。另外，有横向组织会议，如：质量会议、跨厂稽核会议、各TQM推行小组会议等，以及QCC、QIT、6SIGMA项目会议等。在外部关系的维系上：多落在中高阶层主管身上，他们本身即具备相当丰富的资历，而且在产业内的人脉相当良好，同仁们借由他们身上得到很多的信息。以××厂为例，属于半导体产业，而几位高阶主管均是由××集团过来或是在其他厂家工作过，除了对整个上、下游制程相当了解外，也认识其他客户的高阶主管。如：质量科长，就经常借由高阶主管的相互认识而解决许多客诉的案件；业务人员也就容易找寻新客户；工程人员也可以了解其他厂家的设备状况等。[33]

(2)在通过媒介取得所需知识方面。本公司会由各项标准作业指导书来教导线上人员操作机台、各项会议记录也均保存完整以供所需的人员查询。另外：如质量活动小组每周开会填写会议记录、每期成果报告书、提案改善窗体，各厂也均设有公布栏公告相关信息给同仁。公司在组织规划上成立TQM推行委员会，其中包含了业务培训推行小组、QCC推行小组、QIT推行小组以及六个标准差小组、5S推行小组、职能鉴定制度等，使同仁能在这些活动内，达到相互交流的目的。本公司各厂的信息系统建立完善，因此同仁可在计算机上通过公用数据夹来得到各厂、各机能委员会的相关信息，以QCC委员来说，即将质量管理工具的课程内容建立电子数据库，使得同仁能在线上学习。同仁经常有下班后的联谊活动，公司并于每季补助联谊费用每个人50元，另外还有秘书俱乐部、社团活动等，员工可由这些活动，抒发对公司某些规定的看法，心得分享，甚至可得到许多不同的意见，进而形成新的构想而对公司有所帮助。此外，读书会、上班时的空档，如午餐时的聊天等，都可以把工作上所遭遇的问题提出，请同事指点。公司领班及以上人员均有使用计算机的机会且每个人在公司内部网络上均有个人电子信箱，因此经常有许多的信息从家里传送到公司内部再传送到许多人的电子信箱，例如：近来报税动作已经开始,即有人从外部网络找到节税方法,而在公司内传送分享给其他成员。[33]

4. 案例 4:××彩晶公司/LCM 厂助理工程师

(1)在完成任务所应具备的知识方面。就我本身而言,必须具备的知识最主要的是 QS-9000 质量文件管制及概念。以完成以下工作:日/周/月报的做成须具备统计知识,文书工作须具备计算机软件操作/美编能力,报表系统的对应窗口须熟悉各报表数据来源路径。比较特殊的工作内涵是导入评估的制程数据。因其涉及影响变量很多,必需多方思考须熟悉现场操作系统的数据库内容。由于本身属于基层技术人员,只求把分内工作做好,所以较少注意公司内部的人事活动及公司以外的交际情况。但从事其他职务的同仁,所需的知识能力则大有不同,例如:Panel 画质检验人员需具备相当的感官认知能力。在公司内部活动上,某工程师经常陪同副经理级干部空档抽烟,下班聚会联络友情,而成为公司的当红炸仔鸡,这应该算是公司内部的运作能力吧。此外,也有工程师会在厂商莅厂时,邀约其至公司附设的咖啡厅谈公事,并利用下班时间与厂商打球等以建立起私人交情,这应该算是拓展外部的人脉,所以,很多工程师都有跳槽的记录。

(2)在通过媒介取得所需知识方面。公司会将每次会议的重要内容、评估后的研究报告,以及提案报告呈上级签核后,分享予所有工作同仁。公司有不定期现场职员轮换,如此将有助于员工多方面的吸取知识。由资深员工带领新任职者,较有助于隐性知识的传承。并进行项目研讨会,使各方面的知识能够交流。在业务培训方面,则由种子人员在受训结业以开课方式将其所学的新知传达给其他同仁。在电子数据库的采用上,QS-9000 质量文件已上线管制。信息工作者及解决方案者也会将其专业知识制成简报,置于公司网络上,同仁皆可上线查询使用。公司并设有××学院管理部,负责在线虚拟××学院架构,提供同仁在线学习课程。此外,因常需与公司其他工厂沟通联系,而采取视频会议的方式进行。公司各部门同仁有一默契,就是在周五下午 3:00 至公司附设咖啡厅讨论工作近况及困难点,可能就是现在所说的实务社群,或利用抽烟时间、午餐、下班活动等来联络感情并交换工作上的心得。同仁间也会以电话或 e-mail 来联络工作内容或询问工作上的相关知识。此外,利用 Notes 讨论区,则可同时汇集更多人的意见。

(3)通过分享媒介所能增进的工作效果。以个人为例,上网查询质量文件,以关键词输入,很快就可以得到所要的信息,大幅缩短搜寻信息的时间,进而提升个人的工作效率。参与质量活动小组活动,使个人更能融入公司的质量相关活动,经由同事间的脑力激荡,往往可以激发新制程点子。同一项目小组的成员,长期携手合作,较容易产生同心协力的工作价值观,私底下,同事间友谊也随之增长,互相鼓励支持,对于工作压力的减轻也很有帮助。[32]

5. 案例 5:××科技(股)公司/人力资源系统开发及导入技术员

(1)在完成任务所应具备的知识方面。在应征此工作时,即被要求必须具备基本的电脑软件应用与操作能力,因为本身为人力资源专业毕业,且有工作经验,而能顺利进入公司服务。所以在学校学的一些有用的基础学科是跨入这项工作的门槛。人力资源系统导入内涵,包括:文件制作、客户业务培训、需求访谈与系统测试。应具备的知识有:对环境软硬件熟悉程度。在为顾客进行人力资源系统开发及导入过程中,如何将客户的想法化成具体的系统,也需确保系统的导入对公司有绝对的帮助。因此在导入的过程中当客户因内部章程无法套用于标准版系统中,即可利用本身拥有相关的专业知识,快速判断及解决问题,说服客户采用变通方式处理,以缩短系统导入时间。由于软件公司需不同功能的专业人员组织一个工作团队共同努力完成工作,因此与公司内不同部门的人建立良好的关系,是使工作流程运作更加顺畅的不二法门。对公司内部各部门有充分的了解,可在需要时找对人适时提供自己协助,也可得知与那些人合作时应特别注意的事项及合作模式,以求达到最佳的成效。因此在组成工作团队时,可避免因人际间竞争冲突所带来的潜在负面影响。软件公司需要靠庞大、良好合作关系的客户群来维持公司的获利,因此与顾客建立关系为一相当重要的课题。拓展业务需靠人际关系经营,而人际关系经营,有新客户的开发,应不断充实新知识新观念,并对时势信息能充分掌握,客户的兴趣与谈论话题均能适时响应,旧客户如何维护,要知道旧客户习性,并将客户交付的工作予以圆满地实现。服务态度诚恳亲切且专业化,并能适时提供客户理财新信息,且以同情心来对待客户。

(2)在通过媒介取得所需知识方面。工作手册是新人进入公司的工作守则与依据,公布栏则公告员工须知或内部职缺等事项,各类研究报告则建档以供相关人员查询参考。新进人员由资历较深的员工带领,得以尽快进入状态。工作轮换则可增进员工对其他单位的了解,并且可以多学一些东西。各单位也会定期召开工作研讨会,让员工有工作经验分享的机会。公司会不定期视实际状况举行跨单位的会议,在此研讨过程中即可学习不同单位的知识。公司也经常举办业务培训课程由需要的员工自行参加,主办单位还会奖励受训成绩优良者。公司提供在线学习课程及电子数据库供同仁们使用。公司内部也备有各单位网页,在 outlook 下放置各项共享资源,在行政处也设有服务专线。公司也备有视频会议的设施,但使用情形并不普遍。在用餐及休息时的闲聊,往往在无压力的状况下,会从他人的言语中得到一些宝贵的知识。下班的联谊活动也可增进同仁间的情谊,使他人更愿意把知识分享给自己。公司备有网络聊天室,通过网络传达,进而了解他人的想法,在沟通的过程中,也分享到他人的知识。公司每个人都有自己专属的电子信箱,有时候电子信箱可以让知识文字化,使得大家可以同时获得一项信息。

(3)通过分享媒介所能增进的工作效果。通过与他人实地学习操作,不但能学习他人技巧,也可在其中修正自认为不理想之处,进而整理出一套便于自我工作的流程。公司的各项信息科技设施,均有助于工作信息的取得,可以省下许多盲目搜寻的时间花费,进一步提升了工作效率,而能提前完成上级指派的任务。聆听他人的演讲后,借由他人成功的案例,产生见贤思齐的想法,促进个人学习的动力,也增加了求知求进的使命感。在会议中,通过同事间的讨论激发个人提出新的做事方法,而得到同事及上司的赞赏,真是快乐得不得了,个人充满了成就感。此外,由于工作性质的关系,常需要与其他同仁接触,而在上班空档时就借机联络感情,借着私人的情谊,常使得同事之间彼此的配合度提高,做起事来更加流畅顺手,连带的工作士气也提升了[32-34]。

5.3　科研人员知识分享的实现机制[33]

虽然科研人员知识分享尚无一致性的行为模式,但仍然可以从学者对知识分享所提出的各种模式与观点,分析其相同与相异之处,就文献回顾的结果,蔡义华(2005)提出可以从沟通、学习、市场与知识互动四个观点来加以分析。

1. 学术交流上的知识分享

知识分享就是一种学术交流,当科研人员向他人学习知识时,就是在分享他人知识。但是,知识接受者必须有重建的行为。因此知识分享者涉及两个主体,即知识拥有者与知识需求(重建)者。在知识分享的过程中,它牵涉两个主体间知识的流通与转移程序:一是知识拥有者,拥有知识的个人。这些个人愿意以演讲、著作、行为或其他方式与他人进行知识的交流。相当于知识在进行外显的动作。二是知识需求者,需要知识的个人,他必须有能力重建知识拥有者所分享出来的知识,通过模仿、倾听或阅读等方式来认知、理解这些知识。相当于知识在进行内化的行为。[33]

2. 团队学习的知识分享

知识是一种有效行动的能力,也就是说,知识如果未经接受者吸收,就不算是真正的分享成功。单把知识变得易于取用,并不是分享。取得知识的渠道是必要的,但是不代表这些知识会被妥善利用。因为,知识分享＝传达＋吸收(和利用),所以,知识的分享应该是一种团队学习的过程,是一种使他人获得有效行动能力的过程。进一步来说,信息分享是为了要让他人知其然,仅是单纯给予的观念。而知识分享则是协助他人知其所以然。

3. 购买行为的知识分享

组织中确实存在着知识市场,而且在市场中有着知识的卖方与买方,买卖双方在经过沟通与谈判之后,只要讲到一个能令双方满意的价格,知识的分享随即产生。但是,这样的交易多半不会涉及金钱的报酬。不过,知识分享与商品与服务的交易过程虽然近似,但两者之间确实不能直接划上等号。因为,与其说知识分享在运作过程中具有交易行为的特征,不如说,在组织中,对于知识拥有者与需求者间的知识分享运作过程,其实双方都隐含着社会交换机制的心态。

4. 知识交换上的知识分享

当内隐知识由一人转移至他人,或当人们将内隐知识转换为外显知识、将外显知识转换为内隐知识,甚至是外显知识的综合,都可称之为知识创造的动态历程。其中,个体经验范围的扩大与内隐知识的积累与交流,是有助于知识共同化的因素。观念的创造、隐喻和类比语言的运用、模型的建构,以及建设性的对话,是有助于知识外显化的因素。外显知识的搜集、分类、分析、综合、储存、更新与分享,是有助于知识综合化的因素。而模仿、模拟,以及新观念的实验与实践,则是有助于知识内化的行为。[33]

5.4 本章小结

第3章问卷调查验证结果显示:当知识能量的知识获取程度越高时,对于核心竞争力的重要性和未来能力有显著的正向影响作用,但对于门槛能力无显著的影响作用。

关于技术知识的取得,主要来自两方面,一是以往经验传承,指通过技术知识的积累或由做中学的方式而来;二是由同业取得技术发展程度,即知识共享。

在行业全球化竞争的背景下,作为提供研发服务的科研团队,只有做好有效的知识管理工作,发掘和利用科研人员个人头脑中的知识,通过知识分享促进科研人员的整体素质和水平的提高,从而提升科研团队的凝聚力和竞争力。科研人员从事的工作,因工作量大、时间性强及控制科研质量的需要,科研任务一般由多人组成的科研团队共同完成。科研人员从事的任务,相互依赖程度较高。因而,知识分享媒介对科研人员工作效果的影响引起了学者们的高度关注。

第6章 企业知识整合的实现机制

本章概要: 依据企业所面对的外部环境,以及内部条件,将企业整合的知识管理活动,分为六个层面(范围)。然后,就每个层面详细说明需要整合的知识管理活动。在此基础上,提出六项知识整合的实现要点,最后,结合团队知识整合实例,详细分析了团队运作模式,供企业界人士参考。

6.1 知识整合思路与知识整合机制

第3章问卷调查验证结论涉及知识整合的内容有:

假设6:知识整合程度与运作特性的交互作用对于核心竞争力有显著的正向影响作用(部分支持);

假设6a:知识整合的系统化程度越高,而且整合运作的效率越高,则对于核心竞争力的门槛能力有显著的正向影响作用。(部分支持)

假设6b:知识整合的合作程度越高,而且整合运作的范围和弹性越大,则对于核心竞争力的重要性能力有显著的正向影响作用。(不支持)

假设6c:知识整合的社会化程度越高,而且整合运作的效率越高,则对于核心竞争力的未来能力有显著的正向影响作用。(支持)

因此,知识整合的程度越高,而且整合运作的效率越高,则对于核心竞争力有显著的正向影响作用。我们有必要依据企业所面对的外部环境,以及内部条件,将企业整合的知识管理活动,分层面(范围)研究。然后,就每个层面详细说明需要整合的知识管理活动。

6.1.1 知识整合思路

本章知识整合研究框架如图6.1所示。

企业外部环境

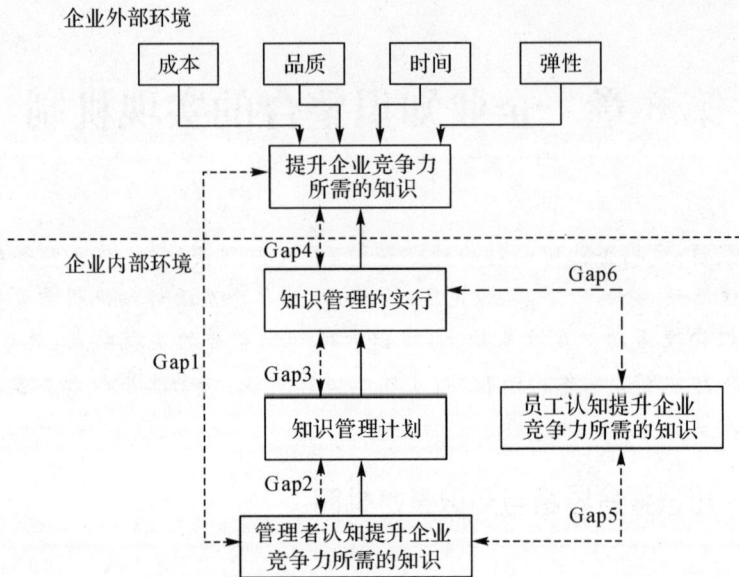

图 6.1　企业知识整合途径的研究思路[13]

注释:Gap1~Gap6,代表两个知识管理活动层面的差异。

6.1.2　企业知识整合的范围[13][34]

依据企业所面对的外部环境,以及内部条件,将企业整合的知识管理活动,分为六个方面来表示。

(1)高层管理者认知提升企业竞争力所需的知识与实际上企业提升竞争力所需的知识之间的整合。

(2)高层管理者认知提升企业竞争力所需的知识与其所拟定的知识管理计划涉及的知识之间的整合。

(3)高层管理者所拟定的知识管理计划与知识管理计划实行后所得到的知识之间的整合。

(4)知识管理实行后所得到的知识与提升企业竞争力所需的知识之间的整合。

(5)高层管理者认知提升企业竞争力所需的知识与员工认知提升企业竞争力所需的知识之间的整合。

(6)员工认知提升企业竞争力所需的知识与知识管理实行后所得到的知识之间的整合。

内部整合活动包含特定技巧知识基础和管理系统,比如:程序、例规、方法的整合。进入 21 世纪后,企业外在环境变化迅速,使得企业在制订本身策略需要考虑的因素以及执行策略所建立的组织结构,都必须重新调整与塑造。在经济全球化下,社会、企业,甚至家庭都逐步信息化,这些趋势使得我们正走向后工业化时代的经济体制。知识密集的服务及创新研发日益重要,市场也趋于多样化,速度成为成败的关键。因此,传统的策略管理理念必须随之改变。企业必须使本身成为资源、专长与能力的储存体,其主要目的在于使每一项核心能力尽可能产生多种价值。核心能力可以提供企业更真实的观点,使企业在进行关键性的决策,如决定市场定位、策略联盟时,有更好、更正确的决策质量。简单地说,对企业竞争力而言,核心能力是构成技术的根源,并提升组织学习的关键要素。史江涛(2007)认为企业的竞争力主要来自于成本、质量、时间和弹性等四个群组,依据这四个群组可发展出8个可能的作业竞争优先级,其中包括低成本的作业、高绩效的设计、质量的一致性、快速的交货时间、准时的交货、开发速度、符合顾客需求的制造方式和弹性产出量,企业可借助发展一个或数个能力来获取竞争优势。为了获得足够的智能来计划这些作业程序,企业必须建立知识储存库以储存与创造企业所需的知识[34]。

　　在内部环境方面,对于企业内部而言,很少有公司清楚哪些知识对其公司的成功有所贡献,以及这些资产是如何在公司内部不同领域、不同职务或员工之间散布。企业若缺乏这些认识,就不可能理性地将知识工作者视为一项重要的组织资源来管理。此外,对于究竟什么是未来可发展的核心知识,各事业单位若缺乏认知与共识,那么将无法彼此分享资源、人力和自身所拥有的能力,以致于企业在发展本身的核心知识时,无法有效率地发展,导致徒增成本或造成资源的重复浪费。然而,这些问题通常可以借助于系统化的信息系统来降低其严重性。因此,企业在发展核心知识时,除了必须对本身所拥有的知识有所认知外,必须目标明确地来开发和整合其知识,避免漫无目的的发展[13]。

1. 主管认知与实际需要涉及的知识整合

　　企业引入知识管理时,高层主管的角色在于客观地评价企业所处的内外部环境,以了解企业本身的强势、弱势、机会与威胁(Ndlela,Toit,2001)。"就知识管理的策略而言,外部分析是很重要的,这个策略必须要考虑到外部竞争者的行动,以确保企业所实施的知识管理能使企业维持永久的竞争力,同时找出竞争者的弱点以及避开竞争者所具有的优势。依据企业目前所处的位置与所拥有的能力分析,以制订出适合企业的知识管理策略。然而企业的策略通常都关注于市场与竞争上,它们往往只着重在搞清市场的优先级与其在市场的定位,或是订出顾客所需的产品与服务,而忽略企业所应该开发的知识领域。"[13]

　　每个企业都有它独特的一些知识以及该知识适用的企业问题,因此,"每一个知识管理解决方案都是针对特定的企业而设计。而高层管理者的任务就在于辨别出哪些才是企业维持竞争优势的核心知识,这些知识存在于何处?企业本身能不能持续创造出这些知识,如果不能,那么就必须通过联盟、合资,甚至于直接购买或并购等方式来取得。因此,为了消除或弥补两者间的差距,企业在实施知识整合过程中,高层管理者应全面了解企业所处的内外部环境,以制订出合适的知识管理策略"(曾素美,2008)。

2. 主管认知与拟定计划涉及的知识整合

在了解了企业所处的内外部环境后,高层主管应制订一个适合企业的知识管理计划来指导企业知识管理的实施。然而,"纵使高层管理者认知到企业实行知识管理所需的知识属性,但却可能无法将心中的想法转译外显为具体的知识管理计划,或是由于资源或本身观念的限制,以至于他们缺乏提供提升企业竞争力所需知识的能力"。故知识整合目的是缩小高层管理者认知提升企业竞争力所需的知识与高层管理者所拟定知识管理计划之间的差距。

整合过程中,"公司必须制定一个适当明确的知识管理计划,知识管理计划必须整合企业整体的知识,以便在组织各种活动中应用知识,创造出价值"。依据Quinn等人(1996)所定义的知识层次,可有效地评估企业所拥有的知识,目前是处于何种层次,以作为企业制订知识管理计划的蓝图。同时,帮助企业决定什么样的知识或处于何种层次的知识应该被创造和储存,以便更新组织的知识库。Quinn等人(1996)将企业中专业人员的知识,依照其在组织内运作的重要程度分成(1)实证知识(know what)、(2)高级技能(know how)、(3)系统认知(know why)和(4)自我创造与激励(care why),如图6.2所示。

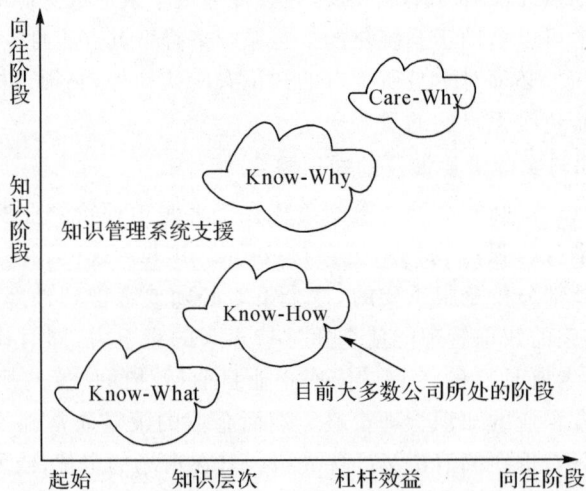

图 6.2　知识层级[13]

3. 拟定计划与计划实施涉及的知识整合

为了保持持续性的竞争力,公司必须有效地及有效率地创造、保存、抓取及分享其组织知识,并在有限的时间内将知识运用在新的问题及新的机会上。曾素美提出"许多公司因为本身组织结构及作业流程的复杂程度,使得所拥有的组织知识变成片断、零碎而难以保存分享,也因此在整个决策过程经常会有冲突,重复及忽视知识的情况。所以一个明确的知识管理计划便显得格外重要。企业内部如果对知识的定义、知识的价值、知识管理的导入流程看法不一,将无法迅速凝聚组织共识,对于导入知识管理将会形成阻碍。因此,在企业确认要导入知识管理的决心之后,必须开始针对企业的员工、整体的组织进行一连串有系统的规划,包括进行业务培训、凝聚共识、成立项目小组分层推动、拟定具体可量化的预期目标等"。企业在推动知识管理系统的过程中,可针对企业所有单位一次全面导入,或先于企业内部选择示范单位导入,再将经验与成果全面导入。

然而,员工在实行知识管理计划时,却可能因为许多原因,例如不了解什么是知识管理,或者害怕知识分享后会影响个人在企业中的价值等,而使知识管理计划推行前后产生了预期效果的落差。故整合的目的在于缩小管理者所拟定知识管理计划与知识管理计划实施过程之间的差距。整合期间,企业对知识管理系统的构建,需审慎评估。知识管理系统建构初期可分成下列几个组成部分(Ahmad,2010):

(1)知识贮存(repositories):存放被外显的正式及非正式知识(explicated knowledge),以及对于这些知识积累、萃取、管理、验证、维护、标记及散布的各种相关法则。知识的使用者必须能够新增及修改相关的知识内容。整合良好的知识贮存并不需要使用者知道他要的知识存放于何处,换句话说,使用者所感受到的透明度(transparency)是非常重要的。另外有些公司会对知识内容附加有效期限的标记,以让使用者得知所使用信息的新旧,是否过期及有效与否。

(2)协同平台(collaborative platforms):协同工作平台能支持分布式的工作,并且提供指导(pointers)、技能资料库(skills databases)、专家位置(expert locations)及非正式的沟通渠道。

通过协同平台,知识的内容便具有高度的弹性,也因此才具有意义及实用性。当要挑选某种技术或某个供货商时,对于此种技术或这个供货商是否存在于系统的整个生命周期是非常重要的课题。另外,此供货商的技术是否足够跟得上市场发展,以确保其产品或服务的及时供应? 此项技术与即将应用的领域是否一致? 此项技术是否能够提供足够的市场,并符合顾客的质量要求? 如果没有一个有效率的使用者接口,就算是再好的知识管理系统也注定会失败。[13]

(3)网络:网络支持沟通及对话,包括电话线路、公司内网络(Intranet)、组织间网络(Extranet)等硬件及共享公共空间、产业内的公司协同合作、交易网络、产业论坛等软件。

(4)文化:包含一切能促使上述组成分享及运作的文化驱动因素。

Tiwana(2001)将知识管理的导入规划分成四个阶段,包含十个步骤,为企业制定知识管理计划提供参考。

阶段一：基础建设的评价（infrastructure evaluation），是分析现有的基本建设框架与调整知识管理及企业的策略。

阶段二：知识管理系统的分析，设计及发展（KM system analysis, design and development）。

阶段三：系统发展部署（system deployment），使用结果导向的增量方法（results-driven incremental）来部署知识管理系统与管理变革、文化和奖励制度。

阶段四：评价反馈（evaluation），即测量知识管理的绩效。

4. 知识管理得到的知识与所需知识间的知识整合

许多企业在推行知识管理时，常疏忽去评估实行知识管理后是否符合预期的成效。如何测量一直是一个焦点，但这也是最难的部分。虽然已经提出了许多测量知识的方法，但是由于知识具有隐性及动态性的本质，使用现存的会计系统仍然很难恰当地测量其价值。Dwivedi（2011）说明知识管理与企业的财务绩效之间的关系。知识管理的投资常常是对已有方案做改良，需通过内部作业、产品服务的改善以及外部顾客与市场导向的效益等三层中间因素才能影响企业的财务绩效，如果其影响效果越直接，也就是说，因果关系的路径越短，则其效益就越容易评估。但是知识管理的投资常常由于经过的路径过于复杂，因此，很难清楚地定义出因果关系。故整合的目的在于缩小知识管理实施后所得到的知识与提升企业竞争力所需的知识之间的差距。

整合期间，企业必须开发出一套完整的知识管理测量系统。曾素美（2008）研究指出知识测量（knowledge measurement）是利用定量、定性模式及绩效评价等方法来评估知识制造者的价值。知识测量活动包括：评估无形资产、评价员工实施知识管理活动的绩效、测量个人在知识活动上的效果、建立智能资本的投资回收率（ROI）、测量知识制造者与蓄积的技术知识间的合作程度、确认有附加价值的资源与流程、评估知识管理活动的实施对组织的影响。财务绩效的测量主要是指传统的财务指标，包括分析销售额、投资报酬率、价格变动、每位员工的销售额、生产力以及每单位的生产利润等。

针对评估企业的知识处于何种阶段，Nonaka 等人（2000）将知识资产分为四类：经验性知识资产（experiential knowledge assets）、概念性知识资产（conceptual knowledge assets）、系统性知识资产（systemic knowledge assets）和例行性知识资产（routine knowledge assets）。他的研究也显示，在基本的知识创造过程中，知识资产具有动态的特性。为了有效地管理知识创造与开发，企业应将所拥有的知识资产分类与评估，并绘制知识地图。

5. 主管认知与员工认知间的知识整合

Nonaka(1991)指出在知识创造的企业里,创造知识的责任并非集中在某个部门,或某些专家。高层主管,中层主管以及第一线员工全部扮演某种角色。管理者依据其在组织中的层次,可分为高层管理者,中层管理者与第一线管理者。一般而言,高层管理者负责制订攸关组织方向的决策,以及影响全体组织成员的重大决策,中层管理者则负责将高层管理者所制订的目标转换成其他管理者可执行的具体目标,第一线管理者负责直接指挥作业人员的日常作业。因此,员工对于他们所需要的知识会因为他们所处的位置与所扮演的角色不同而有所不同。故整合的目的在于缩小高层管理者认知提升企业竞争力所需的知识与员工认知提升企业竞争力所需的知识之间的差距。

6. 员工认知与得到的知识间的知识整合

由于传统上人类在思考解决问题时,常常可能因为分工太细,个人的视野不够广阔,或习惯以自己熟悉或个人过去的经验来解决问题,因此在思考问题的解决方案时,较难有突破性的创意。Nonaka(1991)指出第一线员工专注于特定的技术、产品或市场。没有人比他们更了解公司业务的真实情形。但当这些员工面对非常专门的大量信息时,往往觉得很难将这些信息转化为有用的知识。一方面可能是因为市场信息模糊不清,另一方面,也可能是员工受限于本身的狭窄观点,而看不清整个大局。更糟的是,即使员工真的提出有意义的想法和见解,也可能很难将信息的意义和重要性传达给其他员工了解。组织里的员工多半没有自我组织知识的能力,更别说有时间坐下来将自己的知识输入系统,因此,组织需要有人将知识抽取出来,加以组织,并持续维护与琢磨。

此外,知识工作者之间往往因为彼此竞争而阻碍了知识的分享。由于知识工作者的动力来源是知识,因此必须有很强的诱因,才能让他们愿意分享知识。"即便如此,每个专业领域的人,由于拥有特殊的文化价值观,可能阻碍跨领域的知识分享。故整合的目的是缩减员工所认知提升企业竞争力所需的知识与知识管理实行后所得到的知识之间的差距。"(曾素美,2008)

因此,整合期间,高层管理者应该传达简单且定义清楚的信息给员工,让员工了解知识分享是每天很重要的工作,并提供利于员工知识分享的环境,组织知识分享的渠道,依其正式的程度可分为下列几种(Perry, Wilhelm, 2010):

(1)正式的机制包括:

正式的网络:指组织通过管理系统由上而下传递、指示,或由下而上汇总、呈送与工作有关的正式信息与知识。

师徒制传承(apprenticeship):指资深的员工以传、帮、带、讲解、示范来实施教育与训练。

知识库的建立:指组织通过知识外化的过程,将有价值的文件、蓝图、案例、经验等知识,分类整理后储存于某一特定点,以利员工撷取与利用。

(2)非正式机制包括:[35]

实务社群(practice community):指由组织内相同兴趣、专长的员工自行组成,以知识分享为目的的实务社群,成员们经常自动地通过 Internet 来讨论分享每一特定领域的专门知识。

非正式场合:指员工通过在非正式的场合(如茶水间、谈话室、员工休息室、自动贩卖机与走廊等),不期而遇地对话与闲聊。

6.1.3 知识整合机制

梳理文献发现,有四种知识整合机制:

(1)方向与目标(rules & direction);

(2)顺序(sequential);

(3)例规(routine);

(4)团队决策(group problem solving and decision making)。前三项都着重在减少沟通成本、学习成本来增加整合效率,但有一些任务则需多人员的密集沟通才能达成整合。因前 3 项的知识整合可使知识移转与沟通达到经济性的效果,所以只有当高度复杂与不确定的任务下,才会使用第 4 种整合机制。

另外,Grant(1995)也强调共同语言(common language)所扮演的角色,共同语言的重要在于它允许个体间相互分享与整合各种领域的知识,共同语言建立得越好,知识的整合将更有效率,当他们彼此原本不熟悉对方的知识时,共同语言就可成就不同的知识整合角色,各种不同的共同语言包含:语言、其他形式的符号沟通系统、专业化知识的共通性、分享的意义、个人知识领域的认知。

Simonen(2010)也将技术移转双方的协调机制分为 3 种模式,并且认为越多沟通以及越少的目标差距是提高技术转移绩效的方法,3 种模式为:

程序交流(procedural bridge)。双方共同规划、共同从事幕僚活动,并达成共识。

人员交流(human bridge)。依不同组织间人员互动,由人员间的接触,促进彼此的学习合作。

组织交流(organizational bridge)。彼此有正式的结构与专门机制,借由专职的转移小组或团队促进技术转移绩效。

6.2　经验分析——团队知识整合的实现机制[36-37]

6.2.1　科研团队的内涵[36]

科研团队是指同一组织中,相同特性的知识能力所组成的复合体。例如,W公司在推动的知识管理中,具有相同工作性质、范围的人员组成一个团队,以团队为单位去运作知识管理制度。W公司知识管理的主要人员 R 经理提到如何区分团队,他提到:

我们主要是以部门、工作任务来区分,每个团队约 5～10 个人,包含部门中不同的工程师,例如项目工程师、设备工程师、材料工程师等,由部门主管当团队负责人。由于工作任务具有高度的相关性,因此对于工作上的经验、知识可以做有效的交流。

从以上的说明可以得知,由于团队的成立是以部门或工作任务来区分,通常同一团队的成员也隶属于同一部门或具有共同的工作任务,因此,在同一团队内的成员应具有相同特性的知识能力,符合本书科研团队的定义。

在 W 公司知识管理推动的过程中,团队的经营成败也成为能否将知识管理制度成功推动的关键因素之一,因为所有的知识文件的产生、分享、交流都是从团队内开始发生的。A 经理对于团队经营成败关键提出他的经验:

团队的经营成败首先要看部门主管的态度,倘若部门主管是非常积极地去推动,那么团队就成功一半了。另外,我们还要去说服工程师,让他们了解推动知识管理的好处,在知识管理刚开始推动时可能会累一点,因为要去制作许多知识文件,可是通过知识管理的推动,可以让工程师在专业领域上面学习成长。

M 经理除了针对团队领导人所扮演的角色提出他的看法,他也特别提到团队内信任的问题,他提到:

领导人本身的号召力是团队成功与否的关键,此外,推动团队对于参与者有没有帮助也是团队成功的影响因素。工程师们具有追求成长心态,才会参加团队,团队的经营才会成功。刚开始推动时以强迫的手段逼成员出席团队活动,之后再建立团队内人与人之间的信任,信任是团队经营成功的原动力。我们必须制定很明确的奖惩机制,将参与团队的表现列入绩效考核内,可以有效地督促、激励员工参与团队。

由以上的讨论可以看出,W 公司知识管理机制的运作是建立在以团队为核心的基础上,所有的知识管理活动都是先在团队内发起,再逐渐地扩散到整个组织中,团队经营的成功与否直接影响到知识管理推动的成败。

6.2.2 科研小组知识整合实例[36-37]

某科研小组由五人组成,承担国家课题,分别撰写研究报告的相应章节,最后,为了形成总报告,召开多次小组讨论会。团队特点:

(1)团队成员由教授、副教授、讲师和研究生构成,讨论期间,主要是研究生参加,具备较强的科研能力。

(2)团队运作(讨论)历时为六个月。

(3)团队运作有实质产出(上交研究报告的部分章节)。

(4)团队运作为多次且重复。

表6.1 成员知识整合机制使用程度调查[36]

个人层次		团队层次	
沉思	我会反复询问自己有关章节的问题并回答	讨论前的准备	讨论前,我会把相关资料准备齐全
	我会尝试以自己的话来重新解释报告内容		讨论前,我会把相关资料看熟
	我会试图画出研究章节的框架		讨论前,我会把相关资料传给组员
笔记摘要	我读书时会做笔记		讨论时,我将所有数据都带去
	我看到不懂的地方会去翻阅相关书籍		讨论时,我会替每位成员准备资料
	我看到不懂的地方会上网找资料	表达意见	讨论时,我会针对我知道的部分踊跃发言
	我会将找到的数据补充在笔记中		讨论时,我可以清楚地说出我自己的观点
	我会对报告中的个案公司作进一步了解		讨论时,我会将自己不懂的地方提出来询问组员
	我读书时会将心得写下来		
	我会将自己的相关经验附在笔记中辅助理解		
建立文档	我会将报告当中不了解的地方做记号	询问别人	讨论时,我会询问他人意见以了解他真正要表达的意思
	我有自己一套研究数据或笔记的档案系统		讨论时,我会质疑别人的想法
	当我要寻找研究用过的资料,可以很容易就找到		讨论时,我会批评别人的想法
浏览复习	我会参考其他小组成员的笔记		讨论时,我会修正别人的想法
	我会参考别的小组留下来的笔记		讨论时,我可以忍受别人质疑我的想法
	讨论前会浏览一下以往结题的研究报告		讨论时,我可以忍受别人批评我的想法
			讨论时,我可以忍受别人修正我的想法
			讨论时,我会归纳大家的意见并作整合
与课题负责人交流			
理解程度	讨论前,我很了解报告的框架	主动性	我会帮其他成员回答问题
	讨论前,我会将相关资料带去		我会提供其他成员答案
	讨论前,我能了解课题负责人的问题		如果答案是别人告诉我的,我回答时会提到他的名字
	讨论前,我都知道答案		我会反过来问课题负责人问题
	讨论前,我需翻阅数据才知道答案		

下面分别说明团队运作模式,并分析团队成员运用知识整合机制的程度,以及个人与团队的学习绩效[36]。

1. 团队运作模式(初始状态)[36]

讨论前要求小组成员熟悉自己撰写的章节,画出该章的框架,并且带来开会。开会时由课题负责人主导讨论,请每个组员谈谈该章的内容与框架,有任何问题或是想法就直接发言,最后再进行整合。当组员对同一个问题有不同的观点时,就由双方辩论,清楚说出彼此的观点,只要讲得有理有根据,都不会受到反驳,最后由所有组员决定要采用哪个观点。

对于研究报告的全文,每个人事先没有读过。讨论时,如果课题负责人指定某个组员回答,但是他不知道答案,其他组员会互相帮忙回答。准备上台报告之前,每个人先写自己负责部分的口语稿与投影片,然后再整合,看整体的观念框架是否正确,同时帮几个比较不会抓重点的组员修正。虽然一开始安排一周一次的固定开会时间,但是发现组内有成员偷懒不事先准备,全组几乎只有一至两个人画框架图,在这样的情况下无法讨论报告全文,花许多时间开会也没有效率,于是将开会时间改成两周一次,同时针对开会时间做控制,比如说今天要在一个小时之内结束或是今天一定要在一个半小时内结束,不需要讨论的部分就各自分工自己做。

(1)成员知识整合使用程度。每次讨论会后,让小组成员根据自己的实际感受填写表 6.1(按 5 级分制)。

调查显示,在这种团队运作模式下,小组成员在个人学习时使用知识整合机制的程度偏低,尤其在笔记摘要部分,显示成员在阅读研究报告时以浏览为主。在小组讨论时,成员做事前准备的程度也偏低,却都会踊跃发言或发问,导致讨论时常陷在枝微末节的问题中,降低讨论效率。跟课题负责人交流时则会做好准备,主动回答问题或是发问。

(2)学习绩效分析。组员对于团队讨论气氛均不满意,认为枯燥、无效率,也认为团队讨论对于增加研究报告理解的程度有限,但是组员本身却不会试图改变、提出改善的方法。反映在学习绩效上,组员之间存在明显的差异,多数组员在个人学习上表现较差,团队运作的贡献也较低,整个小组依赖少数组员维持运作,但也由于有较强势、负责的组员主导团队运作,使得小组整体表现仍属中等水平。

2. 团队运作模式(第一次修正)[36]

讨论前会依组员人数将研究报告分成六部分,只需精读自己负责的部分,但是发现大家可能只看那一小节,而没有全盘的概念,因此改成每个人除了要精读自己负责的部分,还要看过整部研究报告。开会时每个人针对自己负责的小节发问,以检视其他组员是否有准备,依报告顺序发问、讨论,讨论时会思考为何该段落要安插实务个案,或是整合这章的重点,然后再讨论框架图。负责该章书面报告的组员会先画一个框架图的底稿,其他组员再给予意见、修改,后来为了要鼓励大家思考,就要求每个人都画一份框架图,讨论时就看哪个组员画得比较好,或是谁的比较好补充、修正,而采用那份框架图。这样的讨论方法会使成员对于报告有较深刻的印象,自己想不通的问题也可以获得解答。

书面文字部分,一开始就将各组员负责的章节划分好,由两个组员为一小组,负责该章总撰与书面文字的事情,由于小组讨论完后,所有组员会各自整理自己负责的部分并寄给整合的人,因此整合者主要工作内容是校正与排版,并将讨论时画出的框架图补充在书面文稿上。整合完后要将书面文稿寄给全组组员,进一步确认是否有需要修改的地方。如果是自己要报告的那章,会花较多时间准备,此外还会钻研字句、背概念、查专有名词,像平衡计分卡,然后将补充数据抄在报告边上,有些研究生第一次和负责人讨论时由于太紧张,甚至将所有内容都背起来,而没有带数据。准备上台报告时,第一次因为比较紧张而排演较多次,希望通过排演来控制报告时间、讲话速度与个人小动作,并注意报告中是否有遗漏的地方,第二次报告的排演还有进行录像,以作修正。此外每次上课都会特别留意教师的授课方式或是投影片制作,学些经验。

小组一开始规划一周讨论两次,随着课题的进展,由于需要讨论的章节增加,因此开会次数增至一周三次,每次开会平均一个小时,另外还有在 BBS 上申请一个看版,除了提醒开会时间与地点,还会将课外补充数据或是重要的名词写在上面分享给所有组员,有时开会没想到的问题或是想法,也会在事后提出。

(1)成员知识整合使用程度。调查显示,虽然团队成员在阅读报告时都会做笔记摘要与参考其他数据,但整体而言,小组成员对整合机制的使用程度仍偏低。在团队讨论部分,小组成员讨论前都会做充分的准备,讨论时尽力表达自己的看法,并愿意接受其他组员的询问与挑战,形成一种开放讨论的气氛。和负责人交流时,虽然尚未能充分掌握研究报告内容,但能主动发问与回答问题,促进此阶段的知识交流与分享。

(2)学习绩效分析。组员高度赞赏团队讨论气氛,虽然认为讨论效率不佳,但都会提出改善方法,也认为讨论有助于理解研究报告。反映至学习绩效上,团队成绩亦有突出表现。成员高度认同彼此对团队运作的贡献,觉得对方都很重要。

该组在讨论模式的运作上会勇于尝试新方法,可能是起因于会议的无效率,或是参考其他课题组的讨论模式而有组员提出新方法,像:安排行事历。组员会由各方面评估新方式是否有助学习,比如:组员是否会因为使用新方式讨论而产生较深刻的印象,有助于研究报告的撰写。整体而言,团队讨论的气氛很活泼、开放,成员会踊跃发言并询问对方看法,和负责人交流时也会主动发言与回答问题,此外参与程度也高,小组甚至会在会后针对报告组的报告进行讨论。检视团队成员的学习绩效,虽然成员自己未大量使用知识整合机制,但由于有运作良好的团队讨论,清楚明确的责任分配与归属,也有明确的档案传输路径与方式,网络留言板的设立更提供平日不开会时的沟通平台,成为大量知识流通的渠道,这些知识分享与整合机制可辅助团队成员加强对报告的理解与事后复习,因此成员个人表现与团队表现均良好,也互相认同彼此在团队内的贡献,更高度认同团队讨论的方式有助于提升对研究报告的理解。

3. 团队运作模式(第二次修正)[36]

讨论前会依组员人数将研究报告分成六部分,抽签决定各自负责的段落,回去阅读并做重点摘要,自己负责的部分要熟读,其他部分则由成员自行决定是否阅读,没有硬性规定。开会时会先请组员将自己负责的部分讲一遍,讲述时若有问题或是特别的解释名词,就马上提出来请负责的组员再讲一次,如果负责人还是说不清楚,就全组一起讨论,讨论时会尽力让所有组员理解内容,如果对定义或是内容有争论,就一直讨论到大家认同为止。讲完报告后,组员会对框架图产生一个大致的想法,如果同时有多种看法,就先让各组员论述他自己的逻辑推理,然后再进行讨论,可能会将各种想法的框架图作结合,或是选择其中一个大家认为比较合理的框架图。然后组员将自己负责整理的摘要寄给撰写书面文字的人整合,并补上讨论出的框架图,整合者再于讨论前寄给所有组员。

针对自己要报告的章节则会讨论较多次,会将报告的重点,如名词、定义看更熟,甚至要求全组组员将该章的框架图讲一遍。在和负责人交流前,会设想他问什么样的问题,然后先讨论,也会先建立一种"要互相协助,绝对不能推翻别人的答案,不可以说组员的答案不对,绝对不能说这句话"的默契。每周固定开会两次,若下周要撰写的内容较多,则会增加开会次数。每次开会大约一个小时,最多二个小时。在组员联系上,主要是利用 E-mail 与微信来传档案跟聊天,但不会刻意使用微信等来讨论报告,会将所有问题留到开会时一并讨论。曾经有讨论过是否在BBS 上开版,但是全组讨论后认为效用不大,因为有固定的开会时间,所有事情都可以留到开会时候一并讨论,而且有些观念适合用画图表示,但是 BBS 广告牌就无法呈现这样的效果。

(1)成员知识整合使用程度。调查显示,在个人学习部分,小组成员会善用知识整合机制辅助学习、了解报告全文,但是小组讨论时,成员不一定会提出自己的想法或询问组员看法,导致此阶段的知识交流量偏低,与负责人交流时也因主动性不足,而多处于被动的聆听、发问回答状态。

(2)学习绩效分析。组员认为团队讨论气氛热烈、有效率,也很喜欢这样的气氛,认为有助于增加对报告的理解。但由于在个人学习与团队讨论多呈现被动状态,因此小组成员的学习效果较不理想,小组整体表现也一般,但是组员间未存在明显差距,组内贡献排序上亦是,没有人有较突出的表现。

长达一个月的小组讨论方式都没有改变,成员认为此模式很不错也不需要改变,曾经参考过别组的开会方式,但是觉得不适合。一个月运作下来,单一章节的讨论时间有缩短,而且组员也认为团队讨论有助于学习,有时自己认为理所当然的概念,听到别人以不同的角度探讨后,会再一次思考。但是检视小组成员学习效果可以发现,由于团队运作模式过于稳定,使得成员对于团队讨论产生一种例行事务的心态,不会刻意追求效率或是创新,在缺乏外在环境与团队内部的刺激下,使得成员的学习绩效未能有优异表现。

4. 团队运作模式(第三次修正)[36]

讨论前会依组员人数将下次讨论范围分成七等份,可能是一章分成七段、两个人负责一章或是三个人负责一章,原则上是依讨论范围来划分,每个人除了要将自己负责的部分做重点整理,还要将讨论章节全部看过,但是随着课题的进展,讨论章节增加,就只需精读自己负责的范围。讨论时会先要求组员将自己负责的部分简单讲一次,或是由其他组员发问,负责的人回答问题。对于课文内容没有问题后,就进行框架图的讨论,可能会有一个组员先提出他的想法,大家再进行讨论修正。如果同时出现多种观点,就一起讨论,看哪一个观点可以说服大家,或是将两个人的意见整合成一个意见,如果僵持不下就投票决定。书面报告部分,每章会有一个负责整合的人,讨论完后,所有组员将自己负责部分的摘要寄给整合者,整合者再将开会讨论出的框架图画上去,并进行校正、排版,然后寄给全组的人。如果是自己要报告的那一章,还会去找额外的补充资料,像以前学过的名词可能忘了,就上网找出定义,然后跟其他组员讲,并且针对负责人可能会问的问题进行沙盘推演,和负责人讨论报告框架时,若组员回答有不完整的地方或是不知道答案,也会互相协助成员回答。在上台报告前会先要求大家把自己的口语稿写好,然后确认整体的框架与内容是否有问题,确认无误后才做投影片,然后练习、测时。但是第一次上台报告时遭遇挫折,当时补充许多资料,并与报告其他章节做连接,结果被赶下台,组员认为报告内容是受导师引导,但却没有得到预期的反应,觉得很挫败。

平均一周讨论两次,每次大约二小时,依下周的工作量而调整。平时会用E-mail跟微信联络,另外还有在BBS上申请一个版,这是主要的联络渠道,也会要求大家都要去BBS广告牌,开会的相关事项或是所有有关长三角地域经济的问题都会在那提出,如果有组员知道答案就会回复,没有的话就留到开会时讨论。

(1)成员知识整合使用程度。调查显示,组内成员在个人学习行为上有较多差异,知识整合机制的使用程度也偏低,在进行团队讨论时,由于成员主观意识较强,虽然不会批评别人的想法却也无法接受别人的质疑,常形成单方面的观念陈述,趋使团队讨论沦为部分强势组员主导。在和课题负责人交流时,可能畏惧老师的专业形象,因此多处于被动地位,并对自己的表现没有信心。

(2)学习绩效分析。整体而言小组成员对于团队讨论气氛并无任何好感,也认为讨论效率不佳。团队整体表现与组员个人表现均处于中下水平,只有两位组员个人表现较优。而在组员贡献排序上,也可看出在团队运作时小组成员间具有相当大的差异,部分成员常无法完成分工后所被交付的团队任务,而需要表现较优的另外两位成员担起全组运作的所有事务。

团队刚开始运作时,由于不清楚团队任务与方向,因此花了许多时间在摸索,很像在找一种集体阅读的方式,然后团队任务与方向定位清楚后,讨论时间就减少。但是第一次上台报告的挫折造成团队运作很大的影响,由于小组成员与课题负责人对于报告内容的认知有差距,使得团队运作重新定位、成员改变心态,从原本积极认真的态度转为保守消极,组内充满负面的声音与想法。这样的气氛也反映在组员的学习行为与学习绩效上,由于初始阶段的表现未获肯定,因此组员改以消极的态度对待团队运作,在知识整合机制的使用程度上也偏低,而未能良好构建团队运作模式,监督、指导团队运作事务的工作也落到少数组员身上。

5. 团队运作模式(第四次修正)[36]

讨论前不划分负责范围,而要求所有组员精读研究报告全文,讨论时依照报告一页一页探讨,若有问题就提出来讨论,当成员间有不同的想法时,就先让各成员讲述自己的看法,再针对该想法进行发问、讨论,然后修正、整合为一致的想法。之后再讨论框架。但是随着时间的推移要讨论的章节变多,组员也认为不需要这么仔细地讨论,因此就直接讨论框架图。讨论框架图时,会要求所有成员在开会前先想好框架图,然后由一个组员先画出来,其他组员再讨论应如何修正。如果同时有两三个组员画出框架图,就请他们先讲述自己的逻辑推论,再进行讨论、合并。讨论完就抽签决定每个组员负责的章节摘要,再寄给负责整合的组员,整合者通常是该次会议的会议记录员,之后再将写好的三页摘要寄给所有组员。针对自己要报告的章节,会很仔细地阅读、讨论,而且在跟课题负责人交流前,会模拟他问问题的情况,也会问组员较深入、刁钻的题目。讨论时,若组员对报告内容不熟悉,也会互相协助回答。上台报告前,组员先各自撰写口语稿与制作投影片,之后再统整、修正、排演,以控制时间与改善简报技巧,同时也会针对口语稿的内容进行修正平均一周开会两至三次。平均每次讨论时间约一至二小时。此外还有在 BBS 上申请一个看版,联络开会地点、时间,或是提出对报告和个案的问题。

(1)成员知识整合使用程度。调查显示,在个人学习部分,组员偏重思考与浏览复习数据,而较不注重笔记摘要,而在团队讨论时,虽然会先做好准备、勇于发言,但是在面对组员的询问与批评时,其容忍度也较低。和负责人交流时,无法马上理解问题并回答,显示对于报告内容的掌握不足,因此也无法主动发问。

(2)学习绩效分析。组员认为团队讨论很热烈、有效率,有助于提升对报告的了解,也喜欢这样的讨论模式,虽然团队成绩在中上水平,但是在成员贡献排序上,小组成员间存在相当大的差异。

新学期始,会针对讨论方式进行检讨、修正,主要是因为觉得讨论时间过长,于是会参考其他组别的做法,另外还会针对报告的方式进行修正,听到别组的简报后,会针对他们报告的技巧以及内容进行讨论,比如有的研究小组将报告与个案内容做结合,组员认为很值得学习就提出来讨论。几周下来也觉得讨论与学习变得更有效率,越来越知道要怎么掌握重点,一开始没有做框架图的习惯,习惯后会试着思考这一章的逻辑,试着画出框架。而讨论时若有不懂的地方可以提出来,大家一起讨论,有时候还可以听到不同角度的观点。

6. 团队运作模式(第五次修正)[36]

讨论前不划分负责范围,而要求组员精读全部报告全文,开会时直接讨论该章框架图,通常会有两至三个人先画出底图,就以这几份底图进行比较、讨论,看哪里有问题或是需要补充的地方,可能会针对一份底图作修改或是将两份底图结合。如果组员对于报告或是框架图有任何疑问就马上提出,甚至可能看到某个组员的眼神,就知道他有不了解的地方,会问他的想法、鼓励他说出来。文字部分由组员两两一组轮流撰写,当讨论完框架图,会对该章产生大概的概念,并将报告的重点列出来,开会时也有人做笔记给整合的组员参考,其余内容由整合者自行发挥,写完后会先寄给全部的组员,确认无误后再寄给负责人。对于自己要报告的章节,会讨论较多次,针对报告上负责人可能会问的问题去问组员,也会要求大家把框架图以及报告当中的个案试着讲一次。甚至建立一种共识:当有组员对问题的回答不完整时,其余组员要帮忙回答,在陈述的过程中,不能说××(组员的名字)刚刚讲得不好,而要说:××同学某一点讲得很好,可是我觉得应该是……然后再去补充。准备上台报告时,会先将全部的内容讨论过,才划分各自负责的段落,然后进行排演以控制时间或是修饰投影片设计与简报技巧。一个礼拜固定开会三次,如果进度较多,就会开到四次。每次大约开二个小时左右,一开始大约一到二小时,之后就二到三小时,时间有增加的趋势。

(1)成员知识整合使用程度。调查显示,在个人学习部分组员使用知识整合机制程度偏高,除了通过沉思与笔记摘要来辅佐自己吸收知识,也高度依赖其他组员或是学长留下来的资料。团队讨论时,会尽情发表自己的想法,并通过互相询问以达到组员间想法的一致,成员本身也愿意接受这样的沟通模式。在和负责人交流前,由于组员对于报告理解程度高,也会主动回答问题与发问,有助于加强此阶段的知识交流。

(2)学习绩效分析。小组成员非常喜欢团队讨论气氛,因为组员都会提出自己的想法与其他人一同讨论,增进彼此对于报告的理解,互相解答疑惑,此外小组成员认为团队讨论很有效率,也不会想要改变方式。组员学习成绩显著优于平均水平,并具有相当的一致性,而在团队运作的贡献程度上,组员排序非常接近、一致,表示团队成员高度赞赏彼此的表现,认为所有人都很辛苦、优秀,在团队运作上有其不可或缺的重要性。

小组的分工模式虽然使成员的负担较重,但是成员均认为这样的做法对于学习会有较多的收获,此外该组也相当自豪自己的框架图,认为比较有逻辑性、有一个清楚的条理脉络。在团队讨论上,组内具有一种不想否定组员的气氛,组员认为虽然讨论时有不同的意见,但其实方向是一样的,就尽量找出那个方向,而就算组员提出的概念中大部分是错的,但还是有一小部分是正确,就针对正确的部分去补充。主要目的是将所有成员对的想法抓出来,组合成要的东西。由于高度容忍组员犯错,塑造一种轻松的讨论气氛,使得团队讨论时成员能较无压力地说出自己的想法,虽然小组没有另外设立留言板等沟通渠道,但是较长的会议时间也能增加组内知识交流量。但由于对自己框架图有高度满意与自信,认为别人的框架图没有自己好,降低与其他成员的知识交流。

7. 团队运作模式(第六次修正)[36]

讨论前先依报告章节来分工,一个人负责一节,如果两节内容都很少就合并给一个组员负责,每个人除了要精读自己负责的部分,还要念全部的报告。每次分工不一定会依组员人数分六部分,视情况而定,如果该章只有四小节则不适合分成六段,将改采轮流的方式,比如这次先由其中四个组员负责整理,下次就从另外两个组员开始。每个人对于自己负责的部分要找答案、整理摘要,其他人负责提问题。开会时,每个人轮流将自己负责的小节讲给大家听,其他组员有不懂的地方就发问。之后讨论框架图,通常会有人先提出想法、画出他心中的框架图,然后让大家修改。如果讨论时有不同的看法,就先让大家各自陈述,这时可能会有人跳出来进行概念整合,再让大家想想哪个比较合理,因为要讲出一个大家都可以接受的意见,所以每个问题都讨论很久,只要组员有问题就会尽力解答,也会要求他一定要弄懂,甚至还要考试、请他再讲一遍,如果有讨论不出的问题就记下来,结束后询问课题负责人。书面作业的撰写,由负责第一、二节的人画架构图(根据小组讨论结果),每一节负责的人写摘要,最后交给组长或是某个组员整合。对于自己要报告的章节会开很多次会,来确认是否有不懂的问题,或是将报告一些内容背起来,并想象、模拟负责人可能会的问题来询问对方。曾经考虑过在讨论时不停问负责人问题,只留一点时间让他发问,结果组员提的问题一下子就被他解答了。在上台报告前,会进行多次、密集的排演,以确认报告的内容与报告时间,同时会修正组员的报告姿势与手势。

(1)成员知识整合使用程度。小组成员会大量使用知识整合机制辅助学习,并在讨论时积极提出自己的想法,也愿意接受组员的询问与质疑,但是不会批评其他成员的想法。和负责人讨论时,成员已掌握报告内容并能主动回答问题。

(2)学习绩效分析。团队成员非常喜欢讨论时的气氛,大家会不断提出自己的想法与组员分享,虽然有点没效率,但是组员也不会想要去改变。对照成员的学习绩效,小组成员学习水平并无太大差异,但在组员贡献排序上具有显著差异,排序较前者主导整个团队运作,负责分配工作与协调,并常在讨论时提供意见,而排序较后者常无法完成自己负责的工作,或是不积极参与讨论。

这次的分工模式和以往很不同,是采取轮流的方式,一开始就抽签决定轮流的顺序,之后依照这固定的顺序来安排组员每章负责的范围。搭配上小组划分范围的方式,不是采用内容均分而是依报告章节,因此当该周讨论的章节较少时,部分成员的负担将较轻。开始时要求组员要精读全部报告,但是事后针对讨论情况进行检讨、改正时,认为虽然看过全部的报告,但是抓不到重点,或是都懂但没有很了解,因此认为讨论时需要一个头来带领全组讨论,分段负责的做法等同是大家轮流当头、带领讨论,这样比较有效率。[36-37]

6.3 本章小结

第3章问卷调查发现:第一个因素为知识整合范围(负荷系数分别为0.78、0.80、0.78、0.76、0.87)共有五个问题,内容主要包含内部企业文化、价值、各部门或单位的合作能力、系统的学习、组织学习程序对知识整合的范围程度;第二个因素为知识整合效率(负荷系数分别为0.70、0.85、0.74、0.88、0.77),共有五个问题,内容主要包含信息软硬件运作、内部企业价值、各部门或单位的合作能力、系统学习和组织学习程序等;第三个因素为知识整合弹性(负荷系数分别为0.76、0.69、0.77、0.59、0.57),共有五个问题,内容主要包含信息软硬体操作的运作弹性、内部企业价值对知识整合的弹性、各部门或单位的合作能力、系统的学习和组织学习程序对知识整合的弹性。

表示知识整合与运作特性有显著的相关性。进一步分析发现,当知识整合的系统化程度越高,则知识整合的运作效率越高,但是在运作范围和弹性均小于40都不大。另外当知识整合的合作程度越高,则在整合的运作效率偏低,而且运作范围也不太高,然而在运作弹性则较大。当知识整合的社会化程度越高,则整合的运作效率越高,然而在运作的范围和弹性都不大。由此可见,知识整合的程度在运作的不同层面有不同的特质,尤其对高科技厂商而言,由于相当重视计算机系统化的处理,而且相当重视个人化而非团队式的知识运作方式,所以,合作化的运作效率不高。

团队学习嵌入到整个知识管理活动,本研究进一步发现,在不同的团队学习运作阶段,将会各自发展出不同的运作模式,各团队会依照成员的能力与需求,选择不同的运作模式,并进一步搭配不同的知识整合机制以提升学习绩效。团队运作模式可分为分工模式与讨论模式。分工模式是为了减轻成员阅读负担,使小组成员有清楚的分工责任范围,因此分工模式的选择会受团队任务多寡以及讨论模式影响。当每周须完成的任务越多,成员倾向于进行分工以减轻负担,如此一来小组成员只需精读自己负责的范围,而不需阅读研究报告的全文。另外当分工模式对于小组讨论没有帮助时,成员可能改变分工方式,比如增加阅读全部报告。在不同的分工模式下,小组成员均需运用不同的个人知识整合机制辅助学习,团队成员借助沉思(内化)与笔记摘要(外显化)将自己原有的知识与新知识进行整合,进一步扩大知识基础,从中提升知识整合的能力。

讨论模式为分工模式的延伸,在分工模式下,成员对于报告只有片段记忆与部分理解,因此需要通过团队成员间的沟通来整合成员不同的知识,此阶段团队知识整合机制的运作,除了借助建立小组档案传输机制、非正式会面的沟通渠道(设立留言板)以延伸成员个人学习成果并结合成员知识,另外还大量依赖正式小组会议。通过举行会议,提供成员互相对话的机会,阐述自己对于研究报告框架的想法、接受组员询问或质询组员,借助大量的提问与回答来确认观念,使小组成员得以整合彼此的知识与想法。在此阶段,团队讨论气氛的塑造为关键,一个开放的讨论气氛能鼓励成员说出自己的想法,也才有机会与其成员的想法进行整合。

(1)相较于分工模式的选择,团队成员个人知识整合机制的使用程度高低对于学习绩效的影响较显著。蔡筱梅(2006)从个案分析中发现,团队分工模式的选择仅会影响小组成员的分工负担,但是团队成员的个人知识整合机制使用程度高低会对学习绩效产生显著影响。在相同的分工模式下,有些成员在沉思与笔记摘要使用程度偏低,因此未能将个人内在知识与外在知识做结合,只限于报告表面文字的理解,无法从自己的角度重新诠释报告,团队讨论时也无法清楚说出自己的想法。此外有些成员未能建立自己的笔记档案系统,使得讨论后复习较无效率,亦是降低学习绩效的原因之一。因此不管小组采用何种分工模式,成员在个人阅读时有做重点摘要整理才增加阅读时的思考,进行个人层次的知识整合,并借助反复的团队运作提升个人知识整合的能力,如果没有通过沉思与笔记摘要等内化与外显的过程,仅是浏览报告,将无法扩充成员本身的知识基础。而建立良好的档案机制与复习浏览笔记,也能辅助成员于讨论后进行再一次的知识整合。[36]

(2)相较于讨论模式的选择,团队讨论气氛与环境的塑造对于学习绩效影响较大。

根据文献探讨,对话与会议是重要的知识整合机制,本研究也呈现相同的结果。个案分析显示,小组会议如同成员间知识整合的平台,讨论时成员会先提出自己对于报告的观点和问题,互相讨论彼此的想法,在这过程当中可以引出成员不同的想法并且增加沟通的机会,有助于成员之间进行知识交流与整合。个案中更发现,建立活跃的团队讨论气氛可以大幅提升小组成员学习绩效,在部分个案中,对于成员的发言与提问都是采取正面肯定与鼓励的态度,并且高度容忍成员犯错,甚至鼓励犯错,在知识交流的平台上大家都是站在平等的地位,在这样的气氛下,成员不怕提出自己的想法,也不畏惧发问。相对来说,另一些个案的讨论气氛较不活跃。部分成员主观意识较强,对于其他组员的提问可能会有不耐烦的现象,导致组内其他成员在发言时有较大的心理负担,害怕犯错。另外由于组员相处不协调,或是部分组员未事先准备、出席率过低,致使团队讨论气氛冷淡。

(3)小组成员对知识整合需求的认知会影响团队运作。所谓知识整合需求的认知,是指团队成员知觉到需要进行知识整合的程度。当成员知觉到的需求程度越低,其所从事的学习行为较单调,也较少进行多方思考。在个案团队中,有些团队成员认为小组讨论主题为研究内容,没有太大讨论的空间,因此对于研究报告保持着完全接受的心态,如果组员有不了解的地方,就要求他回去把报告再看熟,而不会尝试以另一种角度诠释研究报告。此类小组在团队运作上也不会积极经营,他们将小组任务分工与讨论视为例行事务,为课题负责人课程设计内容之一,因此只有当表现不佳或是效率低落时才会想办法改善,在团队经营上只重视结果产出(完成任务),而不注重过程,也就不会努力经营小组讨论的气氛与环境。[36]

第7章　高新区企业知识创新模式及其应用

本章概要：为了提升科技从业人员对科技环境的敏感度与机敏的反应力，进而辅助其应用知识、创新知识，需要开发出一套以知识密集产业为应用主干，并且适合科技产业运作的知识创新模式，才能有效率地辅助提升其竞争力。本研究对杭州高新区 10 家上市公司知识创新实践进行了探索性研究，总结归纳了企业知识创新模式。模式表明：开发区企业知识创新的过程，即是企业在"技术创新能力"从原创概念产生的阶段到成功应用阶段不断升级的基础上，扩展其"团队学习活动"范围的过程。同早期学者提出的知识转化模式、知识创造模式相比，本研究构建的理论模式不仅对创新的不同阶段需要的管理与环境进行安排、对环境因素与知识创新的关系进行分析，更重要的是对企业如何利用此关系的策略与方法进行了总结归纳。

第 3 章问卷调查发现，由于知识能量各维度对核心竞争力的权重总值高达 509 大于 300 为正值，而且达到显著标准来看，表示知识能量对核心竞争力有正向且显著的影响作用。若进一步分析，发现知识解读与知识获取程度越高，对于核心能力有正向且显著的影响（权重值分别为 91.17 和 86.41 大于 40），当知识蓄积程度越高，对于重要性能力有正向且显著的影响作用（权重值为 72.15 大于 40）。当知识流通程度越高，对于重要性和未来能力有正向且显著的影响作用（权重值分别为 54.12 和 97.47 均大于 40）。可见，知识的解读与获取能力是高科技厂商奠定企业核心竞争力的基石，另外，对于促进知识的流通程度是企业发展重要性与未来能力的重要因素。

检索国内文献资料发现（张吉成，2001）：对企业发展来说，知识创新是核心推动力。与知识积累更多地表现为一种被动累加不同，知识创新更多地表现为一种主动变革。第一，积累虽重要，但创新才是推动人类社会发展的关键。就拿当今世界来说，计算机、网络技术等伟大创新从根本上改变了我们的生活，将人类带入了信息时代。没有知识创新，积累再多的半导体也拼不出计算机；没有知识创新，积累再多的网线也连不成互联网。20 年前，粉笔染白了老师的头发；20 年后，黑板也有了生动色彩；20 年前，学分就是命根，书本就是根本；20 年后，能力就是实力，创新就是核心。面对教育设施和教育理念的更新，想必老师们也会觉得知识创新更加重要了。

第二，信息时代的特点要求我们更加强调知识创新的重要性。随着计算机技术、网络技术的迅猛发展，知识传播速度呈几何式增长，人们获取知识的途径日益多元，原本需要死记硬背才能积累的知识，现在通过网络可以轻松检索，世界各国的科技交往越发频繁，各国在知识积累上的差距日渐消弭。信息时代的上述特点，凸显了知识创新的重要性。换言之，知识积累可以快速拷贝，可知识创新却无法轻松复制。[38]

第三，大到国家，小到企业，知识创新都是核心竞争力。20世纪五六十年代，日本抓住科技革命的重要契机，大力推进科技创新，带动了经济高速增长，使日本很快成为世界经济强国。同样是亚洲近邻，韩国自20世纪80年代以来，以创新和自行开发为主，集中力量发展高新技术，其在电子通信等众多领域的科技水平迅速跃居世界前列。回到我国，党中央已经做出了建设创新型国家的重大战略决策；作为重要经济中心的上海，也已将创新驱动转型发展作为战略发展方向。诺基亚曾经是手机领域的创新者和领军者，然而在三星、苹果等厂商开始大力创新的时候，诺基亚却忽视了创新，于是迅速走向衰落，在过去5年中其股价累计下跌了90%，在全球智能手机市场的份额更是从50%滑落到不足1%。网络上有这样一个段子，"苹果说我长得美，诺基亚说我很结实；苹果说我应用多，诺基亚说我很结实；苹果说我很好玩，诺基亚说我很结实"。是的，积累可以带来结实，但是创新可以赢得世界。[38]

近年来由于国际分工与企业国际化的盛行，中国传统产业正面临前所未有的挑战，欲提升产业核心竞争力，一方面应从传统产业提升附加价值着手，另一方面则要提升高科技产业的运作实力，然而此两方面产业能力提升的根基在于知识的开发与应用，从知识创造、凝聚到内化形成产业的核心竞争力。考虑到"传统企业擅长利用外部技术与内部人力进行知识增值发展出新产品，然而，能够将知识创新机制与功能置于同一组织中，并有效运作的并不多见"（杜郁文，2007）。知识能量的积聚与分享、知识应用与创新对于当前我国开发区的发展，有相当迫切的压力。

开发区是经济特区、经济技术开发区、高新技术开发区等各类区域的统称，"它已经成为国家西部大开发、中部崛起、东部率先发展、东北老工业基地振兴一系列区域发展规划和战略布局的重要平台和载体，已成为着力打造城市圈和经济带的重要支撑点"。它涉及电子与信息技术、新材料及应用技术等多个领域。开发区企业竞争力的来源，固然有企业本身的本业生存所需的核心知识与技术、高质量的制造能力、使产品价格合理化的基础建设、新产品的创新与设计、投资等诸多因素。然而在知识经济时代，新知识所创造的企业附加价值，正颠覆过去决定经济消长的土地、劳力、资本等传统的经济因素。知识创新活动在开发区企业内，在良好的内、外部环境的配合下，通过团队学习活动的运作，使组织成员均具有开创性的思维，正逐渐形成开发区企业破茧的重要策略性思考和行动。

据此,本研究通过对杭州高新区 10 家上市公司进行探索性研究,旨在回答 3 个问题:企业知识创新的路径如何? 哪些环境因素影响知识创新效果,程度如何? 提高知识创新能力的策略与方法有哪些?

7.1　企业知识创新相关的理论

7.1.1　知识创新可引发技术创新[38-39]

知识的获取在特殊的领域需要个体的专业化,而知识应用在不同的知识领域需要的是知识综合(陈劲等,2004)。知识创新引发技术创新的强度,若依据改变强度与创新的程度两个维度,可区分四个主要向度,如图 7.1。

当改变强度达最高值时即为蛙进式跳跃创新,可谓成功开发出新一代的产品,其展现的特质,就新产品的产出过程而言,为企业组织原核心知识与技术的无中生有。

当知识创新引发技术创新的改变强度并不高,且创新的程度亦弱时,其创新可归于偏向功能上增强的创新(包含制程及产品创新),其新产品的产出过程,将仅是企业组织原核心知识与技术的现有强化,且原产品功能的有中延伸罢了。

当知识创新引发技术创新的改变强度高,但创新的程度弱时,其创新可归于偏向结构上的创新,此创新可视为产品内各零件间结构的创新。其新产品的产出过程,亦是属于企业组织原核心知识与技术的现有强化,且原产品功能的有中延伸。

当改变强度不高,但创新的程度强时,则可视为产品核心部分的内容创新。其展现的特质,就新产品的产出过程而言,为企业组织原核心知识与技术的有中衍生。

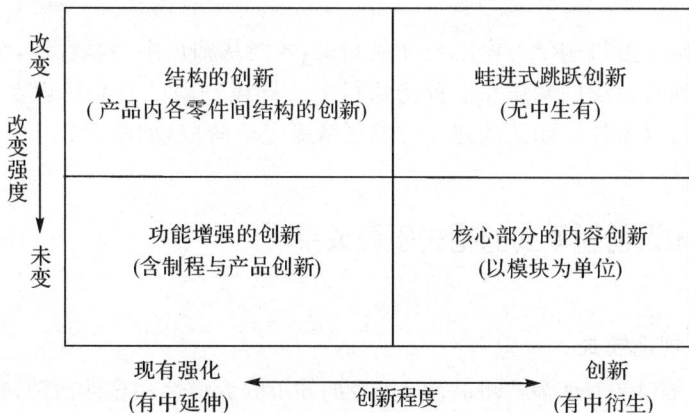

图 7.1　知识创新引发技术创新的向度[38-39]

企业自主创新的基本使命就是突破开放条件所带来的各种壁垒,形成核心技术。比如通过"低端切入"绕开技术壁垒,通过"农村包围城市"绕开市场壁垒,从低端起步,如吉利汽车,制造与服务融合,开辟制造企业创新的新通道等。

7.1.2 个人专精(学习)理论[38]

张吉成(2001)发现个人专精的目标在于让每一位组织成员均成为知识工作者。组织学习需要根植于成员的个人学习才能克尽全功,个人的学习则不保证即是等同于组织的学习,但舍弃个人学习的途径,组织的学习便无由发生。个人专精旨在经由人力培育途径,扩充组织成员的能力,此亦与Senge(1990)所提学习型组织的五项基本修炼中的改善心智模式、自我超越、系统思考等个人专精化有异曲同工之妙。个人专精理论的核心原理,奠基于个人愿景与现实之间总有落差存在。此落差产生出创造张力,此张力是个人采取行动迈向愿景的主要动力来源。因此,一个人是否愿意把他头脑中的知识拿出来与大家共享取决于他个人的意愿,不能强迫进行(许晓明等,2001)。

应用个人专精理论需要注意[38]:①缺乏公司愿景引导的个人专精行动,不一定能发挥符合组织需求的绩效。当个人专精处于不稳定的状况下,即使愿景和现实之间不断地相互作用,但并不能保证其作用结果符合组织生存和发展的需要。换言之,如果缺乏公司愿景作为个人专精方向的指引,个人专精中的每一个学习阶段的行动结果,将可能仅停留在缩短个人愿景与现实间的落差而已,却不一定对组织目标的达成有实质的帮助。②团队学习是发展趋势,亦是达成组织学习成效的必要途径。个人专精过程学到的知识,需要通过团队的人际合作行动,共同做知识分享与知识创造。

7.1.3 团队学习理论[38]

经由团队学习机制学习内隐与外显知识,才能从知识中结晶智能,组织成员才能应用一系列有系统的知识在业务的执行上。群体互动已成为知识发展、转化和创新服务的必要条件。团队的建立与发展依循三个阶段,如图7.2。

7.2 知识创新模式的相关研究成果

1. 知识创造模式

Nonaka等(1995)认为,"知识管理涉及的知识分为隐性和显性两种,知识创新是这两种知识之间通过社会化、外在化、综合化、内部化的转化模式不断相互转化螺旋上升的过程,并提出实务运作应注意创造一个知识愿景、发展一个知识群、在第一线

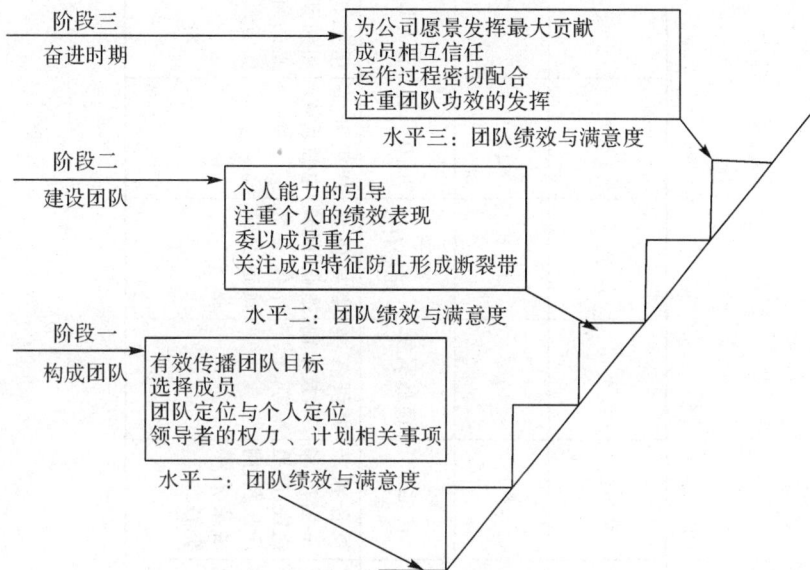

图 7.2　以任务与学习为主的团队发展[38]

建立一个高密度的交互作用场所，以及和外在世界建立一个知识网络等"。

2. 知识转换模式

张吉成(2001)从知识管理的角度切入，归纳出广泛应用在高科技制造业、服务业与化工业的大型与小型公营、民营企业知识转换过程的通则。

基于此，本研究拟以上述理论为基础，结合杭州高新区 10 家上市公司的案例分析，构建开发区企业知识创新模式，对企业知识创新提出具体的解决方案，包括：依创新的不同阶段需要的管理与环境安排、团队学习方式、环境因素与知识创新的关系，以及如何利用此关系的策略与方法做出具体分析。

7.3　案例研究

7.3.1　目标案例的选择

本文选择杭州高新区10家上市公司作为目标案例，如表7.1所示。截至2012 年 4 月，杭州高新区已拥有 28 家上市企业，全区共有国家级企业研发中心、

表 7.1 目标案例背景介绍

项目＼公司	A公司	B公司	C公司	D公司	E公司	F公司	G公司	H公司	I公司	J公司
市值（亿元）(2011-10-12)	420.9	119.5	87.3	69.0	67.6	183.0	49.7	42.5	14.5	22.9
行业	计算机设备	计算机设备	信息服务	通信设备	机械设备	房地产	信息服务	电子元器件	电力设备	信息服务
产品或技术优势	硬盘录像机、视音频编解码卡、视频监控服务器、监控摄像机、监控球机	已形成集成电路应用技术、嵌入式技术开发五大核心技术平台	证券、金融、交通等行业计算机软件产品和系统集成的开发和销售	光通信网络、激光排系统等	激光在线气体分析系统、紫外气体在线分析系统等	视音频产品生产和销售、房地产开发、网络集成系统等	提供各类IT、技术创新等	半导体制造业、脱硫环保业和轨道交通业	高频开关电源系统	化工行业和纺织行业的商务资信服务

技术中心 7 个,科技孵化器 10 个,孵化总面积 25 万平方米,在孵企业 653 家。高新技术产业孵化器是高新技术型中小企业孵化创新成果和培养企业家的平台。去年全区研发经费投入 49.5 亿元,占生产总值 14.5%。

7.3.2　目标案例背景分析[38-39]

1. 受访个案企业类型分析

受访个案企业分布在电子、信息类有四家,分布在金属、机械类有六家。若再依据现行高新园区对产业的区分,则可分为:集成电路、半导体、计算机及外围、通信、光电、精密机械等六大产业。上述仅依大类区分,是因为个案公司其业务常有跨产业、跨领域情形,既设计软件也生产硬件设施、设备。个案样本选择也兼顾了受访公司在产业别中的分布,因此意见具有相当的代表性。

2. 个案公司的产业类型与知识创新关系的分析

个案公司因在产业垂直分工位置的不同及其所面对的产业竞争环境的差异,创新的需求强度亦显著不同。例如代工企业,主要制造代工的材料,直接供应下游厂商,因此企业经营受社会发展及政府政策变动的影响极小。也由于控制与管理制造质量稳定性重于新产品研发,因此知识创新的需求较弱。相对于大华股份、聚光科技、浙大网新、东方通信等以 IC 设计、软件设计与服务为主的公司,处于产业垂直分工的最前端,其创新已成为公司生存与发展的所系。因此,企业经营以创新为导向受到科技发展、产业环境、人才培育等外界的影响强度相对较强,其与知识创新的需求关系亦极为密切。

3. 公司组织结构分析

研发与持续创新是受访企业共同的主要经营策略之一。园区内受访公司普遍以研究发展与不断创新作为公司经营的主力方面,为达成持续不断创新目的,甚至公司的组织架构完全以研发为主线,例如大华股份即是典型的例子。园区公司普遍纳入知识管理在组织中运作以增加创新。组织结构也极为重视知识管理系统的建立、知识积累与知识分享活动的推动,以及专利产出等。另外,受访个案公司普遍以各种不同形式的团队学习活动推动知识分享活动,通常由人力资源管理部门负责规划执行,或由各部门主管依需要实施。激励创新纳入制度运作,受访企业均订有提案制度、激励创新的有形或无形作法,以及相关的专利奖励办法。

课题组建议公司人力资源部门专设知识管理促进委员会,就像高校的学术委员会、教学委员会,有很多部门的人员参加,集思广益,也能做到在组织制度上保证,而且要主要高管牵头参与管理,使管理成为服务,使管理变为动态,使管理成为协调整个知识创新过程,使管理知识创新得到人力、物力、财力、精神等全面支撑,营造良好的创新环境。

4. 企业受访者特质分析

经实地访谈后发现,受访者具有下列特质:对知识管理及知识创新均有相当深入的洞察力,极为重视创新,并认可组织制度面导入鼓励知识创新机制的重要性,对知识创新有独到创见,具有创新的人格特质,逻辑分析能力极佳。

表7.2　个案公司高层管理者访谈对象及其主要观点摘录

个案公司	访谈对象	人物简介	关于科技发展、公司愿景、领导关系、产业环境
海康威视	胡扬忠	杭州海康威视数字技术股份有限公司总裁	产业发展为知识创新带来压力。海康威视所面临的挑战和压力主要来自于:业界对海康威视倾注了太多的期待。他站在行业高度,对当前海康威视以及整个视频监控行业发展所面临的困惑、机遇和挑战进行了全面分析,再次表达了自己的困惑。(访谈—杭州海康威视数字技术股份有限公司总裁胡扬忠,http://www.dmser.com/article/780.html)
大华股份	李锋辉	浙江大华技术股份有限公司产品经理	智能交通发展到今天,技术已经比较成熟,完全可以对系统的架构、前端设备等做出准入要求,摒弃较落后的系统。在这方面,江苏省的做法值得借鉴。(专访浙江大华技术股份有限公司,http://www.21csp.com.cn/zhanti/2012znjt/article/article_9064.html)
恒生电子	童晨晖	恒生电子董秘	恒生成立的部门是"互联网事业服务群",方向主要围绕跟金融业务相关的互联网服务。(访谈:恒生电子董秘童晨晖解读13年中报,http://www.caiku.com/blog/show/62333)
数源科技	陈焕新	杭州数源科技董事长	陈焕新对公司今后的发展充满信心。他认为,目前全球网络已进入了一个新的发展时期,网络正在使这个社会发生着深刻的变化。这也是数源科技介入信息产业的主要原因。(紧跟网络时代新步伐——访数源科技董事长陈焕新,http://www.jrj.com.cn/NewsRead/Detail.asp?NewsID=299533)
浙大网新	陈纯/钟明博	浙大网新总裁/浙大网新执行总裁	软件园还将推出"校企对接"工程,即参照日本、印度等人才培养模式,从而使教育与企业需求相吻合。这些都体现了浙大网新在打造软件航母方面的魄力和高瞻远瞩。"网新不空谈目标和理想,只注重一步一个脚印地往前走。" 服务外包业务中,我们有几个特点:一是高端的和总包的项目比较多,主要是集中在金融和重大的社会基础有关,如电信、能源、教育、医疗等这些领域中,一般的管理系统,流通业、制造业的系统我们很少做;另一特点是背靠学校,这样可以有效地利用研发成果,包括我们的高管大多是浙大的教授,我们的员工浙江大学毕业的比较多,网新的大概情况就是这样。(闪光的思想:浙大网新总裁陈纯访谈录,http://www.insigma.com.cn/article/-func_detail-detailid_11-catalog_0401.html)(专访浙大网新执行总裁钟明博,探究对日外包发展前景——专访浙大网新科技股份有限公司执行总裁钟明博,http://www.chnsourcing.com.cn/outsourcing-news/article/80222_2.html)

个案公司	访谈对象	人物简介	关于科技发展、公司愿景、领导关系、产业环境
中恒电气	朱国锭	中恒电气股份有限公司董事长	朱国锭表示,在过去一年里,公司与全球500强企业伊顿公司下属的杭州伊顿施威特克电源有限公司达成合作后,公司的通信电源业务从区域市场迈向全国,对公司的未来发展具有重大战略意义。(中正恒久远大——访杭州中恒电气股份有限公司董事长朱国锭,http://www.cqvip.com/QK/83592X/200201/6144762.html)
生意宝	张宇宇	生意宝副总裁	在线交流过程中,张总还强调了"创新"在打造"生意人的第一站"过程中的重要性,商业模式创新、宣传模式创新、平台的创新助力网盛生意宝的发展。(中国台湾网:"三大创新"助力网盛生意宝腾飞,http://b2b.toocle.com/detail——5712292.html)

企业受访者来源构成见表 7.3 所示:

表 7.3　企业受访者来源结构(人)

部门 公司	人力资源部	市场部/销售部	生产部	财务部	质量部	科技部或研发中心	合计(50)
A 公司	3				3		6
B 公司		2				4	6
C 公司	2					3	5
D 公司			3	2			5
E 公司	2					4	6
F 公司		3	2				5
G 公司				2		2	4
H 公司			1			4	5
I 公司	1	3					4
J 公司		2				2	4

说明:

调查访谈分两个小组进行,每个小组去公司的一个部门,每个部门的受访人员1～4人(取决于当时在场的员工人数),合计50人。看年龄,大多在35～55岁之间,他们在本公司工作年限较长,一般都在5年以上,本科以上学历,有丰富的阅历。经实地访谈后发现,受访者具有下列特质:

(1)对知识管理及知识创新均有相当深入的洞察力;

(2)极为重视创新,并认可公司鼓励知识创新机制的做法,对知识创新有独到创见,具有创新的人格特质,逻辑分析能力极佳。

5. 知识创新要因的强度指标

公司规划知识创新活动前,可依各影响要因对本身企业经营环境的影响强度,分别选择强弱代号,画出一树叶状图形,如图7.3。由所完成的叶状图加以讨论(张吉成,2001):

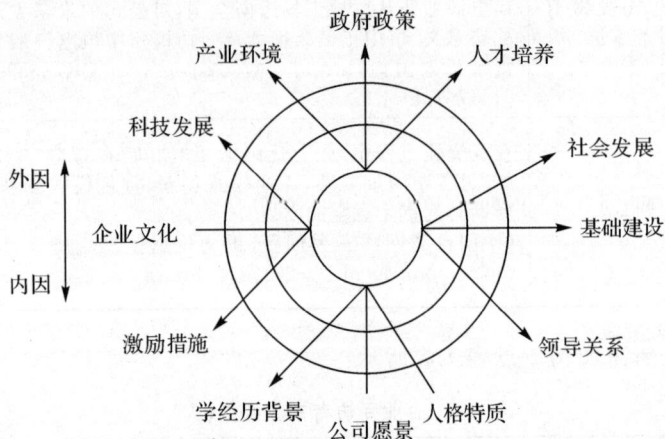

图 7.3　知识创新要因评估图[38]

该图形显现出:

(1)当树叶状图形越大且越趋于规则化,所呈现的强度一致性,表示企业领导人能体会环境的布置,对知识创新的推动具有高度影响性。

(2)每一个知识型制造业或知识型服务业,其所面对的优势、劣势、机会及威胁程度均不相同,其影响知识创新要因的强度评估图会不一样。

(3)当企业全球化、自由化程度越深,此图形的上半部越扩大而趋于均匀,可预见该公司的经营与外部环境波动的相关性越高,知识创新的需求高,并且与外因间的关系也越加紧密。

(4)当图形中影响组织内知识创新的内因图形越大且越趋规则化,则说明企业经营者对各影响因素的重视,这就能为组织提供更好的知识创新环境,形成知识创新的最佳拉力,有助于提升成员知识创新的效果,进而转化为企业价值的成效。

依据50份调查问卷的得分算术平均数四舍五入到整数,我们得到了表7.4的数据,由数据得出:总体上看,科技发展、领导关系、公司愿景、产业环境等四项因素影响知识创新程度最强。

表7.4　影响个案公司知识创新要因强度的排序

指标项目 \ 个案公司	A公司	B公司	C公司	D公司	E公司	F公司	J公司	H公司	I公司	J公司	合计得分
科技发展 *	5	4	5	5	5	5	5	4	5	5	48
产业环境 *	4	5	4	5	5	4	5	4	4	5	45
政府政策	3	4	3	4	4	3	4	2	3	2	32
社会发展	2	2	2	2	3	4	2	1	4	3	24
人才培育	5	4	3	4	4	3	4	4	5	4	40
基础建设	4	3	4	3	4	4	4	4	5	4	40
企业文化	4	5	4	5	4	3	3	4	4	4	40
激励措施	4	3	4	3	4	5	4	3	4	3	37
人格特质	3	3	4	4	3	4	3	3	4	4	37
公司愿景 *	5	4	5	4	5	4	4	5	5	4	45
学经历背景	3	4	4	3	3	5	5	3	3	3	36
领导关系 *	5	5	5	4	5	4	4	5	5	5	47
合计得分	47	46	47	46	48	48	48	43	50	48	

数据计算方法说明:

　* 五级评分制中,0代表没有贡献,1代表贡献微薄,2代表在很少的关键场合能起到贡献,3代表存在显著但不重要的贡献,4代表有显著的贡献,5代表有显著并且关键性的贡献。

7.3.3　个案公司知识创新特色、环境因素与知识创新的关系及其利用的策略与方法[38]

表7.5　目标案例知识创新特色、环境因素与知识创新的关系及其利用的策略与方法

比较项目	A公司	B公司	C公司	D公司	E公司
知识创新特色	①强调活到老学到老的精神 ②追求个人真善美的境界 ③重视团队运作功能的发挥 ④重视团队会议的开会策略	①具有对创新与产业发展关系的深层洞察力 ②设立与组织资源相结合的愿景 ③指出创新与行业种类及人格特质均有关 ④重视鼓励创新的组织基础建设与人员流动、创新的产生三者之间的利润关系	①重视组织成员知识广度的扩大 ②加强组织中各阶层的创新 ③指出产业变化速度与创新有高相关 ④认为成员人格特质与知识创新直接相关	①重视团队学习讨论会的实施 ②善用生产实务的个案导入团队学习 ③提倡组织基础建设和知识创新相配合 ④加强知识文件化以积累组织知识	①重视科技与人文的结合 ②注重创新环境的布置 ③强调赋予员工创新的能量 ④营造知识创新的文化、具备知识创新的深层洞察力

续表

比较项目		A公司	B公司	C公司	D公司	E公司
环境因素与知识创新的关系（调查与咨询）	产业规模变化	公司越大,成长就需要创新	领导厂商出现时,创新的领域就降低了	通常小规模、变化速度快,即使产业规模排行在后面,其创新反而较多	公司越创新,程度越好,影响产业规模的成长就越快	规模变化和知识创新无关

比较项目		F公司	G公司	H公司	I公司	J公司
知识创新特色		①重视知识对企业的价值 ②强调团队学习内涵的深度广度与人数相关 ③重视有形与无形的激励措施	①重视研发与创新 ②强化组织核心科技能力 ③建立高效能的团队运作机制 ④具备对创新的洞察力,重视创新策略的活用	①注重组织内核心技术的分享 ②善于运用团队会议发挥创意 ③健全组织基础建设提升知识积累质量 ③强调创新为导向的设计服务	①知识管理目标在支持制造 ②视新产品为公司愿景以确保创新的成功 ③倾向稳定的企业文化	①极为强调知识应用与知识创新 ②重视批判式质询学习的功能 ③强调小团体互动讨论以激发创新
环境因素与知识创新的关系（调查与咨询）	产业规模变化	规模扩大导致新技术应用,产品基本结构改变,创新上也需要配合	关系很强,公司内部知识容易被累积,但和产业变化的关系不大	知识创新是针对其本身核心能力的增强,产业规模的变化和企业核心能力并没有必然的关系	当变化程度越大时,引发公司创新的需求程度也大	当以创新为导向者,其产业规模会越小,以制造为导向者,在经济规模的考虑下规模会越大

利用此关系的策略与方法	将上述个案企业的意见加以整理,可看出创新普遍被视为高科技公司企业经营必须实行的生存策略之一。 　策略一:配合企业本身的核心能力,追求更大创新的经济规模,以降低经营成本,发挥组织内部最佳学习曲线的综合效果,经由创新的鼓励,获得投入相同成本获取最大优势的效益。 　策略二:制定取得智慧财产权的奖励办法,以奖励创新。实行激励和领导关系结合的做法,以激励创新。重视激励与组织基础建设的配合。

7.4 开发区企业知识创新模式解析[38]

基于团队学习理论,从知识创新引导技术创新的三个层次,即原创概念产生(无中生有)、成功的发展(有中延伸)、成功应用(有中衍生),将影响企业知识创新的内外部环境因素分为科技发展、产业环境、企业文化等十项,以公司愿景引导知识创新的方向,采取计划、行动、观察、检讨回馈(简称 PAOR 循环)的知识创新机制,此一模式涵括的重点如图 7.4 所示。

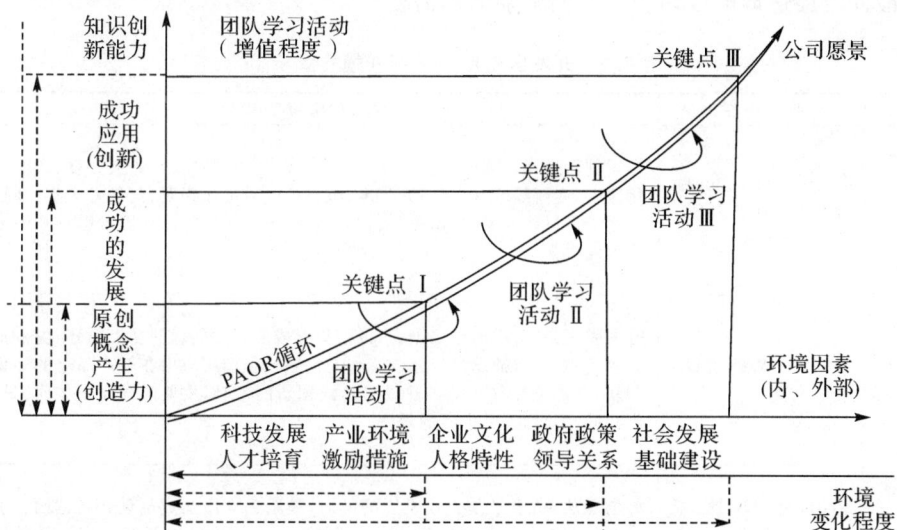

图 7.4 开发区企业知识创新模式

7.4.1 模式总体布局

1. 愿景与知识创新

公司愿景引导知识创新的方向,在此引导下,公司内的团队学习朝向目标本位的学习,促使团队学习过程与成果,以及经由团队学习引导知识创新成果产生聚焦作用,增强企业本身的核心竞争力。

2. 环境规划

作为组织知识螺旋成长的基础,配合顶端的公司愿景,成为引导团队学习的知识创新环绕成长的重要基础。

3. 知识螺旋与团队学习

在团队学习中进行知识创新,可以达成知识螺旋的成长,知识螺旋与团队学习关系具有高度的动态性。模式中开发区企业知识创新行动,以团队学习方法为载具。

4. 知识创新机制

开发区企业以团队学习作为知识创新的方法,需要导入具有效率导向的结构性团队学习机制。此机制由计划、行动、观察、检讨回馈四个阶段所构成,并且形成循环(简称 PAOR 循环)。各企业在应用上要考虑产业特性、企业文化、内部的组织运作方便性等需要,对计划、行动、观察、检讨回馈等各阶段的时间分配与比重,作最佳或最适调整以切合企业的个别运用需要。[38]

表 7.6　开发区企业知识创新模式解析[38]

项目	项目内容	操作策略与方法
环境规划	外因:政府政策、产业环境、社会发展、科技发展、人才培育	知识创新过程要把握好创新标的选择、客户需求强度、产业成熟度、产业变化速度、创新频度、应用层面广度、核心竞争力增强程度、竞争者多寡、知识用途等。科技发展、公司愿景、领导关系、产业环境等四项因素影响知识创新程度最强
	内外因:基础建设、企业文化	好的做法是:组织面提倡创意,以汇集形成公司大创意的良性循环,提供最有效率的工具,辅助员工完成工作与创新。强调可应用在新产品上的知识创新,并形成风气。基础建设是达成创新的工具,主要问题在于如何缩短创新的时间和提升创新的效率
	内因:公司愿景、领导关系、人才的经历背景、人格特质、激励措施	好的做法是:愿景是企业发展的方向,鼓励创新增加成员创新的诱因。引导企业创新文化的有效形成,肯定高学历者的知识创新能力高于低学历者,但不否定低学历者的创新能力。实行激励和领导关系结合的做法,以激励创新
模式	模式图	八家个案公司同意以公司愿景作为引导组织知识创新,六家个案公司认为理想的团队学习人数约十人或以下,十家个案公司均同意知识螺旋概念
概念	知识的概念	公司对知识采取不同的定义,直接影响其知识管理系统的功能、架构与内涵。可将概念地图作为知识提取、知识表示以及知识评价的工具(马费成等,2006)
方法	团队学习方法	受访个案公司均同意以团队学习方式来达成知识创新的途径。不同产业其团队学习的需求强弱不同。讨论群、行动学习、敏感性训练等为个案公司普遍采用的团队学习方式
知识创新机制	行动研究的应用:计划、行动、观察、检讨回馈	半数个案公司赞同所提出的知识创新机制,修正意见集中在各阶段的比重与适用情境。计划、行动、观察、检讨回馈,简称 PAOR 循环,类似质量管理的 PDCA 循环

7.4.2　环境因素与知识创新的关系及其利用的策略与方法[38-39]

1. 产业规模变化与知识创新关系

调查与咨询：产业在初期创新较容易，进入的门槛较低，各种专利的地雷也还没有布好，创新的成本也低。当该产业已经成熟，原创性就少，只能在制程上以及服务上创新。当该产业有领导厂商出现，创新的领域也降低。简单地说，平台已经被占满了。以创新为导向者，其产业规模会越小，以制造为导向者，在经济规模的考虑下规模会越大。公司内部知识容易被积累，但和产业变化的关系不大。公司的研发成果直接和结构、市场、客户应用层面的变化快慢相关，因此和产业规模变化关系密切。今日随着半导体的应用，对半导体的需求不断扩大，由于产品的基本结构改变了，创新上亦需要配合。

利用此关系的策略与方法：以创新为策略，扩大该企业在市场的独占力量。运用此创新策略，需要掌握在竞争市场的有利位置和可取得的关键资源，以提高创新所带来的谈判力量。企业可以以创新本身作为相互依存的共同体，建立跨产业间合作的网络。

2. 公司愿景与知识创新关系

调查与咨询：公司愿景要明确，创新的动能性才能激发出来。愿景具有层次性的架构，当架构出来了创新的不确定性就减少一些。公司愿景指出企业经营方向，美丽的愿景需要和资源、产品开发的时间点配合。愿景可能一摆就五年，执行面之调整则一直在变，越往下层越具体其创新越高。积累下层的小创意，就可以逐步积累出大的创意。愿景是公司未来发展的关键，组织结构要跟着产业结构的改变而调整，团队都会朝这个方向看，要以新产品为公司愿景，公司内部的技术、制程、设备、人员等都要随之调整以便配合。组织成员的思考模式和创新方向会受到愿景所规范。例如公司愿景的焦点在于如何赚钱，就会引导员工朝向赚取更多的钱而努力。

利用此关系的策略与方法：知识创新需要和愿景相配合。一个方向，愿景可以维持一段时间，改变的是执行面，另一个方向，愿景要切合采购、控制、制程、人才、位置选择等需要，当新产品不断推出时会有新的愿景产生。

3. 组织基础建设与知识创新关系

调查与咨询：组织基础建设提倡创意，公司也鼓励创意，组织内的员工就会朝向对的方向努力，其结果更有助于公司的创意形成良性的循环。两者具有补强的关系。人员对组织不满意、成员有好的创意但若没有获得支持或制造成本高而控制不良，将使创新无用，或创新的成果无法保留或成长，这些都将使人员的创新意愿降低，甚至形成人员流动的原因。组织基础建设并未特别重视。员工在生产线必须依据相关工作准则中的标准作业程序,逐步地完成产品,不得忽略其中任一步骤。在制程上的创新,也需要经由团队讨论确认可行后,才能依一定程序步骤变更。组织基础建设并不保证创新,产业上的创新并非是单打独斗。公司成员中也有艺术家型者,艺术家面对的不是环境而是自己,因此公司会给予一定的自由度。组织内部的学习机制直接影响创新的速度,知识型产业首要任务在于组织内建立良好的学习机制。在组织面要做促成最大创新的努力,其最大挑战便在于如何让愿意彼此分享的一群人,可以很容易地在一起。

利用此关系的策略与方法:组织面提倡创意,以汇集形成公司大创意的良性循环,提供最有效率的工具,辅助员工完成工作与创新。强调可应用在新产品上的知识创新,并形成风气。给予员工一定的自由度,发挥创意,建立良好的学习机制,积累知识、分享知识进而创新知识。

4. 领导关系与知识创新关系

调查与咨询:许多公司领导人本身即是技术人员,高科技产业靠人的比例很高,管理阶层和技术人员间的领导关系与员工的创新意愿有关,有创新有贡献者要多给奖励。高科技产业要靠制度、靠成绩、靠贡献,以绩效表现为目的。领导的魅力是很难学的,如何诱导员工的创意到公司的创意上方向是重点,组织基础建设和领导关系均是指向公司成功或不成功的方向。领导上非常重视创新,并建立非常好的提案制度,鼓励员工取得专利。平时对员工的关心上,特别注意要给予其开阔的发挥空间。对组织而言,领导关系在知识创新中的关键在于增加诱因。主管的领导型态与愿景气氛有很大关系,主管对创新的重视程度亦影响非常大。组织中的员工都需要有领导者可供追随,但当领导者不能了解领导关系与知识创新的重要时,成员创新的能量就消失了。在创新的价值的鼓舞上,领导者赞赏的程度要和原创性的价值相当。

利用此关系的策略与方法:个案企业领航者均极为重视组织领导,鼓励创新、增加成员创新的诱因。领导者所实行的领导行为也需要在无形中多激励员工创新,赋予员工创新的动能,促成员工更多创新绩效产出,引导企业创新文化的有效形成。领导者鼓励员工创新的领导行为,塑造了企业组织重视创新的文化,各受访个案企业均持有同样的看法。

5. 组织成员学经历背景与知识创新关系

调查与咨询:经历比学历重要,学历高者会倾向创新,但不必然如此。具有学历和有良好经验的两种人公司都是需要的。组织成员学经历背景与知识创新关系有两大方向:看未来和看公司的定位。集合个人员工的方向,由个人进而积累到公司的创意,公司便成功了。公司要找到好的、有创意的人,公司反过来就是个人的积累,而此项也可以通过团队中的教育来达成。甚多新技术引进与研发,当以现有人员通过教育训练过程提升能力,在时间上及人员学习能力上均不经济,均需要招募新的团队去研发。半导体的技术呈跳跃性的成长,需要不断地引进新的技术。公司内部工程师既有的技术经验不足,而既有的半导体技术不见得对知识的创新有用,话虽如此但资深工程师对市场敏感度强,而新进人员的创新反而较符合公司应用新技术的需求。创新可区分为一般创新与专业创新,一般创新与一般性知识有关,专业创新则和所具备的知识素材有关。学识固然很重要,但教育学历太高,障碍也可能越多。经验最重要,聘用一个员工,要看其过去转换跑道的历程与从事工作所接受的历练,是否是本公司所需要的人才。这和产业的性质有很大关系,例如电子业的产品生命周期以月算,自动化设备的产品生命周期则以年计算。大学程度或以上,创新的能力较强,科技的程度高,创新后要接棒也较容易。

利用此关系的策略与方法:注重员工要高学历的企业,强调新知识与新技术的导入,以及较能发挥创意做知识创新的优势上,强调员工需具备良好经历的企业,则着眼于员工过去解决问题经验的积累与应用其所发挥的企业价值。因此个案企业均依企业的个别需要,进用以经验或学历为主的员工。肯定高学历者的知识创新能力高于低学历者,但不否定低学历者的创新能力。除个别公司保持教育学历太高障碍也可能越多的疑虑外,其他个案公司均肯定高学历者的知识创新能力高于低学历者。通常大学或研究生毕业程度者,其知识创新的成效要高于一般学历员工。

6. 人格特质与知识创新关系

调查与咨询:行业不同人格特质不同,电子的创新比重高于机械。因此产品的生命周期长者,人员的保守性强,创新较慢,反之产品生命周期较短者,人员性格较活泼创新较快。按照人格特质所表现的学习态度,可区分为最高级的自己想学,中间层的要我学和最底层的不想学三个阶层。公司中的教育训练即是需要针对中间层员工进行规划。公司人员区分企划和设计两大类人才。企划人员思路敏捷,反应快,对市场、产品有高度敏感性,人格特质主动而活泼,当转换成公司内部需要信息上也表现出非常的活泼,设计人员则思考要有系统、思路完整,以避免可能的错误,两者的人格特质是不同的,表现的创新也会有所差异。公司重视的成员人格特质为:EQ 比 IQ 重要,能和不同的人一起工作,具有愿景,是终身学习的实践者,心胸开放而乐于学习,愿意和他人知识分享,乐于提出议题和他人讨论。

利用此关系的策略与方法:独立思考,心胸开阔,乐于与他人讨论与分享,这些人格特质将有助于组织知识的分享与创新活动的开展,并且获得较佳知识创新成效。

7. 激励措施与知识创新关系

调查与咨询:激励措施就是给予创新的动力,在专利上给奖励,对产品的执行优良者也要予以鼓励。事实上激励措施也和企业文化、领导关系、组织基础建设以及其它因素等均有密切关系。公司在及时鼓励创新及奖励创新上不遗余力。即使在奖励系统上未明列者,也特别注重,例如各主管都需要去做好对员工的人文关怀。激励区分为有形和无形。有形者凡是提出原创的创意就给予奖励,该原创获得认可后,依不同程度给予奖金,无形者,在适当公开场合给予鼓励。激励的内涵要从系统性的观点去看,激励做法和企业文化息息相关,激励本身也需要创新。

　　利用此关系的策略与方法:开发区企业面对高度竞争的产业环境,创新与速度是企业制胜的关键。固然有部分公司并未在环境硬件上有特殊的布置或设施,然而领导者的管理行为均顾及员工创新的激发。进一步分析个案企业作法,或精神上或企业文化上,均普遍符合 Zairi(1999)提出的高创造力公司,在鼓励创新上应兼顾创新的不同阶段需要的观点,如图 7.5 所示。

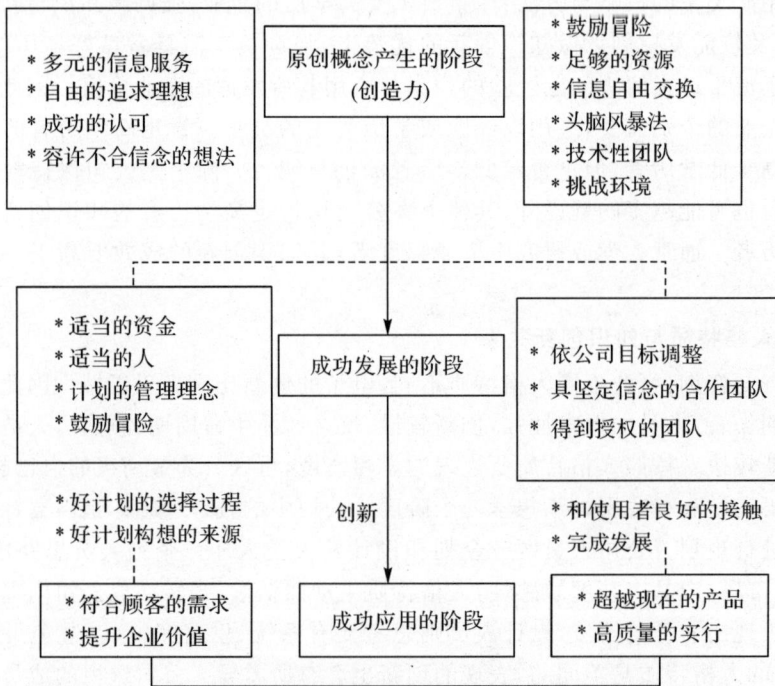

图 7.5　依创新的不同阶段需要的管理与环境安排[38]

7.5　研究结论[38-39]

1. 知识创新环境的适度规划,可提升企业竞争力

　　影响知识创新的要因评估图,可作为规划与评估知识创新活动的工具。研究所获得的知识创新要因评估图,可协助受访企业重新反思与检视该企业在知识创新环境的布置情形,以作为各企业未来规划与推动知识创新活动的重要参考。影响知识创新程度最强的前四项为科技发展、领导关系、公司愿景、产业环境。无论以创新为导向或制造为导向的个案公司,科技发展、产业环境均是被视为影响知识创新的最重要环境外因。

2. 模式建立过程,可提供企业规划知识创新活动的系统思考

掌握对知识创新具有直接帮助的核心重点。例如,组织架构与企业创新相关;当产业成熟时,创新较集中在制程与服务上;创新与产品生命周期长短、行业种类、产业变化速度等有关。创新的激励与人才流动有密切相关;企业在产业分工的位置与知识创新具相关性;知识的定义影响企业知识管理系统的功能、架构与内涵。成员人格特质与创新的高相关在于:员工个人学经历背景的差异、行业的不同、产品生命周期的长短,以及员工终身学习的实践程度等。[38]

企业管理重点宜和知识创新相配合。从影响知识创新的内因排序上,可看出企业需要设立因应组织阶段性发展需要的公司愿景,依人才学经历背景,适才适所,营造创新的组织文化。提供良好的知识创新软硬件环境,并且鼓励具创新人格特质的成员多创新。

不同产业适用的团队学习方式有所不同。重视脑力发挥为主的产业,采用脑力激荡术较多。产品生命周期长者,创新的数量或速度低于生命周期短者。机械行业、电机行业等有形产品,其生命周期长,客户使用期限长,没有立即性创新知识的压力,将使创新的意愿和行动的持续性相对低或弱于电子、信息等创新强的行业。而以生命周期长为主要产品的公司,其团队学习方式及内涵,针对现行问题的解决将较多,采用脑力激荡术的机会也可能相对较少。

参考文献

1. 林文宝.技术知识整合、知识能力、组织学习对核心竞争力以及创新绩效关联性研究[D].台南:成功大学,2002.

2. 谢洪明,王成,罗惠玲,等.学习、知识整合与创新的关系研究[J].南开管理评论,2007(2):105-112,

3. 陈素惠.组织知识存量评估模式的建构[D].新竹:"中华"大学,2009.

4. 林东青.知识管理[M].台北:智胜文化,2007.

5. 周晓.组织学习对组织创新的影响研究[D].哈尔滨:哈尔滨工业大学,2007.

6. 柯翔.企业知识管理理论综述[J].现代管理科学,2004(12):36-37.

7. 郑荣杰.知识属性、经营策略、外部知识获取、吸收能力与经营绩效的关联性研究[D].台南:成功大学,2005.

8. 曹建新.广东省中小企业知识管理研究[M].广州:华南理工大学出版社,2004.

9. 王连娟.隐性知识管理文献综述[J].情报科学,2006(4):636-640.

10. 柴振荣.IBM公司的改革[J].管理科学文摘,1995(6):49-51.

11. 谢洪明,吴隆增.技术知识特性、知识整合能力和效果的关系:一个新的理论框架[J].科学管理研究,2006(4):55-59.

12. 周竺,孙爱英.知识管理研究综述[J].中南财经政法大学学报,2005(6):27-33.

13. 曾素美.知识缺口模型探讨[D].台南:成功大学,2008.

14. 侯望伦.组织知识管理架构设计与探讨[D].新竹:政治大学,2002.

15. 杜郁文.组织促动因素、知识管理程序对核心竞争力及创新绩效关联性的研究[D].上海:复旦大学,2007.

16. 陈力,宣国良.跨功能知识整合对新产品开发绩效的影响[J].科学学研究,2006(12):921-928.

17. 芮明杰,刘明宇.网络状产业链的知识整合研究[J].中国工业经济,2006(1):49-55.

18. 梁战平.我国科技情报研究的探索与发展[J].情报探索,2007(7):3-7.

19. 王知津,李琼.知识管理者的角色定位[J].图书馆学研究,2008(3):2-8.

20. 谢洪明,葛志良,王琪.基于技术知识特性与知识整合的企业技术创新研究[J].华南理工大学学报(社会科学版),2008(6):63-68.

242

21. 赵修卫.组织学习与知识整合[J].科研管理,2003(3):52-57.

22. 芮明杰,杜郁文.组织促动因素对知识能量、知识整合与核心竞争力的影响研究[J].商业时代,2010(29):74-75.

23. 吴台授.电力行业上市企业股权结构与企业绩效关系的研究[D].镇江:江苏大学,2009.

24. 赵林捷.企业创新网络中组织学习研究[D].合肥:中国科学技术大学,2007.

25. 林庆辉.台湾信息通路商的经营策略与竞争优势研究[D].苏州:苏州大学,2007.

26. 任伶.基于知识管理的企业间合作创新研究[D].长春:吉林大学,2009.

27. 郑景华.影响企业间合作创新的因素研究[D].新竹:政治大学,2005.

28. 游景宏.工具机改善知识获取、蓄积与应用研究[D].台中:东海大学,2008.

29. 黄军咏.垂直整合下内隐知识交换的合作与欺骗策略的经济效果比较[D].台中:东海大学,2007.

30. 杨慧屏.垂直整合、内隐知识交换与欺骗策略对经济效果的影响[D].台中:东海大学,2006.

31. 张正儒.内隐知识交换下合作与欺骗策略的赛局分析[D].台中:东海大学,2007.

32. 林嘉芳.企业员工知识分享行为的探讨:以"中华"电信南区分公司为例[D].嘉义:中山大学,2005.

33. 蔡义华.企业员工知识分享效果研究[D].台北:台北大学,2005.

34. 史江涛.员工关系、沟通对其知识共享与知识整合作用的机制研究[D].杭州:浙江大学,2007.

35. 党兴华,任斌全.网络环境下企业技术创新中的知识缺口及其弥补策略研究[J].科研管理,2005(5):12-16.

36. 蔡筱梅.知识整合机制对团队学习绩效的影响[D].桃园:台湾"中央"大学,2006.

37. 魏江,王铜安,喻子达.知识整合的实现途径研究:以海尔为例[J].科研管理,2008(3):22-27.

38. 张吉成.产业组织知识创新模式的构建[D].台北:台湾师范大学,2001.

39. 陈劲,童亮,周笑磊.复杂产品系统创新的知识管理:以GX公司为例[J].科研管理,2005(5):29-34.

40. 周勃.企业螺旋知识创新模式研究[D].上海:复旦大学,2005.

41. 李栓久,陈维政.个人学习、团队学习和组织学习的机理研究[J].西南民族大学学报,2007(9):214-218.

42. 许晓明,龙炼.论企业的知识管理战略[J].复旦大学学报(社会科学版),2010

(3):90-95.

43. 胡昌平,胡吉明.基于群体交互学习的知识创新服务组织分析[J].图书馆论坛,2009(12):54-57.

44. 盛世豪,郑燕伟.浙江现象:产业集群与区域经济发展[M].北京:清华大学出版社,2004.

45. 关家麟.知识资源与服务对科技创新能力的支撑研究[J].情报探索,2007(10):3-6.

46. 王晓光,马费成.社会网络视角下知识转移的机制与策略[J].科技进步与对策,2007(11):102-105.

47. 魏江,王铜安.知识整合的分析框架:评价、途径与要素[J].西安电子科技大学学报,2008(3):8-14.

48. 张斌.企业境外档案的跨区域和跨文化管理[J].档案管理,2008(5):13-15.

49. 吴隆增,王成.组织学习、知识整合与核心能力的关系研究[J].科学学研究,2007(4):312-318.

50. 张志敏.基于知识特性的组织学习研究[J].长春教育学院学报,2005(6):28-30.

51. 罗怀英.技术知识特性、组织平台与情境对组织知识流通影响[D].新北:辅仁大学,2001.

52. 谢洪明,吴隆增,葛志良,等.技术知识特性、知识能量与组织创新的关系[J].科技管理研究,2007(1):176-179.

53. 古丽米热·马合木提.新疆民营企业吸收能力影响因素研究——以食品加工企业为例[D].杭州:浙江大学,2010.

54. 韩子天,谢洪明,王成,等.学习、知识能量、核心能力如何提升绩效:华南地区企业的实证研究[J].科学学与科学技术管理,2008(5):122-127.

55. 谢秀梅,李颖.知识管理理论综述[J].湖北经济学院学报(人文社会科学版),2006(11):68-69.

56. 刘蕾.企业核心业务知识管理策略[M].北京:石油工业出版社,2007.

57. 樊治平.知识管理研究[M].沈阳:东北大学出版社,2003.

58. 刘蕾.基于企业核心业务能力的知识管理策略研究[D].昆明:昆明理工大学,2003.

59. 涂瑞德.技术知识特性,产品开发团队与组织动态能力关系研究[D].新竹:政治大学,1999.

60. 叶森雄.电机制造业建立知识分享机制的研究[D].台北:科技大学,2004.

61. 张硕芳.以知识流观点探索医疗知识分享、医疗知识整合与医疗质量影响因子的研究[D].台南:成功大学,2005.

62. 林义屏.市场导向、组织学习、组织创新与组织绩效间关系研究:以科学园区信息电子产业为例[D].嘉义:中山大学,2002.

63. 王启任.核心竞争力类型与进入时机策略配适对经营绩效影响研究:台湾信息电子业进入中国大陆市场实证[D].桃园:中原大学,2000.

64. 谢洪明,刘常勇.技术创新类型与知识管理方法的关系研究[J].科学学研究2003(10):539-545.

65. 谢洪明,刘常勇,李晓彤.知识管理战略、方法及其绩效研究[J].管理世界,2002(10):85-92.

66. 张华胜,薛澜.中国制造业知识特性、规模、经济效益比较分析[J].中国工业经济,2003(2):15-22.

67. 刘锦英.知识获取模式研究[J].科技进步与对策,2007(8):149-152.

68. 吴思华.知识经济、知识资本与知识管理[J].台湾产业研究,2001(4):11-50.

69. 王庆喜.企业资源与竞争优势:基于浙江民营制造业企业的理论与经验研究[D].杭州:浙江大学,2004.

70. 卢纹岱.SPSS for Windows 统计分析[M].北京:电子工业出版社,2003.

71. 王志和.隐性知识分享模式研究:以国内 IC 设计业项目运作为例[D].桃园:元智大学,2004.

72. 胡玮玮.基于知识缺口和知识源的知识管理战略研究[J].江南大学学报(人文社会科学版),2009(2):93-96.

73. 张阳隆.企业集群成因、厂商行为与组织绩效的关联性研究:以高科技产业为例[D].台南:成功大学,2001.

74. 司徒达贤.资源基础理论与企业竞争优势关系的探讨[R].研究报告,1995.

75. 刘权莹.信息服务业知识管理研究:以台湾 HP 与台湾 IBM 为例[D].新竹:政治大学,1997.

76. 曾凯瀚.知识管理应用于创业投资评估行为研究[D].新竹:政治大学,2000.

77. 苗文斌.基于集体知识的集群企业创新性研究[D].杭州:浙江大学,2007.

78. 汤浩瀚.公司创业强度、技术创新战略与企业绩效关系研究[D].长春:吉林大学,2007.

79. 李志强.基于价值重构的企业边界研究[D].上海:复旦大学,2004.

80. 王志伟.基于吸收能力的中国铝业改进式创新研究[D].武汉:华中科技大学,2007.

81. 刘希宋,张长涛.基于知识的产品开发组织策略选择[J].中国流通经济,2003(5):25-27.

82. 刘璇.基于知识流动视角的传统产业集群创新特征的研究[D].杭州:浙江大学,2006.

83. 吕毓芳.论领导行为、组织学习、创新与绩效间相关性研究[D].上海:复旦大学,2005.

84. 樊治平,孙永洪.基于 SWOT 分析的企业知识管理战略[J].南开管理评论,2002(8):4-8.

85. 宋杰.基于知识管理理论的知识型企业核心竞争力构建[D].太原:山西大学,2007.

86. 江积海.企业知识管理的运作模式研究[D].重庆:重庆大学,2001.

87. 周丽莎.软件开发中的知识管理研究[D].北京:北京邮电大学,2009.

88. 蔡源.软件企业知识管理能力与经营绩效的关系研究[D].南昌:南昌大学,2007.

89. 郭桂林.社会资本、知识过程与部门效能关系实证研究[D].杭州:浙江大学,2007.

90. 陈静.社会资本理论视角下的知识整合能力研究[D].天津:天津大学,2010.

91. 邓灵斌.数字图书馆的管理研究[D].湘潭:湘潭大学,2004.

92. 吴金希,刘冀生,高贤峰,等.我国高科技企业知识管理的策略[J].云南财经学院学报,2001(4):25-27.

93. 赖东彦.学习型组织分类及应用研究[D].成都:西南财经大学,2007.

94. 宏宇.知识管理:博克曼实验室启示录[J].中外企业家,2005(9):15-17.

95. 梁志栋,贾立仁.知识管理——新一轮的管理浪潮[J].技术经济与管理研究,2005(2):72-73.

96. 芮明杰,杜郁文.知识能量、知识整合、创新绩效与核心竞争力关系的实证研究[J].商业时代,2010(36):72-75.

97. 贺丹.智力密集型城市科技创新的资源利用效率分析[D].武汉:武汉理工大学,2008.

98. 郝磊.论基于知识的企业理论和企业核心能力的构建[D].太原:山西大学,2004.

99. 丁秀丽.石油企业知识管理初探[D].天津:天津大学,2005.

100. 蔚海燕.知识管理体系的比较研究[D].太原:山西大学,2005.

101. 金吾伦.知识生成论[J].中国社会科学院研究生院学报,2003(2):48-54.

102. 赖勋国.南方 A 酒店管理信息化实施的案例研究[D].大连:大连理工大学,2010.

103. 谢卫军.文化产业集群内组织间知识共享和产业集群研究[D].西安:陕西师范大学,2010.

104. 李怡靖.基于知识的企业核心能力与知识管理研究[D].昆明:昆明理工大学,2007.

105. 童亮.基于跨组织合作联结的复杂产品系统创新知识管理机制研究[D].杭州:浙江大学,2006.

106. 李湘桔.基于知识管理的建筑设计企业项目管理研究[D].天津:天津大学,2009.

107. 赵晶媛.区域知识管理的若干问题及北京研发中心成长[D].合肥:中国科学技术大学,2006.

108. 廖粲.技术知识特性对企业合作创新能力的影响研究[D].杭州:杭州电子科技大学,2012.

109. 谢洪明,吴溯,王现彪.知识整合能力、效果与技术创新[J].科学学与科学技术管理,2008(8):88-92.

110. 余志良.组织吸收知识的内部机理——华南地区企业的实证研究[J].科技管理研究,2009(11):344-347.

111. 隋鑫.高技术企业创新导向的人力资源管理实践[J].中国人力资源开发,2007(5):4-9.

112. 曾勇.电子商务信用风险机理研究[D].武汉:武汉理工大学,2005.

113. 张逸恺.基于KMV模型的商业银行信用风险度量及管理[D].沈阳:东北大学,2007.

114. 胡广新.赵向阳.基于弹头落地的地震波测量落点坐标[J].装备指挥技术学院学报,2006(4):116-120.

115. 颜士梅.并购式内创业中的人力资源整合研究[D].杭州:浙江大学,2005.

116. 沈正立.企业战略适应能力及其与绩效关系研究[D].杭州:浙江大学,2007.

117. 陈一敏.信息技术课教师思维风格与教学行为关系的研究[J].贵州教育学院学报,2008(12):47-50.

118. 申晴,董进才.企业员工知识分享媒介及其对工作效果的影响:以财会人员为例[J].企业经济,2011(4):47-52.

119. 刘省权.教育领域的知识管理:教师的知识管理研究[D].南昌:江西师范大学,2004.

120. 赵雪松.师徒模式下的知识共享研究[D].西安:西安电子科技大学,2007.

121. 陈秋雨.企业知识管理缺口界定与成因分析[J].统计与决策,2009(6):24-28.

122. 陈浩宇.虚拟企业知识转移分析及管理[D].兰州:兰州大学,2007.

123. 朱仙掌.知识密集型服务活动作用于制造企业技术能力整合的机理研究[D].杭州:浙江大学,2007.

124. 汪忠,黄瑞华.合作创新企业间技术知识转移中知识破损问题研究[J].科研管理,2006(3):78-84.

125. 李艳红. 科研团队知识管理研究——二类科研团队的比较分析[D]. 北京：北京化工大学，2007.

126. 田庆锋，常镇宇. 基于生态范式的知识管理架构研究[J]. 科学管理研究，2006(12)：18-22.

127. 姚伟，严贝妮. 探索竞争情报领域的不同视角[J]. 图书情报知识，2012(5)：32-36.

128. 叶培华. 企业知识生态系统的涌现机理研究[D]. 长春：吉林大学，2007.

129. 宋伟，张学，彭小宝. 我国中小企业知识型员工自主学习能力的实证研究：基于长三角和部分企业的调查分析[J]. 科学学与科学技术管理，2010(4)：56-61.

130. 毛良斌，郑全全. 团队学习研究综述[J]. 人类工效学，2007(12)：35-38.

131. 魏江，王铜安. 个体、群组、组织间知识转移影响因素的实证研究[J]. 科学学研究，2006(2)：49-55.

132. 谢富纪. 中国企业从技术获取到自主研发的模式研究[J]. 科研管理，2004(12)：26-32.

133. 耿小庆. 组织知识创新与企业能力成长研究[D]. 天津：天津大学，2007.

134. 余小平，宋桔丽，王力. 东部软件园：天堂硅谷的创业加油站[N]. 杭州日报，2010-12-2.

135. 宋娟. 基于作者共被引和元分析的知识管理流派研究[D]. 大连：大连理工大学，2007.

136. 李坤. 装备产品开发中的技术整合与再利用研究[D]. 大连：大连理工大学，2009.

137. 周城. 柔性组织结构对企业能力体系构筑的影响[D]. 武汉：华中农业大学，2009.

138. 杭品厚. 产业集群内的知识流动研究——以绍兴纺织产业集群为例[D]. 杭州：浙江工商大学，2007.

139. 吕仙. 民营企业相关多元化经营的核心能力培育研究[D]. 广州：广东外语外贸大学，2007.

140. 邹波. 面向企业技术创新的校企知识转移研究[D]. 哈尔滨：哈尔滨工业大学，2009.

141. Anand G，Ward P T，Tatikonda，et al，2010. Role of explicit and tacit knowledge in Six Sigma projects：An empirical examination of differential project success. Journal of Operations Management，28(4)：303-315.

142. Ahn J H，Chang S G，2004. Assessing the contribution of knowledge to business performance：The KP3 methodology. Decision Support Systems，36(4)：403-416.

143. Ahmad S, Schroeder, Roger G, 2010. Knowledge management through technology strategy: Implications for competitiveness. Journal of Manufacturing Technology Management, 22(1): 6-24.

144. Al-Laham Andreas, Tzabbar Daniel, Amburgey T L, 2011. The dynamics of knowledge stocks and knowledge flows: Innovation consequences of recruitment and collaboration in biotech. Industrial & Corporate Change, 20(2): 555-583.

145. Argyris C, Schon D, 1978. Organizational learning: A theory of action perspective. New York: Addision-Wesley.

146. Alavi Maryam, Leidner Dorothy E, 2001. Review knowledge management and knowledge management systems: Conceptual foundations and research issues. MIS Quarterly, 25 (1): 107-136.

147. Amit R, Schoemaker P J, 1993. Strategic assets and organizational rent. Strategic Management Journal, 14(1): 33-46.

148. Ansoff H I, 1965. Corporate strategy. New York: McGraw-Hill.

149. Ansoff H I, Brandenburg R, 1971. A language for organizational design: Parts I and II. Management Science, 17(6): 350-393.

150. Addlson Wesley Jelinek, Mariann, 1979. Institutionalizing innovation: A study of organization learning systems. New York: Praeger Publisher.

151. Blau P M, 1964. Exchange and power in social life. New York: Wiley.

152. Brown R B, Woodland M J, 1999. Managing knowledge wisely: A case study in organizational behavior. Journal of Applied Management Studies, 8(2): 175-197.

153. Bueno Eduardo, Aragon J A, Salmador M P, etd, 2010. Tangible slack versus intangible resources: The influence of technology slack and tacit knowledge on the capability of organisational learning to generate innovation and performance. International Journal of Technology Management, 49(4): 314-337.

154. Bonjour E, Micaelli J P, 2009. Design core competence diagnosis: A case from the automotive industry. IEEE Transactions on Engineering Management, 57(2): 323-337.

155. Bhagwatwar Akshay, Hackney Ray, Desouza Kevin C, 2011. Considerations for information systems Backsourcing: A framework for knowledge re-integration. Information Systems Management, 28 (2): 165-173.

156. Basaglia Stefano, Caporarello Leonardo, Magni Massimo, etd, 2010. IT knowledge integration capability and team performance: The role of team climate. International Journal of Information Management,30(6): 542-551.

157. Barney J B, 1991. Firm resources and sustained competitive advantage. Journal of Management, 17(1): 99-120.

158. Barry B, Stephens Carroll U, 1998. Objections to an objectivist approach to integrity. Academy of Management Review, 23(1): 162-169.

159. Bloodgood J M, Salisbury W D, 2001. Understanding the influence of organizational change strategies on information technology and knowledge management strategies. Decision Support Systems,31(1): 55-69.

160. Beckman B T, 1997. A methodology for knowledge management. International association of science and technology for development (IASTED) and Soft Computing Conference. Banff Canada.

161. Bonora E A, Revang O, 1991. A strategic framework for analyzing professional service firm. Strategic Management Society Interorganizational Conference. Toronto Canada.

162. Brivot Marion, 2011. Controls of knowledge production sharing and use in bureaucratized professional service firms. Organization Studies, 32 (4): 489-507.

163. Courtney Jon R, Hubbard Timothy L, 2008. Spatial memory and explicit knowledge: An effect of instruction on representational momentum. Journal of Experimental Psychology, 61(12): 1778-1784.

164. Cross R, Parker A, Prusak L, etd, 2001. Knowing what we know: Supporting knowledge creation and sharing in social networks. Organizational Dynamics, 30(2): 100-120.

165. Christopher C Yang, Lin Jianfeng, Wei Chih-Ping, 2010. Retaining knowledge for document management: Category-tree integration by exploiting Category relationships and hierarchical structures. Journal of the American Society for Information Science and Technology, 61 (7): 1313-1331.

166. Chen Tser-Yieth, Hung Kuang-Peng, Tseng Chien-Ming, 2010. The effects of learning capacity transparency and relationship quality on inter-organizational learning. International Journal of Management, 27 (3): 405-420.

167. Chen Weifeng, Marwan Elnaghi, Tally Hatzakis, 2011. Investigating

knowledge management factors affecting Chinese ICT firms performance: An integrated KM framework. Information Systems Management, 28(1): 19-29.

168. Christensen C M, 1997. The Innovator's Dilemma: When new technologies cause great firms to fail. Boston Mass: Harvard Business School Press.

169. Coombs Rod, 1996. Core competencies and the strategic management of R & D. R & D Management, 26(4): 345-355.

170. Cyert R M, March J G, 1992. A behavioral theory of the firm. Cambridge University Press.

171. Child J, 1984. Organization: A guide to the problems and practice. London: Harper and Row.

172. Cooper R B, Zmud R W, 1990. Information technology implementation research: A technological diffusion approach. Management Science, 36(5): 128-139.

173. Clark K B, Wheelwright S C, 1993. Managing new product and process development. New York: The Free Press.

174. Chen Chung-Jen, Huang Jing-Wen, Hsiao Yung-Chang, 2010. Knowledge management and innovativeness. International Journal of Manpower, 31(8): 848-870.

175. Chen Yuh-Jen, 2010. Knowledge integration and sharing for collaborative molding product design and process development. Computers in Industry, 61(7): 659-675.

176. Chen Zhen Jiao, Zhang Xi, Vogel Douglas, 2011. Exploring the underlying processes between conflict and knowledge sharing: A work-engagement perspective. Journal of Applied Social Psychology, 41(5): 1005-1033.

177. Carmen Camelo-Ordaz, Joaquín García-Cruz, Elena Sousa-Ginel, etd, 2011. The influence of human resource management on knowledge sharing and innovation in Spain: The mediating role of affective commitment. International Journal of Human Resource Management, 22(7): 1442-1463.

178. Chiang Yun-Hwa, Hung Kuang-Peng, 2010. Exploring open search strategies and perceived innovation performance from the perspective of inter-organizational knowledge flows. R&D Management, 40(3): 292-299.

179. Cao L L, Dupuis M, 2009. Core competences strategy and performance: The case of international retailers in China. International Review of Retail Distribution and Consumer Research, 19(4): 349-369.

180. Duffy J, 2000. The KM technology infrastructure. Information Management Journal, 34(2): 62-66.

181. Dwivedi Yogesh K, Venkitachalam Krishna, Sharif Amir M, etd, 2011. Research trends in knowledge management: Analyzing the past and predicting the future. Information Systems Management, 28(1): 43-56.

182. Davenport T H, Prusak L, 1998. Working Knowledge. Boston: Harvard, Business School Press.

183. Daft R L, Weick K E, 1984. Toward a model of organizations as interpretive systems. The Academy of Management Review, 9 (2): 284-296.

184. Davenport T H, 1994. The coming soon. Information Week, 12 (10): 5-15.

185. Drucker P F, 1993. Post-capitalist society. London: Oxford Butterworth Henemann Harper Business.

186. Dougherty, 1990. Understanding new markets for new product. Strategic Management Journal, 11(3): 59-78.

187. Dodgeson M, 1993. Organizational learning: A review of some literature. Organization Studies, 14(3): 375-394.

188. Duncan R, Weiss A, 1979. Organizational learning: Implications for organizational design. Research in Organizational Behavior, 33(1): 75-86.

189. Dosi G, 1982. Technological paradigms and technological trajectories. Research Policy, 11(3): 147-162.

190. Epstein L D, 2000. Sharing knowledge in organizations: How people use media to communication. Unpublished doctoral dissertation, The University of California, Barkeley.

191. Eriksson V I, Dickson W G, 2000. Knowledge sharing in high technology companies. Americas Conference on Information Systems 2000, by Association for Information Systems.

192. Enberg Cecilia, Lindkvist Lars, Tell Fredrik, 2010. Knowledge integration at the edge of technology: On teamwork and complexity in new turbine development. International Journal of Project Management, 28 (8): 756-765.

193. El-Gohary Nora M, El-Diraby Tamer E, 2010. Dynamic knowledge-based process integration portal for collaborative construction. Journal of Construction Engineering & Management, 136 (3): 316-327.

194. Edvinsson L, Sullivan P, 1996. Developing a model for managing intellectual capital. European Management Journal, 14(4): 356-364.

195. Fei Genyuan, Gao James, Owodunni Oladele, etd, 2011. A method for engineering design change analysis using system modelling and knowledge management techniques. International Journal of Computer Integrated Manufacturing, 24(6): 535-551.

196. Fear Kathleen, 2011. A review of knowledge sharing among scientists: Why reputation matters for R&D in multinational firms. Information Society, 27(3): 204-205.

197. Fiol C M, Lyles M A, 1985. Organizational learning. Academy of Management Review and 10(4): 803-813.

198. Freeman, 1994. The economics of technical change. Cambridge Journal of Economics,18(6): 463-514.

199. Ferguson Julie, Huysman Marleen, Soekijad Maura, 2010. Knowledge management in practice: Pitfalls and potentials for development. World Development,38(12): 1797-1810.

200. Fleming O W, Koppleman J M, 1997. Integrated project development team: Another fad or a permanent change. Project Management, 28(1): 4-11.

201. Fernández Breis Jesualdo Tomás, Castellanos Nieves Dagoberto, Valencia García, 2009. Measuring individual learning performance in group work from a knowledge integration perspective Rafael. Information Sciences, 179 (4): 339-354.

202. Goffin Keith, Koners Ursula, Baxter David, etd, 2010. Managing lessons learned and tacit knowledge in new product development. Research-Technology Management, 53(4): 39-51.

203. Goffin Keith, Koners Ursula, 2011. Tacit knowledge, lessons learnt, and new product development. Journal of Product Innovation Management, 28 (2): 300-317.

204. Garud Raghu, Kumaraswamy Arun, 2010. Path dependence or path creation. Journal of Management Studies,47(4): 760-774.

205. Geisler Elie, 2009. Tacit and explicit knowledge: Empirical investigation in an emergency regime. International Journal of Technology Management, 47 (4): 273-285.

206. Grant R M, 2004. Toward a knowledge-based theory of the firm. Strategic Management Journal,17(4): 109-122.

207. Grant R M, 1995. A knowledge-based theory of the inter-firm collaboration. Academy of Management Best Paper Proceedings.

208. Garvin David A, 1993. Building a learning organization. Harvard Business Review, 71(4): 78-91.

209. Ghoshal Sumantra, Bartlett Christopher A, 1996. Rebuilding behavior context: A blue print for corporate renewal. Sloan Management Review, 37 (2): 23-37.

210. Garud Raghu, Kumaraswamy Arun 1995. Technological and organizational designs for realizing economics of substitution. Strategic Management Journal, 16(5): 93-110.

211. Garud Raghu, Nayyar Praveen R, 1994. Transformative capacity: Continual structuring by intertemporal technology transfer. Strategic Mangment Journal, 15(5): 365-386.

212. Gasik Stanislaw, 2011. A model of project knowledge management. Project Management Journal, 42(3): 23-44.

213. Garrido Paulo, 2010. Open design and knowledge integration in semiotic manufacturing integration. International Journal of Computer Integrated Manufacturing, 23(8): 819-831.

214. Grimpe Christoph, Kaiser Ulrich, 2010. Balancing internal and external knowledge acquisition: The gains and pains from R & D. Journal of Management Studies, 47(8): 1483-1509.

215. Hong Paul, Doll William J, Revilla Elena, etd, 2011. Knowledge sharing and strategic fit in integrated product development proejcts: An empirical study. International Journal of Production Economics, 132(2): 186-196.

216. Hidding G, Catterall M S, 1998. Anatomy of a learning organization. Knowledge and Process Management, 5(1): 3-13.

217. Harry S L, 1999. Knowledge management in practice: An exploratory case study. Technology Analysis & Strategic Management, 11(3): 359-374.

218. Hendricks P, 1999. Why Share Knowledge? The Influence of ICT on the motivation for knowledge sharing. Knowledge and Process Management, 6 (2): 91-100.

219. Hon Keung Yau, Alison Lai Fong Cheng, 2010. Influence of organizational defensive actions on the learning of information and communication technology: An attitude study in Hong Kong. International Journal of Management, 27(3): 459-469.

220. Henderson R M, Clark K B, 1990. Architectural innovation: The reconfiguration of existing product technologies and the failure of established firm. Administrative Science Quarterly, 35(3): 32-35.

221. Huber G P, 1991. Organizational learning: The contributing processes and the literatures. Organization Science, 2(1): 88-115.

222. Helleloid D, Simonin B, 1994. Organizational learning and a firm's core competence (1st ed.). New York: John Wiley and Sons.

223. Hedlund G, 1994. A model of knowledge management and the N-Form corporate. Strategic Manamgnet Journal, 15(6): 73-90.

224. Holsapple C W, Joshi K D, 2001. Knowledge management: A three-fold frame work. The Information Society, 18(1): 47-64.

225. Haeckel Stephan H, Nolan Richard L, 1993. Managing by wire. Harvard Business Review, 71(5): 122-133.

226. Hamel G, Heene C, 1994. The Concept of core competence. New York: Wiley Chichester.

227. Hult G, Tomas M, Ferrell O C, 1997. Global organizational learning capacity in purchasing: Construct and measurement. Journal of Business Research, 40(2): 97-111.

228. Hansen N, Morten T, Thomas Tierney, 1999. What's your strategy for managing knowledge? Harvard Business Review, 77(2): 106-117.

229. Henderson J R, Ruikar K, 2010. Technology implementation strategies for construction organizations. Engineering Construction and Architectural Management, 17(3): 309-327.

230. Hung Shin-Yuan, Lai Hui-Min, Chang Wen-Wen, 2011. Knowledge-sharing motivations affecting R & D employees' acceptance of electronic knowledge repository. Behaviour and Information Technology, 30(2): 213-230.

231. Jayanthi Ranjan, Vishal Bhatnagar, 2011. Role of knowledge management and analytical CRM in business: Data mining based framework. Learning Organization, 18(2): 131-147.

232. Jasimuddin S M, Connell N, Klein J H, 2012. Knowledge transfer frameworks: An extension incorporating knowledge repositories and knowledge administration. Information Systems Journal, 22(3): 195-209.

233. Jordan Judith, Jones Penelope, 1997. Assessing your company's knowledge management style. Long Range Planning, 30(3): 392-397.

234. Julia Porter Liebeskind, Amalya Lumerman Oliver, Lynne GZucker, etd, 2004. Social networks learning and flexibility: Sourcing scientific knowledge in new biotechnology firms. Organization Science, 7(4): 428-443.

235. Jordan Chris, Watters Carolyn, 2009. Addressing gaps in knowledge while reading. Journal of the American Society for Information Science and Technology, 60(11): 2255-2267.

236. Kruthiventi Devsen, Gajjar Milind, Awasthi Bharat, 2010. Periodical using listeners to capture tacit knowledge at tata chemicals. KM Review, 13(2): 1-1.

237. Kim D H, 1993. The link between individual and organizational learning. Sloan Management Review, 35(1): 37-50.

238. Kogut B, Zander U, 1992. Knowledge of the firm integration capabilities and the replication of technology. Organization Science, 3(1): 383-397.

239. Kamara J M, Anumba C J, 2002. Collaborative systems and CE implementation in construction in tommelein I. Proceedings of the 3rd International Conference on Concurrent Engineering in Construction Newcastle University, Berkeley, July, 87-97.

240. Kolb David A, 1976. Management and the learning process. California Management Review, 12(3): 21.

241. Kyu Kim Kyung, Yul Ryoo Sung, Dug Jung M O, 2011. Inter-organizational information systems visibility in buyer-supplier relationships: The case of telecommunication equipment component manufacturing industry. Omega, 39(6): 667-676.

242. Kenneth J Arrow, 1974. Limited knowledge and economic analysis. The American Economic Review, 64(8): 1-10.

243. Kuo Ren-Zong, Lee Gwo-Guang, 2011. Knowledge management system adoption: Exploring the effects of empowering leadership task-technology fit and compatibility. Behaviour and Information Technology, 30 (1): 113-129.

244. Lee Chung-Shing, Chen Yiche, Grace, etd, 2010. An integrated framework for managing knowledge-intensive service innovation. International. Journal of Services Technology & Management, 13(1): 20-39.

245. Liyanage Champika, Qiuping Li, Elhag Taha, etd, 2008. The process of knowledge transfer and its significance in integrated environments. AACE International Transactions, 32(4): 1-7.

246. Lei D, Slocum J W, Pitts R A, 2007. Designing organizations for competitive advantage: The power of unlearning and learning. Organizational Dynamics,27(3): 24-37.

247. Lene Foss, Tatiana Iakovleva, Jill Kickul,etd, 2011. Taking innovations to market the role of strategic choice and the evolution of dynamic capabilities. International Journal of Entrepreneurship & Innovation,12(2): 105-116.

248. Li Yuan, Wei Zelong, Liu Yi, 2010. Strategic orientations, knowledge acquisition, and firm performance: The perspective of the vendor in cross-border outsourcing. Journal of Management Studies, 47(8): 1457-1482.

249. Liu Yuwen, Keller Robert T, Shih Hsi-An, 2011. The impact of team-member exchange, differentiation, team commitment, and knowledge sharing on R&D project team performance. R&D Management, 41(3): 274-287.

250. Leonard-Barton D, 1995. Wellsprings of knowledge: Building and sustaining the source of innovation. Boston: Harvard School Press.

251. Leonard-Barton D, 1992. The factory as a learning laboratory. Sloan Management Review, 34(1): 23-37.

252. Lubit R, 2001. Tacit knowledge and knowledge management: The keys to sustainable competitive advantage. Organizational Dynamics, 29 (3): 164-177.

253. Liebowitz J, Beckman T, 1998. Knowledge organizations: What every manager should know. Boca Raton Fla: St. Lucie Press.

254. Lyles M A, 1988. Learning among joint venture sophisticated firms. MIR, special issue: 85-97.

255. Leonardi Paul M, Bailey Diane E, 2008. Transformational technologies and the creation of new work practices: Making implicit knowledge explicit in task-based offshoring. MIS Quarterly, 32 (2): 411-436.

256. Levitt Barbara, James G March, 1988. Organizational learning. Annual Review of Sociology, 14(2): 319-340.

257. Liebeskind J P, 1996. Knowledge strategy and the theory of the firm. Strategic Management Journal,special issue: 93-107.

258. Liebeskind J P, Zucker Oliver L, Brewer M, 2004. Social networks learning and flexibility: Sourcing scientific knowledge in new biotechnology firms. Organization Science,7(4): 428-443.

259. Langlois Richard N, Paul L Robertson, 1992. Networks and innovation in a

modular system: Lessons from the microcomputer and stereo component industries. Research Policy, 21(4): 297-313.

260. Linderman Kevin, Schroeder Roger G, Sanders Janine, 2010. A knowledge framework underlying process management. Decision Sciences, 41(4): 689-719.

261. Li Hsiu-Ling, Tang Ming-Je, 2010. Vertical integration and innovative performance: The effects of external knowledge sourcing modes. Technovation, 30(7/8): 401-410.

262. Li Yuan, Liu Yi, Liu Heng, 2010. Co-opetition distributor's entrepreneurial orientation and manufacturer's knowledge acquisition: Evidence from China. Journal of Operations Management, 29 (1/2): 128-142.

263. Liu Nien-Chi, Liu Min-Shi, 2011. Human resource practices and individual knowledge—sharing behavior—an empirical study for Taiwanese R&D professionals. International Journal of Human Resource Management, 22 (4): 981-997.

264. McCall Holli, Arnold Vicky, Sutton Steve G, 2008. Use of knowledge management systems and the impact on the acquisition of explicit knowledge. Journal of Information Systems, 22(2): 77-101.

265. Martins Da Silva, Mario Alexandre Patricio, 2009. A model of the learning process with local knowledge externalities illustrated with an integrated graphical framework. Economics of Innovation & New Technology, 18(2): 139-160.

266. Moreno Luzón, María D, British M, etd, 2008. The role of non-structural and Informal mechanisms of integration and coordination as forces in knowledge creation. Journal of Management, 19(3): 250-276.

267. McDonnell, Rachael A, 2008. Challenges for integrated water resources management: How do we provide the knowledge to support truly integrated thinking? International Journal of Water Resources Development, 24(1): 131-143.

268. Millou, 2004. Vertical integration and R&D information flow: Is there a need for 'firewalls'? International Journal of Organization, 22(3): 25-43.

269. Malhotra Naresh K, 1997. Correction to the impact of the academy of marketing science on marketing scholarship: An analysis of the research published in JAMS. Academy of Marketing Science Journal, 25 (2):

138-151.

270. Maccoby Michael, 1999. Building cross-functional capability: What it really takes. Research Technology Management, 42(3): 56-59.

271. Markides Constantinos C, Peter J Williamson, 1994. Related diversification core competences and corporate performance. Strategic Management Journal, 15 (Special Issue): 149-166.

272. McDermott R, 2001. Why information technology inspired but cannot deliver knowledge management. California Management Review, 41(4): 103-117.

273. McGill M, Slocum C, Lei D, 1992. Management practices in learning organizations. Organizational Dynamics, 20(2): 5-17.

274. Meyers P W, 1990. Non-linear learning in technological firms. Research Policy, 19(2), 97-115.

275. Morgan G, Ramirez R, 1983. Action learning: A holographic metaphor for guiding change. Human Relations, 37(1): 1-27.

276. March J G, Olsen J P, 1975. The uncertainty of the past: Organizational learning under ambiguity. European Journal of Political Research, 12(3): 147-171.

277. March James G, 1991. Exploration and exploitation in organizational learning. Organization Science, 2(1): 71-87.

278. Michiel De Boer, Frans A J Van Den Bosch, Henk W Volberda, 1999. Managing organizational knowledge integration in the emerging multimedia complex. Journal of Management Studies, 36(3): 379-397.

279. Miyazaki K, 1994. Search learning and accumulation of technological competence: The case of optoelectronics. Industrial and Corporate Change, 3(3): 631-654.

280. Menguc Bulent, Auh Seigyoung, Chan Kim Young, 2011. Salespeople's knowledge-sharing behaviors with coworkers outside the sales unit. Journal of Personal Selling and Sales Management, 31(2): 103-122.

281. Nonaka I, 1994. A dynamic theory of organizational knowledge creation. Organization Science, 12(5): 14-37.

282. Nonaka I, 1991. The knowledge-creating company. Harvard Business Review, 12(11): 96-104.

283. Nonaka I, Takeuchi H, 1995. The knowledge-creating company. New York: Oxford University Press.

284. Ndlela L T，Toit A S A，2001. Establishing a knowledge management programme for competitive advantage in an enterprise. International Journal of Information Management，21(3)：151-165.

285. Nonaka I，Toyama R，Konno N，2000. SECI, ba and leadership：A unified model of dynamic knowledge creation. Long Range Planning，33(1)：5-34.

286. Neslihan Aydogan，Thomas P L，2004. Spatial proximiyt and complementarities in the trading of tacit knowledge. International Journal of Organization，22(9)：1115-1135.

287. Nonaka I，1998. The concept of ba：Building a foundation of knowledge creation. California Management Review，40(3)：40-54.

288. Nonaka I，Reinmoeller P，Senoo D，1998. The art of knowledge：Systems to capitalize on market knowledge. European Management Journal，16(6)：673-684.

289. Nonaka I，2000. Organizational capabilities in product development of japanese firms：A conceptual framework and empirical findings. Organization Science，9(6)：699-717.

290. Nonaka Ikujiro，Takeuchi Hirotaka，1995. The knowledge-creating company. New York：Oxford University Press.

291. Nonaka I，2002. A dynamic theory of organizational knowledge creation：The strategic management of intellectual capital and organizational knowledge. New York：Oxford University Press.

292. Nicolas R，2004. Knowledge management impacts on decision making process. Journal of Knowledge Management，8(1)：20-63.

293. Nelson R，Winter S，1982. An evolutionary theory of economic change. Cambridge：Harvard University Press.

294. Nevis E C，DiBella A J，Gould J M，1995. Understanding organizations as learning systems. Sloan Management Review，36(2)：73-86.

295. Ozkaya Ata，2010. R&D team's competencies innovation and growth with knowledge information flow. IEEE Transactions on Engineering Management，57(3)：416-429.

296. Ogorman Bill，2010. Knowledge matters：Technology innovation and entrepreneurship in innovation networks and knowledge clusters. international Small Business Journal，28(3)：304-306.

297. Park Byung，2011. Knowledge transfer capacity of multinational enterprises and technology acquisition in international joint ventures. International

Business Review,20(1): 75-87.

298. Porter M E, 1997. Clusters and the new economies of competition. Harvard Business Review, 76(1): 77-90.

299. Pouder R, John C H, 1996. Hot spots and blind spots, geographical clusters of firms and innovation. Academy of Management Review, 21(1): 1192-1225.

300. Perry Nicolas, Uys Wilhelm, 2010. Knowledge integration based on roadmapping and conceptual framework approach to ease innovation management. International Journal of Computer Applications in Technology, 37(3/4): 1-1.

301. Papows J, 1999. Enterprise. com. Massachusetts Perseus Publishing.

302. Prahalad C K, Hamel G, 1990. The core competence of the corporation. Harvard Business Review, 68(3): 79-91.

303. Purcell K J, Gregory M J, 1998. Towards a framework for the management of organizational competencies. from: Iefebvre L A, Mason R M, Khalil T. Proceedings of the seventh International Conference on the Management of Technology Elsevier Amsterdam, p25-36.

304. Porter M E, 1985. Competitive advantage: Creating and sustaining superior performance. New York: Free Press.

305. Post T E, 1978. Corporate Behavior and Social Change. Boston: Reston Publishing Co.

306. Petroni A, 1996. The analysis of dynamic capabilities in a competence-oriented organization. Technovation, 18(2): 179-189.

307. Pérez-Nordtvedt Liliana, Babakus Emin, Kedia Ben L, 2010. Learning from international business affiliates: Developing resource-based learning capacity through networks and knowledge acquisition. Journal of International Management,16(3): 262-274.

308. Quinn J B, Anderson P, Finkelstein S, 1996. Managing professional intellect: Making the most of the best. Havard Business Review, 74 (2): 71.

309. Quinn James Brian, 1999. Strategic outsourcing: Leveraging knowledge capabilities. Sloan Management Review, 40(4): 9-21.

310. Rauniar Rupak, Doll William, Rawski Greg, etd, 2008. Shared knowledge and product design glitches in integrated product development. International Journal of Production Economics,114(2): 723-736.

311. Rosen A, 1994. Knowledge use in direct practice. Social Service Review, 68(1): 561-577.

312. Stefaniak Nicolas, Willems Sylvie, Adam Steprane, etd, 2008. What is the impact of the explicit knowledge of sequence regularities on both deterministic and probabilistic serial reaction time task performance. Memory & Cognition, 36(7): 1283-1297.

313. Schuppel J G, Muller Stewwen, Gomez P, 1998. The Knowledge Spiral: In knowing in Firms. London: Sage.

314. Simonen Jaakko, McCann Philip, 2010. Knowledge transfers and innovation: The role of labour markets and R&D co-operation between agents and institutions. Papers in Regional Science, 89(2): 295-309.

315. Saeed Khawaja A, Malhotra Manoj K, Grover Varun, 2011. Interorganizational system characteristics and supply chain integration: An empirical assessment. Decision Sciences, 42(1): 7-42.

316. Sobrero M, Roberts E, 2010. The trade-off between efficiency and learning in interorganizational relationships for product development. Management Science, 47(2): 451-493.

317. Stafa R, 1989. Organizational learning: The key to management innovation. Sloan Management Review, 30(1): 63-74.

318. Starbuck William H, 1992. Learning by knowledge-intensive firms. The Journal of Management Studies, 29(6): 713-741.

319. Spiegler I, 2003. Technology and knowledge: Bridging a generating gap. Information and Management, 40(6): 533-539.

320. Sinkula James M, 1994. Market information processing and organizational learning. Journal of Marketing, 58(1): 35-45.

321. Senge Peter M, 1990. The fifth discipline-the art and practice of the learning organization. New York: Publishing Doubleday.

322. Shrivastava P, 1983. A typology of organizational learning systems. Journal of Management Studies, 2(1): 7-27.

323. Simon H, 1958. Organizations. Blackwell Business.

324. Sanchez R, Mahoney J T, 1996. Modularity flexibility and knowledge management in product and organization design. Strategic Management, winter special issue: 63-76.

325. Shieh Chich-Jen, 2011. Study on the relations among the customer knowledge management learning organization and organizational

performance. Service Industries Journal, 31(5): 791-807.

326. Sirmon David G, Hitt Michael A, Arregle Jean-Luc, etd, 2010. The dynamic interplay of capability strengths and weaknesses: investigating the bases of temporary competitive advantage. Strategic Management Journal, 31(13): 1386-1409.

327. Sternitzke Christian, 2010. Knowledge sources patent protection and commercialization of pharmaceutical innovations. Research Policy, 39(6): 810-821.

328. Tolk Andreas, Aaron Robert D, 2010. Addressing challenges of transferring explicit knowledge, information, and data in large heterogeneous organizations: A case example from a data-rich integration project at the U. S. army test and evaluation command. Engineering Management Journal, 22(2): 44-55.

329. Torres Tércia Zavaglia, Pierozzi Ivo, Pereira Nadir Rodrigues, etd, 2011. Knowledge management and communication in Brazilian agricultural research: An integrated procedural approach. International Journal of Information Management, 31(2): 121-127.

330. Teece D J, Pisano G, Shuen A, 1997. Dynamic capabilities and strategic management. Strategic Management Journal, 18(1): 509-533.

331. Tripsas M, 1997. Surviving radical technological change through dynamic capability: Evidence form typestter industry. Industrial and Corporate Change, 6(2): 341-377.

332. Tiwana A, 2001. The essential guide to knowledge management: E-business and CRM applications. Upper Saddle River NJ: Prentice Hall PTR.

333. Thomas J McNichols, 1977. Executive policy and strategic planning. New York: McGraw-Hill.

334. Tampoe M, 1994. Exploiting the core competence of your organization. Long Range Planning, 27(3): 66-77.

335. Tushman M L, Anderson P, 1986. Technological discontinuities and organizational environments. Administrative Science Quarterly, 31(3): 439-465.

336. Teece D J, 1996. Firm organization industrial structure and technological innovation. Journal of Economic Behavior and Organization, 31(7): 193-224.

337. Tyre M, 1991. Managing the Introduction of new process technology:

International differences in a multi-plant network. Research Policy，20(8)：57-76.

338. Utterback J M，1994. Innovation and industrial evolution mastering the dynamics of innovation. Boston：Harvard Business School Press.

339. Venzin M，Kroghvon G，Roos J，1998. Future research into knowledge management，knowing in firms：Understanding，managing and measureing knowledge. Thousand Oaks，Calif，London：Sage Publications.

340. Van der Spek R，Spijkervet A，1997. Knowledge management：Dealing intelligently with knowledge. New York：CRC Press.

341. Volberda H W，1996. Toward the flexible form：How to remain vital in hypercompetition environment. Organization Science，7(4)：359-374.

342. Wirtz Jochen，Tambyah Siok Kuan，Mattila Anna S，2010. Organizational learning from customer feedback received by service employees. Journal of Service Management，21(3)：363-387.

343. Winograd T，Flores F，1994. Understanding computers and cognition. Addison-Wesley Publishing Company.

344. Wiig K M，1994. Knowledge management：The central management focus for intelligent-acting organizations. Arlington，Texas：Schema Press.

345. Willian F Glueck，1976. Business policy：Strategy formation and management action. New York：McGraw-Hill.

346. William E Baker，Thomas Noordewier，1997. A framework for market-based organizational learning：Linking values knowledge and behavior. Journal of the Academy of Marketing Science，25(4)：305-317.

347. Wirtz Jochen，Tambyah Siok Kuan，Mattila Anna S，2010. Organizational learning from customer feedback received by service employees. Journal of Service Management，21(3)：363-387.

348. Wang Catherine L，Hult G Tomas M，Ketchen David J，etd，2009. Knowledge management orientation market orientation and firm performance：An integration and empirical examination. Journal of Strategic Marketing，17(2)：99-122.

349. Xu Jing，Houssin Rémy，Caillaud Emannuel，etd，2011. Fostering continuous innovation in design with an integrated knowledge management approach. Computers in Industry，62(4)：423-436.

350. Yildiz HEmre，Fey Carl F，2010. Compatibility and unlearning in knowledge transfer in mergers and acquisitions. Scandinavian Journal of

Management,26(4): 448-456.

351. Zaheer Akbar, Hernandez Exequiel, Banerjee Sanjay, 2010. Prior alliances with targets and acquisition performance in knowledge-intensive industries. Organization Science,21(5): 1072-1091.

352. Ziori Eleni, Dienes Z, 2008. How does prior knowledge affect implicit and explicit concept learning. Quarterly Journal of Experimental Psychology, 61(4): 601-624.

353. Zack M H, 1999. Managing codified knowledge. Sloan Management Review, 40(4): 45-57.

354. Zhen Lu, Jiang Zuhua, Song Hai-Tao, 2011. Distributed knowledge sharing for collaborative product development. International Journal of Production Research, 49(10): 2959-2976.

355. Zack M H, 1999. Developing a knowledge strategy. California Management Review, 41(3): 125-145.

附　录

一、调查问卷

技术知识特性、整合及知识能量与核心竞争力的关系
调查问卷[①]

您好!

本问卷旨在探讨企业技术知识特性、整合及知识能量与核心竞争力的关系。本问卷并无标准答案,也无所谓对错,您只要依照自己感觉在对应的数字上打"√"即可。问卷所得的全部资料仅供学术研究,绝对不对外公布。感谢您在百忙中抽空予以协助。

贵公司所在产业:生物科技□　集成电路□　软件□　光电□　电子信息□其他产业□

公司上年销售收入:100 万元以下□　100～1000 万元□　1000 万元以上□

以下问题根据满意程度,直接在对应的数字上打"√"即可(1 分表示最不满意,5 分表示最满意)。

技术知识特性

1.1 公司产品是由少数运作的零件所组合而成	1　2　3　4　5
1.2 公司零件有标准接口可以连接	1　2　3　4　5
1.3 公司零件已经高度标准化	1　2　3　4　5
1.4 设计时考虑将产品可以分解不同的独立单位进行生产	1　2　3　4　5
1.5 公司产品设计可以让产品或组件混合及配套来满足一个完整的系统	
	1　2　3　4　5
1.6 消费者可以自由组合不同的配件	1　2　3　4　5
1.7 公司的技术层次已达成熟阶段	1　2　3　4　5
1.8 公司的产品需要广泛的专属技术	1　2　3　4　5
1.9 公司所需技术知识复杂程度较高	1　2　3　4　5
1.10 公司所需技术知识的变化速度很快	1　2　3　4　5
1.11 公司产品由相当多的零件数目组成	1　2　3　4　5

---

① 调查问卷的问项引自林文宝(2002)的问卷,只有少量题项是笔者添加。

266

1.12 公司零件与各组件间的连结关系很密切　　　　　　1　2　3　4　5

1.13 公司产品的知识比较容易通过具体文件传达　　　　1　2　3　4　5

1.14 公司产品是通过标准化程序进行　　　　　　　　　1　2　3　4　5

1.15 公司产品的知识已通过专利法著作权法等相关法律保障 1　2　3　4　5

1.16 公司产品知识的传承是通过师徒制或规定的作业程序来进行

　　　　　　　　　　　　　　　　　　　　　　　　　1　2　3　4　5

1.17 公司在发展新的产品或程序时,会依循过去的特定技术的发展轨迹

　　　　　　　　　　　　　　　　　　　　　　　　　1　2　3　4　5

1.18 公司的制程常常有重大突破　　　　　　　　　　　1　2　3　4　5

1.19 公司产品或制程的未来发展是奠基于目前的发展现况 1　2　3　4　5

1.20 公司产品或制程的创新程度高　　　　　　　　　　1　2　3　4　5

1.21 知识的发展程度与竞争力的提升有高度相关　　　　1　2　3　4　5

知识整合

2.1 制度是由全体员工共同讨论出来的结果　　　　　　1　2　3　4　5

2.2 公司对在职训练与学习有高度评价　　　　　　　　1　2　3　4　5

2.3 公司允许尝试失败　　　　　　　　　　　　　　　1　2　3　4　5

2.4 尝试产生一套共同分享的制度与理念,使员工获得认同 1　2　3　4　5

2.5 员工乐于接受公司既定制度与文化的约定　　　　　1　2　3　4　5

2.6 公司对知识分享的利益考虑超越成本考虑　　　　　1　2　3　4　5

2.7 员工工作内容与程序具有容易标准化的特征　　　　1　2　3　4　5

2.8 行政效率会因为作业规定标准化太高而降低　　　　1　2　3　4　5

2.9 专业知识的传递主要是依赖数据库来传递或转移知识 1　2　3　4　5

2.10 核心知识大部分存在于数据库中　　　　　　　　　1　2　3　4　5

2.11 强调以书面规则和程序来整合知识　　　　　　　　1　2　3　4　5

2.12 产品的完成必须通过各相关人员的通力合作　　　　1　2　3　4　5

2.13 部门间的协调程度高　　　　　　　　　　　　　　1　2　3　4　5

2.14 员工轮调至新部门所需调适时间较短　　　　　　　1　2　3　4　5

2.15 员工普遍认为个人目标的达成远高于团队目标的达成 1　2　3　4　5

2.16 员工与他人合作的意愿会随着训练、工作转换而增加 1　2　3　4　5

2.17 员工工作的完成往往通过许多不同单位或人员的支持的程度较高

　　　　　　　　　　　　　　　　　　　　　　　　　1　2　3　4　5

知识整合运作特性

3.1 公司信息软硬件运作上的效率程度　　　　　　　　1　2　3　4　5

3.2 通过内部企业文化、价值和信念的推动会使得知识整合工作的效率程度

　　　　　　　　　　　　　　　　　　　　　　　　　1　2　3　4　5

3.3 通过各部门或单位的合作能力会使得知识整合的效率程度

　　　　　　　　　　　　　　　　　　　　　1　2　3　4　5

3.4 通过开放、有系统的学习会使得知识整合的效率程度　　1　2　3　4　5

3.5 通过既定的组织学习程序,会使得知识整合的效率程度　1　2　3　4　5

3.6 信息软硬件运作上因各单位的要求与步骤并不一致,所以运作范围的程度　　　　　　　　　　　　　　　　　　　　　1　2　3　4　5

3.7 通过内部企业文化、价值和信念的推动会使得知识整合工作的范围程度

　　　　　　　　　　　　　　　　　　　　　1　2　3　4　5

3.8 通过各部门或单位的合作能力会使得知识整合的范围程度

　　　　　　　　　　　　　　　　　　　　　1　2　3　4　5

3.9 通过开放、有系统的学习会使得知识整合的范围程度　　1　2　3　4　5

3.10 通过既定的组织学习程序,会使得知识整合的范围程度　1　2　3　4　5

3.11 公司信息软硬体操作上须遵循一定作业程序,所以运作弹性的程度

　　　　　　　　　　　　　　　　　　　　　1　2　3　4　5

3.12 通过内部企业文化、价值和信念的推动会使得知识整合工作的弹性程度

　　　　　　　　　　　　　　　　　　　　　1　2　3　4　5

3.13 通过各部门或单位的合作能力会使得知识整合的弹性程度

　　　　　　　　　　　　　　　　　　　　　1　2　3　4　5

3.14 通过开放、有系统的学习会使得知识整合的弹性程度　　1　2　3　4　5

3.15 通过既定的组织学习程序,会使得知识整合的弹性程度　1　2　3　4　5

知识能量

4.1 所搜集的数据,经常可以直接采用,而无需经过讨论　　1　2　3　4　5

4.2 对于所搜集的资料,均有一定的处理方式或规则　　　　1　2　3　4　5

4.3 对于数据的处理时效,有一定的规定与作业程序　　　　1　2　3　4　5

4.4 对于数据的解释,常有特定的个人或部门来负责　　　　1　2　3　4　5

4.5 常重视各种知识或信息的来源,包括顾客、外部顾问,甚至于其他因素

　　　　　　　　　　　　　　　　　　　　　1　2　3　4　5

4.6 所需知识或信息,大多由组织内部的成员所研究开发而得 1　2　3　4　5

4.7 常向合作部门、顾问公司购得所需的知识或信息　　　　1　2　3　4　5

4.8 常为了某种策略目的,与其他组织达成技术合作　　　　1　2　3　4　5

4.9 知识为特定人员所了解,当该人员离职时,将影响本公司获取知识

　　　　　　　　　　　　　　　　　　　　　1　2　3　4　5

4.10 知识为项目团队成员所共有,少数人的离开不会造成知识大量流失

　　　　　　　　　　　　　　　　　　　　　1　2　3　4　5

4.11 对于主要工作内容,均已建立明确的规则、手册,教导成员如何运用

　　　　　　　　　　　　　　　　　　　1　2　3　4　5

4.12 对于专业知识以及过去的经验,多以书面的文件保留　1　2　3　4　5

4.13 对于专业知识/业务技能的学习,偏好以正式的教育训练来传递经验

　　　　　　　　　　　　　　　　　　　1　2　3　4　5

4.14 对于专业知识/业务技能的学习,偏好以师徒相传训练方式教授成员

　　　　　　　　　　　　　　　　　　　1　2　3　4　5

4.15 对于专业知识/业务技能的学习,团队合作的方式传授给其他成员

　　　　　　　　　　　　　　　　　　　1　2　3　4　5

4.16 对于作业项目,制定了标准化的作业程序,使成员了解相关的规定

　　　　　　　　　　　　　　　　　　　1　2　3　4　5

4.17 已建立计算机化或一般的数据库,成员可以利用数据查询获得知识经验

　　　　　　　　　　　　　　　　　　　1　2　3　4　5

组织学习

5.1 公司的工作规范、政策及表格的设计有助于员工的学习　1　2　3　4　5

5.2 公司的组织设计有益于员工的共同学习　1　2　3　4　5

5.3 公司积极倡导双向沟通　1　2　3　4　5

5.4 公司依据环境的变化制定最适宜的愿景　1　2　3　4　5

5.5 公司会检讨当前的思考方式是否适当　1　2　3　4　5

5.6 公司会依据环境变化的情形改变行事原则　1　2　3　4　5

5.7 公司成立各种学习团体,提供学习的机会　1　2　3　4　5

5.8 公司常利用各种方式收集资料信息来改善工作　1　2　3　4　5

5.9 员工对自己所负责处理的业务具有应变能力　1　2　3　4　5

5.10 公司的组织设计有益于创新　1　2　3　4　5

5.11 为了追求卓越,公司的员工可以向传统挑战　1　2　3　4　5

5.12 公司经常更换不合时宜的措施　1　2　3　4　5

5.13 公司重视长期的效果甚于短期的问题解决　1　2　3　4　5

5.14 不论位阶高低,公司的员工可毫无顾忌地回馈与表态　1　2　3　4　5

5.15 公司里,尊重差异性是共同学习的一环　1　2　3　4　5

核心竞争力

6.1 维持基本营运的机器设备与技术水平　1　2　3　4　5

6.2 公司支持技术与业务上所需的设备或系统　1　2　3　4　5

6.3 公司与供应商具有稳定的合作关系　1　2　3　4　5

6.4 公司支持产品研发所需技术系统的完备能力　1　2　3　4　5

6.5 现阶段技术系统能有效支持与接近市场的能力　1　2　3　4　5

6.6 有技术专利开发的能力   1   2   3   4   5

6.7 引进其他生产技术到产品的能力   1   2   3   4   5

6.8 技术制程控制的能力   1   2   3   4   5

6.9 新技术引进的能力   1   2   3   4   5

6.10 新技术的管理和有效运用的能力   1   2   3   4   5

6.11 公司具有竞争者难以效仿的能力   1   2   3   4   5

6.12 制程技术创新能力   1   2   3   4   5

6.13 生产流程自动化能力   1   2   3   4   5

6.14 技术改良的能力   1   2   3   4   5

6.15 掌握关键技术与专利的能力   1   2   3   4   5

6.16 对于未来产品或营销趋势预测的能力   1   2   3   4   5

二、杭州高新区部分企业名录(2012)及问卷调查部分数据录入

杭州高新技术产业开发区①

序号	企业名称	职工人数	序号	企业名称	职工人数
1	杭州中天软件有限公司	30	403	杭州创业软件股份有限公司	330
2	杭州科力仪器仪表有限公司	30	404	华立仪表集团股份有限公司	335
3	浙江浙大网新软件产业集团有限公司	30	405	杭州东忠软件有限公司	362
4	杭州泰林生物技术设备有限公司	30	406	杭州中南建设集团有限公司	380
5	杭州优尚科技有限公司	30	407	杭州开元旅业度假村有限公司	407
6	浙江华立医药投资贸易集团有限公司	30	408	浙江大华技术股份有限公司	410
7	杭州金叶汽车配件有限公司	30	409	杭州东冠集团股份有限公司	511
8	杭州恒基五金机械有限公司	30	410	杭州河合电器股份有限公司	639
9	杭州农友超市有限公司	30	411	杭州鸿雁电器有限公司	645
10	杭州雷鸟计算机有限公司	31	412	浙江省水电建筑安装有限公司	667
11	浙江水美环保工程有限公司	31	413	浙江万利超硬材料有限公司	674
12	杭州科利电子工程有限公司	31	414	杭州数字电视有限公司	675
13	杭州华源电力环境工程有限公司	31	415	浙江华立电子技术有限公司	679
14	杭州华创通信机电有限公司	31	416	杭州士兰微电子股份有限公司	708
15	杭州莎莎钢家具有限公司	31	417	杭州恒生电子股份有限公司	716
16	杭州星光机械有限公司	31	418	浙江中控技术有限公司	812
17	杭州三汇软件有限公司	32	419	华讯通信科技有限公司	922
18	杭州天涵建筑造型设计有限公司	32	420	杭州斯达康通讯有限公司	1033
19	杭州六合房地产开发有限公司	32	421	阿里巴巴(中国)网络技术有限公司	1333
20	杭州网新晨华软件有限公司	32	422	东方通信股份有限公司	1389
21	杭州新力新软件创业科技有限公司	32	423	杭州大和热磁电子有限公司	1500
22	浙江浙大网新创业科技有限公司	32	424	杭州博世电动工具(中国)有限公司	2437

① 资料来源:根据网上资料搜索得到。

序号	企业名称	职工人数	序号	企业名称	职工人数
23	杭州泰宇建筑设计咨询有限公司		425	UT斯达康通讯有限公司	3026
24	杭州高新国投节能环保孵化器有限公司	32	426	杭州威博测量控制技术研究所	
25	浙江威盛自动化有限公司	32	427	敏翼（杭州）信息技术有限公司	
26	浙江黎江拉丝模厂	32	428	天恒通讯技术（杭州）有限公司	
27	杭州科百特过滤器材有限公司	32	429	杭州博胜信息技术有限公司	
28	杭州美伦信号技术有限公司	32	430	杭州金硕通信技术有限公司	
29	杭州华安医疗保健用品有限公司	33	431	杭州浙大数字儿有限公司	
30	杭州埃夫朗生代制品有限公司	33	432	杭州友通科技有限公司	
31	浙江节能实业发展有限公司	33	433	杭州南望自动化技术有限公司	
32	杭州智源科技有限公司	33	434	杭州山科电子技术干发有限公司	
33	杭州三星东信网络技术有限公司	33	435	杭州英华信息技术有限公司	
34	杭州中盛信息系统工程有限公司	33	436	杭州旗正信息技术有限公司	
35	浙江科泓软件有限公司	33	437	杭州泰克斯电子有限公司	
36	杭州华宇健身器材有限公司	33	438	杭州北大青鸟科技有限公司	
37	杭州新中源科技有限公司	33	439	杭州天力投资管理咨询有限公司	
38	杭州长江实业有限公司	33	440	杭州超海科技有限公司	
39	杭州亚伦科技有限公司	34	441	杭州中德电子有限公司	
40	杭州信诚电子有限公司	34	442	杭州凯信网络技术有限公司	
41	杭州理想环保有限公司	34	443	杭州神通科技有限公司	
42	杭州艺科高技术有限公司	34	444	杭州万东电子软件有限公司	
43	杭州精彩化工有限公司	34	445	杭州中普科技有限公司	
44	浙江新中化网络有限公司	34	446	杭州普通数码科技有限公司	
45	杭州明讯网络技术有限公司	34	447	杭州易达数字技术有限公司	
46	杭州功德利工艺品有限公司	34	448	北京北大方正电子有限公司杭州分公司	
47	浙江东方茶业科技有限公司	34	449	杭州奥宝软件有限公司	

序号	企业名称	职工人数
48	帕萨旺—洛蒂格环保技术（杭州）有限公司	34
49	浙江邮海电子有限责任公司	34
50	杭州华视数字技术有限公司	34
51	杭州浙大海伦外语教育网络有限公司	35
52	杭州飞时达软件有限公司	35
53	杭州华盛达电子有限公司	35
54	杭州信雅达三佳系统工程有限公司	35
55	杭州国电大力机电工程有限公司	35
56	杭州德意公共设施管理有限公司	35
57	杭州高新公共设施管理有限公司	35
58	浙江大学能源科技有限公司	35
59	杭州杭万汽车齿轮箱有限公司	35
60	杭州市滨江区供销社有限公司	35
61	浙江中南集团卡通影视有限公司	35
62	杭州华洲文仪有限公司	35
63	杭州东联软件有限公司	36
64	杭州土腾科技有限公司	36
65	杭州波导永友通信有限公司	36
66	杭州洲信信息技术有限公司	36
67	杭州西兴彩印车业有限公司	36
68	杭州华业房地产有限公司	36
69	浙江东信亿泰信息技术有限公司	37
70	浙江浙大网新图灵泰信息科技有限公司	37
71	杭州四方博瑞数字电力科技有限公司	37
72	杭州群思特通信通信服务有限公司	37

序号	企业名称	职工人数
450	杭州威博科技有限公司	
451	杭州炽天通信技术有限公司	
452	杭州杰胜管理系统有限公司	
453	杭州欧盛通信技术有限公司	
454	杭州中导科技开发有限公司	
455	杭州思易电子系统工程有限公司	
456	杭州天谷信息科技有限公司	
457	杭州信孚科技有限公司	
458	杭州求是电力技术有限公司	
459	杭州高谱电子有限公司	
460	杭州浙信达数码科技有限公司	
461	普高（杭州）科技开发有限公司	
462	杭州王码电脑公司	
463	杭州长泰实业有限公司	
464	杭州威力克通信系统有限公司	
465	杭州英瑞网络科技有限公司	
466	杭州中程兴达计算机系统有限公司	
467	杭州典物范机科技有限公司	
468	杭州银通数码信息技术有限公司	
469	爱斯佩克环境保护技术（杭州）有限公司	
470	杭州光合信息技术有限公司	
471	杭州先安生物技术有限公司	
472	杭州原华环境艺术工程有限公司	
473	浙江鸿程计算机系统有限公司	
474	杭州信通通信新技术开发公司	

序号	企业名称	职工人数	序号	企业名称	职工人数
73	杭州立信电子设备有限公司	37	475	浙江大学电液控制工程技术研究中心有限公司	
74	杭州晶泰宝石有限公司	37	476	杭州志久软件有限公司	
75	杭州高新技术产业开发总公司	37	477	杭州浙大海创科技有限公司	
76	深圳市飞荣达科技有限公司杭州分公司	37	478	浙江大学智达信息二程有限公司	
77	杭州东华物业管理有限公司	37	479	杭州多仪计算机信息技术有限公司	
78	杭州博可生物科技有限公司	37	480	杭州富士制冷机器有限公司	
79	杭州银星金融设备有限公司	37	481	杭州浙大高迪科技有限公司	
80	杭州方欣计算机工程有限公司	38	482	杭州利德网络科技有限公司	
81	杭州比特信息技术有限公司（原杭州比特计算机信息技术有限公司）	38	483	浙江浙大网新兰德科支股份有限公司	
82	杭州正方电子工程有限公司	38	484	浙江兰德纵横网络技术有限公司	
83	浙江华立信息产业发展有限公司	38	485	浙江思创信息技术有限公司	
84	杭州万轮自行车圈有限公司	38	486	杭州南方邮电科技有限公司	
85	杭州银诺泰克科技有限公司	38	487	杭州亚邮通讯技术有限公司	
86	浙江中控电气技术有限公司	38	488	杭州天润科技有限公司	
87	杭州奥能电源设备有限公司	39	489	杭州绿洲智能网络有限公司	
88	浙江浙大网新易盛网络通讯有限公司	39	490	杭州威星电子系统软件有限公司	
89	杭州土康射频技术有限公司	40	491	杭州天地灵通科技有限公司	
90	浙江天蓝脱硫除尘有限公司	40	492	杭州讯通科技有限公司	
91	杭州阿拉丁信息科技有限公司	40	493	杭州恒美数码纺织有限公司	
92	杭州宏成机械有限公司	40	494	杭州曙光药业有限公司	
93	杭州飞翔小轮车有限公司	40	495	杭州曼哈顿创业投资管理中心	
94	杭州江南冶炼有限公司	40	496	杭州旭东升科技有限公司	
95	杭州华超实业有限公司	40	497	杭州国盛投资管理有限公司	
96	浙江大学阳光营养技术有限公司	40	498	杭州东天虹环境保护有限公司	

序号	企业名称	职工人数	序号	企业名称	职工人数
97	杭州浦沿镇汽配铸造厂		499	杭州浙大求是建筑科技有限公司	40
98	杭州大豪物业管理有限公司		500	杭州宝荣科技有限公司	40
99	杭州五源科技实业有限公司		501	杭州星月巨能软件有限公司	41
100	杭州鸿雁新型塑料有限公司		502	杭州天辰仪器设备有限公司	41
101	浙江大学经纬自动化有限公司		503	杭州昆伦科技开发有限公司	41
102	杭州中元数据科技有限公司		504	杭州融信信息技术开发有限公司	41
103	杭州宏大铸炼厂		505	浙江大学计算机信息工程有限公司	41
104	杭州诺泰制药技术有限公司		506	杭州国迈软件有限公司	41
105	杭州浦沿建筑构配件有限公司		507	杭州浙大凯华膜技术有限公司	41
106	杭州紫江锻造有限公司		508	杭州维特洁生化技术有限公司	41
107	浙江网新天松信息技术有限公司		509	浙江现代中药与天然药物研究院有限公司	42
108	星际(杭州)网络技术有限公司		510	浙江康恩贝药品研究开发有限公司	42
109	杭州蓝保环境技术有限公司		511	浙江浙大通策有限公司	42
110	浙江省公众信息产业有限公司		512	杭州富景科技有限公司	42
111	杭州红磊机械有限公司		513	杭州中新软件有限公司	42
112	杭州坚塔管桩有限公司		514	杭州大力机械技术工程有限公司	42
113	杭州紫江热交换器有限公司		515	钜铖信息技术(杭州)有限公司	42
114	杭州迈可行通信技术有限公司		516	杭州浙大高特材料科技有限公司	42
115	盾安控股集团有限公司		517	浙江大学蓝星新材料材料技术有限公司	42
116	杭州三新机电有限公司(杭州三新机电研究所)		518	杭州江河机电装备工程有限公司	43
117	杭州博科思新技术有限公司		519	杭州双元博士顿光学有限公司	43
118	杭州艾邦通信技术有限公司		520	杭州泰格尔科技有限公司	43
119	杭州日盛新技术设备有限公司		521	杭州仁和科技有限公司	43
120	浙江亚克药业有限公司		522	杭州佳和电气有限公司	43

序号	企业名称	职工人数	序号	企业名称	职工人数
121	杭州鸿雁盖伊尔电器有限公司	43	523	杭州垂直科技有限公司	
122	杭州浙大信达数码科技有限公司	44	524	杭州浙大科力特数码科技有限公司	
123	杭州宏利计算机通信技术有限公司	44	525	杭州浙大恩特网络科技有限公司	
124	浙江美科信息技术有限公司	44	526	杭州及时雨信息科技有限公司	
125	杭州中正生物认证技术有限公司	44	527	杭州天渊水处理环保科技有限公司	
126	杭州火炬房地产物业管理有限公司	44	528	杭州惠华信息技术有限公司	
127	杭州恒生科技有限公司	44	529	杭州兰德新易信息技术开发有限公司	
128	杭州新利科技有限公司（上城区企业）	44	530	杭州宏昌电声磁技术有限公司	
129	杭州振业金属材料改制厂	44	531	杭州蓝锐通信技术有限公司	
130	杭州群利明胶化工有限公司	44	532	杭州众杰信息技术有限公司	
131	杭州富园纺织原料有限公司	44	533	浙江浙大网新快威科技有限公司	
132	杭州高远技术有限公司	45	534	杭州金慧科技有限公司	
133	北京远铁运通运输有限公司杭州分公司	45	535	杭州华尔数码科技有限公司	
134	浙江广联信息网络有限公司	45	536	杭州特力声智能仪器有限公司	
135	浙江浙大网新中研软件有限公司	45	537	杭州星通智能科技有限公司	
136	杭州优能软件技术工程有限公司	45	538	杭州科海电子技术有限公司	
137	杭州大地市政工程有限公司	45	539	杭州西软科技有限公司	
138	万兴金属制品有限公司	45	540	杭州大地土木工程技术有限公司	
139	杭州民安智能系统有限公司	45	541	深圳市新思维电子技术有限公司杭州分公司	
140	鸿友光电（杭州）有限公司	46	542	杭州通达电子有限公司	
141	杭州西兴园林工程有限公司	46	543	杭州万科信息技术有限公司	
142	杭州大华数字科技有限公司	46	544	杭州凯普医药化工有限公司	
143	杭州东联图文制作有限公司	47	545	浙江弘申信息科技有限公司	
144	杭州东忠星驰科技有限公司	47	546	杭州安普电子有限公司	
145	浙江大学华光软件有限公司	48	547	浙江大学华泰液压机电有限公司	

序号	企业名称	职工人数	序号	企业名称	职工人数
146	杭州新世纪电子科技有限公司	48	548	杭州新科正科技资讯有限公司	
147	浙江香溢世纪物流装备技术有限公司	48	549	杭州亿泰克电子有限公司	
148	杭州天信置业有限公司	48	550	浙江华富网络技术有限公司	
149	杭州祥元电子科技有限公司	48	551	杭州宏元电子科技有限公司	
150	浙江维尔科技有限公司	49	552	杭州盛鑫金属物资有限公司	
151	杭州高新速八酒店有限公司	49	553	杭州雪松实业有限公司	
152	杭州新利软件有限公司	50	554	杭州西兴电子元件有限公司	
153	中企动力科技股份有限公司杭州分公司	50	555	杭州美尔杰纺织工艺品有限公司	
154	杭州龙峰纺织印染有限公司	50	556	杭州大江南喷涂有限公司	
155	杭州振强车业有限公司	50	557	杭州长河运输公司	
156	杭州新欧化工有限公司	50	558	宇通科技（杭州）有限公司	
157	杭州鑫合金属制品有限公司	50	559	杭州锦达化工	
158	杭州北斗星膜制品有限公司	50	560	杭州云峰汽车用品有限公司	
159	杭州姚生记食品有限公司	50	561	杭州滨新运输有限公司	
160	杭州东创科技有限公司	51	562	浙江长河光电股份有限公司	
161	华立产业集团有限公司	51	563	杭州万隆运输有限公司	
162	樱花卫厨（中国）有限公司（西湖区企业）	51	564	杭州京安石油制品有限公司	
163	浙江华立通信集团有限公司	51	565	杭州长河轧钢机械配件厂	
164	浙江逸畅通信技术有限公司	51	566	杭州利明自行车配件厂	
165	浙江普康生物技术股份有限公司	51	567	杭州陵云车业有限公司	
166	浙江中基建设工程管理有限公司	51	568	杭州长河镇工艺印刷厂	
167	浙江中控科教仪器设备有限公司	51	569	杭州东冠空调设备有限公司	
168	杭州钱潮化工有限公司	51	570	杭州东冠集团空调设备股份有限公司	
169	浙江大学快威智能软件有限公司	52	571	杭州满意家政股份有限公司	
170	杭州新迪数字工程系统有限公司	52	572	杭州中冠电子有限公司	

序号	企业名称	职工人数	序号	企业名称	职工人数
171	杭州奥士玛数控设备有限公司	53	573	浙江锦鹏市政工程有限公司	
172	杭州高成生物营养技术有限公司	53	574	杭州兴和物业管理有限公司	
173	杭州浙大灵通科技有限公司	53	575	杭州三美家政服务有限公司	
174	杭州联梦娱乐软件有限公司	53	576	杭州高新市政工程有限公司	
175	浙江亚卫通科技有限公司	53	577	杭州顺达集装袋厂	
176	杭州小灵通通信设备制造有限公司	53	578	杭州玛斯坦商务管理咨询有限公司	
177	杭州华锦药业有限公司	53	579	杭州冷太石油设备科技有限公司	
178	杭州江南地基工程有限公司	53	580	杭州天成劳务服务有限公司	
179	杭州恒鼎市政工程有限公司	53	581	杭州迪生车业有限公司	
180	浙江科技有限公司	53	582	杭州永利木制品厂	
181	杭州京安交通工程设施有限公司	53	583	杭州新浦五金配件厂	
182	杭州美盾防护技术有限公司	54	584	杭州龙湾智能化设备有限公司	
183	浙江华越控制软件（杭州）有限公司	54	585	杭州龙禧投资集团有限公司	
184	伊博电源（杭州）有限公司	54	586	杭州远镜置业有限公司	
185	杭州鸿雁计算机系统工程有限公司	55	587	杭州森华机械有限公司	
186	杭州荣达车配制造有限公司	55	588	杭州江南制动材料厂	
187	杭州春风纺织有限公司	55	589	杭州顺华机动三配件厂	
188	杭州兴耀电子元件有限公司	55	590	杭州金南工量具有限公司	
189	杭州滨江区市政园林工程有限公司	55	591	杭州浦沿紫江金属管道厂	
190	杭州奥维计算机信息工程有限公司	56	592	杭州凯利喷塑管道有限公司	
191	杭州浙大辰光科技有限公司	56	593	杭州华业通信技天有限公司	
192	浙江省广电科技股份有限公司	56	594	杭州桥南五金工具厂	
193	杭州远方光电信息有限公司	56	595	杭州浦沿铭泽五金机械配件厂	
194	杭州三汇数字信息技术有限公司	57	596	杭州华立空调设备厂	
195	杭州杭迅信息技术有限公司	57	597	杭州拜康医用产品有限公司	

序号	企业名称	职工人数	序号	企业名称	职工人数
196	杭州远方仪器有限公司		598	杭州明华澳汉科技有限公司	57
197	杭州力拉带索家具有限公司		599	杭州成达机械有限公司	57
198	杭州唯信食品有限公司		600	绿恩绿地(杭州)有限公司	57
199	浙江公众信息系统集成有限公司		601	杭州网讯科技有限公司	58
200	杭州高新(滨江)水务有限公司		602	杭州杨家墩五金制衣厂	58
201	杭州露圣娜电器有限公司		603	杭州浦沿呈祥装饰五金厂	58
202	杭州初灵信息技术有限公司		604	浙江华联杭州湾创业有限公司	58
203	杭州奕科机电技术有限公司		605	杭州瑞峰贸易有限公司	58
204	杭州铁莹水晶工艺有限公司		606	浙江新凤鸣进出口有限公司	58
205	杭州恩普软件有限公司		607	杭州海悦家政服务有限公司	59
206	杭州天元信息技术有限公司		608	杭州郁金香石业有限公司	59
207	杭州伊顿施威特克电源有限公司(杭州施威特克电源有限公司)		609	杭州万灵机械工具有限公司	60
208	杭州大有科技发展有限公司		610	杭州日磁科技工业园产业开发有限公司	60
209	金蝶软件(中国)有限公司杭州分公司		611	杭州中森科技有限公司	60
210	杭州凡天制衣有限公司		612	杭州国信塑管有限公司	60
211	杭州长河缝纫机零件有限公司		613	杭州爱科电脑技术有限公司	61
212	杭州信雅达软件技术有限公司		614	杭州康强运动器材厂	61
213	杭州美丽微电子有限公司		615	杭州亚太医疗器械有限公司	61
214	杭州中科富电子有限公司		616	杭州浙大博康生物科技有限公司	61
215	杭州赛富特设备有限公司		617	开泰新材料(杭州)有限公司	62
216	杭州怡德数码技术有限公司		618	浙江南天通讯技术发展有限公司	62
217	杭州恒生数字设备科技有限公司		619	爱堤兰信息技术(杭州)有限公司	62
218	杭州路达车辆配件有限公司		620	杭州龙安科技有限公司(原贝思特科技)	62
219	杭州永利摩托车有限公司		621	杭州益展软件有限公司	62

序号	企业名称	职工人数
220	新思软件(杭州)有限公司	62
221	二六三网络通信股份有限公司杭州研发分公司	63
222	纬创软件(杭州)有限公司	64
223	杭州友好医学检验中心有限公司	64
224	杭州茂源车业有限公司	65
225	杭州时代银通软件有限公司	66
226	杭州浩宇科技有限公司	66
227	优能通信科技(杭州)有限公司	66
228	北京中搜网络技术有限公司杭州分公司	67
229	浙江连连科技有限公司	67
230	华冠科技(浙江)有限公司	68
231	浙江万轮车业集团有限公司	68
232	杭州高新后勤服务有限公司	69
233	杭州浦沿电镀厂	69
234	亚光(杭州)科技开发有限公司	70
235	杭州高特电子设备有限公司	70
236	浙江岚盾商品混凝土工程有限公司	70
237	杭州长河商品混凝土厂	70
238	浙江杭康海洋生物药业股份有限公司	73
239	杭州宏翔建筑材料有限公司	74
240	爱恩进生物技术(杭州)有限公司	74
241	杭州华新机电工程有限公司	74

序号	企业名称	职工人数
622	杭州长河通信技术有限公司	
623	杭州银硐化工有限公司	
624	普利建筑科技(杭州)有限公司	
625	杭州商易软件有限公司	
626	杭州中信泰和数码科技有限公司	
627	杭州万思计算机技术开发有限公司	
628	杭州侨新科技有限公司	
629	浙江大学微系统有限公司	
630	浙江成功软件开发有限公司	
631	杭州阴工五金有限公司	
632	杭州长龙化工有限公司	
633	杭州鸿运照明电器工程有限公司	
634	深圳市特发发展中心物业管理有限公司杭州分公司	
635	杭州现代建筑科技六开发公司	
636	杭州亿邦通信科技有限公司	
637	杭州人文数码科技有限公司	
638	杭州振兴石化有限公司	
639	杭州五源材料发展有限公司	
640	浙江大学计算机应用与软件工程技术中心有限公司	
641	浙江大华信息技术股份有限公司	
642	浙江大学森恩浦信息科技有限公司	
643	杭州科盟希科技有限公司	

序号	企业名称	职工人数
242	杭州高翔管桩有限公司	74
243	杭州核新软件技术有限公司	75
244	鹤翔（杭州）软件有限公司	75
245	杭州迪安医疗控股股份有限公司	75
246	杭州明蕾制衣厂	75
247	杭州长翼纺织机械有限公司	75
248	浙江中南建设集团钢结构有限公司	75
249	杭州国芯科技有限公司	76
250	杭州西湖缝制设备配件有限公司	77
251	浙江协同数据系统有限公司	77
252	杭州天地数码科技有限公司	78
253	浙江浙大网新科技股份有限公司	78
254	浙江中控电子技术有限公司	78
255	杭州发长河电机有限公司	78
256	杭州土兰士光电技术有限公司	78
257	浙江网新富士科技有限公司	78
258	杭州西陵机电制造有限公司	79
259		79
260	艾斯弧（杭州）建筑规划设计咨询有限公司	81
261	杭州铁三角科技有限公司	81
262	杭州中南钢结构有限公司	82
263	杭州华立坚固混凝土有限公司	82
264	东星软件（杭州）有限公司	83

序号	企业名称	职工人数
644	杭州迈捷信息技术有限公司	
645	杭州方德信息技术有限公司	
646	浙江兆信防伪技术有限公司	
647	杭州华立信息网络技术有限公司	
648	浙江中程兴达科技有限公司	
649	东捷资讯（杭州）有限公司	
650	浙江协信科技有限公司	
651	杭州三利软件有限公司	
652	杭州洪信软件工程技术有限公司	
653	杭州奥利金井行计算技术有限公司	
654	杭州浙大金科电脑有限公司	
655	杭州中南电子有限公司	
656	杭州浙大求是电子材料科技有限公司	
657	杭州维尔通信技术有限公司	
658	杭州华特移动通讯有限公司	
659	杭州藤普科技有限公司	
660	杭州立方自动化工程有限公司	
661	杭州超艺数码技术开发有限公司	
662	杭州恒雅讯科技有限公司（原杭州达讯科技有限公司）	
663	杭州博科自动化技术有限公司（原杭州博科工业自动化控制有限公司）	
664	杭州华立技术开发有限公司	
665	浙大网新科技园发展有限公司	
666	浙江浙大网新恒宇软件	

序号	企业名称	职工人数	序号	企业名称	职工人数
265	杭州中软安人网络通信有限公司	83	667	杭州双元阿奇帕光学有限公司	
266	杭州万泰认证有限公司	83	668	杭州安信电子工程有限公司	
267	杭州网新超图地理信息技术有限公司	83	669	科技创业服务中心	
268	杭州绿能环保发电有限公司	83	670	浙江华立电子有限公司	
269	杭州唯蕲薪食品有限公司	83	671	杭州路先非织股份有限公司	
270	浙江用友软件有限公司	84	672	杭州天松创业投资有限公司	
271	浙江飞虎通信器材有限公司	84	673	杭州绿州智能网络有限公司	
272	浙江卓信科技股份有限公司	86	674	杭州晶达电子技术有限公司	
273	浙江浙大网新互联网信息技术有限公司	86	675	杭州深思天地计算机技术有限公司	
274	杭州明源服装有限公司	86	676	浙江浙大网新科技园发展有限公司	
275	杭州长河农化有限公司	86	677	浙江华立通信技术有限公司	
276	杭州三汇信息工程有限公司	87	678	杭州五维多媒体网络技术有限公司	
277	浙江天皇药业有限公司	87	679	杭州中元电子有限公司	
278	杭州有利旅游制品有限公司	87	680	杭州山虎软件技术有限公司	
279	杭州银江电子有限公司	87	681	杭州华章微电子有限公司	
280	杭州华为通信技术有限公司	88	682	日东电线工业（杭州）有限公司	
281	杭州浴宝电器有限公司	89	683	杭州华鼎数码科技有限公司	
282	杭州浙大双元新科技开发有限公司	89	684	杭州三拓网络信息有限公司	
283	杭州江南造纸机械有限公司	90	685	杭州华峰自动化系统有限公司	
284	杭州广域软件有限公司	90	686	丹尼（杭州）科技有限公司	
285	杭州华星创业通信技术有限公司	90	687	杭州三泰能源工程有限公司	
286	浙江浙大中自集成控制股份有限公司	91	688	浙江广源信息网络有限公司	
287	杭州西兴联运输队	92	689	杭州星辉视频技术有限公司	
288	杭州迪佛通信股份有限公司	93	690	杭州先创科技有限公司	
289	浙江华立国际发展有限公司	94	691	杭州合核生物化工技术开发有限公司	

序号	企业名称	职工人数	序号	企业名称	职工人数
290	聚光科技（杭州）有限公司		692	杭州豪和智能控制有限公司	95
291	杭州新世纪信息技术有限公司		693	杭州星普基因信息技术有限公司	98
292	杭州高达软件系统有限公司		694	润亿网络科技（杭州）有限公司	98
293	杭州贝尔通讯系统有限公司		695	浙江华立进出口有限公司	99
294	杭州华电华源环境工程有限公司		696	杭州浙大现代教育科技有限公司	99
295	杭州利尔达科技有限公司		697	杭州银河通信技术有限公司	100
296	杭州长兴车架有限公司		698	杭州金海建筑技术有限公司	100
297	杭州伟华皮业有限公司		699	浙江聚恒房地产销售策划有限公司	100
298	杭州中旭金属制品有限公司		700	浙江大学求是经济技术咨询有限公司	100
299	浙江中控软件技术有限公司		701	杭州商务兴地产交易网络有限公司	102
300	杭州利土包装有限公司		702	杭州钱江城发展有限公司	102
301	杭州德意万向节有限公司		703	杭州伊格尔电子有限公司	103
302	浙江广源网络传媒有限公司		704	普创建筑科技（杭州）有限公司	105
303	杭州志达光电有限公司		705	杭州新视通信技术有限公司	105
304	杭州江南管桩有限公司		706	杭州博创电子设备有限公司	105
305	浙江大学蓝天环保设备工程有限公司		707	北京时代科技股份有限公司杭州分公司	106
306	杭州高新技术产业开发区科技创业服务中心		708	杭州奥威计算机技术开发有限公司	106
307	杭州友利（杭州）橡塑制品有限公司		709	浙江大学博学信息科技服务有限公司	106
308	虹软（杭州）多媒体信息技术有限公司		710	杭州瑛兴电子有限公司	107
309	杭州信雅达科技有限公司		711	杭州迪安基因技术有限公司	107
310	杭州世导科技有限公司		712	世导网络科技（杭州）有限公司	113
311	杭州康达通信设备有限公司		713	杭州恒生洲际软件有限公司	113
312	杭州江南丝绸集团有限公司		714	杭州孚立计算机软件开发有限公司	114
313	杭州东方通信城有限公司		715	杭州原华科技开发有限公司	114
314	杭州精工技研有限公司		716	杭州莲花信息技术有限公司	114

序号	企业名称	职工人数	序号	企业名称	职工人数
315	杭州东信实业有限公司	115	717	杭州天佳信息科技发展有限公司	
316	博世包装技术(杭州)有限公司	116	718	杭州华力电子电脑有限公司	
317	杭州开源电脑技术有限公司	116	719	浙江信嘉诺通信技术有限公司	
318	杭州杭鑫电子工业有限公司	117	720	杭州乐美化工有限公司	
319	杭州荣泰电气有限公司	118	721	杭州协同数码技术有限公司	
320	杭州康恩贝恩豆制药有限公司	119	722	杭州博科思科科技有限公司	
321	杭州阿尔卡特通讯系统有限公司	120	723	浙江大学求是数码科技有限公司	
322	浙江吉利控股集团汽车销售有限公司	121	724	杭州汉高信息科技有限公司	
323	杭州通宇电器	122	725	杭州莱姆达光电子技术有限公司	
324	杭州正华电子科技有限公司	123	726	杭州一碳化工研究所有限公司	
325	杭州滨江冷拉型钢有限公司	123	727	浙江安信新型建材开发有限公司	
326	浙江新恩普软件有限公司	126	728	杭州创知信息科技有限公司	
327	杭州华源豆制品有限公司	128	729	杭州泛太石油设备科技有限公司	
328	浙江贝因美科工贸股份有限公司	129	730	杭州三禾化工科技有限公司	
329	NEC软件系统科技(杭州)有限公司	129	731	杭州天辣节能工程有限公司	
330	杭州彩通网络技术有限公司	130	732	杭州培基通信技术有限公司	
331	浙江蓝天求是环保集团有限公司	131	733	杭州度方城市经营顾问有限公司	
332	杭州美时丽制衣有限公司	131	734	杭州华隆电子技术有限公司	
333	浙江吉利控股集团有限公司	132	735	杭州高新工业控制IS脑有限公司	
334	杭州宏华数码科技股份有限公司	135	736	杭州和润电子科技有限公司	
335	浙江亚星染纱有限公司	136	737	杭州亚大通讯科技有限公司	
336	浙江大学快威科技有限公司集团公司	138	738	北京大恒创新技术有限公司杭州分公司	
337	杭州通灵光通信化系统有限公司	139	739	杭州奈特电子技术有限公司	
338	风驰氪达光通信(杭州)有限公司	141	740	杭州五环通信(杭州)有限公司	
339	浙江省絮江水泥有限公司	144	741	杭州路达平业有限公司	

序号	企业名称	职工人数	序号	企业名称	职工人数
340	杭州菱日科技有限公司	145	742	杭州建业造价工程师事务所有限公司	
341	杭州（火炬）西斗门膜工业有限公司	146	743	杭州西兴轻包装材料厂	
342	杭州兴耀建设集团有限公司	146	744	杭州兴耀金属制品有限公司	
343	杭州久积科技实业有限公司	147	745	杭州艾赛网络科技园	
344	杭州金盛钱江包装容器有限公司（原杭州钱江金属制品有限公司）	148	746	杭州雪松包装品有限公司	
345	杭州华隆信息技术有限公司	149	747	杭州永固塑胶材料有限公司	
346	浙江浙大中控信息技术有限公司	150	748	杭州洽水通信工业园开发有限公司	
347	杭州万事利漂染有限公司	150	749	浙江国昌建设集团有限公司	
348	浙江大学网络信息系统有限公司	150	750	杭州中南钢造构厂	
349	浙江江南印染有限公司	152	751	杭州祥和金属制品有限公司	
350	浙江西安交大龙山软件有限公司	154	752	杭州长河标准件拉丝厂	
351	日东精密电子（杭州）有限公司	158	753	杭州雷格电气科技有限公司	
352	杭州海康威视数字技术有限公司	159	754	杭州长河砖瓦有限公司	
353	杭州万轮自行车总装有限公司	159	755	杭州南详制冰厂	
354	浙江威陵金属集团有限公司	161	756	杭州三峰金刚石工具厂	
355	中程博日科技有限公司	162	757	杭州业门机械有限公司	
356	杭州博日科技（杭州）有限公司	162	758	杭州兆基华工有限公司	
357	灵川软件系统（杭州）科技有限公司	163	759	杭州明月彩印厂	
358	虹软（杭州）科技有限公司	165	760	杭州宏翔建筑材料厂	
359	杭州支付宝网络科技有限公司	166	761	杭州繁江汽车空调有限公司	
360	杭州东信冠群软件有限公司	168	762	杭州铁通运输有限公司	
361	杭州先锋电子技术有限公司	171	763	杭州万轮自行车轴皮有限公司	
362	浙江春风织造有限公司	171	764	杭州金盛金属制品有限公司	
363	合隆科技（杭州）有限公司	173	765	杭州繁江装潢灯饰厂	

序号	企业名称	职工人数
364	杭州和源精密工具有限公司	175
365	浙江威陵实业股份有限公司	175
366	杭州来氏铝业有限公司	177
367	淘宝(中国)软件有限公司	178
368	杭州东信网络技术有限公司	180
369	杭州浙大中控自动化仪表有限公司	181
370	杭州波导导航软件有限公司	183
371	杭州萧湘颜料化工有限公司	185
372	杭州九源基因工程有限公司	192
373	杭州东兴管桩有限公司	194
374	杭州海纳半导体有限公司	200
375	杭州潇汕皮件有限公司	200
376	杭州龙禧大酒店有限公司	206
377	浙江浙大网新机电工程有限公司	210
378	杭州中恒电气股份有限公司	216
379	杭州东部软件园股份有限公司	227
380	浙江网盛科技股份有限公司	230
381	杭州威陵钢家具有限公司	238
382	杭州钱江彩色印务有限公司	242
383	塔塔信息技术(上海)有限公司	247
384	浙江盛宏服装有限公司	249
385	杭州南郑化学有限公司	249
386	标准工业集团杭州机械有限公司	263
387	浙江三维通信股份有限公司	266
388	杭州兆丰电池有限公司	266

序号	企业名称	职工人数
766	杭州江南曲轴厂	
767	杭州钱江塑料容器有限公司	
768	杭州浙大海纳科技股份有限公司	
769	杭州滨江稻花油脂有限公司	
770	杭州浦沿东新量具五金厂	
771	杭州金针量具五金厂	
772	杭州山联五金	
773	杭州露王娜电器有限公司	
774	杭州顶尖光学有限公司	
775	杭州祥龙曲轴铸造有限公司	
776	杭州允上工具有限公司	
777	杭州天信建设工程有限公司	
778	杭州丰氏铝业有限公司	
779	杭州浦沿起重安装有限公司	
780	杭州远见智能数字设备有限公司	
781	杭州市建筑工程公司滨江分公司	
782	杭州锦锋五金工具厂	
783	杭州祖乔车业有限公司	
784	杭州凌云轴业有限公司	
785	杭州万佳化工原料有限公司	
786	杭州中纺网络技术有限公司	
787	杭州中化网络技术有限公司	
788	杭州精售电子工程有限公司	
789	杭州浙大什维地理科技有限公司	
790		

序号	企业名称	职工人数	序号	企业名称	职工人数
389	杭州信雅达系统工程股份有限公司	266	791	悉雅特楼宇自控（杭州）有限公司	
390	浙江海康信息技术股份有限公司	267	792	杭州浙大天元科技有限公司	
391	浙江华立科技股份有限公司	272	793	杭州中大感应机电工业有限公司	
392	杭州瑞裕实业有限公司	273	794	杭州埃迪斯软件开发有限公司	
393	杭州新中大软件股份有限公司	276	795	浙江大学科技园发展有限公司	
394	杭州大自然光电科技股份有限公司	279	796	杭州蓝通科技有限公司	
395	杭州萧宏建设集团有限公司	289	797	杭州康明电子设备有限公司	
396	杭州伟蓝机械设备有限公司	292	798	杭州嘉毅软件咨询有限公司	
397	网迅（中国）软件有限公司杭州分公司	296	799	浙江大学普华医药科技有限公司	
398	杭州杭星汽车空调制造有限公司	304	800	杭州容立医药科技有限公司	
399	杭州柳莺实业有限公司	312	801	杭州源思商用网络软件有限公司	
400	浙江苏泊尔家电制造有限公司	318	802	杭州瑞凡化工有限公司	
401	杭州东信北邮信息技术有限公司	319	803	浙江浙大网新电子信息有限公司	
402	杭州江南曲轴有限公司	326			

知识管理与组织学习互动关系及其对核心竞争力的影响问卷调查：数据汇总（技术知识特性部分）

产业	销售	题 1	题 2	题 3	题 4	题 5	题 6	题 7	题 8	题 9	题 10	题 11	题 12	题 13	题 14	题 15	题 16	题 17	题 18	题 19	题 20	题 21
3	2	4	3	5	4	5	4	4	5	5	5	4	4	5	4	4	5	5	4	4	5	5
3	2	4	4	4	4	4	4	5	4	4	5	5	5	4	4	4	5	5	4	5	5	5
2	2	5	5	5	4	4	5	5	5	5	5	5	4	5	4	4	5	5	4	4	5	5
5	2	4	4	5	4	5	5	5	5	5	4	4	4	4	4	4	5	5	4	4	5	5
3	2	4	4	5	4	5	5	3	4	5	3	4	4	5	4	5	5	5	4	4	5	5
5	2	4	4	5	4	4	5	4	4	4	4	5	5	5	4	4	5	5	5	5	5	4
5	2	4	4	5	3	2	4	5	5	4	5	4	4	4	4	5	5	4	4	5	5	4
3	2	4	5	5	4	5	5	5	5	5	4	5	4	5	4	4	5	5	4	4	5	5
1	2	4	4	5	4	5	5	5	4	5	5	5	4	5	4	4	5	5	4	4	5	5
2	2	4	5	4	4	5	4	4	5	5	3	4	4	5	4	4	4	5	4	5	5	5
2	2	4	4	5	4	5	4	4	3	3	5	5	4	5	4	4	5	5	4	4	4	5
1	2	4	4	5	4	5	5	5	5	5	5	5	4	5	4	4	5	5	4	4	5	5
2	2	4	4	5	5	5	5	5	5	4	4	4	5	5	4	5	5	5	5	5	5	5
3	2	4	4	4	5	3	4	4	4	5	5	5	5	5	4	5	5	4	4	3	5	5
3	2	5	3	4	3	5	4	4	3	3	3	3	5	4	5	3	4	5	5	5	5	4
4	2	5	5	5	5	4	4	5	5	5	5	5	4	3	5	5	5	4	5	5	5	5
5	2	5	5	4	3	3	4	4	4	4	4	3	4	4	3	5	4	5	4	5	4	4
5	2	5	4	4	4	5	4	4	5	5	5	5	3	5	5	5	4	4	5	5	4	5
3	2	4	5	5	5	5	4	5	4	4	4	4	5	4	5	5	5	5	4	4	4	4
2	2	4	5	5	4	5	5	5	5	4	5	5	5	5	4	4	5	4	4	5	5	5
2	2	4	4	5	4	5	5	5	5	4	5	5	5	5	4	5	5	5	5	5	5	4
3	2	4	5	4	5	5	3	4	5	5	5	3	5	5	4	4	4	3	5	5	4	3

产业	销售	题1	题2	题3	题4	题5	题6	题7	题8	题9	题10	题11	题12	题13	题14	题15	题16	题17	题18	题19	题20	题21
5	2	4	4	5	5	4	4	5	5	5	5	3	2	4	3	4	5	5	3	4	5	5
5	2	3	4	5	4	4	4	3	3	4	4	4	3	5	4	4	5	4	4	4	5	4
3	2	4	4	5	2	4	4	5	5	5	4	4	5	5	4	4	4	3	4	4	4	3
3	1	3	4	5	4	4	5	5	4	3	4	5	2	5	5	4	4	4	5	5	4	4
3	1	5	4	4	3	4	5	4	3	4	4	5	4	4	4	5	4	4	4	5	5	4
5	2	4	3	5	4	4	4	5	4	5	4	4	4	5	4	5	5	4	4	4	5	5
5	2	4	3	3	4	3	4	4	5	4	4	5	3	5	3	5	5	5	4	4	5	5
2	2	4	4	4	3	4	4	5	4	4	3	5	4	3	4	4	4	4	3	4	4	5
2	2	4	4	5	4	4	5	5	4	4	4	5	4	5	4	4	4	4	4	4	5	4
5	2	4	5	5	3	4	5	5	5	5	5	5	4	5	4	4	4	4	4	4	5	5
5	2	4	4	4	4	4	5	5	2	3	3	4	3	5	3	3	5	4	5	4	4	4
2	2	4	4	5	4	4	4	5	3	3	4	4	4	5	4	4	4	4	4	4	3	4
1	2	4	3	5	4	4	1	5	4	4	5	5	4	5	4	4	5	4	4	5	5	4
1	1	4	3	5	4	5	3	3	5	4	3	2	5	5	3	3	5	4	5	5	5	4
5	2	5	4	5	5	4	4	4	2	5	3	5	4	3	3	4	5	3	5	5	5	3
4	2	4	4	5	4	5	4	4	4	4	3	5	5	5	4	3	5	4	3	4	4	5
4	2	5	4	3	4	5	4	5	5	4	4	5	4	5	4	4	5	5	4	5	3	5
5	2	5	4	5	4	4	4	4	5	5	5	5	5	5	4	3	5	3	5	3	4	3
5	2	4	4	4	4	3	3	4	4	4	5	4	4	5	4	4	3	4	3	4	5	4
2	2	3	4	5	4	5	3	4	5	4	5	5	5	5	5	4	4	5	4	4	3	5
3	2	5	4	5	4	5	4	4	4	5	5	5	4	5	4	3	3	4	5	5	5	4
5	2	5	5	5	5	4	4	5	5	4	5	4	4	5	4	5	5	5	4	4	5	5
5	2	4	5	5	4	5	4	4	4	4	5	5	4	5	3	3	3	4	4	3	5	5
5	2	3	4	4	4	4	5	5	4	4	4	4	5	3	3	4	4	5	3	3	4	5

289

变量	R1	R2	R3	R4	R5	R6	R7	R8	R9	R10	R11	R12	R13	R14	R15	R16	R17	R18	R19	R20	R21	R22	R23
题21	4	5	4	5	4	5	4	5	5	3	5	3	5	3	3	4	3	5	5	3	4	4	4
题20	4	4	4	4	5	4	5	4	3	5	3	5	3	4	4	4	5	5	4	5	4	4	4
题19	4	4	3	4	4	5	4	4	5	4	5	4	5	5	4	3	4	5	5	4	4	4	4
题18	3	4	4	2	3	4	4	5	5	4	4	5	5	4	4	3	4	5	5	4	4	3	4
题17	4	5	4	5	5	4	5	5	3	5	5	3	5	3	3	4	3	5	5	3	4	4	4
题16	4	4	4	4	5	4	5	5	3	5	5	3	5	3	4	4	5	4	5	4	4	4	4
题15	4	4	4	3	4	4	5	4	4	5	4	5	4	3	5	5	4	4	4	3	4	4	4
题14	3	4	4	2	3	4	5	5	4	4	4	3	3	4	5	5	4	4	3	4	4	3	4
题13	4	5	4	5	3	5	4	5	4	5	5	5	4	5	5	5	5	5	5	5	5	5	5
题12	4	4	3	4	3	4	5	4	4	5	4	3	4	4	5	5	4	4	5	4	4	4	5
题11	3	5	4	4	4	5	4	4	5	4	5	4	5	4	4	5	5	3	5	5	5	5	5
题10	3	5	5	5	4	5	4	5	5	4	5	5	3	3	5	4	5	3	5	5	5	4	5
题9	3	5	5	5	4	5	4	5	5	4	5	5	4	5	4	5	5	5	5	5	4	5	5
题8	3	5	5	3	5	4	4	4	5	3	4	4	3	5	5	4	5	5	4	5	4	5	5
题7	3	4	3	2	5	4	4	3	4	4	4	5	4	2	5	5	5	4	5	5	5	4	5
题6	3	4	4	4	5	5	3	4	5	5	4	3	3	4	5	5	5	4	5	5	5	4	5
题5	4	5	4	3	4	4	5	5	4	4	3	3	5	4	4	5	3	4	5	5	4	5	4
题4	4	4	4	2	3	4	3	4	3	3	4	4	5	4	5	5	4	4	4	5	4	5	4
题3	5	5	5	4	5	5	5	3	4	5	5	5	5	5	5	4	5	4	5	4	5	4	5
题2	4	4	4	4	5	4	5	5	3	5	4	4	4	4	3	4	3	4	4	4	4	3	4
题1	4	4	5	5	5	5	4	5	5	3	4	4	4	4	4	4	3	4	4	4	4	3	4
销售	2	2	2	2	2	1	2	2	2	2	1	2	2	2	1	2	2	1	2	1	2	1	1
产业	4	5	5	5	3	4	1	3	4	4	4	3	4	3	5	2	5	2	1	5	5	3	3

产业	销售	题1	题2	题3	题4	题5	题6	题7	题8	题9	题10	题11	题12	题13	题14	题15	题16	题17	题18	题19	题20	题21
3	2	3	2	4	4	4	5	5	5	4	5	4	3	5	5	4	5	4	5	4	5	4
3	2	4	3	5	4	4	5	5	5	5	4	5	4	5	4	4	4	5	4	4	4	5
5	2	4	4	5	4	4	5	5	4	4	5	5	5	5	3	4	5	5	4	4	5	5
5	2	4	4	5	4	4	4	4	4	4	5	4	4	5	3	3	5	4	3	3	5	5
3	2	4	5	5	4	3	4	4	4	4	5	4	3	5	4	3	4	4	3	3	4	4
5	2	5	5	5	5	4	4	5	4	4	4	4	3	5	4	4	4	4	4	4	4	4
5	2	4	5	4	5	4	1	5	3	3	4	5	3	5	5	4	5	3	4	4	4	4
5	2	5	4	5	5	5	5	5	5	5	4	3	3	4	4	5	4	5	5	5	5	3
2	1	3	5	5	4	3	4	4	3	3	5	4	3	5	4	4	4	4	4	4	4	5
6	1	5	4	5	2	5	4	5	5	5	5	5	4	4	3	3	5	5	3	3	4	4
5	2	4	4	5	5	4	3	5	4	4	3	4	2	5	5	5	5	5	5	5	5	5
5	2	5	5	4	5	5	4	4	4	5	5	1	4	3	4	4	4	3	4	4	5	5
5	2	4	3	5	4	4	5	5	5	5	5	4	2	5	4	3	5	5	4	3	4	3
3	3	5	4	5	4	5	5	5	5	4	5	4	4	5	4	5	5	5	4	4	5	5
3	3	4	4	5	4	4	5	5	5	4	5	4	5	4	4	4	5	5	4	5	5	5
3	3	4	4	5	4	4	4	3	5	5	3	5	4	5	4	4	5	5	4	4	5	5
5	3	4	4	5	4	5	5	4	4	5	4	5	4	5	4	4	5	5	4	4	5	5
3	3	4	4	5	3	3	4	5	4	4	5	4	5	5	5	5	5	4	4	4	5	5
5	3	4	5	5	4	4	5	5	5	5	5	4	4	5	4	4	5	4	5	5	5	5
5	3	4	4	5	4	4	5	5	5	5	5	5	4	5	4	4	5	5	4	4	5	4
3	3	4	4	5	3	4	5	5	4	5	4	4	4	5	4	4	5	4	4	5	5	4
3	3	4	4	5	4	4	4	5	5	4	5	4	4	5	4	5	5	5	4	5	5	5
3	3	4	5	5	4	4	5	5	4	5	5	5	4	5	4	4	5	5	4	4	5	4
3	3	4	4	5	3	4	5	5	5	5	5	5	4	5	4	4	5	5	4	4	5	5
3	3	4	4	5	4	4	5	5	4	4	4	4	4	5	4	4	5	5	4	4	5	5

产业	销售	题1	题2	题3	题4	题5	题6	题7	题8	题9	题10	题11	题12	题13	题14	题15	题16	题17	题18	题19	题20	题21
3	3	4	5	4	4	4	5	5	5	5	4	4	4	5	4	4	4	5	4	4	4	5
3	3	4	4	5	4	5	4	4	5	5	5	5	4	5	4	4	5	5	4	4	5	5
3	3	4	4	5	3	3	4	4	3	3	3	4	4	5	4	4	5	5	4	4	5	5
4	3	4	3	5	5	4	4	5	5	5	5	5	5	5	4	5	5	5	5	5	5	5
5	3	5	5	4	3	3	5	5	4	5	5	5	4	4	4	3	5	4	3	3	5	5
5	3	5	5	4	4	4	4	5	4	5	3	4	5	5	4	5	4	5	5	5	4	4
5	3	5	5	5	5	4	5	5	5	5	4	4	3	5	3	5	4	5	5	5	4	5
3	3	4	4	5	5	4	4	5	5	5	3	3	5	5	4	4	4	5	4	5	4	4
3	3	5	5	5	5	4	5	4	4	5	5	5	5	4	4	5	5	3	5	4	4	5
3	3	3	4	4	5	5	4	5	5	5	5	3	5	5	5	4	4	5	5	4	5	4
3	3	4	4	4	4	4	4	4	5	5	5	5	3	5	3	5	5	5	5	4	4	3
3	3	4	5	5	5	5	5	5	4	4	5	3	3	5	4	4	5	5	5	5	5	5
5	3	4	4	5	3	4	4	4	5	5	4	5	3	5	4	4	4	4	5	4	4	4
5	3	3	4	5	3	5	5	5	3	4	4	4	5	5	3	5	5	3	5	5	5	3
3	3	4	4	4	3	4	4	5	5	5	4	4	5	5	4	4	5	4	5	4	4	4
3	3	4	4	5	3	4	4	4	5	4	4	4	3	5	4	5	4	4	4	5	5	4
5	3	4	4	5	4	4	5	5	4	4	4	5	4	5	5	4	5	5	5	4	5	5
5	3	3	3	5	3	5	5	4	5	5	4	5	4	5	4	4	5	4	4	4	5	5
3	3	3	3	3	3	3	4	4	3	3	4	4	4	3	3	4	5	5	3	3	5	4
3	3	5	3	4	5	4	5	5	5	4	5	4	4	5	4	4	5	5	4	4	4	5
5	3	4	4	5	4	5	5	5	3	3	3	4	4	5	4	3	5	5	4	3	3	4
5	3	4	5	5	5	5	5	5	3	4	5	4	4	5	4	4	5	5	4	4	5	5
3	3	4	5	4	4	4	5	5	3	4	3	4	3	5	3	3	3	4	3	3	3	4
3	3	4	4	5	4	4	5	5	4	4	4	4	4	5	4	4	4	4	4	4	4	4

产业	销售	题1	题2	题3	题4	题5	题6	题7	题8	题9	题10	题11	题12	题13	题14	题15	题16	题17	题18	题19	题20	题21
3	3	4	3	5	4	5	5	5	4	4	5	5	4	5	4	4	5	4	4	4	5	4
5	3	4	3	5	4	5	4	5	5	4	3	3	4	4	4	5	4	5	4	5	4	5
4	3	5	4	5	3	5	3	5	3	3	4	5	3	5	3	4	5	4	3	4	5	4
4	3	4	3	4	4	4	3	3	4	3	3	4	5	5	3	4	5	3	3	4	5	3
5	3	5	4	5	3	5	4	4	4	5	5	5	4	5	4	5	5	5	4	4	5	5
5	3	5	4	3	5	4	4	5	4	3	3	4	5	4	5	3	4	5	5	5	4	5
3	3	4	4	5	5	5	3	4	4	4	4	5	4	5	3	4	3	3	3	3	3	3
3	3	3	4	3	4	3	3	4	4	4	5	5	4	5	4	4	4	4	4	4	4	4
5	3	5	4	5	3	5	4	5	5	5	5	4	5	5	5	4	4	5	4	4	5	5
5	3	5	5	5	5	4	5	3	5	5	5	4	5	3	5	3	3	4	5	4	3	4
5	3	4	4	5	4	5	3	4	4	4	4	4	4	4	3	4	4	5	4	4	5	5
4	3	3	4	5	5	5	4	5	4	3	3	5	5	5	4	4	3	5	4	3	4	4
5	3	4	4	5	5	4	4	4	4	5	5	5	4	5	4	4	4	5	4	4	4	5
5	3	4	4	5	4	4	4	4	4	4	4	4	4	4	3	4	4	5	4	4	4	5
3	3	5	4	4	3	4	5	3	3	5	5	5	3	5	3	3	5	5	3	3	4	4
4	3	5	4	5	3	3	4	5	5	5	4	4	4	4	3	4	5	4	3	4	4	5
3	3	4	5	5	4	4	3	4	3	4	5	4	5	4	4	5	5	5	4	4	5	4
3	3	5	4	3	4	3	4	3	5	5	5	5	4	5	4	5	5	5	4	4	5	5
4	3	5	5	4	4	4	4	4	4	4	5	4	5	4	5	5	4	5	4	5	5	5
4	3	5	4	4	3	5	4	4	4	5	5	5	5	5	5	5	3	5	5	5	4	5
4	3	4	5	4	3	5	4	3	4	4	5	5	4	4	4	5	5	5	4	4	3	5
3	3	5	4	4	5	5	4	4	5	5	5	5	5	5	5	5	5	5	5	5	5	5
4	3	3	3	5	4	4	5	4	4	4	4	4	3	5	4	4	3	3	4	4	3	3

产业	销售	题1	题2	题3	题4	题5	题6	题7	题8	题9	题10	题11	题12	题13	题14	题15	题16	题17	题18	题19	题20	题21
3	3	4	5	5	4	4	5	4	3	4	5	4	4	5	4	5	5	5	4	5	5	5
5	3	4	4	5	4	4	4	4	4	4	5	5	4	5	4	4	3	3	4	4	3	3
3	3	4	4	5	4	4	3	5	4	5	3	4	4	5	3	4	4	3	3	4	4	3
3	3	4	4	5	4	3	3	4	3	3	3	4	4	4	3	3	4	4	3	3	4	4
5	3	4	4	5	5	3	4	3	4	4	3	5	5	5	4	4	4	3	5	5	4	3
3	3	4	4	5	5	4	5	5	5	5	5	5	5	5	5	5	5	5	5	5	5	5
3	3	4	3	5	4	3	5	5	5	4	4	3	5	5	4	4	4	4	4	4	5	5
3	3	3	4	4	4	4	4	5	3	5	3	5	5	5	4	4	5	3	4	4	4	3
3	3	4	4	5	5	4	5	5	5	4	5	4	5	5	5	4	4	4	3	4	5	4
5	3	4	3	4	3	4	5	5	5	5	5	4	5	5	4	5	5	5	4	4	5	4
3	3	3	3	5	4	4	5	5	5	5	4	4	5	5	4	4	4	5	4	4	4	4
3	3	4	4	5	4	4	4	5	4	5	5	5	5	5	5	4	5	5	4	4	5	4
3	3	4	3	4	3	4	5	5	5	4	5	4	5	5	3	5	5	5	4	3	4	5
5	3	4	3	5	4	4	4	5	5	5	5	4	5	4	3	4	5	5	5	3	5	5
3	3	5	5	5	5	4	4	5	5	3	5	4	5	5	3	5	5	5	5	3	4	5
5	3	4	5	5	4	4	4	5	5	5	4	5	5	4	4	5	5	5	5	5	5	4
5	3	5	5	5	4	4	4	4	5	3	4	4	5	5	3	4	4	5	5	5	5	4
3	3	4	4	5	3	3	3	5	5	4	4	4	3	5	4	3	5	4	3	4	4	4
6	3	5	5	5	5	5	4	5	5	4	5	5	4	5	4	5	5	5	5	3	5	5
5	3	4	4	5	4	4	4	5	4	5	5	4	3	3	4	4	4	5	4	5	5	5
5	3	5	5	5	5	4	3	5	4	5	3	4	3	5	4	3	4	3	3	3	4	3

产业	销售	题1	题2	题3	题4	题5	题6	题7	题8	题9	题10	题11	题12	题13	题14	题15	题16	题17	题18	题19	题20	题21
3	2	4	3	4	4	4	4	4	4	4	4	4	4	4	4	4	4	4	4	4	4	4
3	2	4	4	4	4	4	4	4	4	4	4	4	4	4	4	4	4	4	4	4	4	4
2	2	4	4	4	4	4	4	4	4	4	4	4	4	4	4	4	4	4	4	4	4	4
4	2	4	4	4	4	4	4	4	4	4	4	4	4	4	4	4	4	4	4	4	4	4
3	2	4	4	4	4	4	4	4	4	4	4	4	4	4	4	4	4	4	4	4	4	4
4	2	4	4	4	4	4	4	4	4	4	3	4	4	4	4	4	4	4	4	4	4	4
4	2	4	4	4	4	4	4	4	4	4	4	4	4	4	4	4	4	4	4	4	4	4
3	2	4	4	4	3	2	4	3	4	4	4	4	4	4	4	4	4	4	4	4	4	4
1	2	4	4	4	4	4	4	4	4	4	4	4	4	4	4	4	4	4	4	4	4	4
2	2	4	4	4	3	4	4	4	4	4	4	4	4	4	4	4	4	4	4	4	4	4
1	2	4	4	4	4	4	4	4	4	4	4	4	4	4	4	4	4	4	4	4	4	4
3	2	4	4	4	4	4	4	4	4	3	3	4	4	4	4	4	4	4	4	4	4	4
3	2	4	4	4	3	3	4	4	3	4	4	4	4	4	4	4	4	4	4	4	4	4
4	3	4	4	4	3	3	4	4	4	4	3	4	4	4	3	4	4	4	4	4	4	4
4	3	4	3	4	4	4	4	4	4	4	4	4	4	4	4	4	4	4	4	3	4	4
4	2	4	4	4	4	4	4	4	4	4	4	4	4	4	4	4	4	4	4	4	4	4
3	2	4	4	4	4	4	4	4	4	4	3	3	4	3	4	4	4	4	4	4	4	4
2	2	4	4	4	4	4	4	4	4	4	4	3	3	4	4	4	4	4	4	4	4	4
2	2	4	4	4	4	4	4	4	4	4	4	4	4	4	4	4	4	4	4	4	4	4
2	2	4	4	4	4	4	4	4	4	4	3	4	4	4	4	4	4	4	4	4	4	3
3	2	4	4	4	4	4	4	4	4	4	4	4	4	4	4	4	4	3	4	4	4	4
4	2	4	4	4	4	4	4	4	4	4	4	3	2	4	3	4	4	4	3	4	4	4

产业	销售	题1	题2	题3	题4	题5	题6	题7	题8	题9	题10	题11	题12	题13	题14	题15	题16	题17	题18	题19	题20	题21
4	2	3	4	4	4	4	4	3	3	4	4	4	3	4	4	4	4	4	4	4	4	4
3	2	4	4	4	2	4	4	4	4	4	4	4	4	4	4	4	4	3	4	4	4	3
3	1	3	4	4	4	4	4	4	4	4	4	4	2	4	4	4	4	4	4	4	4	4
3	1	4	4	4	3	4	4	4	3	3	4	4	4	4	4	4	4	4	4	4	4	4
4	2	4	3	3	4	3	4	4	4	4	4	4	4	3	3	4	4	4	3	3	4	4
4	2	4	3	4	3	4	4	4	4	4	4	4	3	4	4	3	4	4	4	4	4	4
2	2	4	4	4	4	4	4	4	4	4	3	4	4	4	4	4	3	4	3	3	4	4
2	2	4	4	4	3	4	1	4	2	3	4	4	4	4	4	4	4	4	4	4	3	4
4	2	4	4	4	4	4	3	3	3	3	4	2	4	4	3	3	4	4	4	4	4	4
2	2	4	3	4	4	4	4	4	4	4	3	4	4	4	3	4	4	4	4	4	4	4
1	2	4	3	4	4	4	4	4	4	3	4	4	4	4	4	4	3	4	3	4	4	4
1	2	4	4	4	4	4	3	4	2	3	3	4	4	4	4	4	4	4	4	3	3	4
4	2	4	3	4	4	4	3	4	4	4	4	4	4	4	4	4	4	4	4	4	4	3
4	2	4	4	3	3	3	4	4	4	4	4	4	4	4	4	4	4	4	4	4	4	4
4	2	4	4	4	4	4	4	4	4	4	4	4	4	4	4	3	4	4	4	4	4	4
4	2	4	4	4	4	4	4	4	4	4	4	4	4	4	4	4	4	4	4	4	4	3
2	2	4	4	4	4	4	3	3	4	4	4	3	4	4	3	4	4	4	4	3	3	4
3	2	4	4	4	4	4	4	4	3	3	3	4	4	4	3	3	4	4	3	4	4	4
4	2	3	4	4	4	4	4	4	4	4	4	4	4	4	4	4	4	4	3	4	4	4
4	2	4	4	4	4	4	4	4	4	4	4	4	4	4	4	4	4	4	4	4	3	4
4	2	4	4	4	4	4	4	4	4	4	4	4	4	4	4	4	4	4	4	3	4	4
4	2	3	4	4	4	4	4	4	4	3	4	4	4	3	4	3	4	4	4	4	4	4
4	2	4	4	4	4	4	3	3	3	4	4	4	4	3	3	4	4	4	4	4	4	4

产业	销售	题1	题2	题3	题4	题5	题6	题7	题8	题9	题10	题11	题12	题13	题14	题15	题16	题17	题18	题19	题20	题21
4	2	4	4	4	4	4	4	4	4	4	4	4	4	4	4	4	4	4	4	4	4	4
4	2	4	4	4	4	4	4	3	4	4	4	4	3	4	4	4	4	4	4	4	4	4
4	2	4	4	4	2	4	4	4	3	4	4	4	4	3	2	3	4	2	3	3	4	4
3	2	4	4	4	3	3	4	2	4	4	4	4	3	3	3	4	4	3	4	4	4	4
4	2	4	4	4	4	4	4	4	4	4	4	4	4	4	4	4	4	4	4	4	4	4
1	2	4	4	4	3	4	3	4	4	4	4	4	4	4	4	4	4	4	4	4	4	4
3	2	4	4	3	4	4	4	3	4	4	4	4	4	4	4	4	4	4	4	4	4	4
4	2	4	4	4	4	4	4	4	4	4	4	4	4	4	4	4	3	4	4	3	3	3
4	2	4	4	4	4	4	4	4	4	4	4	4	4	4	4	4	4	4	4	4	4	4
4	2	4	4	4	4	4	4	4	4	4	4	4	4	4	4	4	4	4	4	4	4	4
3	2	4	4	4	4	4	4	4	4	4	4	4	3	4	4	4	3	3	3	3	3	3
4	1	3	3	4	4	4	4	4	4	3	3	4	4	3	3	3	3	3	3	4	4	4
3	2	4	4	4	4	4	3	4	3	3	4	4	4	3	3	4	3	3	3	4	3	3
4	2	4	4	4	4	4	3	2	3	4	4	4	4	3	3	4	3	3	4	4	4	4
2	2	4	4	4	4	4	4	4	3	4	4	4	4	4	4	4	4	4	4	4	4	3
3	1	4	4	4	4	4	4	4	4	4	4	4	4	4	4	4	4	4	4	4	4	4
4	1	4	4	4	4	4	4	4	4	4	4	4	4	4	4	4	4	4	4	4	4	3
2	2	4	4	4	4	4	4	4	4	4	4	4	4	4	3	4	3	4	4	4	4	4
3	2	4	4	4	4	3	4	4	3	3	3	4	4	4	3	4	4	3	4	4	4	3
1	1	3	4	4	4	4	4	4	4	4	4	3	4	3	3	4	4	4	4	4	4	4
4	2	4	4	4	4	4	4	4	4	4	4	4	4	4	4	4	4	4	4	4	4	4
4	2	4	4	4	4	4	4	4	4	4	4	4	4	4	4	4	4	4	4	4	4	4
3	1	3	3	4	3	3	4	4	3	3	3	3	4	3	3	4	4	3	3	4	4	3
3	1	4	4	4	4	4	4	4	4	4	4	4	4	4	4	4	4	4	4	4	4	4
3	2	3	2	4	4	4	4	4	4	4	4	4	3	4	4	4	4	4	4	4	4	4

产业	销售	题1	题2	题3	题4	题5	题6	题7	题8	题9	题10	题11	题12	题13	题14	题15	题16	题17	题18	题19	题20	题21
3	2	4	3	4	4	4	4	4	4	4	4	4	4	4	4	4	4	4	4	4	4	4
4	2	4	4	4	4	4	4	4	4	4	4	4	4	4	4	4	4	4	4	4	4	4
4	2	4	4	4	4	4	4	4	4	4	4	4	4	4	3	3	4	4	3	3	4	4
3	2	4	4	4	4	4	4	4	3	3	4	4	3	4	3	3	4	4	3	3	4	4
4	2	4	4	4	4	3	1	4	4	4	4	3	3	4	4	4	4	3	4	4	4	4
4	2	4	4	4	2	4	4	4	3	4	4	4	3	4	4	4	4	4	4	4	4	3
4	2	4	4	4	4	4	4	4	4	4	4	4	3	4	4	3	4	4	4	4	4	4
2	1	3	3	4	4	4	4	4	3	3	3	4	4	4	3	3	4	3	3	3	4	4
6	1	4	4	4	4	4	3	4	4	4	4	1	4	4	4	4	4	4	4	4	4	4
4	2	4	4	4	4	4	4	4	4	4	4	4	2	4	4	4	4	4	4	3	4	4
4	2	4	4	4	4	4	4	4	4	4	4	4	4	4	4	4	4	4	4	4	4	4
4	2	4	4	4	4	4	4	4	4	4	3	4	2	4	4	4	4	4	4	4	4	4
3	2	4	4	4	4	4	4	4	4	4	4	4	4	4	4	4	4	4	4	4	4	4
3	2	4	4	4	4	4	4	4	4	4	4	4	4	4	4	4	4	4	4	4	4	4
2	2	4	4	4	4	4	4	4	4	4	4	4	4	4	4	4	4	4	4	4	4	4
4	2	4	4	4	3	4	4	4	4	4	4	4	4	4	4	4	4	4	4	4	4	4
3	2	4	4	4	4	4	4	4	4	4	4	4	4	4	4	4	4	4	4	4	4	4
4	2	4	4	4	4	4	4	4	4	4	4	4	4	4	4	4	4	4	4	4	4	4
4	2	4	4	4	4	4	4	4	4	4	4	4	4	4	4	4	4	4	4	4	4	4
3	2	4	4	4	3	4	4	4	4	4	4	4	4	4	4	4	4	4	4	4	4	4
5	2	4	4	4	4	4	4	4	4	4	4	4	4	4	4	4	4	4	4	4	4	4
2	2	4	4	4	4	4	4	4	4	4	4	4	4	4	4	4	4	4	4	4	4	4
2	3	4	4	4	3	4	4	4	4	4	4	4	4	4	4	4	4	4	4	4	4	4
5	2	4	4	4	4	4	4	4	4	4	4	4	4	4	4	4	4	4	4	4	4	4
2	2	4	4	4	4	4	4	4	4	4	4	4	4	4	4	4	4	4	4	4	4	4

产业	销售	题1	题2	题3	题4	题5	题6	题7	题8	题9	题10	题11	题12	题13	题14	题15	题16	题17	题18	题19	题20	题21
3	2	4	4	4	4	4	4	4	4	4	4	4	4	4	4	4	4	4	4	4	4	4
3	2	4	4	4	3	3	4	4	3	3	3	4	4	4	4	4	4	4	4	4	4	4
4	2	4	3	4	4	4	4	4	4	4	4	4	4	4	4	4	4	4	4	4	4	4
4	3	4	4	4	3	3	4	4	4	4	4	4	4	4	3	4	4	4	3	4	4	4
4	3	4	4	4	4	4	4	4	4	4	3	4	4	4	4	4	4	4	4	4	4	4
4	3	4	4	4	4	4	4	4	4	4	4	4	4	4	4	4	4	4	4	4	4	4
3	2	4	4	4	4	4	4	4	4	4	4	3	3	3	3	3	4	3	4	4	4	4
2	2	4	4	4	4	4	4	4	4	4	4	4	4	4	4	4	4	4	4	4	4	4
2	2	4	4	4	2	4	4	3	4	4	4	3	2	4	4	4	4	3	4	4	4	3
2	2	3	4	4	3	4	4	4	4	4	4	4	3	4	3	4	4	4	4	4	4	4
3	2	3	4	4	4	4	4	4	4	4	4	4	2	4	4	4	4	4	4	4	4	3
4	2	4	4	4	4	4	4	4	4	4	4	4	4	4	4	4	4	4	4	4	4	4
4	2	4	4	4	4	4	4	4	3	4	4	4	3	4	4	4	4	4	4	4	4	4
3	3	3	4	3	3	3	4	4	4	3	3	4	4	4	3	4	4	4	4	4	4	4
3	3	3	3	4	4	4	4	4	4	4	4	4	4	4	4	4	4	4	4	4	4	4
4	2	4	4	4	4	4	4	4	4	4	4	4	3	4	4	4	4	4	3	4	4	4
4	2	4	3	4	4	4	4	4	4	4	4	4	4	4	4	4	4	4	4	4	4	4
2	2	4	3	4	3	4	4	4	2	3	3	4	3	3	3	3	4	3	3	3	3	4
2	2	4	4	4	4	4	4	4	3	4	4	4	4	4	4	4	4	4	4	4	4	4
4	2	4	4	4	4	4	4	4	4	4	3	4	4	4	4	4	4	4	4	4	4	4
4	2	4	4	4	4	4	4	4	2	3	4	4	3	4	4	4	3	4	4	3	3	4
2	2	4	4	4	4	4	4	4	3	4	4	4	4	4	4	4	4	4	4	4	4	4
5	2	4	4	4	4	4	4	4	4	4	4	4	4	4	4	4	4	4	4	4	4	4
5	2	4	3	4	4	4	4	4	4	4	4	4	4	4	4	4	4	4	4	4	4	4

产业	销售	题1	题2	题3	题4	题5	题6	题7	题8	题9	题10	题11	题12	题13	题14	题15	题16	题17	题18	题19	题20	题21
4	2	4	3	4	4	4	4	4	4	4	3	2	4	4	4	4	4	4	4	4	4	4
4	2	4	4	4	3	4	5	4	2	3	4	4	3	4	3	4	4	4	3	4	4	4
4	2	4	3	4	4	4	3	3	4	3	3	4	4	4	3	4	4	3	3	4	4	3
4	2	4	4	4	4	4	4	4	4	4	4	4	4	4	4	4	4	4	4	4	4	4
4	2	3	4	3	4	4	4	4	4	4	3	4	4	4	4	3	3	4	4	3	3	4
2	2	4	4	4	4	4	3	4	4	4	4	4	4	4	3	4	4	3	3	3	4	3
3	2	4	4	4	4	3	3	4	4	4	4	4	4	4	4	4	4	4	4	4	4	4
4	2	3	4	4	4	4	4	4	4	4	4	4	4	4	4	3	3	4	4	4	3	4
4	2	4	4	4	4	4	4	3	3	3	3	4	3	4	3	4	4	4	4	3	4	4
4	2	4	4	4	4	4	4	4	4	4	4	4	4	4	3	4	4	4	3	4	4	4
4	2	4	4	4	2	4	4	3	4	4	4	4	3	3	4	4	4	4	3	4	4	4
4	2	4	4	4	4	4	4	4	3	4	3	4	4	4	4	4	4	4	4	4	4	4
4	2	4	4	4	4	4	4	2	4	4	4	4	4	4	2	4	4	4	4	4	4	4
4	2	4	4	4	3	4	4	4	4	4	4	4	4	4	3	4	4	4	2	3	4	4
3	2	4	4	4	4	4	4	4	4	4	4	4	4	4	4	4	4	4	3	4	4	4
4	2	4	4	3	4	4	4	4	4	4	4	4	4	4	4	4	4	4	4	4	4	4
5	2	4	4	4	3	4	3	4	4	4	4	4	4	4	4	4	4	3	4	4	4	4
3	2	4	4	4	3	4	4	3	4	4	4	4	4	4	4	4	3	3	4	4	3	3
4	2	4	4	4	4	4	4	4	4	4	4	4	4	4	4	4	4	4	4	4	4	4
4	2	4	4	4	4	4	4	4	4	4	4	4	4	4	4	4	4	4	4	4	4	4
3	3	3	3	4	4	4	4	4	4	4	4	4	3	4	4	4	3	3	4	4	3	3
3	2	4	4	4	4	4	4	4	3	4	4	4	4	4	4	4	4	4	4	4	4	4

项目	R1	R2	R3	R4	R5	R6	R7	R8	R9	R10	R11	R12	R13	R14	R15	R16	R17	R18	R19	R20	R21	R22	R23	R24
产业	4	2	3	4	2	3	5	4	4	3	3	3	3	4	4	3	4	4	2	6	4	4	4	4
销售	2	2	3	3	2	2	2	3	2	3	3	2	2	2	2	2	2	2	3	3	2	2	2	2
题1	4	4	4	4	4	3	4	4	4	3	4	4	4	4	4	4	4	4	3	4	4	3	4	4
题2	4	4	4	4	4	3	4	3	4	2	3	4	4	4	4	4	4	4	4	4	4	4	4	4
题3	4	4	4	4	4	4	4	4	4	4	4	4	4	4	4	4	4	4	4	4	4	4	4	4
题4	4	4	4	4	4	4	4	4	4	4	3	4	4	4	4	4	4	4	2	4	4	4	4	4
题5	4	4	3	3	4	4	4	4	4	4	4	4	4	4	4	4	3	4	4	3	4	4	4	4
题6	4	3	3	4	4	4	4	4	4	4	4	4	4	4	4	4	5	4	4	4	4	3	4	4
题7	4	4	4	2	4	4	4	4	4	4	4	4	4	4	4	4	4	4	4	4	4	4	4	4
题8	4	4	3	3	4	4	4	4	3	4	4	4	4	4	4	4	3	4	3	4	4	4	4	4
题9	4	4	3	3	4	4	4	4	3	4	4	4	4	4	4	4	3	4	3	4	4	4	4	4
题10	4	4	3	3	4	4	4	4	3	4	4	4	4	4	4	4	4	4	4	4	4	3	4	3
题11	4	4	4	4	4	4	4	4	4	4	3	4	4	4	4	4	4	4	3	4	4	5	4	4
题12	4	4	4	4	4	4	4	4	4	4	4	3	4	4	3	3	3	3	3	4	2	4	2	4
题13	4	4	4	4	4	4	4	4	4	4	4	4	4	4	4	4	4	4	4	4	4	3	4	4
题14	4	3	3	4	4	4	4	4	3	4	4	4	4	4	3	4	4	4	4	4	3	4	4	4
题15	4	4	3	4	4	4	4	4	4	4	4	4	4	4	4	3	3	4	4	4	4	3	4	3
题16	3	4	4	4	4	4	4	4	4	4	4	4	4	4	4	4	4	4	4	4	4	4	4	4
题17	3	3	4	3	4	4	3	4	4	4	4	4	4	4	4	4	4	3	4	4	4	3	4	3
题18	4	3	3	4	4	4	4	4	3	4	4	4	4	4	3	3	4	4	3	4	4	3	4	4
题19	4	4	3	4	4	4	4	4	4	4	4	4	4	4	3	3	4	4	4	4	3	4	3	3
题20	3	4	4	4	4	4	4	4	4	4	4	4	4	4	4	4	4	4	4	4	4	4	4	4
题21	3	3	4	3	4	4	3	4	4	4	4	4	4	4	4	4	4	3	4	4	4	4	4	3

三、问卷调查统计处理过程数据(SPSS)

Frequencies

	tx1	tx2	tx3	tx4	tx5	tx6	tx7	tx8	tx9
N Valid	348	348	348	348	348	348	348	348	348
Missing	0	0	0	0	0	0	0	0	0
Mean	3.9626	3.9540	4.0086	4.0374	4.1178	4.1092	3.8420	3.8333	3.7816
Std. Deviation	0.68013	0.67748	0.69368	0.62723	0.62643	0.59258	0.59853	0.65381	0.73880
Variance	0.463	0.459	0.481	0.393	0.392	0.351	0.358	0.427	0.546
Minimum	1.00	2.00	2.00	2.00	2.00	3.00	2.00	2.00	1.00
Maximum	5.00	5.00	5.00	5.00	5.00	5.00	5.00	5.00	5.00

tx10	tx11	tx12	tx13	tx14	tx15	tx16	tx17	tx18	tx19	tx20	tx21
348	348	348	348	348	348	348	348	348	348	348	348
0	0	0	0	0	0	0	0	0	0	0	0
3.9397	4.1264	3.9655	3.8764	3.8707	4.1523	3.7845	3.7299	4.3690	3.7816	3.9339	4.0833
0.67421	0.54333	0.57715	0.53599	0.64683	0.59034	0.62797	0.64555	0.57365	0.57669	0.53543	0.76784
0.455	0.295	0.333	0.287	0.418	0.348	0.394	0.417	0.329	0.333	0.287	0.590
2.00	3.00	2.00	2.00	2.00	2.00	2.00	2.00	3.00	2.00	2.00	1.00
5.00	5.00	5.00	5.00	5.00	5.00	5.00	5.00	5.00	5.00	5.00	5.00

Correlation Matrix

Correlation	tx1	tx2	tx3	tx4	tx5	tx6	tx7	tx8	tx9	tx10	tx11	tx12	tx13	tx14	tx15	tx16	tx17	tx18	tx19	tx20	tx21
tx1	1.000	0.857	0.566	0.327	0.224	0.208	0.070	0.190	0.125	0.031	0.078	0.152	0.115	0.263	0.177	0.008	-0.001	0.155	0.056	0.164	0.160
tx2	0.857	1.000	0.606	0.357	0.214	0.226	0.103	0.214	0.210	0.088	0.121	0.152	0.113	0.275	0.290	-0.025	0.040	0.142	0.059	0.098	0.140
tx3	0.566	0.606	1.000	0.456	0.163	0.317	0.205	0.209	0.205	0.259	0.298	0.158	0.159	0.271	0.245	-0.022	0.044	0.264	0.006	0.040	0.380
tx4	0.327	0.357	0.456	1.000	0.591	0.431	0.255	0.207	0.090	0.159	0.155	0.118	0.186	0.244	0.307	0.052	0.018	0.179	0.034	0.120	0.193
tx5	0.224	0.214	0.163	0.591	1.000	0.602	0.007	-0.032	-0.025	0.048	0.233	0.070	0.189	0.124	0.230	0.050	-0.001	0.235	0.139	0.160	0.207
tx6	0.208	0.226	0.317	0.431	0.602	1.000	0.126	0.028	0.127	0.286	0.254	0.039	0.158	0.135	0.192	0.210	0.211	0.170	0.077	0.084	0.420
tx7	0.070	0.103	0.205	0.255	0.007	0.126	1.000	0.711	0.421	0.258	0.067	0.100	0.038	0.180	0.214	0.149	0.021	0.024	0.096	-0.064	0.158
tx8	0.190	0.214	0.209	0.207	-0.032	0.028	0.711	1.000	0.442	0.209	0.025	0.164	0.004	0.126	0.042	0.078	0.016	0.077	0.040	-0.113	0.107
tx9	0.125	0.210	0.205	0.090	-0.025	0.127	0.421	0.442	1.000	0.612	0.108	0.135	0.141	0.292	0.106	0.093	0.148	0.089	0.124	0.132	0.260
tx10	0.031	0.088	0.259	0.159	0.048	0.286	0.258	0.209	0.612	1.000	0.452	0.145	0.025	0.279	0.206	0.074	0.229	0.194	0.024	0.096	0.289
tx11	0.078	0.121	0.298	0.155	0.233	0.254	0.067	0.025	0.108	0.452	1.000	0.321	0.090	0.113	0.152	0.018	0.139	0.308	0.054	0.085	0.294
tx12	0.152	0.152	0.158	0.118	0.070	0.039	0.100	0.164	0.135	0.145	0.321	1.000	0.505	0.183	0.129	0.019	-0.001	0.215	0.128	0.322	0.256
tx13	0.115	0.113	0.159	0.186	0.189	0.158	0.038	0.004	0.141	0.025	0.090	0.505	1.000	0.336	0.307	-0.014	0.009	0.130	0.153	0.320	0.221
tx14	0.263	0.275	0.271	0.244	0.124	0.135	0.180	0.126	0.292	0.279	0.113	0.183	0.336	1.000	0.361	-0.032	0.162	0.128	0.136	0.135	0.222
tx15	0.177	0.290	0.245	0.307	0.230	0.192	0.214	0.042	0.106	0.206	0.152	0.129	0.307	0.361	1.000	0.047	-0.021	0.333	0.189	0.289	0.167
tx16	0.008	-0.025	-0.022	0.052	0.050	0.210	0.149	0.078	0.093	0.074	0.018	0.019	-0.014	-0.032	0.047	1.000	0.630	0.134	0.401	0.233	0.093
tx17	-0.001	0.040	0.044	0.018	-0.001	0.211	0.021	0.016	0.148	0.229	0.139	-0.001	0.009	0.162	-0.021	0.630	1.000	0.101	0.246	0.065	0.167
tx18	0.155	0.142	0.264	0.179	0.235	0.170	0.024	0.077	0.089	0.194	0.308	0.215	0.130	0.128	0.333	0.134	0.101	1.000	0.187	0.253	0.287
tx19	0.056	0.059	0.006	0.034	0.139	0.077	0.096	0.040	0.124	0.024	0.054	0.128	0.153	0.136	0.189	0.401	0.246	0.187	1.000	0.488	0.093
tx20	0.164	0.098	0.040	0.120	0.160	0.084	-0.064	-0.113	0.132	0.096	0.085	0.322	0.320	0.135	0.289	0.233	0.065	0.253	0.488	1.000	0.318
tx21	0.160	0.140	0.380	0.193	0.207	0.420	0.158	0.107	0.260	0.289	0.294	0.256	0.221	0.222	0.167	0.093	0.167	0.287	0.093	0.318	1.000

Total Variance Explained

Component	Initial Eigenvalues			Extraction Sums of Squared Loadings			Rotation Sums of Squared Loadings		
	Total	% of Variance	Cumulative %	Total	% of Variance	Cumulative %	Total	% of Variance	Cumulative %
1	4.752	22.626	22.626	4.752	22.626	22.626	3.334	15.875	15.875
2	2.162	10.294	32.920	2.162	10.294	32.920	2.608	12.417	27.291
3	2.103	10.013	42.933	2.103	10.013	42.933	2.570	12.237	40.529
4	1.655	7.881	50.814	1.655	7.881	50.814	2.160	10.285	50.814
5	1.533	7.301	57.115						
6	1.299	6.185	64.299						
7	1.047	4.984	69.283						
8	1.005	4.785	74.068						
9	0.873	4.155	77.223						
10	0.767	3.654	81.877						
11	0.610	2.906	84.782						
12	0.590	2.811	87.594						
13	0.519	2.471	90.065						
14	0.470	2.236	92.301						
15	0.340	1.618	93.919						
16	0.313	1.489	95.408						
17	0.263	1.254	96.662						
18	0.215	1.022	97.684						
19	0.202	0.960	97.644						
20	0.182	0.868	99.512						
21	0.103	0.488	100.000						

Communalities

	Initial	Extraction
tx1	1.000	0.88
tx2	1.000	0.84
tx3	1.000	0.78
tx4	1.000	0.75
tx5	1.000	0.74
tx6	1.000	0.82
tx7	1.000	0.85
tx8	1.000	0.81
tx9	1.000	0.82
tx10	1.000	0.84
tx11	1.000	0.84
tx12	1.000	0.81
tx13	1.000	0.88
tx14	1.000	0.78
tx15	1.000	0.57
tx16	1.000	0.62
tx17	1.000	0.60
tx18	1.000	0.54
tx19	1.000	0.57
tx20	1.000	0.61
tx21	1.000	0.60

Extraction Method: Principal Component Analysis.

Rotated Component Matrix(a).

	Component			
	1	2	3	4
tx1	0.74	−0.09	0.12	0.23
tx2	0.79	−0.28	0.09	0.21
tx3	0.63	0.26	0.24	0.14
tx4	0.59	0.26	0.19	0.02
tx5	0.55	0.23	0.18	0.00
tx6	0.66	0.09	0.11	0.06
tx7	0.24	0.78	0.28	0.06
tx8	0.02	0.85	0.24	0.19
tx9	0.06	0.89	0.28	0.10
tx10	0.21	0.62	0.07	0.15
tx11	0.15	0.91	0.15	0.26
tx12	0.22	0.73	0.17	0.17
tx13	0.00	0.08	0.89	0.14
tx14	0.22	0.16	0.80	0.06
tx15	0.28	0.37	0.87	0.12
tx16	0.17	0.24	0.77	0.34
tx17	0.11	0.08	0.03	0.74
tx18	0.12	0.01	0.19	0.65
tx19	0.23	0.27	0.18	0.58
tx20	0.25	0.22	0.26	0.56
tx21	0.14	0.22	0.16	0.51

Extraction Method: Principal Component Analysis.

Rotation Method: Varimax with Kaiser Normalization.

A Rotation Converged in 6 Iterations.

名词索引